U0567663

张骁儒 / 主编

深圳市民文化大讲堂
2014年讲座精选

上册

The Selections of
Shenzhen Civil Lecture on Culture
(2014)

社会科学文献出版社
SOCIAL SCIENCES ACADEMIC PRESS (CHINA)

【目 录】Contents

上册

一 家国天下

二 艺术

三　教育·婚姻

下册

四　文学

五　环保·社会

六　历史·传统文化

七　养生

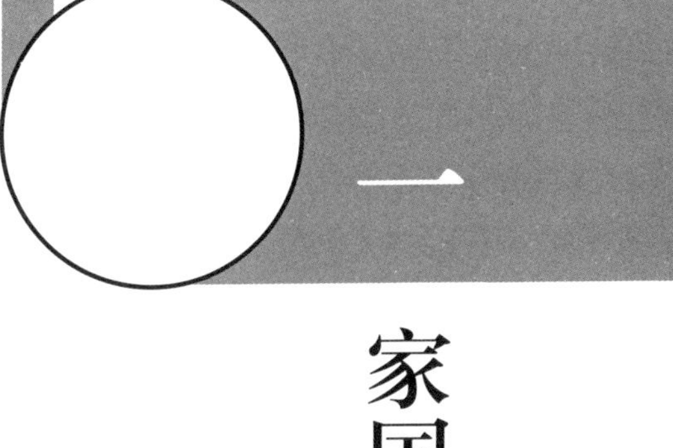

一 家国天下

“深圳市民文化大讲堂”十年暨第800期专题讲座

——城市文化愿景

王京生　于　平　白岩松

王京生

深圳市委常委、宣传部部长。

于　平

文化部文化科技司司长，曾任文化部艺术司司长。1996年被评为文化部优秀专家并获国务院特殊津贴，1998年被评为“国家有突出贡献的中青年专家”。主要著作：《中国古代舞蹈史纲》《中国古典舞与雅士文化》《中外舞蹈思想概论》《中国现代舞剧发展史》《舞蹈文化与审美》《高教舞蹈综论》《舞蹈形态学》。

白岩松

中央电视台著名主持人。曾主持香港回归、国庆五十周年庆典、澳门回归、第29届夏季奥运会等大型现场直播节目。曾荣获“中国十大杰出青年”、“长江韬奋奖”、“中国播音与主持大奖”特等奖、“中国金话筒奖”。

大讲堂是这样发起的

主持人：有请深圳市民文化大讲堂十年第800期特别节目主讲嘉宾王京生先生、于平先生、白岩松先生！

三位今天来到这个地方，都是市民文化大讲堂的老熟人了，岩松先生在2010年就是大讲堂第510期的主讲嘉宾，而于平先生在2006年、2012年和2013年，分别讲了三次课。

我的第一个问题就是，两位是如何和大讲堂结缘的？

白岩松：中国人常说一句话：万事开头难。但是在很多与文化有关的事业当中，开头还真不是最难的，最难的是一直做下去。想想看，我们生活中有多少事情都开过很好的头，可是后来那些头去哪儿了？

首先我想说的是，市民文化大讲堂十年了，举办了800期，而且今天也不过是一个逗号，大家通过这样的日子，并不是纪念，而是完成它的“二次推动”，像深圳的二次创业一样，你就会更加为自己也曾经作为小小的分母之一在这里存在过，或者说推动过，感到非常高兴。祝愿市民文化大讲堂有顽强的生命力。在最初的时候要为它培土、浇水，现在它正以不可抑制的生命力继续向前，我衷心地祝贺。

从我结缘的角度来说，首先是来自我与深圳这座城市的结缘。我生命中几个非常重要的节点都与深圳有关。《东方时空》1993 年 5 月 1 日开播，我当天去海南出差，从海南又直接到了深圳。那次在深圳的采访对我来说非常重要。1997 年为做香港回归直播，我一个多月的时间都住在深圳晶都酒店，马路对面广场上竖立着邓小平画像。

邓小平去世当天我在广州，得知小平去世，我马上就找车来到深圳，那一天我是在深圳度过的。先去了莲花山邓小平雕像处献花，然后去植物园看他种的那棵树。后来我做过深圳志愿者形象大使，参加过王京生部长做的公益广告评选、关爱活动等，所以，我早已经跟深圳这座城市建立了紧密的关系。

主持人：于平先生也是老熟人了。

于　平：我和大讲堂结缘三次，我看重的是后两次。从 2006 年至 2012 年演讲内容为什么会有一个跨度呢？这与我自己的转型有关。

1996 年到 2001 年，我在北京舞蹈学院任院长。2006 年，我担任文化部艺术司司长，我在大讲堂首次讲的是舞蹈文化。

2012 年和 2013 年的演讲内容都与王京生部长推动的深圳文化建设有关。一次讲的是“深圳十大观念”，还有一次讲的是“深圳学派建设”。

2009 年，我从文化部艺术司转岗到文化科技司，深圳很快进入了我的视野。当时，深圳的文化建设强调文化 + 科技，这是一种新型文化建设。我注意到，王京生部长写了大量关于文化建设的文章，这些前沿文章非常吸引我。而且他主张建设力量型的文化，因此我跟深圳的文化往来越来越多。

主持人：下面我要问京生部长，您是大讲堂创始人，追溯当时的情形，您是怎么想到要创办大讲堂的呢？

王京生：刚当宣传部长时就想到办这个事，应该说是公私兼顾，既满足城市的需要，也想满足自己的愿望。文化不只是唱唱歌、跳跳舞。我举两个例子。刚到深圳的时候，一个现象让我特别感动，而且反差强烈，这就是深圳图书馆现象。我在读研究生写论文的时候，有半年时间天天跑北京图书馆（以下简称“北图”，后改名为国家图书馆），但当时的北图真是门可罗雀。北京应该说是个很有文化底蕴的地方，但是很少人去北图。第二年当我来到深圳，看到的第一个现象就是每天图书馆还没开门，市民已经排起了长队，只是为了争一个座位，为读书而早早地排队。这是一个现象。

第二个现象，有一批年轻的企业家，包括现在很有名的王石先生，他们搞了一个活动叫“星期六聚餐会”，星期六下午下班后那段时间，十几个或二十几个人聚在一块，不是谈生意，而是谈文化、谈读书、谈深圳的未来、谈世界的未来。他们完全是自发的。那个时候大家就在设想，十年以后深圳什么样，十年以后中国什么样。

主持人：您对这个团体非常吃惊？

王京生：我参加过两次这样的讨论会，印象特别深。深圳有这么一批有事业心、有理想的年轻企业家，我觉得这个城市太有希望了。

当时有一个遗憾，就是我们自己在窝里讨论，但在深圳找一个名家探讨确实很难。我们应该建设这样一个机制，提供这样一个场合。当时就觉得，深圳一定要形成一种求学问道的风气。当了市委宣传部部长以后，当时的市社会科学院乐正院长，市委宣传部的黄发玉处长、王跃军副处长，还有吴忠处长，我们当时就一起商量，打算举办深圳市民文化大讲堂。

第一，深圳没有大师，我们可以通过大讲堂把大师请到深圳来给大家演讲。

第二，为市民服务，市民不花钱，随便进，随便出。

还有一层意思，大讲堂的主题是“鉴赏·品位”。为什么提这四个字呢？具体来说，首先就是对“真善美”要懂得鉴赏，什么是真的，什么是善的，什么是美的，要欣赏它。其次要讲品位，就是通过对“真善美”的学习提高自己的品位，提高整个城市的品位。

我特别感谢在座的那些当年一起共同推进这件事情的、十年坚持不懈的同人，也特别感谢在座热情的市民和忠诚的堂粉们！谢谢你们！

关于文化流动理论

主持人：一做就是800期，一直到现在，像岩松先生所说的，它未来一定会长成一棵参天大树，展示它自己最蓬勃的生命力。

今天我们还有一个主题，大家一起聊聊城市文化建设中几个值得探讨的理论方面的问题。在话题展开之前，我给大家介绍场下的三位学者，他们是：

深圳市社会科学院副院长黄发玉教授。

深圳大学副校长、文化产业研究所所长李凤亮教授。

深圳特区报资深媒体人和专栏作家、后院读书会发起人王绍培先生。

他们三位将会作为交流嘉宾和场上的三位主讲嘉宾共同来展开交流，期待三位精彩的互动。

首先聊一个特别重要的观点，这个观点是王京生先生当年提出的，奠定了过去十几年深圳文化发展的理论基础。这个观点就是：文化流动理论。

京生先生，您是怎么想到提出这个观点的？

王京生：文化流动理论实际上是典型的问题意识，它是根据问题提出的。几年前，一到深圳，还有人说深圳是文化沙漠，深圳没文化。实际情况是这样吗？别的不说，到今天为止，深圳观念是唯一一个以城市命名的观念。当然，文化里面最核心的、最重要的就是价值观念。

实际上，深圳观念是一种文化观念，是对文化价值的一种判断。它爆发在深圳、诞生在深圳，不仅推动了城市建设，还是整个国家的财富。没有这些观念，深圳也可能做出物质上的很多成就或者探索，但是永远不会是今天在全国人民、在世界各国心目中的这个深圳。深圳是首先生长价值观念，然后才生长高楼大厦的一个城市。

为什么过去说深圳没有文化？因为任何文化都是陆陆续续积淀的。但是文化积淀有两个最显著的特征。

第一，它特别注重时间的刻度。时间越长越受人尊重。

第二，地域性。哪里有文化、哪里没有文化，分得清清楚楚，就是在时间的刻度之上附着地域的东西。

这个观念不仅统治着我们的学界，而且深入整个民间，不管懂不懂文化、说不说文化的事情，一说有没有文化，一般先看这个城市有多少年历史。

主持人：好像大家有这么一个直觉了。

王京生：但今天看起来，实际情况大谬不然。文化积淀有没有作用呢？在《文化流动》这本书里我阐述了，肯定有作用。文化肯定包括文化传承、文化遗产，包括我们祖国很多优秀的东西、习俗等流传，也包括我们的核心价值观念。但更重要的是，文化不仅是积淀的结果，更是流动的结果，可以说流动代表了文化的本质，甚至讲文化积淀也是一种流动，是一种纵向流动。

文化流动理论就是给深圳的文化发展找个说法，有了这样的说法，深圳才能建立起自己的文化自信。

文化自信从哪儿来？既然文化是大规模流动的，在流动过程之中，它必然能够产生很多东西，可以由原来文化很繁荣的地方流动到相对落后的地方。如果文化流动灭绝了呢？文化很繁荣的地方也可能变成文化落后的地方。同样的，新的地方由于文化的流动，它有可能爆发出惊人的力量。这就是当时对文化流动提出的一些问题。

主持人：我们来听听于平先生怎么说。

于　平：对此我非常认同，读到京生的这本书以后，我自己也稍微回想了一下，我觉得他大概有四个意思。

第一，文化是流动的，但它不是一般描述的那种在自然状态之下的缓慢变迁，或者我们讲的量变，它是对我们快速发展的文化景观的一种指正。第二，它不是一种简单的陈述或者描述，包含一种强烈的主张。我们最近一直在学习习近平总书记的系列重要讲话，习总书记说，我们要挖掘、阐发中国优秀的传统文化的时代价值。他特别强调，重点是做好创造性转换和创新性发展，这就是一种强烈的主张。第三，这种流动的文化是特别富有创造力的文化。我们过去一讲文化总是从积淀的角度来看文化，要考虑文化记忆和文化想象的关系，有一些文化记忆当然对文化想象有好处，可是有时候文化记忆会束缚住文化想象。有学者说，没有文化记忆的民族是悲哀的民族。第四，岩松刚才讲了一句很经典的话，他说，深圳的文化建设不仅有方向，而且有方法。讲到流动文化，我是主张继承创新的，中国几千年的农耕文化变化比较缓慢，事实上继承得多，变化得少。但是现在在更多的情况下，继承创新在发挥巨大的作用，像京生部长关于文化流动理论的提出，它就是解决问题的需要。深圳文化建设不断证明了这一点，这也是深圳文化建设的时代意义、时代价值所在。

深圳是一个移民文化城市，特别包容，其实要仔细理解包容的意思，有很多不同。假如一个城市已经形成了，外乡人进来，我包容你，好像我有点居高临下，但深圳主张大家平等，各种文化背景的人到这儿来建设，不存在谁包容谁，而是在互相包容的情况下形成一种共同诉求。

主持人：我在研究文化流动理论的时候，刚好白岩松先生2010年在深圳做演讲，他形容中国在世界上留下的印象时说，中国充满着一种泥沙俱下的活力。我觉得这句话非常适合作为文化流动某方面的表述。岩松先生您怎么看？

白岩松：文化是人聚集之后的产物。“圳”这个字，如果没有深圳，100个中国人99个不认识。深圳奉献了“时间就是金钱，效率就是生命”，它是不是中国改革文化的最重要的标志？30多年了，如果没有这样的两行标语，你认为中国的改革记忆会不会缺少什么？

只有在深圳的人和爱深圳的人才会对别人说“深圳没文化”格外敏感，我觉得不要跟错误的观念进行抗争，为什么呢？你等于用别人的错误惩罚了自己。

有这样一个精彩故事，国际上有一个女设计大师，要设计一个建筑，有人跟她说：一定要跟周围的建筑协调。这位大设计师说：周围的建筑都是垃圾，我怎么跟它协调？在她这句话里我听到了强烈的鉴赏、品位和文化自信。

我支持京生部长关于文化是流动的观念，我接受并且支持他的观念，原因就在于，这并不是一个凭空而起的发明，而是重新靠近了文化该有的规律。任何好的观念和学术理念，一定不是凭空发明的，规律和真理紧紧相靠在一起。

认为积淀才是文化，一定是错误的看法。河姆渡遗址、庞贝古城遗址，它们只剩下积淀功能，不流动了，所以它死了。

我哥哥是搞考古的，我很清楚一个词，叫“文化层”。如果你想象有一个文化层，比如像河北、山西，它是逐渐累加的，从元朝，再往下可能到明朝、清朝，隔一段这个遗迹都有一个文化层，这就是流动。没有流动便没有积淀，如果只有积淀没有流动就死了。

举个简单的例子。我不担心中国的饮食文化，为什么？谁都不会一天不吃饭，中国讲究“民以食为天”，这个积淀会越来越丰富，永远会有舌尖上最美丽的中国。但是有时候我就会担心昆曲、京剧，为什么？它的流动性变差了，经常中断，爷爷喜欢，儿子跟不上了，孙子干脆不跟了，危险了。

文化是什么？长江和黄河起源于青藏高原，所谓三江源，那一块的水源干净极了，但是如果只保持这种干净和积淀，会有后来浩浩荡荡的黄河和长江吗？正是由于这个清澈的源头开始流动，汇入千江百川，最后逐渐变得越发辽阔。最后，长江从上海入海，黄河从山东入海，中间因为包容你也要去接受汇集很多泥沙，因此这种活力是泥沙俱下的。

我说当下的中国具有泥沙俱下的活力，说明我完全赞同和支持京生部长的文化流动的概念。没有流动便没有活力，有活力就要接受很多泥沙，说明你包容。

回顾1993年深圳文稿竞价拍卖

主持人：从此刻开始，我们可以认真地考虑文化是流动的，这个观点也许会改变我们日常生活中的每个行为。

我们来换一个话题。刚才在看短片的时候，我们看到了20多年前京生先生的很多影像，包括1993年中国首次优秀文稿在深圳拍卖的情景，京生那个造型其实蛮特别，拿着麦克风的手一直在抖，您是比较害怕在公开场合出现所以有点小紧张吗？

王京生：当时确实很紧张，倒不是因为那种场合，主要是当时作为全国第一次文稿走向市场的实验，情况非常复杂。一开始，作家圈里有人叫好，但紧跟着就分化了，有的人同意卖，有的人不同意卖。同意卖的又开始较劲，你凭什么值100万元，我凭什么只值5万元、6万元呢。

在传统体制下，一些出版社反对拍卖，按照当时的标准稿酬，最简单，1000字20元钱，定价高了，每个出版社都有个生存发展问题。

坦率地说，当时深圳的观念和内地有差别，这个事情推到最后，或者说推到高层的时候，遇到了阻力。

我印象特别深的是，在关键时刻，我作为《深圳青年》总编辑，当天晚上给中央有关部门汇报完以后，我陪着市委宣传部部长晚上11点多才回到深圳。深圳市委书记，两位市委副书记过来听我们汇报，了解情况。有一位书记说，我们搞文稿竞价触犯了哪条法律？另外一个副书记就讲，看来观念之间的差异还是非常大。最后市委决定，按中央的意见办，责成组委会妥善处理此事。我当时真是松了一口气。第二天，我在杂志社开会，我说现在实行指令性计划，我说什么你们做什么，就按这个办。

我其实最担心的是没人举牌，因为时间特别仓促，压力很大，怕流拍。

我确实有一种神圣感和庄严感，因为我们制定了这么一个政策，希望政府可以落实，但最后得靠我们自己落实，得靠市场落实。我当时念着稿子说，文稿竞价的大潮开启了，中国文化人可以站起来了，面对这个民族、面对未来市场，可以展现你的才华了。我念稿的时候确实手开始抖，但手里没拿话筒，因为话筒是固定的。后来《深圳特区报》专门写了一篇文章，题目就叫“颤抖的手”，因为抖得特别厉害，有那种激动，也有那种恐惧，我怕卖不出去啊。念完以后，拍卖师郑晓星先生就开始报价了，这是我第一次参加这种拍卖会。他敲下木槌后，说了一大堆英文，但我不知道他说了什么，因为很紧张，本来也不太懂英文。他说完英文以后停下来说，今天用的是英格兰拍卖法。然后就请1号作品亮相。我听见1号作品卖得很好。

我记得起价是2.5万元，一念出来，“哗”一声底下举起了一片牌子，有二十几个，之前压根没想到。我马上有两种感觉，一种就是坐在飞机上，“呼”一下腾飞起来那种感觉。

主持人：冲上云霄。

王京生：冲上云霄。还有一种感觉就比较不一样，就是耶稣在受刑时说的那句话：“成了。”我觉得真成了。

对市民文化权利的认识

主持人：1993年深圳文稿竞价拍卖是中国改革开放历史上非常重要的一件事情，中国文化人第一次通过市场力量找到了最适合自己的价值。

我想问，2001年，您又提出“市民文化权利”，您在提出这个概念的时候，有没有想到过当年的文稿竞拍？

王京生：那个时候可能真没想到这个事。

主持人：真没想到？

王京生：真没想到。谈到市民文化权利，我想到另外一件事。1998年，我在市文化局当副局长。当时我注意到中国政府于1997年10月签署了《经济、社会及文化权利国际公约》（以下简称《权利公约》)。2001年，我当了市文化局局长，全国人大常委会批准了这个公约，我第一次接受了文化权利的概念。《权利公约》第15条对文化权利做了详细表述，我现在还记忆犹新。

第一句话，所有人都可以参加文化生活。

第二句话，所有人都可以享受科学进步及其应用所产生的利益。

第三句话，所有人创作的科学、文学或艺术作品，都应该受到尊重和保护，并且享受自己应该得到的利益。

我当时看了以后，觉得终于找到了发展文化的根据，于是提出了“市民文化权利”这个概念。

后来我把“市民文化权利”分为享受的权利、参与的权利、创造的权利和创造成果被保护的权利。大家注意到，这里边有一个权利是我们自己加进去的，是《权利公约》里没有的，就是创造的权利。原来只是讲到创造成果被保护，但我觉得，最重要的是政府要给人们创造条件。

主持人：我要和现场朋友分享一下关于“市民文化权利”的最周全的表述，是这样的：每个市民都有享受文化成果的权利、参与文化活动的权利、开展文化创造的权利和保护知识产权的权利。后面还有一句话非常重要，政府则是参与保障市民这一权利的责任主体。

岩松先生，如果来分析这些话，您最看重哪个方面?

白岩松：我看重权利的来源。权利首先来自人民或者大比例的人，主动感受到我有这个需求。一部分人可能还没意识到这种需求，但将来可能会诞生。我觉得，权利来源于需求。但是，作为政府部门或者说文化活动的参与者，面对这种需求，要同时考虑三方面事情。

第一，存在这种需求，你要给予保障，而且这种需求一定是多元化的，你要提供多元化供给，也许他今天不需要，但是当他想要的时候你要给他。这一点非常重要，这是他的一种权利。

主持人：随意就可以来。

白岩松：当他想要的时候如果没有，这种权利就得不到保障，这是糟糕的。

第二，对现在少数人拥有，但将来越来越多的人都拥有的需求，也要提供前瞻性的保障，这一点更不容易。因为很多人愿意提供现货，不愿意提供期货，因为赢得的掌声少，甚至周围还有很多不理解，钱往哪儿用？5年、10年后，你可能到岗了，你干吗要去做接力棒的事呢？中国的很多事情只有开头没有结尾，原因就在于，在位的人轰轰烈烈地开了一个头，一交棒，他忙自己的另一个开头去了。比如中国足球，出台了多少个《十年规划纲要》？但从来没人认真地执行。《十年规划纲要》再糟糕，如果认真地执行了，中国足球都比现在强！

第三，涉及权利，还要有一个更前瞻性、更大的概念，人们现在还没有意识到，将来一定会有这种需求。深圳在这方面必须走在前头。深圳要做拓荒者，敢为天下先，去为未来会存在的这种需求提供供给。

主持人：可能费力不讨好。

白岩松：面对别人的权利，你是否提供了有效的供给，你是否捍卫了他们的权利。请注意刚才用的一句话：知识分子改变自己的命运，不能光靠呐喊，必须到市场上去赢得尊严。深圳文化一个相当重要的特征是，不仅关注方向，更提供方法。

主持人：谢谢岩松先生！于司长您呢？

于　平：把文稿拍卖和文化权利两个事结合在一起挺好。

文化权利跟人民群众的文化需求确实有关系。讲到文化需求，通常有三个观念。第一，是基本需求。第二，我给它概括叫“三多”需求，就是多层次、多方面、多样化需求。第三，日益增长的文化需求，叫增长性需求。

文化权利按说应该由人民群众自己来提。在“五位一体”建设当中，文化建设是一块，还有一块社会建设。在文化需求之前，还有教育、住房、卫生等需求。有时候我们也会觉得，很多老百姓不是不需要文化，而是很多基本问题没有解决。

主持人：还得等一等。

于 平：所以，政府在保障解决市民文化权利方面，就大量地采用了一种公益方式，实际上是免费提供，包括深圳市民文化大讲堂。

白岩松：当政府主管部门提出市民文化权利的时候，还存在一种身份转变，即从施予到捍卫，"权利"这个词从来就是跟捍卫连在一起的，这意味着政府部门的一种转向。需求可以有轻重缓急，一旦那是人的权利，就必须捍卫了，否则你就失职了。这里头蕴藏了一种身份转变，它应该成为政府部门所有人的一种共识，当我们以卫兵的姿态去捍卫民众权利的时候，这种关系非常好处，而且定位更准。

国家文化主权于深圳的意义

主持人：作为深圳人，应该说深圳政府对"服务"这个词的理解一定是最深刻和最到位的。

我们聊了文化权利的观念。京生认为文化流动理论的实施需要两大支柱：一就是市民文化权利，而另外一个是非常宏大的词，叫国家文化主权。这个概念您是如何提出的?

王京生：最早我接触文化主权这个词，是在一次市文化局的竞岗答辩中，一个主任科员竞选副处长，他在回答我的问题的时候，说应该站在文化主权高度看待文化工作。我事后问他，"文化主权"这个词是从哪儿来的?原来他当时看了王沪宁的一本书，里面提到了"文化主权"，说要把民族文化主权放在非常重要的位置，要积极地拓展文化主权的国际影响力。

从此以后，我开始思考这个问题，主要考虑文化主权和城市的关系。我说过：不谋全局者，不足谋一域。如果你眼界打不开，你永远做不大，何况深圳还担负着中央赋予的特殊使命，要走在前列。

其实我们所说的文化主权，就是国家意志、国家文明在世界上的彰显和话语权。

主持人：那这是国家的事。

王京生：对，是国家的事，但是这个国家行为通过什么实现呢？更多的不是通过国家的某个部门去实现，一般是通过大的城市。

主持人：城市是落脚点。

王京生：至少城市是重要载体。比如纽约在国际上搞的文化活动基于美国文化的传播和主权的彰显；法国戛纳，那么一个小城市，搞了电影节等，城市出名了，但它宣扬了法国文化的价值观念。许勤市长讲了，深圳已经有 60 多个国际友好城市了。通过友好城市来往，不仅促进了城市发展，更促进了中华文化在国际上的交流。

从这个意义上讲，一个城市要有远大的抱负，必须把国家的文化、主权的彰显传播出去。

主持人：我就有一个小小的疑虑，这么宏大的国家战略，北边有首都，东边有“魔都”，让它们去做不是挺好吗？非得让我们来做这件事情吗？

王京生：你这个话说得很对，好多事不见得一定要深圳人来做。

主持人：应该怎么理解“深圳表达”？

王京生：我举一个例子。深圳前一段被评为“全球全民阅读典范城市”。评完以后的第二个月，印度学者写了一篇文章说，观察了世界上各个民族，认为现在最不爱读书的包括中国人，就是整天看手机、网上聊天、大声喧哗。一个瑞典专栏作家反驳说，这个印度人说得不对，中国的深圳刚刚被评为“全球全民阅读典范城市”。

我想，不仅深圳人有面子，全体中国人都应该觉得尊严至少得到了维护。从这一点上来讲，我觉得深圳做了一件为国家奉献的事情。

主持人：深圳在实现国家意志方面确实有一些有利条件，首先就是产业优势。

于　平：文化主权深圳提得比较早。中共十七届六中全会提出建设社会主义文化强国。如果文化主权都不能确立，这个强国就没法去谈了。建设文化强国的一个重要方面就是，这个文化对内要有凝聚力、改造力，对外要有亲和力和影响力。

在文化产业这个层面，我到深圳调研比较多，国家命名了18个文化与科技融合示范基地，其中深圳市有一个。有一次我到腾讯调研，我并不关注他们赚了多少钱，更关注他们的凝聚力、亲和力、影响力。那次去腾讯的时间是下午4点钟，QQ群的人数在线显示，始终在9000万到1亿人之间。

现在很多传统文化业态都成了少数文化，但文化+科技是深圳文化建设新业态，而且是最具影响力的。这一步跟上去了，我们的文化主权才能更有效地得到保证。

主持人：文化权利国家层面的战略由深圳率先提出，您怎么看？

白岩松：我最初看深圳也像所有人一样，更多的是看它的经济探索功能。但是现在，我更在意它在文化强市方面给予中国文化的一种巨大成果。

大家请注意，中国传统文化的特质是熟人社会，只要是熟人，互相让座、互相让东西、吃亏也幸福。因为我们长期的生活半径是凝固的，因此中国有小老百姓，但是一直没诞生公民，有一亩三分地，老婆孩子热炕头，日子过得也不错。对中国来说，1840年后我们被迫艰难转型。但是，依然没有哪一座城市像深圳这座城市一样，全是由陌生人组成的，这样就必须建立一个人与人之间最合适的距离。因此，深圳是人们知道陌生人也是亲人的中国第一座城市。

因此，深圳所定义的人与人之间的距离，对中国整体文化来说，具有极大的借鉴价值。深圳登记的义工人数超过了90万，为什么深圳人做义工居然要抢？为什么深圳人对文化的需求格外地看重？因为他不生活在传统的那种熟人的环境中。深圳从陌生人交往，开始思考“公民”二字的含义。这对中国文化来说意义简直太巨大了。

谈到文化的流动性，不要忽略了深圳文化流动性的第二个特质，它是由人群流动过来的，有人带着河南文化的积淀，有人带着上海文化的积淀，有人带着内蒙古文化的积淀，天南海北汇集在一起，必须混搭，一混搭新的东西诞生了。

深圳过春节，过去很多人全跑了。这两年明显变化了，全国各地的父母亲更大比例地开始到深圳来过年了。深圳开始变成“我”的城市了。再隔50年，当一、二、三代都是土生土长的深圳人的时候，这种流动性和混搭性所具有的创新会不会减弱？我担心将来流动性降低。

主持人：50年后市民文化大讲堂可能要停办了。

白岩松：不会停办，但是它可能停滞了。回到你最初的问题，深圳应该为国家文化主权做什么呢？我说不是你要不要的问题，而是必需的，为什么？深圳是中国最重要的几个城市之一，而且一出生就承担着探索方向的任务。因此，深圳躲不开这种使命，国家文化主权不是一个空概念，而是由具体的那些很重要的文化城市通过多元化来体现出来。

你的观念我要稍微反驳一下，如果说以前，文化全在北京，你跟着走就行了，但现今的中国强调的是改革开放、多元包容，要允许各个地方去做，探出一条路来，最后形成整体开放包容的中国混搭文化。所以，深圳躲不开这个责任。

最后再说一个躲不开，2014年是一战开战100周年，2015年我们将迎来二战终战70周年，在二战后的69年里国与国之间的战争平息了吗？全世界的枪炮声是弱多了，但是它以另外的方式来进行了。比如，足球世界杯是一种没有硝烟的战争。但更重要的是文化和经济战争，已打得如火如荼。一战、二战中国都是战胜国，中国现在和将来也能成为文化大战中的战胜国吗？现在的四大“发明”——随身听、方便面、卡拉OK、游戏机——是你发明的吗？我们要奋起直追，要有人人有责这样一种意识。

这场战争不以你的意志为转移，正在开打，而且也涉及文化主权和入侵对方文化版图的问题，我们现在还处在防守阶段。但是，军事上我们永远不侵略、不占领别人，文化上可不可以用辐射影响，恢复中华文化该有的对人类的贡献。对人类文明和文化的发展，我们不能只是守成者和接受别人产品的人，我们要为人类的幸福贡献一点什么。所以我们躲不开。

主持人：岩松先生，您其实是在为深圳作一个定义。

王京生：我补充一下。国家文化主权不是高尚或不高尚的问题，它非常实际。与国家的各种利益包括经济利益的争夺相比，通过文化主权拓展国际利益的空间甚至更大，其中最重要的就是话语权。大家知道各国都在制定产品标准，谁制定了标准谁就赚大钱，但今天是谁在制定这个标准？目前这种话语权的主导至少我觉得是不公平的。

对于城市来讲，通过文化主权可以拓展国家利益，也可以拓展城市利益。刚才讲到“文博会”，文化传播能力就是文化主权的核心内容之一，这种传播能力强大不强大，直接涉及文化主权能不能彰显，而“文博会”恰恰在做这件事情。

关于文化的执政伦理问题

主持人：现在我们来征求一下场下三位交流嘉宾的观点，首先有请黄发玉教授！

黄发玉：一个城市能不能谈文化主权这么宏大叙事的问题？我觉得在当今这个社会是非常迫切的，刚才台上的几位老师已经说了。

另外，从城市的性质来说，城市不仅是经济中心，更主要的是文化中心。一个中心城市对于一个地区和一个国家来说，具有非常重要的引导作用。国家的文化意图、文化理念，往往要通过一些中心城市的文化行为来实现。所以从这个角度来说，深圳提出文化主权理念，理所当然、义不容辞。

关于市民文化权利，京生部长定义为四个方面，其中谈到文化创造的权利，本身就是创造。有什么意义呢？就是强调，市民或者公民不是被动地享受文化权利的一个主体，而是主动创造文化的主体，这个非常重要。如果我们的公民都只是享受文化，那谁来创造文化呢？从这个角度来说，它体现出了一种人民创造历史包括创造文化这么一种历史唯物主义的史观。

主持人：有请李凤亮教授！

李凤亮：在今天的现场我感觉不到大家有任何疲倦，对此我有一些感动和感慨。

感动是因为大讲堂走了十年，做了800期，我听过、看过，也参与过。其中参与过两次，一次是关于“大运精神”的宣讲，当时我很系统地分析了为什么志愿精神在深圳这个城市里面能够发育、光大。第二次是推进深圳的学术文化。

第二个感动，三位专家对深圳这个城市、对学术文化、对思想和整个文化建设孜孜以求的这种追求，在整个讨论当中，可以说是一以贯之的，包括文化使命的问题。

我有一个很直接的感慨，就是关于文化的执政伦理问题。因为任何执政者，都要有自己的想法或者说主观意念。在深圳文化建设当中，深圳的执政伦理可能体现了不同层面的这种看待文化的视角，这里面有仰视、平视，也有俯视。

仰视，即在实现市民文化权利时，就是把老百姓、市民捧得很高，说这个权利保障我必须要供给，而且要提供得更好，尤其是在我们的经济发展到比较高的程度时，那么文化建设也应该朝着更高层次去推进。

平视，就是刚才提出来的所谓创新型、智慧型和力量型的“三型”文化。意义在什么地方呢？就是这个城市的文化执政者，要考虑深圳在全国、全球城市中的文化定位是什么？在横向比较当中，应该怎么去做好城市的文化建设？

俯视，这就联系到大家讲到的国家文化主权。为什么深圳需要承担那么多的国家使命？我觉得这是一个俯视的视角，是站在全局去看待自身城市文化功能和文化使命的问题。

比如深圳这几年搭建文化产业、文化贸易的平台，包括2014年文博会推动中华文化走出去，这就是国家文化立场的一种深圳表达。

我还有一个小小的问题，也是这些年一直在思考的问题。各个城市都有自己管理城市文化的方法，但深圳的观念文化，或者说理念文化，在深圳的整个文化结构当中非常独特。我们提出“十大观念”、

“三型”文化、实现市民文化权利等，这些观念文化到底处于什么样的地位？接下来，深圳还可能在哪些方面去发展？

如果有可能的话，请京生、于司长和岩松老师，能就这个问题做一些指导。

为什么法国思想家特别多

主持人： 这个问题也就是深圳未来存在的观念文化方面发展的各种可能。

白岩松： 面对这个问题，我最大的感受是深圳这座城市观点和思想代表的方向，而且深圳提供着保证这个方向的方法，这是我格外看重的东西。深圳一出生就承担着给国家改革多找方法的任务，就是杀出一条路。

与很多城市的一个巨大区别就在于，深圳应该是行动派，一出生性格就注定了。比如，如何用“爱”建一座城市？如果天天人们这么喊，但从来没有人去做，它就是笑话。你有具体的抓手、有很多行动，这个“爱”就很具体。像深圳义工、关爱行动、壹基金等，影响巨大。“感动中国”的舞台也有来自深圳的。

全民阅读，为什么深圳是中国第一？因为深圳不只提出了方向，重要的是找到了方法，连续多年持续举办“读书月”活动，在中国这是读书第一品牌，不是第二，我感觉北京反而在追。深圳这座城市为什么在全国领先？是因为深圳有方法。

深圳在行动之前其实早有想法，不一定说出来，所谓不争论的智慧。但是行动了一段时间之后，它肯定会总结，提升出来一套思路并成为指导性方针。最可怕的是，只说方向，但从来不提供方法。开个玩笑，理想主义和骗子很难区分。只提方向，但一直不提供方法的人更像骗子；既提出方向，又提供方法的人，就是理想主义者。

更可贵的是，这么多的好思想好观念好方法，在深圳早已经深入人心，这是深圳的特质。

主持人：深圳人其实早就有一个观念，那就是空谈误国、实干兴邦！

说到阅读、方法，三位交流嘉宾中有一位特别喜欢钻研推广阅读方法，他就是深圳后院读书会的发起人王绍培先生。

王绍培：其实我也没有什么方法。在世界杯决赛阶段，亚洲球队成绩很差，一个很重要的原因可能就是亚洲人种太单一了，没有杂交优势。文化的杂交优势很重要。斯塔夫里阿诺斯的《全球通史》有一个观点就是，新型文明一定会诞生在过去那种老文化的边缘地带，或者说，不同文明接壤的地带比较容易产生新型文明。这其实对深圳是一个鼓励，某种意义上讲，在时间、空间上，深圳都是一个边缘地带，也是不同文明接触比较多的地方，离未来比较近、离世界比较近。

英国社会科学家约翰·雷契2002年出过一本书（中文版），介绍了当代西方50位最有智慧的思想家的人生。有一个统计数据非常有意思，就是其中有一半思想家来自法国，为什么法国集中地出现了这么多思想家呢？我大致想了一下，可能有两个原因：一是法国有一种传统，他们特别喜欢“百科全书式”的研究，他们的思维是发散的，喜欢异想天开，喜欢在不同学科的杂交中来找做学问的方向；二是法国当代最有智慧的“大佬”集中在巴黎。这些人非常崇尚知识、文化，尤其崇尚这种思想的创造。他们很喜欢寻找新的说法、新的想法，然后拿过来嫁接在自己的思想树上。

结果在法国出现了一个结果，就是法国思想家特别多，比如福柯，他是一个很有代表性的人物。福柯很有意思，他是同性恋者，也是严重的抑郁症患者，曾多次自杀。像这样一个边缘性人物、边缘性的性格，反而成为他做学问很重要的资源，比如他的研究对象是监狱、疯癫、同性恋、精神病，关注知识与权力背后的一些利益关系。

这个话的意思是什么呢？像在法国，当它的主流文化、主流思想对未来没有规划的时候，反而能够容纳很多看起来很不入流、很边缘的文化因素，结果出现了百花齐放的局面。

这对未来深圳文化发展有借鉴意义。比如深圳在很大程度上是一个充满了欲望和文化消费能力的城市。以后我们可能要慢慢地、有意识地变成能够生产知识、生产思想的这样一个城市。像京生部长不止一次地讲到“深圳学派”。很多人说，深圳哪有什么学派？其实他们忘了这个背后一个重要的诉求是，我们要从一个知识消费城市变成一个知识生产城市，这才是很重要的一个愿景。

分享打造文化品牌的秘诀

主持人：京生能不能跟我们简单地分享打造文化品牌的秘诀是什么？

王京生：如果说秘诀，从文化工作者的角度看，第一，主要就是知行合一，我为什么做这个事，我做的理由是什么，我想干什么，不要不知就结束，否则就是白做了。文化自觉必然建立在“知”的基础上。第二，你做文化以什么为起点、根据。

大家注意到，党到今天还坚持“二为”方向，即文艺要为人民服务，要为社会主义服务。对不对呢？绝对正确。它宣示了一个执政党要承担的责任和为人民群众在文化方面要做的事情的观点和目的。但是，作为政府就不是这样了，对政府来讲，不是要不要为市民服务，而是市民本身就是主体，政府必须提供服务，如果不提供服务，你的政府就不合格，就不应该享受纳税人的钱，应该下台。

什么叫“以人为本”？就是要尊重人的权利，把人的权利放在最高点。而政府作为服务者，也叫“守夜人”。在“以人为本”的情况下，怎么才能够真正为老百姓服务？我一直在想，让这些老百姓都喜欢，都参与，秘诀就是从人的良知出发。

我举一个例子。开展“读书月”活动可以说有很多意义，读书对一个城市的可持续发展非常重要，但基本的一条在哪儿呢？喜欢读书的人肯定喜欢“读书月”，关键的是那个不喜欢读书的人，他也不敢反对，这是人类的良知。我们一生下来，家长都会讲读书的重要，书中自有黄金屋，书中自有颜如玉，这都是比较世俗化的表达，说明每个人有读书精神方面的追求。

读书是公理，你可以不读书，但是你不敢反对读书。搞关爱行动也是如此，你可以很自私，不愿意给别人服务，但是你不敢批评为别人服务的人。关爱别人总是好的，这也是公理。我们首先要从人的良知出发去开展我们的活动。

有一天昌龙对我说，他帮我总结了一下。读书就是求真，探索真理；关爱行动就是求善；而“创意十二月”就是求美。我们追求“真善美”有什么不好？这就是秘诀。每个人都在追求“真善美”。因为有我们可爱的市民，所以这些活动才能够坚持5年、10年、800场，应该感谢的是大家，我给大家鼓鼓掌！

主持人：于平先生的看法呢？

于　平：刚刚回答了“深圳观念”的提出，本身就是在方法上的提升，我们更关心深圳探索的这些方法在未来还是不是继续有效。前一段时间有人总结，中国200多个城市在提“城市精神”、“价值取向”，深圳用“观念”也很实在。

深圳关心什么问题？谈论较多的可能是城镇化当中外来人口如何市民化，结果发现，深圳在探索市场经济条件下发展道路的同时，率先解决了包括城镇化在内的很多问题。

美国诺贝尔经济学奖获得者斯蒂格利茨说过：21世纪拉动整个世界经济的，一是美国的高新科技，二是中国的城镇化。现在很多城市都有城镇化运动，深圳相对更集中，深圳可能在探索一种更有价值的东西，包括在这个过程中，志愿者如何进入陌生社会，深圳已经做了很多很好的表率。如何从解决民生问题慢慢进入文化建设，对未来肯定能够起到示范作用。

主持人：在短短的六七十分钟时间内，我们谈了探索深圳文化今后发展之路，这个难度真的有点大，应该用怎么样的总结陈词来结束今天的讲话呢？有请白岩松先生！

白岩松：在中国，如果有一个主持人说，我说错了话不怕批评，我希望他是深圳人。因为一座包容的、强调文化感的城市，必须有一种品质，允许试错、允许出错，也能迅速地纠错。这几点如果不加在一起，文化不可能发展。

第二句话，有一天我在国家大剧院看歌剧，我后面坐了一排退下来的中央领导，我听到他们在聊退休生活，有一位已退下来的中央政治局常委级老领导意味深长地说了这么一句话：各位要记着，对管文化的人和文化人要好一点，因为归根到底陪你玩的是文化。我觉得这绝对是这位老领导的切身感受。有人觉得文化是作料，在生活中加点盐、糖、花椒等作料，可以让生活更丰富多彩。我想说的是，这种看法太片面、太功利，文化归根到底是我们最大的目标和追求，甚至是人生和社会的意义所在。

举一个例子，再过十年中国的GDP将超过美国，中国会是第一强国吗？不会。因为文化才是一个大国的核心标志，什么时候把我们软的东西也变成老大了，你才真的是老大。

深圳恐怕要替中国下一步的目标探路，那就是在软实力、文化力量等方面必须有一个突破。

非常高兴这么多年来，深圳所有找我的事儿几乎全是好事，包括读书的、公益的、关爱的、公益广告设计的。我由此看到了深圳的未来，看到了深圳的优势所在。如果说中国文化正在组建一支有战斗力的国家队，深圳有责任也必须要给这个国家队提供几个主力队员还有替补队员，不是参不参与的问题，这是深圳的职责所在。

从"扶不扶"谈核心价值观

黄发玉

黄发玉

深圳市社会科学院副院长、社会科学联合会副主席，研究员，纽约市立大学高级访问学者，广东省优秀社会科学普及专家。主要致力于文化研究和哲学研究，独立、合作出版专著《纽约文化探微》《系统哲学》《科学研究与道德》《马克思主义基本原理》（大学教材），参与策划和撰写《文化立市论》《和谐城市论》《深圳之路》等著作，译著《技术文化》。在《哲学研究》《学术研究》等刊物发表论文数十篇。

2014 年中央电视台春节联欢晚会上有一个小品叫《扶不扶》，这个小品到底起到了正面引导作用还是负面作用，见仁见智。我觉得这个小品至少说明一个问题，"扶不扶"这个问题已经成为全国人民关心的焦点。

2014年春节过后，深圳发生了两件事：有人倒在了地铁楼梯口，40多分钟才有急救人员赶来。其间有的人可能视而不见，有的人可能不敢去扶，最后这位漂亮又年轻的白领去世了。

没过几天，深圳又出现了一件议论纷纷的事情。B683路公交车司机马师傅本来已经开车了，但是他从反光镜里看到，有个老太太下车后上马路牙子（马路旁边车道和人行道之间的台阶）的时候摔倒了，于是，他将这位乘客送往医院并垫付了2000元医药费，结果被乘客要求赔偿。所以，春晚小品“扶不扶”的问题并没有结束。后来，公安部门通过调取视频，证明不是马师傅开车不慎，而是这位老太太下车的时候自己摔倒了。

孟老夫子曾经说过，恻隐之心，人皆有之。就是说救死扶伤是人之常情，是人的本性。为什么中国会出现这种问题呢？我们不妨回顾一下这个问题的来龙去脉。

这个问题最早来自所谓的“彭宇案”。2006年，一位南京老太太下公交车时倒地了，彭宇把她扶起来，送到医院，垫了200元医疗费。老太太开始还说谢谢，可是到了医院以后，老太太的家人说是彭宇撞倒的，结果南京某法院判处这个小伙子赔偿4万多元。

彭宇案影响很大，这个案子判决时，当时在场的记者不仅无语，而且感到愤怒。既然没有证据证明这个小伙子确实撞了人，为什么还要判他赔钱呢？况且，陈先生是唯一的目击证人，他证明这个小伙子没有撞到人，而且还见义勇为地扶了这个老太太，但是法官按照所谓的逻辑推理说，既然不是彭宇撞的，那他为什么要去扶她呢，而且还要垫钱救治她呢。于是法官判决彭宇承担一部分责任，采用了一个所谓的公平原则，就这样判了。当时在场的记者感到很愤怒，目击证人也感到愤愤不平，那我们以后都不能做好事了！这个案子的判决在全国产生了很大的负面影响。

之后，各地还出现了很多这样的案例。天津许云鹤案，判赔10万元；浙江金华吴俊东案，判赔7万元；还有一位解放军战士，救了一个摔倒的老人，也遇到同样的情况，部队派人调查，认定他见义勇为，才还他清白。还有广东河源有个46岁的吴先生，救了一位老人，但后来老人说是他撞的，这个吴先生最后没有办法说清了，甚至要自杀，到了这个地步。

还有四川三个小学生看见一个老太太自己摔倒了，主动把老太太扶起来，老太太和家人却说是这几个学生撞倒的，要他们赔钱，最后真相大白，那个老太太被处以7日的行政拘留，家人也被罚款500元，这样的事情屡见不鲜。

倒在地上没有人扶，路人不敢扶，假如扶就有麻烦了，到底出了什么问题呢？2014年3月5日，华南师范大学教授谈方发起成立“搀扶老人风险基金”，谈方接受记者专访认为，搀扶老人的风险其实是小概率事件，这个基金可以专门担保。大家想想这个事情多滑稽！如果我救人有风险，那我不如不救！卫生部疾病预防控制局组织编写了一本《老年人跌倒干预技术指南》，当然卫生部的出发点是好的，但它对道德问题没有丝毫帮助，反而使人觉得，我不懂急救技术，我赶快走，我可能会把事情搞复杂，搞麻烦。

到了后来，深圳市出台了《深圳经济特区救助人权益保护规定》，大意是如果不是你撞倒的，你去救了别人，你觉得可能有风险，即使别人讹诈你说是你撞倒的，也不要担心。这个保护规定的基本思想是什么呢？就是谁说是你撞的，那他要拿证据出来，你不需要吭声，也就是法律上所说的谁主张谁举证，你说是我撞倒的，你需要拿证据出来，我不吭气。这样对见义勇为者起到了保护作用。

这个事情逐渐在演变，“扶不扶”的问题竟然成了一个问题，这就值得所有中国人去考虑了。2000多年前，老祖宗孟子说“恻隐之心人皆有之”。什么叫恻隐之心？就是当别人遇到不幸时，我们就想去帮助他，这种心理就叫作恻隐之心。孟子说，无恻隐之心，非人也；无羞恶之心，非人也；无辞让之心，非人也；无是非之心，非人也。救人是一种本能，你没有这样的本能，你就不是人。

把话题再推远一点。不只是人，动物都有这个本能。在动物世界里，如果同伴受了伤，另一只动物会帮它舔伤口，这就是动物的恻隐之心，何况我们是人呢？如果没有这样一种恻隐之心，你甚至连动物都不如！还能叫人吗？这是最基本的问题，今天，它居然真的成了一个问题，这就值得每个中国人思考了。有网友说，出现这样的问题，究竟是“老人变坏了”，还是“坏人变老了”？这当然是一种调侃，其实既不是坏人变老了，也不是老人变坏了，是这个社会有问题了。

彭宇案给我们的思考是什么，“扶不扶”究竟是一个什么问题

我们要思考、讨论一下，“扶不扶”究竟涉及什么问题。

第一，道德问题；第二，法律问题；第三，技术问题；第四，社会应急机制问题；第五，心理问题。

涉及什么道德呢？涉及你是不是救死扶伤、助人为乐、知恩图报、讲究诚实。

法律问题涉及打官司，有风险，你可能要承担一定的法律责任。

所谓技术问题，卫生部有指导说，扶人要有一些急救知识。比如心脏病人出现急性心肌梗死，我们要赶快采取一定的急救措施，多少分钟内是黄金时间。还有老年人摔伤骨折了，你不能随便动他，你动错了，骨折损伤更厉害。

社会应急机制问题。在有的国家，如英国，老年人摔倒之后，送他到急救科去看病是免费的。假如国家对那些摔伤的人免费就诊，我估计讹诈人的情况会消失，或者大大减少。因为没有人担心费用等问题，这其实是一种社会应急机制问题。

为什么说还涉及心理问题呢？有网友对近年来媒体报道的全国15起搀扶街头摔倒老人反被“诬陷”的事例进行统计分析，发现被搀扶后“诬陷”好心人的，基本上都是老太太。而受到“诬陷”的，多为青壮年男性。首先，老太太年纪大了，摔倒之后自己晕晕乎乎，弄不清楚方向，谁来就把谁抓住，就是你，这是一个心理因素。这情有可原，不是说老太太变坏了。老人七八十岁了，她的子女为什么还

让她一个人坐公共汽车，摇摇晃晃、歪歪倒倒，你放得下心吗？

还有一种心理状态就是我前面所说的社会应急机制，看病要花很多医疗费，那找谁呢？现在有一个替罪羊，那就是扶她的人，这是一个心理问题。如果解决了社会应急机制问题，心理上的问题可以解决一半。

“扶不扶”涉及很多问题，我今天要跟大家说的主要还是道德问题、价值观问题。

我们当今的价值观出了问题

“扶不扶”成为一个问题不是彭宇案引起的。不是那么简单。反过来说，除了“扶不扶”的问题，我们这个社会还面临其他问题，比如假冒伪劣、坑蒙拐骗，它们并不是什么案子引起的，关键是我们当今的价值观出了问题。彭宇案只是“扶不扶”这个问题的一个标志性事件，它为那些不扶的人提供了一个法律上的理由而已，或者说彭宇案为这种社会现象向负面发展起到了推波助澜的作用。

改革开放几十年来，中国的社会经济发展取得了很大进步，但我们的价值观出现了很多问题。

第一，我今天讲的指导思想是大家不要就一个问题争论，我们要从更长远的眼光、更广阔的视野去看问题，价值观、道德观涉及的社会面确实很广。

价值观是什么？价值观其实就是我们对事物的看法。你认为这个事情是好还是不好，是对还是错。以前我们可能认为这个事情对，但现在我们认为它不对，这就是价值观发生了变化，而“扶不扶”的问题，是扶好还是不扶好，也在发生变化。当然这个变化不是一两天形成的。我们现在还处于这个变化当中。

我这里给大家讲一点理论。中国社会现在处于转型期，很多东西都会形成一种无序状态。中国社会从秦朝到鸦片战争经历了2000多年，过去基本上没有发生太大的变化，最上面是皇帝、朝廷，中间就是地主，下面就是普通老百姓，如农民。基本上就是这么一个社会结构。封建社会的主流价值观是什么？就是我们的传统文化，就是以孔孟之道为核心的儒家价值观，比如三纲五常。皇帝这么说，老百姓也认同。可是从鸦片战争开始，英国人迢迢万里派了几十条舰船，在我们的海边就能够把我们这个老大帝国打败了，我们的前辈就在想，我们为什么打不赢别人？可能是我们的文化出了问题。一些人开始对传统文化持一种否定态度，从鸦片战争起我们就进入这么一个状态。

20 世纪中国搞了一场“文化大革命”。“文化革命”本来是一个好的口号，结果我们搞成了“革”文化的命，凡是古时候的东西，传统的东西，我们都要把它毁掉，甚至连清华大学的清华园门都要毁掉。从鸦片战争起，我们从怀疑老祖宗的文化，进而怀疑老祖宗的价值观念。

一个民族怀疑自己的文化老祖宗，这在全世界都没有先例。欧洲人从来不会怀疑他们的老祖宗苏格拉底、柏拉图、亚里士多德。中国人为什么总是怀疑孔子、孟子，总是批孔，为什么总是要把传统的东西当作封建保守的东西，要踏上一只脚呢？外国人不理解。

比如我们在日常生活中有这样一个说法，满嘴的仁义道德，一肚子男盗女娼。本来仁义道德是中国传统文化的核心，是我们的核心价值观，但在这里被作为一个负面词。满口仁义道德，好像只有坏人才说仁义道德，好人不能说仁义道德，把它同一肚子男盗女娼连在一起了，对应起来，意思是这人假仁假义。我们批判传统文化就形成了这样一个规律。这是转型期我们价值观的变异。

市场经济也有负面作用

第二，市场经济当然有它积极的一面，比如强调独立、强调个体、强调竞争，跟计划经济比较起来我们有了很大进步。计划经济条件下，我们习惯了等靠要，没有什么主动性。但市场经济条件下就不同了，社会成员的主动性、个体性、平等性、竞争性有了极大的增强，但市场经济也有负面的东西，如果渗透到我们的文化领域，就会产生负面的价值观。比如“一切向钱看”。

北师大有个教授在微博上对他的学生说，到40岁的时候，你还没有赚到4000万元，就不要来见我，不要说是我的学生。这条微博在网上引起轩然大波。难道你教学生为了赚钱不顾一切？当然赚钱没错，君子爱财取之有道。但是你不能把赚钱作为成功的标志，这就是市场经济的负面影响，“一切向钱看”，用金钱的多少来判断一个人的价值，判断一个人的身价，判断一个人成功与否。

市场经济还有一个等价交换原则。这个等价交换本来在经济领域当中没错，但如果把等价交换放在其他领域那就大错特错了。比如我是政府官员，你找我办事，你要向我表示一下，我给你办个小事你给一点小东西，办个大事你给一点大东西，好像是等价交换。其实这就是把等价交换推广到了政治领域，把金钱和权力形成一种等价关系，这就大错特错了，这是市场经济的负面作用。

我们这些年价值观出现问题，同西方文化那些负面的东西有关系。当然西方文化有积极的方面，我们经常说向西方学习，以前学古希腊、学马克思。它有先进的一面，但是西方文化有一些负面的东西被我们很多人毫无选择地吸收，很多人尤其是一些年轻人对西方文化顶礼膜拜，佩服得五体投地。比如性文化，性开放。本来中国人在性方面很含蓄，在封建社会时期，我们甚至有个说法叫男女授受不亲，意思是男女之间不要挨着，不要接触，交谈接触不好。女同胞是大门不出二门不迈。改革开放之后，我们对西方的性开放很感兴趣，实际上我们现在的离婚率已经远远高于西方国家，有很多大学对大学生进行过性态度的问卷调查，在性方面中国大学生已经非常开放。

再比如，西方有个万圣节。在万圣节期间，家家户户门口挂了一些骷髅，吓死人。过去中国人不喜欢这样，但是现在中国小孩对这个东西也很感兴趣，这么一个小小的风俗已经在中国流行。现在的年轻人过情人节就更不用说了。

思想教育效果值得推敲

第三，我们的道德教育有问题。现在的道德教育表面上抓得很紧，但是实际效果不太好。我们现在的道德教育有两个问题。第一个就是说教式，我教你要听；第二个就是运动式。大家热烈学习讨论，表面上大家思想上有很大提高，其实是不是真的有很大提高呢？可能要画个大问号。思想教育是润物细无声的过程，通过说教，通过运动式可以解决一切问题吗？中小学有个思想品德课，这个当然很好，但是我们的思想品德课是不是真正在教育人？我们的学生可能在想方设法怎么样通过这门课的考试，表现出应试方面的能力，它是不是真正地对思想起到了作用呢？那就要画个问号了。你的思想品德课学得不错，但是你的思想品质本身怎么样呢？这就值得我们问一问了。有人调侃我们，这些年我们是五讲四美三热爱、两个文明一起抓，抓来抓去等于零。这句话有点幽默，五四三二一〇，它是这样一个概念。我们的思想教育，看样子好像很重视，轰轰烈烈，但是效果值得我们推敲。

第四，法律是道德的底线，也是防线。法律不健全，在道德方面也不可能保证。假如道德体系很完善，其实不需要法律也没问题。中国古时候有句话叫作“夜不闭户，路不拾遗”。为什么会这样呢？当时没有很严格的法治，但当时社会的道德体系很完善，大家都守规矩。假如道德体系不是很完善，我们就要依靠法律来健全了，但我们在这方面还不健全。今天说的“扶不扶”的问题就来了。

其他国家有没有这样的一些法律规定？比如德国、英国、意大利，它们的刑法里头就有明确规定，如果有人处在危急或特别困难的情况下，你能够帮助他、救治他，但你没有去做，你就要承担刑事责任。美国也有类似的规定，叫作轻微疏忽罪，就是你看到有人受了伤，倒下去了，很危险。你能报警但没有报警，你就犯了轻微疏忽罪。法律规定促使我们必须见义勇为，不见义勇为你就要承担法律责任。

见义勇为之后有没有问题，会不会出现风险？这是问题的另一方面，这个问题也要解决。加拿大有《见义勇为法》，美国有《好人法》，在新加坡也有类似的法律，规定你救了人，哪怕在救人过程当中，你出现了小小的失误，你都不需要承担责任。而且新加坡法律规定，如果你救了人又被诬陷，那么这个诬陷者首先要道歉，其次要受罚。

一方面，你必须见义勇为；另一方面，在见义勇为时你如果有一定的差错，则不需要承担责任。类似法律能促进我们的道德体系进一步健全。

必须重塑核心价值观

第五，我们的文化环境也存在一些问题。文化对人肯定产生一些影响，特别是年轻一代，通过网络、电视接触了很多不同的文化，可能受到一些负面影响。比如有些相亲节目体现的部分价值观对社会产生了不利影响，值得我们思考。有些当事人这样表达自己的爱情观：宁愿坐在宝马车上哭，也不坐在自行车上笑。我就是要有钱，我就是要跟有钱人结婚，跟他结合在一起我伤心都可以。意思是说，假如你没有钱，我跟你在一起很高兴又有什么意思呢。这些观点通过媒体的传播对社会价值观的影响很大。再就是我们一些名人的社会效应很大，比如有些演员春晚他都敢假唱，这就是不诚实，欺骗了全国人民。有的名人为了广告费，不负责任地乱说这个药很好那个药很好，这对我们社会产生了比较大的负面影响。

各个方面的因素加在一起，就使我们的价值观产生了扭曲，传统的价值观没有得到体现，新的价值观没有建立，所以我们必须重塑核心价值观。中国特色社会主义核心价值观，一共是 12 个关键词。

从国家层面来讲，我们追求的是富强、民主、文明、和谐。从社会层面讲，我们要追求自由、平等、公正、法治。从公民个人层面来讲，我们要做到爱国、敬业、诚信、友善。这是现在国家倡导的。

为什么要建立新的核心价值观？前面已经说了，我们处在一个转型期，价值观有点混乱，我们现在要把它理顺，朝什么方向理顺呢？也就是说国家确定了这么一个方向，这么一个目标，这是我们大家要共同追求的目标，要共同遵守的准则。

为什么要重塑价值观？首先我们看看核心价值观的地位。我们说整个文化的核心是价值观，假如这个核心价值观出了问题，整个文化都出了问题，我们现在就要思考核心价值观所处的地位。

其实任何一个社会、任何一个时代都有核心价值观。比如封建社会的核心价值观，中国人说的仁义礼智信，叫"五常"，这就是中国2000多年来封建社会所奉行的核心价值观，这个核心价值观到现在为止还有非常积极的意义。这是老祖宗留下来的精神财富，如果我们都能做到仁义礼智信，这个社会就会变得更美好。

封建社会的核心价值观还有个提法叫"礼义廉耻"，这叫"四维"。什么叫仁义礼智信？什么叫礼义廉耻？孟老夫子说恻隐之心，仁之端也，你对别人有一种友善的心态，你有这么个良心去帮助别人，那就是仁。羞恶之心，义之端也；什么叫羞恶呢？就是你做了错事感到很羞愧。辞让之心，礼之端也；就是互相谦让，就是有礼。是非之心，智之端也；能够判断是非就表明你有智慧，智也。孟老夫子只说了前面4个。"信"就是诚也，信是一个单人旁加个言，就是你说话要算数，通俗一点就是，这个人说的话要算数，就是信。中国封建社会的核心价值观就这5个字，如果每一个人都做到了，这个社会就会和谐得多。

礼义廉耻是另外一个说法，又称"国之四维"，也就是把我们国家撑起来的四根柱子。礼、义已经说了，廉就是廉洁，耻是什么意思呢？这个耻就是羞耻之心，你做了错事，你感到很内疚，感到羞耻，你有这样一种心理状态就叫作耻，耻是一种美德，你如果没有这种心理状态，你就是可耻，就是无耻。

老祖宗给我们留下的精华，我们首先要继承。提倡的仁爱就是仁，公正就是义，文明就是礼，诚信就是信。

西方人当然也有核心价值观，他们主张个人主义、自由主义、平等主义，这不是贬义词，这是中性词，他们对个人比较尊崇，尊重自由、尊重平等。

价值观是民族文化的核心

比较一下中国人跟西方人价值观不同的地方。中国人重集体，集体观是我们的核心价值观之一，而西方注重个人。我举个写信的例子说明这个问题，假如说你要给我写信，中国人一般使用这种格式："中华人民共和国××省××市××院×楼×××房的某某某"。这个表述，它体现了中国人的价值观，把最大的放在最前边，然后慢慢变小，最后是自己。西方人恰好相反，他倒过来写，把名放在前头，然后是姓、房间、楼层、单位、广东省、中国，仅仅从写信的表述，我们就可以看出东西方价值观的不同。

核心价值观是民族文化核心的东西。中国人起名字也很有意思，比如我叫黄发玉，"黄"是我家族的名字，放在前头，"发"是我这个辈分的名字，最后这个字才是我自己的。西方人同样是反过来的，比如比尔·克林顿，比尔是他的名字，克林顿是他的姓。所以我们说核心价值观对一个国家，对一个民族的文化、生活的各个方面都有影响。如果核心价值观不存在，我们就失去了安身立命的依据。

中华民族要实现伟大复兴，实现"中国梦"，核心价值观的意义何在？"中国梦"不仅仅是我们的经济总量要超过美国，也不仅仅是我们的军事实力可以保卫我们的海疆。更重要的是，我们的文化要变成世界上真正先进的文化。唐朝时期，中国不仅经济繁荣、军事发达，文化也成为他国学习的榜样，当初朝鲜、日本、越南都是用的汉字，日本还把当时长安城的规划照搬过去，日本有两座城就是按照唐朝长安城来造的。

我这里总结一下，说三句话。

第一句话，如果一个国家只能够输出机器，不能输出思想和价值观，这个国家不可能是伟大的国家。中国在历史上之所以伟大，就是因为它不仅经济发达，军事上强盛，更主要的是它输出文化、输出思想。中国人要好好向这个方向奋斗。

第二句话，一个没有信仰一盘散沙的民族不可能是一个强大的民族。如果我们没有信仰，如果我们连老祖宗的文化精华都丢失了，如果我们不能判断某个事情是对是错，是真是假，是好是坏，大家都莫衷一是，我们的民族就不可能是一个强大的民族。

第三句话，穿戴光鲜但缺乏涵养的国民不可能是受人尊敬的国民。我们现在有钱了，一些人成了“土豪”、暴发户，我们穿金戴银到国外，但是我们随地吐痰，我们在飞机上打架，你能够得到世人的尊敬吗？不可能，这种行为跟礼仪之邦的称号相去甚远。

所以，我们不能单就“扶不扶”来讨论问题，我们应该通过这个问题认识到我们价值观重建的必要性、重要性和紧迫性。

谢谢大家！

我们为什么需要安身立命的精神家园

臧峰宇

臧峰宇

中国人民大学哲学院副教授，硕士生导师，伦敦国王学院访问学者。兼任中国人学学会理事、全国应用哲学研究会副秘书长，主要从事马克思主义政治哲学与中国问题研究。主要著作：《马克思政治哲学引论》《通往智慧之路》《当代社会生活的哲学视野》等，译著：《不同的路径》。主持国家社科基金青年项目与中国人民大学明德青年学者计划等课题。曾获霍英东教育基金青年教师奖、北京高校青年教师教学基本功比赛一等奖。

精神家园就是我们生活的意义世界

我们为什么需要安身立命的精神家园？很多人觉得这个问题很宏

大，还有些人觉得，从哲学角度理解生活中的实际问题，似乎有些玄奥。今天我想跟大家分享一些生活中的故事，体会其中的价值选择，与大家一起思考：在这个时代，我们为什么需要安身立命的精神家园？

很多年前，有一位央视记者采访一个西部的放羊娃，他问放羊娃为什么放羊？放羊娃回答说是为了赚钱。记者问为什么赚钱？回答是因为要娶媳妇。为什么要娶媳妇呢？放羊娃说因为要生娃。为什么要生娃呢？放羊娃的回答是：让娃来放羊。这个故事可能在很多朋友的心中荡起了波澜，放羊娃想象的都是山里面经年累月习以为常的事情，没有想山外面的世界。他的知识和视野都很有限，他的思维方式是平移的。

当很多朋友嘲笑这个放羊娃缺乏见识的时候，是不是认为城市人就能从容地回答这个问题呢？有一位家长曾因为跟孩子存在代沟而感到困惑，觉得孩子上大学之后不听话了，他问我怎么改变这种状况。我问这位家长，为什么让孩子上大学？他说，如今已经是知识经济时代，如果没有大学学历，怎么找到好工作呢？哦，上大学的目的就是找好工作。那么为什么要找好工作呢？他说有好工作就会有可观的收入。我明白了，让孩子找好工作，目的是赚更多的钱。那么为什么要赚更多的钱呢？他说，现在的女孩子都很功利，没有钱，哪个漂亮女孩子愿意嫁给他呀？哦，原来是为了找一个漂亮的女孩子结婚。那么为什么要找漂亮女孩子结婚呢？他说，漂亮女孩子基因好啊。我问基因好有什么用呢？他说可以生聪明娃！我不知道漂亮的基因和聪明的基因之间是否有直接对应的关系，接着问他为什么要生聪明娃？他说聪明娃可以很快上大学。我们来看看这个逻辑：为什么上大学？因为要找一份好工作。为什么找一份好工作呢？因为要赚更多的钱。为什么要赚更多的钱？因为要娶漂亮女孩子为妻。为什么要娶漂亮女孩子为妻？因为要生聪明娃。为什么要生聪明娃？因为聪明娃能上大学。这似乎是与记者和放羊娃之间的对答一样的逻辑。

同样还是央视的一个访谈。曾有记者问很多人一个问题："你幸福吗？”很多人听后感到茫然，其中有一个务工人员回答说，“我姓曾。”节目播出后让很多人陷入思考，评论和进一步提问从不同的角度展开。其实，这个问题背后蕴含着一个很深刻的初衷：今天可能已经很少有人去思考“我是否幸福”这个问题，也许被问到“你快乐吗”，更容易回答。有一位作家说：人们欢笑的次数是随着年龄的增加而递减的，如果以 80 岁为生命终点，人一生笑 11 万次左右。如果每一次笑的时间按持续 1 分钟计，大概有 1800 个小时，也就是说，人一辈子只有 150 个白天是在欢笑中度过的。我还没有这位作家乐观，我觉得人们每一次笑笑不了 1 分钟，可能 10 秒就差不多了，有时候笑的时间更短，这样我们可能只有不到 25 个白天是在欢笑中度过的。而且，一个人笑的时候是否幸福，也是一个问题。当然，不笑的时候也未必不幸福。关键是我们内心是否丰盈，这个问题可能比较宏大，但它与我们感知生活的每一个瞬间都能对接。

当我们深思生活的意义，或者说生活背后的世界的时候，我们会感到这里有很多值得深思的事情，至少这种深思会让我们真正想清楚对很多琐事的处理方案。当我们安顿好了我们的精神世界，真正知道我们究竟要过怎样的生活时，周围的世界会自然为我们敞开一条道路。因为我们把握了生活的意义世界，能够从容地面对很多实际问题，让我们的选择和实践都很淡然，或者很有价值，这是我想谈的第一个问题。我们都有属于自己的意义世界，很多日常生活中的话语和行为透露着我们心中的价值观。

充盈的内心世界有助于我们从容地安顿未来

有一个学生给我讲过一个故事，我听了之后很受触动。他说，老师你知道爱斯基摩人如何捕杀北极熊吗？我说不知道。他说，北极熊很庞大，但爱斯基摩人很聪明，他们发现北极熊有弱点：嗜血，特别喜欢吃血腥的东西。他们就想出了一个办法，将匕首放在盛有血的容器里，北极非常寒冷，匕首很快就冻成了冰棒。然后他们把这些带血的冰棒，放在北极熊经常出没的地方。北极熊看到后很高兴，不断地舔这块冰血，慢慢地舌头就麻木了。当它接着舔这个冰棒的时候，实际上舔的是匕首，但因为舌头冻麻木了，已经感觉不到疼痛。最后舔进身体里的其实就是自己的血，最后因为失血过多而死去。

在日常生活中，我们是否有过麻木的感觉，我们是否因为随便、无所谓、怎么都行的生活体验而经历过无意识的沉沦，最后迷失自己？迷失和麻木都非常真实，可以看到，可以证明，但如果我们不追问到底是什么激发了我们内心的波澜，不追问我们所做的事情具有怎样的意义，问题可能就随之而来了。相比很多在生活中迷失的人们，当我们在城市某个地方看到有些务工人员投入地看一本书，或者看到很多年轻人执着拼搏的身影，就会觉得这个社会充满不断追求理想生活的希望。

讲一件我亲身经历的事情。有一次在游泳的时候，我听到两个小朋友在游泳池边的对话。一个小朋友拿着漂亮的游泳圈问另一个小朋友："这是我的游泳圈，你的呢？"提问的小朋友有怎样的期许呢？我猜想，如果另一个小朋友说，"哇，你的游泳圈那么漂亮，可以借我看一看或者用一用吗？"第一个小朋友一定会感到非常愉悦。但是很遗憾。第二个小朋友回答说，"我会游泳，不用游泳圈。"这让第一个小朋友受到很大的伤害，本来自己想要获得对方的赞赏，谁知不仅没有得到赞赏，还得到一种否定：你不会游泳，只会用游泳圈。如果第一个小朋友有很好的心态，可以说，哦，你会游泳啊，可以教教我吗？但这个小朋友说了一句惊人的话："我不会游泳，但我可以打死你。"接着就追着另一个小朋友打闹起来。这只是两个小孩子的对话，但如果我们对此做语言分析，就会得出这样的逻辑：如果你不赞美我，我就要消灭你。这是一个可怕的逻辑，呈现了一种很不理想的交往方式。

当我们和谐地处理人与人之间关系的时候，往往可以从容、自信地施展我们的才能，充盈自己的内心世界。在重温理想的记忆中确认我们想要过的生活，进而安顿自己的未来。我们小时候在幼儿园时，几乎都被阿姨问过一个问题："你长大之后想做什么？"有的小朋友说想当科学家，有的小朋友说想当作家，还有的小朋友说想当画家，过了若干年之后，有多少当年的小朋友实现了自己的理想？有多少当年的小朋友如今还有理想？当我们经历过很多成长的岁月之后，理想可能发生了变化，但我们追随理想的激情不应褪色。

当然，我们也要衡量理想本身的合理性。2009年，一个记者在广州问一个一年级小学生同样的问题，这个小朋友没有说想做工程师，或者想做诗人，而是回答说：想要做官。记者进一步问，想要做什么样的官？小朋友回答说：贪官，因为贪官有很多东西。很多网友发表了对这条新闻的评论，有的说这个小朋友说了真话，就像指出皇帝没有穿衣服的那个孩子；有的说某些大人的价值观污染了孩子的心灵，也有的网友说这只是孩子无心的话，不必大惊小怪。新闻各有评说，但这则新闻确实提醒人们，重新思考有关理想的话题：十年之后我们想成为什么样的人？我们在忙碌的奔波中是否持有理想的情怀？我们是否有追寻理想的激情？什么样的理想是我们所需要的？如果没有了理想，我们还有什么不可以失去？

寻找内心充盈和精神安顿的生活支点

有理想的人都是有生活目标的。如何确立生活目标以及如何实现这些目标都是不小的问题。请大家看这幅漫画：一个小人站在跷跷板的一端。旁边有一段解释：每个人心中都有个高点，来来回回许多次，却发现站上高点是多么困难。对这个漫画中的小人来说，哪里是高点呢？跷跷板的另一端吗？还是中间这个支点？当他站在跷跷板一端往上看的时候，他心中的高点是另一侧的顶点。但他一旦走到另一端的时候，原来这个顶点马上就会下落，除非有外力的支撑，否则这个他眼中的最高点一定会变成最低点，来来回回许多次，却发现站上高点有多么困难。

在我们的生活中，有没有一个理想的最高点？实现理想有没有一个现实的支点？我们总想过更好的生活，但什么是支撑我们前行的动力呢？如果我们有一个支点，往往就可以安稳地越过一个个阻力，保持从容的态度，因为我们知道自己想要干什么。如果我们站在支点上，通常意味着我们找到了一个内心充盈、精神安顿的生活支点，这个支点对我们具有无限的意义。主持人刚才说，很多玄奥的问题谈起来可能很空洞，如果我们找不到这个玄奥问题的本质，就很可能陷入一种空洞的言说。但当我们思考事情背后的意义，对某个事物的丰富性进行深邃的理解时，可能也显得有些玄奥。但这种思考实则直抵问题的本质，谈论具有哲学的内涵，形式上的玄奥也就具有了必要的意义。

我们谈论理想的时候，其实就是在谈论人生，也就是在谈论哲学。因为人的存在具有二重性，我们生活在一个现实的世界，但我们总是希望有更好的生活，向往把希望变成现实，也就是渴望生活在一个可能的世界，当可能的世界变成了现实的世界，我们又要向往新的可能的世界，此乃人性之本然。这个可能的世界是我们在现实中畅想的，它不能在未被实现之前被证实，但具有不可或缺的价值，因为它意味着生活的希望。例如，大家在这里听讲座，可能某个朋友正想听一场音乐会，这场音乐会对这个朋友来说现在发生了没有？还没有发生，但很可能会发生。我们总是不断地追寻这个可能的世界，这种追寻既让我们感到很踏实，也让我们觉得自己始终活得有未来。因为我们一直在寻找好的生活。

什么是好生活？人应该以何种方式生活，或者人的真正需要是什么？这些经典的哲学问题实际上跟日常生活息息相关，对这些问题的思考可以形成自我完善的动力。而且这种精神追求呈现了人性的力量，由此我们可以更加从容、自信地经历各种生活，也可以尝试回答如何安身立命的问题。《左传》有云，“民受天地之中以生，所谓命也。”孔子要人们知命，他说“五十而知天命”，知命会怎样呢？可以不怨天尤人。孟子要人们立命，超越当下境界，抵达更好的生活，自我立命，活出生命的尊严。

在深思中安顿我们的精神家园

“安身立命”最早出自宋代释道原的《景德传灯录》卷十，而对这个问题的讨论在先秦时代就已经开始了。通常认为，“安身立命”指生活有着落，精神有所寄托。从独善其身的角度看，安身易，立命难；从兼济天下的角度看，助弱者安身，“为生民立命”，体现了我们的文化信仰、道德观念和社会信任，体现了人之为人的社会规定，因为“人在其现实性上是社会关系的总和”。

记得我上小学的时候，学校的墙壁上贴着一些名人的照片，例如，牛顿、居里夫人，还有爱因斯坦。当我们看到爱因斯坦这张照片的时候，是否感到爱因斯坦的表情有些不同？我小时候没怎么思考过这个问题。有一个5岁的小女孩第一次看这张照片的时候，问她的妈妈：“这个老爷爷为什么哭呢？”有些家长可能会说，想这些干什么，你去做好数学题吧。这个孩子的妈妈是一位著名的诗人，听到这个问题之后，她也感到很惊诧，她没有想过这个问题，这个老爷爷为什么哭呢？后来去寻找答案，发现在一本回忆录中，摄影师谈到了当时拍这张照片的情况。原来爱因斯坦不喜欢拍照，这个摄影师费了很多周折跟他相约，爱因斯坦最后同意他某一天来到工作室。那天，摄影师如约来到爱因斯坦的工作室，看到爱因斯坦埋头于一些文案中，忘记了拍照这件事情，摄影师就提醒爱因斯坦，我们约好今天拍照啊！爱因斯坦这时茫然地抬起头，他问摄影师：你相信将来没有战争吗？当时二战快结束了，美国在日本投了两颗原子弹，造成了很多日本无辜平民的创伤，他要为此承担道义上的责任。

尽管爱因斯坦没有造原子弹，但他认为如果没有相对论，原子弹不可能这么快研制出来，自己因而也应当承担责任。在爱因斯坦离世前两天，他签署了《罗素—爱因斯坦宣言》，号召全世界的自然科学家和人文社会科学家联合起来，抵制核武器对人类可能造成的威胁。一个物理学家思考物理学背后的意义，就进入了哲学思考的时空。我们在有形的物理学世界中思考，思考这个有形的物理学世界的意义，这个意义让我们的生活更有价值，因为正是在思考中，我们形成了精神自我，开始理解生活对我们意味着什么，这一点非常关键。

在日常生活中，一个有精神自我的人和一个没有精神自我的人，看不出太大区别，但当他们开始做出选择时，判断力的差异就很明显了。实际上，我们不能缺乏思考的能力，不能没有精神自我。有一首歌叫《弯弯的月亮》，词作者在描述“弯弯的月亮”的时候，营造了一种近乎唯美的意境，其中有几句歌词是“阿娇摇着船，唱着那古老的歌谣。歌声随风飘啊，飘到我的脸上。脸上淌着泪，像那条弯弯的河水。弯弯的河水流啊，流进我的心上”。但这首歌还有一句令人反思的歌词，“我的心充满惆怅，不为那弯弯的月亮”，唱《弯弯的月亮》怎么不为弯弯的月亮呢？又是为什么呢？“只为那今日的村庄，还唱着过去的歌谣。”村庄已经不是原来的村庄，每个人的生活都改善了，但人们的精神世界是否发生了变化？在这个静谧唯美的乡村家园中，有没有人们的精神家园？如何安顿人们的精神家园？这些问题值得我们深思。

没有人可以是食品安全的局外人

在我们的时代，食品安全问题和环境污染问题比较严重。有人开玩笑说，每个中国人一天会经历很多食品安全问题：“买地沟油炸的油条，切个苏丹红咸蛋，冲杯三聚氰胺奶；吃注水瘦肉精猪肉炒农药韭菜，来碗翻新陈米饭，泡壶香精茶叶；买条避孕药鱼，炒尿素豆芽，开瓶甲醇酒，吃个硫黄馒头；在地摊上买本盗版书，钻进黑心棉被，辐射算神马。”这个段子说得自然有些夸张，但这种夸张让人们更重视日常用品的安全问题。我经常这样思考，有没有做三聚氰胺奶的人给他的孩子喝自己的奶制品，有没有这样的人？我不认识这样的人。再如一个生产地沟油的人，用令人作呕的手段制作地沟油之后，会不会立即用地沟油煎一个荷包蛋，给自己的母亲吃了。有没有这样的人？我不认识这样的人。还有很多人在生产农作物的时候喷洒过多的农药，他们自己吃这些蔬菜吗？据说他们还有自己的菜地，这些农药残留蔬菜是卖给别人的，自己很安全。

这三种人都觉得自己是安全的，都觉得自己很聪明。可是，一个生产三聚氰胺奶的人很可能会吃到地沟油和农药残留蔬菜；一个生产地沟油的人很可能会吃到三聚氰胺奶，吃到农药残留很高的蔬菜；一个种植农药残留蔬菜的人可能会喝三聚氰胺奶，吃地沟油。如果每个人都不在意自己的诚信，最后自己肯定是受害人。有人将这种行为称作“互害式自保”，问题是互害能自保吗？在日常生活中，互害的情境绝不只是这三种，谁是食品安全之外的人？所以，聪明真的与智慧有很大的差别，我们说聪明的时候，前面有时会加一个“小”字，而在说到智慧的时候，前面往往加一个“大”字。因为智慧是长远的、深邃的。

说到人们之间的关系，我又想起美国波士顿有一个非常出名的纪念碑，上面铭刻着一位叫马丁·尼莫拉的德国宗教人士留下的短诗：“起初他们追杀共产主义者，我不是共产主义者，我没有说话；接着他们追杀犹太人，我不是犹太人，我没有说话；此后他们追杀工会成员，我不是工会成员，我继续不说话；再后来他们追杀天主教徒，我不是天主教徒，我还是没有说话；最后，他们奔我而来，那时再也没有人站出来为我说话。”当我们都置身事外的时候，实际上就是成为一座嘈杂都市中的孤岛，一座看起来不是孤岛的孤岛。在日常生活中，在乘坐公共交通工具的时候，有的年轻人不给老年人让座，这是很令人费解的。只要我们想到，我们生活在一个共同体中，当我们的妈妈、我们的孩子坐公共交通工具的时候，也需要别人让座，我们爱护这些陌生人，就是爱护我们的妈妈和我们的孩子，因为我们的妈妈、我们的孩子也需要他们的爱，因为我们生活在一个共同体中，这是我们在社会中必须履行的基本责任，是我们必须维护的社会秩序。在这个意义上，每个不让座的人，我都怀疑他是否安身立命。

最近，我在深圳的媒体上看到这样一种倡导核心价值观的活动，叫作“每日一善”，例如，2014年1月，“23日支持免费午餐，24日陪父母看一场电影，25日探望孤残儿童，26日夜深时调低电视音量，27日和同事分享方法和技术……”这些都是日常生活非常基本的需求，但它足以唤醒我们内心柔软的东西。价值观体现在一言一行、一蔬一饭之中，反映了人们的文化观念和文化习惯。人的一生总是“为自己做点事，为社会做点事”，一点一滴的事总会反映我们的价值观念。小善可以慢慢汇入江河，善莫大焉。当我看到一个人每天行善，日积月累，就不会怀疑他是否具有安身立命的精神家园，因为他的行为已经照亮了自己的精神家园。这些年，“时间就是金钱，效率就是生命”、“空谈误国，实干兴邦”、“让城市因热爱读书而受人尊重”、“实现市民文化权利”等“深圳最有影响力十大观念”，体现了深圳的城市精神和深圳人的价值观，反映了我们时代的精神现象。每个在城市中生活的人日行一善，日积月累，内心渐渐都会安顿起来。

有时候我们觉得很迷茫，因为对这个变化的世界还不够明白，当我们进一步凝视或者倾听世界，进一步理解自我的时候，足以唤醒我们生命中柔软的东西，为我们前行提供非常深远的启示。我们能否每天做到一善？如何安排自己的一善？这些事情微小吗？好像是微小，但足以跟宏大的话题对接，在真实的世界、真实的生活中产生价值观的力量，对人生不是一件小事。

我们如何在世界中看自我

寻找和确认安身立命的精神家园，体现了我们的文化自觉，而文化自觉的实质是价值观自觉。衡量我们的价值观，在一定程度上就是在考量我们如何理解世界，如何理解变化的世界中的自己。我们都知道每个人都有自己的世界观，那么，什么是世界观？有的朋友说，世界观就是我们对世界的总的看法和基本观点。说得很好，可是，我们怎样形成对世界总的看法和基本观点呢？这就要去看世界，也就是去观世界了。我们在世界之中看世界，还是从世界之外看世界呢？人之为人有一个很重要的特征，就是我们在世界之中看世界。当我们在世界之中看世界的时候，我们如何在世界中看自我呢？我们是不是每天在世界中拿着镜子或能映像的器物看自我呢？在这里，自我更多的不是自然形象，而是一种社会价值。我们需要在别人的眼里看自我，一旦我们在别人的眼里看自我，就涉及我们的生活跟别人的关系。世界在变，别人在变，我们也在变，因而，拥有正确的世界观，是读懂自我和世界的前提。

一个人对自我价值的确认，主要依靠的不是自我判断。比如说，有个人有一天非常开心，觉得自己很有价值，在自我满足的陶醉中不能自持，并且强迫别人对他的认识与他的自我认识相符，当这种情况愈演愈烈的时候，周围人可能觉得他的头脑出了问题。价值是在关系中存在的，当别人不断赞誉你的才华、你的能力、你的魅力的时候，你的价值才呈现出来，而这时你可能很谦虚，甚至表明自己其实是一个很平常的人，而这不仅不能降低别人对你的评价，反而使人们认识到你还有谦逊的美德。我们的价值往往体现的是满足别人需要的程度，在日常生活中，我们既要给自己做些事，也要给社会做些事，有没有人完全无我？恐怕是没有的，无我体现了一种宗教境界，更多的是很多人瞬间的冲动，日常生活中的人们既不是完全为了自己，也不是从来不考虑别人，不考虑同事、同学、朋友，人们总是会有所考虑的。正是在为自己做事、为社会做事的过程中，我们找到了自己存在的价值。

我们认识世界，不能仅仅秉持真理的尺度，还要秉持价值的尺度，也就是获得事物何以如此与应该如何的根据。每个人的眼中都有自己的世界，别人的眼中也有关于我们的世界，这种认识也反映了我们的价值判断。例如，有这样一个画面，三个人，分别是园艺师、厨师、伙夫，这三个人面对的是同一个树根，园艺师想把它做成盆景的底座，厨师想把它做成菜板，伙夫想把它付之一炬。在这三个人的眼中，这个树根都是有价值的，但他们所确认的价值的差异也是明显的。生活中每个人都以自己独特的方式使事情显现出价值，不同的看法和不同的观念支撑我们走到不同的远方，可以使我们抵达不同的高度。

有一幅漫画，画上的女孩提出一个问题："土豪，我们做朋友好吗?"还有一幅照片，做出了一种回答："对不起，是否可以有一点正能量。"我们的价值观固然具有满足需要的属性，但价值在本质上是具有超越的本性的，人们必然通过具有超越性的实践改变世界，实现自己的目的，满足社会的需要。而且，价值观应当是社会需要和自我实现的统一，它使人们做出正确的抉择，"做你自己"。我们可以宽容别人的价值选择，但应当坚守自己价值观的正能量，因为日常生活中总是有一些踏实的东西，支撑我们走更远的距离。

认识世界并坚守价值观，关键在于如何做出价值选择，价值观的形成是因为我们有在可能性中进行选择的能力。当且仅当至少有价值观和没有价值观，或有好的价值观和不好的价值观两种可能性，我们选择有价值观乃至好的价值观，我们的行为将变得更有价值；如果只有一种可能性，我们的行为就不是自由意志的结果，而是由外在原因决定的，我们就不必为自己的行为负责。人终究具有选择的能力。我们可以踏实地求索、艰难地跋涉、变通地运作，但如果没有价值观的支撑，我们就极易变成无根的浮萍。面对复杂的生活境遇，我们尤其需要探寻个人安身立命之道，社会和谐持续发展之途，进而确认中华民族安身立命的精神家园。

构建我们时代的核心价值观

据说，英国前首相撒切尔夫人说过这样一句话，"中国没有那种可以用来推进自己的权利，进而削弱我们西方国家的具有'传染性'的学说，今天中国出口的是电视机，而不是思想观念。"不知道大家听到这句话有怎样的感受。鲁迅先生曾说过，"惟有民魂是值得宝贵的，惟有他发扬起来，中国才有真进步。"如今，中国已成为世界第二大经济体，如何站在精神的制高点上，是我们需要深思的重大问题。

2011 年 10 月 13 日，在广东佛山出现了一件令人震惊的事情，两岁的小女孩小悦悦在过马路时被一辆面包车撞倒并两度碾压，此后几分钟内先后有 18 个路人经过，几乎都视而不见。何以如此？当我们看到路上有孩子或老人跌倒的时候，是否应当毫不犹豫地施以援手呢？我们应当有"恻隐之心"，"不忍人之心"，可是在遇到这种事情的时候到底"扶不扶"，已经成为一个值得讨论的社会问题。有一次，我正在课堂上讲道德哲学问题，没想到当时在离学校很近的中关村发生了一件事，一个女子的头被卡在了护栏里，路人匆匆而过视而不见，最后错过了很好的抢救机会。记者问一个路人，为什么路过而不援助，回答是要保护现场。这些理由都是经不起追问的。如何认识我们生活中的道德现象，与我们的价值观相关。

英国哲学家罗素 90 多年前来到中国，后来写过一本书叫《中国问题》。罗素在这本书中指出，"假如中国人能自由地吸收我们文明中他们所需要的东西，而排斥那些他们觉得不好的东西，那么他们将能够在其自身传统中获得一种有机发展，并产生将我们的优点同他们自己的优点相结合起来的辉煌成就。"而在这段时期，很多中国有识之士也在思考中国向何处去的重大问题，当时人们看到中国传统文化拯救国运之乏力，又思索西方文明造成世界大战的根由，李大钊等中国先进知识分子认为，非得有"第三新文明"，无此"不足以渡此危崖"。今天，我们如何具有文化自觉与文化自信，仍然值得深思。

可以说，一个社会和民族的进步，固然以经济发展为基础，但如果不能形成社会自我与民族自我，不能实现价值认同，就很难主宰当下乃至未来的命运。当今中国处于全面深化改革的重要历史时期，内在地要求我们理解中国文化自我和价值认同的历史根基，确认社会发展的价值前提。我们在这个时代需要深入理解中国文化的自我价值和我们的价值观，思考什么是有价值的，这将决定我们对人生和世界的看法。

价值关怀体现了一种精神境界，我们的民族并不缺乏这样的精神境界，中国人自古以来有过很多美丽的憧憬，也实现了不少恢宏的梦想。寻找中华民族的精神家园，反映了现代中国的百年命运与中国人的文化选择，实乃中国文化一以贯之的精神守望。这种寻找和确认蕴含着中国人的感情和中国人的智慧，体现着中国人的文化理念与价值诉求。在中国革命、建设和改革的各个历史时期，都有很多让我们感到振奋的民族精神和时代精神，在此基础上，我们可以理解和践行我们时代的核心价值观。

社会主义核心价值观反映了当代中国人价值追求的最大公约数，体现了国家的价值制高点和社会的共同理想，促进公民品格的养成。今天可以不是一个大谈特谈理想主义的时代，但我们不能没有理想主义精神。实现中国梦，需要积极培育社会主义核心价值观。在这些价值观中，富强是国家繁荣昌盛、人民幸福安康的物质基础，民主是社会主义的生命，文明是社会进步的重要标志，和谐是社会稳定、持续发展的重要保证；自由是人对社会生活的美好向往，平等保证了每个人参与社会建设并分享社会成果的权利，公正是社会发展的根本价值观念，法治是治国理政的基本方式；爱国体现了公民对祖国的深厚情感，敬业体现了忠于职守的职业精神，诚信体现了人在社会生活中应当秉持的道德品格，友善体现了当今时代理想的人际关系。我们在日常生活中还要进一步思考价值观问题，价值观跟我们日常生活中一点一滴、一言一行紧密相关，它很宏大，但离我们并不遥远！

谢谢大家。

中国社会转型期的信仰重建

刘云德

刘云德

吉林大学珠海学院学术委员会副主任、旅游系主任、文化理论研究所所长、教授。美国哈佛大学访问学者。已出版译著《社会学》、专著《文化论纲》，发表论文 20 余篇，承担各级科研项目 10 余项。

35 年的改革开放，社会大转型，我们每个人都经历过阵痛。什么叫社会转型呢，就是原有的固定结构打散了，现在重新组合，形成一个新的稳定的结构。在社会转型过程中容易完成的是经济结构，中国经济改革的过程非常顺利。当我们进一步改革的时候，邓小平几次提到推进政治体制改革，结果始终推进不大。

今天我们面临又一次深层次改革。改革到今天，我们遇到了很大的抵制，面临着许多风险，已经到了最关键的时刻。这一次改革必须成功，不能失败，我们都感觉到了很大的压力。

在更高层面的改革启动之前，我们的意识形态领域必须达成基本共识，我们的意识形态必须跟上社会结构的变化。在意识形态领域里，党中央提出要建立社会主义核心价值观，什么是对的，什么是错的，这些问题必须解决。要解决这个问题，我们必须先解决信仰问题，一定要解决我们的精神世界问题。

2013 年美国有一些人在国会和大学做演讲，他们说中国是一个没有信仰的国家，这就是他们提出的遏制中国的理论基础。

这种理论迫使我们重新反思。在中国 5000 年的文明历史上我们有没有信仰？没有信仰我们是怎么走过来的？今天怎么总结我们的信仰？面对下一步我们的社会变革，如何重塑健康的、全面的信仰？这是摆在中国人面前的最严峻的任务。

我首先讲第一个问题，信仰的起源。按照历史唯物主义的观点，人类是类人猿变过来的。我们原来和自然界是合一的，我们是自然的一部分，当我们从自然走出来之后，我们变成了和自然对立的人群。这个时候，人首先建立了自我意识，知道我是人，自然是自然，为什么呢？他认识到了自然和自己是对立的，人的主体性就出现了。

自然界对人类进行了许多侵害，我们不知道为什么有闪电，有地震，有水灾，等等。这个时候，自然界的力量就对人造成了一种恐惧。

由于自然界对我们进行了侵害，我们就产生了恐惧。人类从无知到恐惧是人的意识的第一次出现。用黑格尔的话说，恐惧是智慧的第一步。我们害怕自然，就开动脑筋思考怎么对付自然。原始状态，摩尔根把它叫作“蒙昧状态”，在这种状态下，人类在黑暗中摸索怎么对付自然。有人去尝一个果实，如果果实有毒，这个人就被毒死了，后面的人就知道这个果实不能吃。后面的人尝第二个果实，这个果实可能是甜的，可以充饥，这就是我们知识的来源。然后他知道哪里的水能喝，什么季节可以播种，什么季节可以收获。

人长期处于恐惧中是无法生存的，人必须摆脱这个恐惧，但那时人又不能战胜自然。怎么办呢？在我们的生活中，当一个事物非常强大，你制服不了它，又恐惧它，人的精神世界里就产生一种理性的心态，叫作崇拜。我战胜不了你，我拜你为师行不行？崇拜的心理就出现了。每一个人都崇拜过别人，因为别人比我们强大。我崇拜他，他就不会侵害我。

信仰必须“皈依”

人类早期有许多崇拜物，有自然、天地、图腾等，所有这些崇拜，使我们在心理上和恐惧达成了一种和解。天不是不下雨吗，我把我儿子摔死，把我女儿扔到河里，感动了天就下雨了，原始宗教就是这样诞生的。

在崇拜的过程中人类始终是和自然界对立的，人处于一种屈从的地位。但长期的崇拜导致精神受到压抑，人的理性开始起作用。我能不能不崇拜它，天天要烧香，太累了。人的理性世界、精神世界得到了一次新的升华，这个时候就有了信仰。

信仰是一种更高级的精神世界，信仰和崇拜的区别在哪里呢？在崇拜时，人类处于一种屈从地位，但和对方融为一体的过程叫信仰。当人们把自然界作为一种神来信仰的时候，它就变成了信仰的一部分了，我和你一伙行不行，我加入你里面行不行。以前我崇拜一座山，崇拜这个神，现在我信仰它，当信仰它的时候，你就和它融为一体了，它不仅保护你，你也获得了一种和它同样的力量。

当我们崇拜一个东西的时候，我们付出的代价是自己的尊严。当我们信仰一个东西的时候，我们付出的代价就是失去自我，所以信仰必须“皈依”，我信仰你，我就可以为你而牺牲，我信仰你，我就能够抛弃我所有的一切，包括金钱，甚至生命。为什么呢？因为你已经和它融为一体了，你存在的必要性没有了。信仰是什么样的境界呢？就是忘我而信仰。革命烈士为了共产主义事业面对敌人的屠刀，可以不顾一切，宁愿一死。许多宗教信徒也是这样，所以我们说信仰是人的一种较高的精神世界。

从无知到恐惧，从恐惧到崇拜，再到信仰，是人的精神层面不断提升的一个过程。当人类面对那么多神的时候，我们就有了神的信仰。我们到地里拜土地爷，回到家里拜灶王爷，到了山上拜山神，到了河边拜河神，这就是早期人类的多神崇拜，多神信仰。这种多神信仰是人类面对自然界时获得的一种精神解脱。

崇拜也好，信仰也好，都不能是一个人的，这种精神属于一个群体，必须是一群人信一个东西，而且这种精神境界不是一个人能钻进去的，必须是一个群体大家共同地通过一定的仪式和一定的行为规范才能进入这个状态。大家看美国西部片，原始部落的人会围着一个篝火跳舞，“哗哗”地叫，脸上涂了各种各样的他们狩猎的那些动物的血，脖子上戴着那些动物的牙齿作为装饰品。他们围着篝火跳舞，就形成了一种群体意识，这就是人类的早期意识。宗教为什么要有仪式呢？大家这么跳，有的地方人们用针刺自己的皮肤，用各种疼痛的感觉使自己进入信仰状态。用集体行为，用一种制度化的形式把信仰贯穿下去就叫宗教。

最高境界的宗教是一神教

宗教是一种组织，信仰和崇拜是一种精神状态。我们必须通过这种组织形式，通过这种规范仪式，不停地烧香磕头。通过这些仪式，使人进入信仰状态，这就叫宗教。原始宗教是多神教，人类早期的多神教到后来就发展为一神教，从多神教到一神教的转化是非常漫长的过程。最高境界的宗教是什么？是一神教。

从多神教走向一神教，经历了四个阶段。第一个阶段是众神平分权力阶段，我管土地，你管水，他管山，各管各的，互不干涉。第二个阶段就是主神阶段，一个神把其他神都管了。第三个阶段就是至上神阶段，就是最高神统治其他神。第四个阶段是唯一神阶段，就是后来的一神教。一神教，只有一个神，把其他神都裁掉了，这就是犹太教、基督教、伊斯兰教。一神教是什么概念呢？就是一个神创造了万物、管理着万物，无处不在，无时不在。这就叫作一神教。宗教的排外性在这里就体现出来了。人类到了一神教的时候，就达到了宗教的最高境界。

犹太教产生1000多年后，基督教产生了，又过了600多年后，伊斯兰教产生了。一神教的最大特点就是只有一个神，这个神创造了万物。

一神教的好处在哪里呢？它使人的信仰达到高度专注。当一神教发展到欧洲中世纪（从公元4世纪到公元12世纪），这也是人类宗教信仰的顶峰时期。从信仰这个概念来说，那是信仰和宗教最美好的时期，但也是人类最黑暗的时期。这个时期人类的一切生活都服务于宗教，宗教不仅管着精神的世界，也管着世俗的世界。在那个时期，整个欧洲2/3的地产、土地都归教会所有，只有1/3归国王和贵族所有。教会统治了欧洲人的物质世界和精神世界，吃的、穿的、用的、生孩子、娶媳妇到死亡，一切都由上帝来管，甚至是为了生儿育女这个目的才可以结婚，而且不允许离婚。人欲受到极大限制，人性基本上泯灭了。但是从宗教、信仰、最高的精神境界来说，中世纪是最圆满、最美好的时期。

随着商品经济的发展，人类不满足于中世纪对人性的压抑，从但丁的《神曲》开始，欧洲人开始呼吁文艺复兴。文艺复兴复兴什么？复兴人性。文艺复兴持续了400多年，神开始从最高的神坛上退下来了，政教合一的世界变成了世俗和宗教两个世界并存的时代。

到1586年，也就是16世纪后期，德国马丁·路德开始进行宗教改革。逐渐地有了新教。新教和旧教的区别在哪里呢？新教就是个人可以和上帝直接对话，不需要通过教会，人性获得了解放。

西方开始了人性解放，进入理性社会，建立了资本主义制度，有了世俗政权，政教分离成为一个趋势。政教一旦分离，人的世界就变成了两个世界，一个是神权的世界，另一个是政权的世界，由此催生了后来西方的民主政治制度。西方人今天的信仰也不是唯一神的信仰，西方人是两种信仰，一种是神的信仰，一种是人的信仰。人的信仰就是对他的政治制度的信仰，到后来西方人建立起今天的政治制度，就是“三权分立”的政治制度。个人自由、个人权利和人性得到尊重。

当代西方人信上帝吗？回答是否定的，因为西方人正在走向世俗化。星期天，西方人只有10%左右的人到教堂去做礼拜。80%多的人到海边去游泳，不像以前那么信上帝，他只是把死后的事情交给上帝，我死了以后有地方埋就行了，我活着时还是要赚钱。西方今天是一种二元的信仰体系。

人类信仰的金字塔

现在我们看一看中国人的信仰。人类从无知开始，走向恐惧，走向崇拜，走向信仰，走向宗教，一直到一神教，这就是人类信仰的金字塔。中国人处在这个金字塔的哪个层面？

1980年我出国留学，在卡拉奇机场转机时要填一张表。表中有一栏叫宗教信仰。我填了无信仰。我没有宗教信仰啊，因为我们是无神论者。但海关把我扣下来，审问我半天，结果误了飞机。后来我重新填表，说自己是孔夫子的信徒，海关就放我走了，这才赶上第二班飞机。在埃及留学的时候，我天天跟老师辩论，老师问我生命的起源在哪里？宇宙在哪里？他实际上跟我探索宇宙的起源，探索人类的本源是什么。后来我明白，宗教不是用理性来解决的，是靠信仰来解决的。

作为人类主流文化的一部分，中华文明也经过了从无知到恐惧，到崇拜，到信仰，到宗教，这么一个金字塔式的过程。中华文明也是人类文化的主流部分，我们没有理由和别人走在不同的道路上，只是我们在这个信仰的高端的时候分叉了，原因在哪里？我们看一下。

5000年以前，中国人创造了优秀的、灿烂的文明，那个时候的崇拜是三皇五帝，是部落神。

中国是氏族血缘崇拜，到夏、商、西周的时候，中国人通过血脉认定开始有了姓氏，而且它是血脉相传的。这个血脉传宗接代的概念非常重要。夏、商、西周三代世袭血脉崇拜，这是我们主流的信仰。

夏、商、西周之后，我们进入春秋战国时期，这个时期约600年，是中国人思想繁荣的时代。什么叫思想繁荣？今天我们说思想自由，就是人类不再满足于用上帝、用天帝、用血脉来解释世界了，人类开始用理性来解释世界了。这时有了诸子百家。

诸子百家研究什么呢？他们开始从人的主体性来研究人生存的意义。诸子百家里最辉煌的就是儒家，儒家最辉煌的成就就是道德信仰。孔子提出了一系列的道德规范，来规范君臣父子、兄弟姐妹等关系。君子就是那个时期人格的主要体现。孔子的“三千弟子，七十二贤人”，就是人人都要做君子。君子是什么？就是用最美好的道德塑造起来的人。儒家的思想之所以能影响中国2500年，是因为儒家思想是一系列的道德规范。在中华民族血脉里大家都认可这种道德规范，这是春秋战国时期中国人最大的文化贡献。

东汉末年，佛教传入中国，对中国人的信仰来说这是一件大事。因为在中国以前的信仰里，我们始终不能解释，人死了以后去了哪里？中国文化的信仰缺陷就在于我们只能解释此岸世界，解释不了彼岸世界，我们从来没有解释过人死了之后去哪里了。而西方人解释说，人死以后被上帝招走了。在中国文化里，人死了以后就变成鬼，中国人创造了一个鬼的世界。

过去人常常欺骗小孩说晚上有鬼，吓得小孩不敢出去。为什么我们早期没有神、没有上帝，而有鬼呢？东汉末年佛教传入中国，佛教对中国贡献很大，它告诉中国人，你死了以后，你的灵魂又转世了。你要好好做人，转世九十九回你就成佛了。中国人马上就信佛了，遍地都是寺庙，为什么？佛教告诉我们，人死了以后可以托生了，我现在要多做好事，下辈子我可别托生为一只狗、猪、鸡、猫，我要托生在一个富贵人家。佛教给了中国人一种来世的解释。这是佛教和其他宗教的不同之处，它迅速地融入了中国人的生活。

中国人欢迎新的信仰元素

到了宋朝，经济发展了，朱熹、王阳明分别发展了理学和心学，中国真正有了哲学。西方人嘲笑中国没有哲学，实际上朱熹和王阳明的贡献很大，他们有了哲学思想。

到明清时代，西方文明传入中国；后来，马克思主义传到中国来了，我们又有了一个信仰。

历史一再表明，中国人总是以极大的热情，对每一个新的信仰元素给以拥抱和欢迎，并接受它，这就是中国人的伟大之处，它反映了中国人积极的精神追求，最终使我们形成了一个多元的、结构非常严谨的、互相补充的信仰体系。今天在全世界哪个民族和文化里都找不到中国这么多元的信仰体系。在这个信仰体系里，占主导地位的是统治阶级的政治信仰。

为什么西方人有一神教呢？也是因为统治阶级的需要。西方早期的国王没有权力，教会有权力。为了统治方便，必须有一个最高行政权力，一神教诞生了。中国人为什么没有诞生一神教呢？在 4000 年以前的夏朝，夏启建立了专制的社会制度，中国人认为皇权是天赋予的，我们把皇帝叫天子，天子的权力是天赋予的，世代相传，传 500 年没问题。我们那时候就信奉皇权，实际上这也是一种信仰，也是一种宗教。中国有了皇权之后，这种专制统治一直持续到 20 世纪初，中国人对专制体制的忍耐程度是全世界没有的，4000 年来，它曾经是我们精神领域的最高形式。因为我们在精神层次上就认这个皇权。中华民族在这个层面上总是处于一种轮回状态。为什么郭沫若写《凤凰涅槃》呢？他希望我们能涅槃，不要轮回了。

血缘信仰的核心是“孝”

在中国人的信仰体系里面，第一个部分是最高的政治信仰，它决定了我们精神世界的状态。第二个部分是作为社会基层的血缘信仰。我在这里专门提出血缘信仰这个概念，实际上任何一个民族都有过血缘信仰，最早是祖先崇拜，因为人活在世界上首先要回答我是从哪里来的，直观的回答就是从母体诞生的，所以我们最早的社会是母系社会。母亲给了他生命，他不知道父亲是谁。到后来，人们才知道父亲也是血缘的一部分，所以血缘信仰一直是中华民族最根本的信仰之一。我们不仅有血缘信仰，有祖先崇拜，我们还对自己的子孙和后代寄予很大希望，甚至为了我们的后代可以牺牲自己的生命。我们对上面的祖先和对下面的后代形成了血缘上下的连通。这个核心就是“孝”，“孝”是孝道，是中国人信仰的核心。我们上有对皇帝的信仰，下有对血缘的信仰，它们构成了我们信仰的核心。中国人的这种孝道，中国人对自己子女的这种关注全世界找不到。

我是联合国的注册翻译，但我在英语里找不到“孝”这个词，你要把中文这个“孝”翻译成英语，要翻译成一个短句。我问外国人，你不孝顺你的父母吗？他说我爱我的父母，但我不孝顺父母。我说，为什么不孝顺父母呢？他们给了你生命。他说我的生命是上帝给的。在他们看来，上帝给了他们一切，只有上帝可以绝对服从，孩子只是借父母之体诞生。这下我明白了。

这就是信仰的不同。中国人“孝”的信仰如此根深蒂固，对中国人的精神提供如此大的支持，这是对中华民族最大的贡献，我们应该能够体会得到。

中华人的信仰体系的第三个部分就是我们日常生活中以儒家思想为基础的道德信仰。

第四个部分就是民间的原始信仰。民间的原始信仰在西方国家是6000年以前的事，但我们现在还在传承着。到了清明节，我们要上坟。过去我们都有祠堂，家族里有许多文化，都是围绕这种血缘组成的。甚至有的人看病，看不好的病，还找跳大神的，这些都是我们的民间信仰。另外，还有广东的妈祖信仰。所有这些构成了中国人的民间信仰，对我们日常生活里细微的枝节提供了精神支持。

最后，外来宗教传入中国，也成了我们信仰的一部分。人类文化交流有几千年的历史，但是在人类历史中，宗教的交流从来都是火与剑的交流。西方一神教在传教的过程中杀了多少人？十字军东征打了200年，整整8次，耶路撒冷被火烧了6次，每一次都是连个鸡毛都不会留下，最多一次在耶路撒冷杀了120万人。伊斯兰教和基督教争夺这个圣地，直到今天战争仍没有结束。耶路撒冷的核心问题还是宗教信仰问题。

多元信仰体系在中国

伊斯兰教传到中国，没有发生战争，上千万的伊斯兰教徒和汉族、其他宗教信徒和睦相处了1000多年。基督教传入中国，没有发生战争，而且那么多的基督徒在中国都是合法的宗教信仰，大家和睦相处。

犹太教是一个非普世宗教，必须是犹太民族的人才能信犹太教，而且犹太人和外族不通婚，所以犹太人不会融入别人的文化。但历史上一股犹太人来到中国后，硬是被中国人同化了。以色列有一个研究所，每年国家给那么多钱还在找这些人，他们不信这些人跑到中国找不到了。改革开放之前，我们整天骂犹太复国主义，但以色列人从来不骂中国人，就是佩服中国人的文化，中国的文化容纳了犹太教。我们这种包容的、多元的文化，容纳了世界上所有的极端宗教，这就是我们的信仰。中国人的多元信仰结构，满足了人们不同状态下的信仰需求和精神需求，正是这种多元的信仰体系，为中国人的生活提供了多种选择，丰富了中国人的精神世界。

法国哲学家霍尔巴赫1772年写过一本书，他说："亚洲东部有一个幅员辽阔、经济繁荣、物产丰富的国家，这里人口稠密，这个国家就是中国。住在这个国家里的所有民族都可以信奉他们所选择的任何一种宗教。中国人享受的幸福和安宁是值得许多四分五裂、备受精神痛苦，而且时常为宗教问题而诉诸武力的民族羡慕的。"

我们经常讲中国历史多么残酷，农民战争杀了那么多人，那是因为你没见过更残酷的战争。应该庆幸的是，在我们的国土上从来没有发生过宗教战争，宗教战争是残酷得不得了的战争。

建立政治信仰最关键

最后我想谈谈中国人的信仰前景。中国人有信仰，5000 年来我们走过了信仰的金字塔，但我们没有走到一神教，没有走到那个塔尖。为什么我们没有走到塔尖呢？因为到塔尖之前，我们的精神需求已经得到了满足。中国在历史上是一个施行了 4000 多年专制统治的国家，如果没有世俗的专制统治，我们必然有一个宗教的专制统治，必然有黑暗的中世纪。

今天外国人说我们没有信仰，其实我们有信仰，每个中国人都有信仰。但今天我们要建立一种新的信仰，即建立一种全民的信仰，让那种道德沦丧的事情不会再发生，这是我们面临的任务。中国人的信仰前景应该是多元结构的，多元的历史很难改变，在我们建立起新的信仰体系以后，我认为关键的还是我们的政治信仰。我们的理想社会可以接受共产主义的信仰，马克思主义仍然是我们的最高精神境界合理的组成部分。马克思主义为什么在中国有土壤呢，为什么我们能够建立起一个以马克思主义为基础的政治体制呢？因为在我们的文化里就有马克思主义的元素。大同世界，人人平等，人人幸福，这是我们的理想。关键的是我们在这个基础上建立起了一个政治信仰。

马克思预言的共产主义大同世界的理想就是我们政治信仰的基础。以“孝”为中心的血缘信仰是中华民族的优良传统，我们要继承。当然我们拒绝愚忠愚孝，但我们对长辈的孝，对后代的关注、抚养、关切，这是最优秀的文化，我们要提倡。

我们要完善多民族、多元信仰的宗教体系。基督教、伊斯兰教、佛教能够在中国的土地上和平共处，这是西方人根本不敢设想的。在今天多元化的世界，只有中国能够给这么多一神教和其他宗教提供和平的土壤，所以应该允许这些宗教和谐地发展。

我们有更多的信仰元素不断地涌现出来。比如说对艺术的追求、对哲学的追求也会成为我们信仰的一部分。一种多元开放的信仰时代就要到来，只要政治信仰稳固了，只要对社会制度、国家制度的信仰建立起来了，社会道德的恢复指日可待。

对黑格尔说的一段话，我特别有体会。他说，“当一个民族脱离了它的具体生活，当阶级地位发生了分化和区别，而整个民族快要接近于没落，内心的要求与外在的现实发生了裂痕，而旧有的宗教形式已不复令人满足，精神对它的现实生活表示漠不关心，或表示厌烦与不满，共同的伦理生活因而解体时，——哲学思想就会开始出现。”今天我们面临的就是这么一种形势，旧的传统观念消失了，新的观念还没有建立起来，整个民族、整个社会无所适从。这个时候如果新的思想、新的哲学产生了，新的时代就要诞生了。在这个时代，大家要学习，通过学习认识我们中华民族的那种伟大精神，吸收外来的先进文化，丰富中华民族的文化，重建我们的信仰。

大时代，不是小时代

——变迁的世界与不卑不亢的中国人

张笑宇

张笑宇

柏林自由大学哲学系博士候选人，北京大学政府管理学院硕士，中国人民大学国际关系学院学士，《文化纵横》杂志社思想文化研究所研究员。2011 年北京市青年政治学论坛主题发言人。曾在国内多家刊物发表学术性文章，出版多部译著。

我希望能够通过对中国崛起的一些思考、一些定位，在此基础上，在学理上和普遍问题上谈谈对中国人自我认知的看法。

如果我们不了解历史，不知道现在的我们是如何从过去的我们那条道路上走过来的，我们就不知道我们现在在哪里。同时，如果我们不了解世界，不知道这个世界上其他人是怎么看我们的，或者我们在这个世界上应该怎么样，那么我们也不知道我们是谁，我们何以是我们自己？何以做一个中国人？我们跟其他国家的人有什么区别？在这个基础上，我们又能够为世界文明做什么贡献？要回答中国人的自我认同问题，我们就必须把问题放到历史发展规律的大背景下，放到世界格局的大背景下来看。

谈到世界格局，大家都会说，这10年来中国的崛起就是世界格局的最大变化！我们自己叫作和平崛起，因为我们的文化中没有侵略别人的基因，但是西方国家总会说，是不是和平崛起有待观察，不能你说和平崛起就是和平崛起。这当然可以理解，孔夫子说过：今吾于人也，听其言而观其行。确实，我们和平崛起的意愿需要我们用切实的行动来证明。另外，西方人有很多侵略别人的历史，他们难免产生这种推己及人的想法，他们也难免产生别人强大以后，反过来侵略他们的念头，威胁他们本身，这是很正常的。

我们在看待西方人评价我们的时候，要牢记一个基本原则，那就是西方判断中国崛起是否有利，绝不是以是否有利于中国人民的利益为评价标准的，而是以是否有利于西方的利益为评断标准，以西方人的利益和价值观为评价标准，那么崛起的中国该怎么办呢？我想西方的意见确实可以作为参考，但是绝不能偏信和盲从，这是我们今天思考这个问题的一个基本原则。

如果我们走到另外一个极端，今天我们强大了，我们可以欺负别人了，我们要把100多年来帝国主义强加我们的一切不平等全都报复回来，我们要展示我们的肌肉，甚至有一些极端民族主义的思想、一些大汉族主义的思想露头，这就好了吗？我想也不见得，因为大家都知道，极度自大本质上是极度自卑的一种表现。

实际上，自己认识自己很容易夹在两种话语体系中间，一种就是西方的话语，另外一种就是民族主义的话语，尤其是极端民族主义的话语。西方的话语权非常强大，但不会站在我们的立场上，不会同情地理解我们。加强我们自己的话语权很有必要。但是我们对自己的理解，有时候可能缺乏反思、可能偏颇，也有可能被各种各样的激动和冲动困扰，所以我们的认知被夹在中间的时候，要保持中立、平和的态度不太容易。

更深入下去，这其实是历史观问题，就是要回答在历史的发展中什么样的力量是进步的？什么样的力量是后退的？传统教条的、书本上的历史观认为，共产主义就是进步，资本主义就是落后。改革开放之后，这个历史观越来越受到质疑，至少很多人认为太过粗糙，我们应该有一些深入的发展和再认识。

反过来，与之相对的比较西方的历史观认为，符合西方主流价值观的东西，比如自由民主、市场经济、议会选举就是进步，与之相对的就是倒退。这也是一套历史观，但是这套历史观好像也有问题，比如中国这几十年取得的成就，好像跟西方主导的主流价值观没有那么大的关联，起码没有直接的关联。而那些主动或者被动地去迎合西方价值观的一些国家，比如印度、菲律宾、伊拉克、乌克兰，它们好像不是过得更好了，而是更糟了。

在我看来，我们之前的自我认知处在第一种困境，其实是更深层历史观的困境的表达，这个历史观的困境就是我们被夹在传统的、教条的历史观和西方浅薄的、至少是过于站在西方自己的历史观即自由民主历史观中间，而且这两种历史观都在失去解释力，它们两个都有问题。

我们要摆正自己的位置，该怎么办呢？唯一的办法恐怕还是继续加深对这个世界的认识，继续加深对这段历史的认识。我想，西方世界、中国民族主义这种两分法过时了，资本主义、社会主义这种两分法可能也过时了，民主国家、专制国家这样的两分法恐怕还是过时了，这些历史观、价值观今天不适合用来理解中国问题。我们要做的是，超越这些过去的历史观，在更深入了解历史事实的基础上对中国的处境有一个更客观、更清晰的定位。下面我与大家分享我对这个问题的思考。

中国的崛起到底意味着什么呢？历史上，有些国家的崛起能够整体上重塑国际政治秩序，比如1648年的法国，1756年的英国，独立战争后的美国，19世纪后期的俄国。有些国家的崛起能够极大地冲击现有的国际政治秩序，比如1648年的荷兰，19世纪下半叶统一的德国尤其是一战和二战前期的德国，还有20世纪初的日本。有些国家的崛起并没有实质性地改变现存国际政治秩序，比如开明专制时期的奥地利，19世纪末统一的意大利。中国的崛起属于哪一种呢？我的初步思考是，它可能是我们有生之年能够看到的唯一可能从整体上重塑现存国际秩序的大国崛起。当然目前来说，这仅仅是一种可能性，这个任务还远远没有到完成的阶段。

如果这种可能性存在，我们首先要了解现存国际秩序的实质是什么。我把它称为美国主导下的自由主义阵营的差序格局。美国主导好理解。自由主义阵营就是你的政体、你的国家组织形式符合西方世界的自由民主标准，你就是我们的人，我们就可以在一起玩，否则你就不是我们的人，咱们就不能一起玩。差序格局就是等级制度，国家之间不是平等的，而是处在一个等级森严的秩序当中。符合自由民主标准的国家组成了一个富人俱乐部，这个俱乐部有钱、有权、有媒体、有枪，剥削穷人后还要教育穷人怎么生活。这个富人俱乐部不是我杜撰的，它明明白白地写在1949年的《北大西洋公约》第二条里，就是你的民主自由的价值观必须跟我们高度认同，北约组织才能够接纳你，如果你不是我们自己人，我有权力采取任何我认为可以采取的手段来处理你。

如果你想加入富人俱乐部，如果你想实行自由民主制度，首先你要付出成本和代价，要买得起它才能够享受它。大家如果参观一次西方议会怎么运作、各个党派之间的议员怎么就某些问题的细节去讨论、去吵架，你对这个问题就会有深刻的感受，因为每个问题都可能吵上几天甚至几个月，这些议员都是职业政治家，等于老百姓纳税付钱让他们吵架。

美国独立战争时期有一个口号：无代表不纳税。反过来就是不纳税就没有代表，你付了钱才会有人替你说话，为这个民主制度埋单，这个民主制度才会保护你的权益，这中间不是价值观问题，或者不完全是价值观问题，首先是实实在在的经济问题。我必须承认，这个制度让西方老百姓好像活得比较舒服一些、比较有尊严，个人的权利能够有保障，但前提是它的成本很高，一分钱一分货。

进一步思考今天西方国家民主制度的组成部分，就会看到它背后的逻辑都是经济逻辑、资本逻辑。如果你不是在基层选举，比如你选举国会议员，老百姓基本没有认识这个议员的机会，你不知道他是个怎么样的人。媒体怎么包装他？他怎么化妆？穿什么牌子的衣服？在摄像机前抱着小女孩如何煽情？在今天选举政治特别发达的西方社会，已经有一套商业标准来量身定做。你不花这么多钱，实际上你很难享受到这样的民主。

再举一个例子。你得到不公平的对待，你不可能自己去打官司，因为西方国家的法律制度太过完善了，它的法律体系庞大而复杂，必须通过专业人士你才能理解他们的复杂语言，你必须专门雇律师，那么，好的律师每个小时的收入换算成人民币可以到三四千元，而且西方国家的法官、律师占人口的比重是我们的十几倍。我们这边打官司比较难，律师工作压力比较大。其实这背后都有非常简单的经济学道理。这些人从事的行业叫服务业，不直接创造价值，如果你是健康的经济体系，你的实体制造业必须高度发达，才能养得起这么庞大的不直接创造价值的服务业从业人员。从本质上来讲，西方自由民主的富人俱乐部实际上是建立在高度发达的资本主义等级制的基础之上的，说白了，这些国家有了钱，他们会研究怎么让自己的人民过得好一点。

他们是怎么有钱的呢？早期他们靠的是殖民、圈地运动，靠的是对发展中国家的剥削，欧洲国家从美洲殖民地获得了大量白银。16世纪中期，为了反抗西班牙派去荷兰的被称为“地狱使者”、“恐怖代名词”的阿尔发公爵对荷兰人民残酷的剥削和迫害，荷兰人推举奥兰治亲王威廉为领导者并宣布独立，开启了荷兰反抗西班牙统治的三十年战争。这场战争基本上奠定了欧洲的格局，也基本上影响了今天欧洲国家的主要运作形式。

为什么资本过剩跟战争的关系这么密切呢？原因很简单。第一，大家都有钱了，有钱就可以多造武器，多招募雇佣军帮国王、资本家去攫取更多的利益；第二，有资本聚集的地方就会有剩余，有剩余的地方就会有匮乏，一部分人一夜暴富，另一部分陷入贫困状态，当你的内部矛盾加重的时候，最方便的方式当然是向外转移；第三，当时的世界认知发生了巨大的变化，就是我们所熟知的新教改革运动，激发了欧洲各国之间的矛盾。因此欧洲富人俱乐部成立之初确实像马克思说的：资本来到世间，从头到脚，每个毛孔都滴着血和肮脏的东西。

今天有些人说，马克思对资本主义的批判那么激烈，是因为他生活在19世纪，当时的资本主义国家对劳动人民没有保护的法律，工人特别悲惨，到了20世纪，他可能不那么说。

这些人对于马克思历史哲学是有误解的，马克思分析资本主义有一些内在的悖论，不是某个历史阶段的特色而是一种历史规律性的东西，资本主义来到世间的时候在很多地方会制造贫富矛盾、社会问题、阶级和阶级之间的仇恨等。但是当时的欧洲人有殖民地，这些贫富矛盾、社会仇恨、阶级和阶级之间的矛盾都可以通过殖民地来得到缓解。

我举个例子。18世纪，英国人黑斯廷斯的爸爸是贫农，妈妈生下他就去世了。他后来在一个基层教会学校当牧师。他的人生转折点是从什么时候开始的呢？从去东印度公司工作开始。他在印度当了一名随军牧师，发了大财。后来他回国参选国会议员，在英国政治史上起到了很大作用。

100年之后，有一位叫罗德斯的英国人，也出身贫农家庭，只有初中文化，生活艰难，只好跑到南非挖矿卖冰激凌，最后他也成了大资本家、大金融家、大政治家。他的公司有一句广告语，我们把它翻译成中文叫做：钻石恒久远，一颗永流传。这就是当时的英国梦，一个贫苦家庭出身的孩子跑到殖民地转一圈，利用当地富裕的矿产资源发了大财，不然他留在本土可能除了背砖之外没有太好的选择。

经济研究告诉我们，二战之后各个殖民地虽然独立了，但是它们对欧美发达国家的经济依赖程度反而加深了。换句话说，帝国主义从前靠枪炮来完成的剥削，现在靠不平等的国际贸易来完成。它们现在只靠国际资本市场、只靠华尔街的运作就可以把廉价的原材料从前殖民地国家运走，再把工业制成品卖给前殖民地国家。发达国家和发展中国家都能够从这种贸易中受益，但是一旦发达国家自己的经济出现问题，那么发展中国家尤其是这些依赖特别强的发展中国家，马上就会爆发危机。

“突尼斯革命”之火就是一个卖苹果的小贩点起来的。当地很多人专职当导游，兼职卖苹果，这当然是人力资源的错位配置。当他们卖不了苹果、赚不了小费的时候，当他们无法从依附性经济中受益的时候，他们开始上街闹革命了。

埃及爆发“革命”的原因是国际大宗商品价格暴涨，包括粮食。埃及曾经是罗马帝国的粮仓，但是它处于这样的一个依附体系中，它的粮食不能自给，老百姓吃不起饭，他们能不造反吗？

为什么说中国是唯一有可能重新塑造现存国际秩序的国家？有三个理由。

第一，从新中国成立起我们就独立自主地建立起了一套工业体系，二战以后这样的国家非常少。

第二，我们的经济体量大。小国和大国崛起的意义在今天来说不一样，二战以后欧洲有各种各样的复兴、亚洲也有“四小龙”，但是这些小国或地区在国际格局中哪里去了？只有大国才能够改变国际格局。我们13亿人这样一个市场，它的影响力不一样。

第三，新中国成立以来，我们走的是一条中间道路，既没完全否定美国主导的富人俱乐部，也没有像后来的某些东欧国家一样直接倒向西方阵营，我们走的是中国特色的社会主义道路。有些人觉得这有点投机取巧，我觉得这其实是一种智慧。如果你完全走苏联的道路，你不允许市场经济存在，人都要饿死了。如果你完全走资本主义道路，你不具备自主独立的生产能力，外国的商品进来之后你的企业不就被冲垮了？

前段时间乌克兰闹街头革命，有人采访乌克兰当地的企业主，说你们愿意加入欧盟吗？他说，我不愿意啊。为什么呢？因为加入欧盟，我们的产品马上要遵守它的标准，马上要与欧盟的一些资本特别强大、技术特别发达的公司去竞争，我们竞争不过它。记者就问，你为什么不表达你们的诉求呢？你们不是有街头运动吗？他说，我要开工厂啊，我哪有时间上街？能够上街的不都是一些没有工作的小青年吗？所以我们有必要从三个角度重新看待中国的革命史、建设史，重新形成更加正确的一种历史观。

以前说社会主义道路是中国人民的选择，这是中国人民自己的选择吗？我当时还有点疑问。后来我仔细读民国史、早期的革命史，发现这个说法好像没有错。

我觉得在革命斗争中锻炼出来的共产党精英有一个优点，绝对不会去依附别人，绝对要自己的事情自己做。斯大林曾经建议共产党与国民党划江而治，对此毛主席绝对不接受。后来我们就独立自主地造出了导弹、原子弹，我们完整的工业体系建立起来了，这是一个很大的成就。

到 70 年代，我们在邓小平同志领导下搞改革开放，承接发达国家的产业转移，这是另外一个比较大的成就和转向。这个时候我们已经有了一批熟练的技术工人。其实以前我们传承了苏联的很多先进经验，我们并不是从零开始，所以后来我们改革开放的时候能发展得这么快。比如后来崛起的技术性比较强的民营企业创立者，像联想的柳传志是国防科工委的人，三一重工的梁稳根来自兵器工业部，华为的任正非就不用说了，这些人都在当时的体制中长大，改革开放把他们积攒的技术优势激活了，他们才能够走向成功。

韩国人统计，2011 年在全球出口市场上占有率排第一的产品中，中国产品有 1431 种，居第一；德国产品有 777 种，居第二；美国产品有 589 种，居第三。中国出口的产品结构已经远远超出了所谓的袜子换飞机的阶段，最大的机电产业占出口总值的比重达到 57.6%。在美国进口的机械设备中，中国产品所占的份额从 2000 年的 6.5% 提升到 2011 年的 25.7%。日本进口的中国机电产品占到全部份额的

42.7%。反过来，2012年前十个月，上海从美国进口的集成电路下降了34.4%，而进口的美国初级原材料产品居然挤进了前十名，等于是我们卖高级制成品给美国，美国卖初级原材料给我们。这种转变对于现存的国际秩序来说确实冲击巨大。

2008年世界金融危机之后，欧美国家纷纷提出再工业化的目标，但是现在看起来这个目标很难实现。为什么？欧洲人口出生率一直没有提上来；美国人可能在最尖端的科技上特别强，但在阅读、数学、科学方面的平均指标落后于其他先进工业国，当然比我们还是要强一些。但制约因素很多，比如整个资本主义世界贫富差距越来越大，南欧国家年轻人的失业率在某些地方最高的已经达到了50%，这么多年轻人没有工作，没法提高自己的劳动技能，他们有未来吗？

反过来讲，中国的人口红利确实在消失，但是中国在高技术领域追赶得非常快。我有个在国际货币基金组织工作过的朋友说，为什么发达国家的产业特别快地能够转移到中国，而中国的产业不会那么快地转移到东南亚等发展中国家，原因有几个：第一，中国政府一直在修路，工业制成品进出口太方便了；第二，中国有大量熟练的技术工人，像苹果批量化的产品订单，我们几天时间就可以组织起几千名工程师来接这个活，这个能力是其他发展中国家不具备的；第三，有些发展中国家的经济依附性太强了，根本没有想过在这个问题上提升自己。

我刚才从历史的角度、也从世界的角度分析了中国是怎么走到今天的，这段历史很大一部分可以说可歌可泣，我们不要妄自菲薄；但同时我们不要自大，未来的路可能很难走，而且可能更难走，因为我们注定不可能加入西方的富人俱乐部。原因有两个：第一，我们的文化、价值观跟他们太不相容，他们很难接受不信基督教的世俗文化，我们也无法接受宗教氛围那么浓的文明；第二，我们的体量太大，远远超过了西方富人俱乐部能够接受的范围。我们不能像美国人那样生活，我们注定要走出一条自己的路。但是我们不能做世界格局的挑战者，像以前的德国和日本，那样我们的代价实在太大，我们该怎么办呢？

有几个原则需要我们思考和注意，比如说我们不可能加入富人俱乐部；我们还是要走实业强国道路，同广大发展中国家站在一起，而不是跟发达国家在一起；我们还要走比较符合中国实际的政治改革道路，当然这是决策者更多考虑的事情。今天站在普通人的角度，不能说这些问题完全是执政者的问题。如果每个中国人都能够自觉地、群策群力地加入对重大问题的思考中来，对于国家、民族的未来还是有益的。

我的思考成果就是，第一，我们绝对不能丢掉我们的主体意识，不要妄图去依赖别人的力量来解决我们自己的问题。前车之鉴太多了，印度人的国家意识可以说很淡薄，电影《三傻大闹宝莱坞》拍得很好，从电影里你可以清晰地看到，所谓印度梦就是读机械制造或者计算机专业，最后为美国人工作。当然必须承认，少数的印度精英还是非常成功的，但是印度本土又是什么样子呢？至少还有30%的人口也就是3亿多人生活在贫困线以下，而且种姓制度一直没有实际废除。举我们自己的例子，李鸿章试图依赖世界大国解决我们自己的问题，解决成功了吗，好像没有。

第二，如果今天有一批人自视为精英，不管他是执政者还是企业家，这些人绝对不能丢掉人民，绝对要跟人民站在一起。现在有些专家片面地说跟西方接轨，问题是资本主义体系搞了几百年，我们刚刚脱贫，而且人家搞这些东西已经搞得贫富差距很严重了，我们还要跟它接轨，搞什么教育产业化、医疗产业化、住房产业化，哪个发达国家敢这样全盘产业化呢？我觉得这不像是跟西方接轨，像是在跟人民脱轨。

第三，我们绝对不能对自己在政治上的一些问题视而不见，我们必须得承认，今天的改革必须通过更强有力的手段去进一步推动。有些人觉得，如果我们的政治体制有问题，我们国家怎么还能取得这么大的成就呢？19世纪，大家都觉得普鲁士的制度有问题，但是普鲁士把德国统一了，普鲁士的威廉皇帝说，我能统一，说明我们这个制度是好制度，不用改。后果是什么？一战战败，这个制度马上完了，所以矛盾不能回避，总有一天要去解决。

十八届三中全会对全面改革有一个提法，改革的重点就是加强国家治理体系和治理能力的现代化。这个提法说明什么呢？说明我们承认我们现在的政治体制不是一个现代化的体制，但是我们也不能说西方的制度就是现代化的唯一出路。是不是现代化制度，关键在于你有没有能力解决问题！现代化的制度有一条基本原则，就是你要取信于民。但是我不认为一定是西方那种自由选举的民主制度才能取信于民。因为今天在西方，真正参与选举的人其实越来越少，反而他们上街的人越来越多，为什么呢？西方人自己也感觉到，选举制度里面的政治家在做秀，不解决实际问题。

究竟应该怎么取信于民呢？大事交给法治，小事交给民主。为什么说小事交给民主？西方对民主的理解就是选票政治，一人一票，得到选票认可，你的政策就有了合法性，背后好像有一个意思说，人民群众才是国家大事的最终决策者。是这样的吗？

但不等于民主没有价值。比如我住的小区五公里之外要修一个垃圾场，老百姓的意见在决策过程中到底能不能起到作用，这个可以民主，而且一定要民主。英国思想家密尔说："人民的智力和教育水平也许不足以理解这个世界上的大事，但是他们明白，他身边息息相关的利益有没有受到损害？"我们的利益到底在哪里，我们自己最有权利评价。

我坚持认为，我们的未来在于协商民主、不在于西方民主，当然应该是一个真正协商的民主。与之相对应的是，我认为大事应该交给一个严密的、科学的法律程序，我们政府的一举一动都应该是合法的，不应该是非法的，大政方针的决策要按照法律规定的程序来办。

第四，我们还要继续加强对这个世界的学习和理解。美国老百姓可能对这个世界不太了解，但是它的精英对这个世界的了解恐怕远远超过我们，他们对于中亚、阿拉伯、北非非常了解，他们的研究机构、研究人员举办各种会议的强度和密度远远超过我们，全世界最好的中亚研究院在美国！全世界最好的阿拉伯地区研究机构还是在欧美国家，现在伊拉克地区某些组织闹得这么大，我们有多少真正的专家敢说，我懂当地的各种语言，十分明白这些组织的来龙去脉，能做到的人还是少数。所以，对这个世界的了解永远不过时、永远是必要的。

而且最重要的一点，我们自己应该堂堂正正做人，我们这个民族才能堂堂正正立于世界民族之林；你是怎样的，你的国家也是怎样的，还有你面对的这个世界就是怎样的，这是我提“不卑不亢”四个字的用意。如果你是好人，你自己能够做到将心比心地去理解别人，别人才能反过来理解你，你才能够被世界上的其他人所接受。

这里我想讲一个问题，这个问题跟传统文化有关。有人说西方文化讲物竞天择、弱肉强食，这当然是一方面，但他们也讲理性，讲人与人之间的信任，讲社会团队之间的互相帮助。匈牙利裔英国经济学家波兰尼写了一本书叫作《大转型》，这本书讲了一个道理，在任何地方，当资本力量兴起的时候，它会对传统社会产生一个撕裂和破坏的力量，把人和人之间的那种温情，那种不计算利益的关系全部给物质化了，这就从根本上导致了巨大的社会问题。一些欧洲国家之所以成功，原因主要是，他们的传统中好的东西比如宗教、传统社团的力量把资本的力量抵御住了，两者之间达到了一个平衡，我们才能够看到他们的人民安居乐业。

你到欧洲许多古老的城镇去看一看，几百年前的老市政厅、老市场还在，他们从太爷爷到爷爷奶奶、外公外婆、爸爸妈妈都在那里祈祷。这种生活状态跟我们比起来，好像他们更有资格称得上是文明古国，当然这些力量今天也在逐渐地消亡，随着大众媒体、电视和互联网的兴起，西方社会内在的这些抵御资本的力量在逐渐消亡，道理很简单，都去看电视了，人们面对面的接触少了，传统的人和人之间的纽带断绝了。我们今天发微信朋友圈，这种联系能够代替大家坐下来喝茶吗？我觉得不太可能。

我们的传统文化本来可以成为这样一种力量，但是很可惜，几十年来我们的文化断裂非常厉害，今天的传统文化非常微弱，教人向上的力量非常微弱。在诱惑非常多的当前，有多少人能够记住君子慎独这种修养和告诫；利益当前，有多少人能够有“富贵不能淫、贫贱不能移、威武不能屈”的骨气；强权在位，有多少人能够有“虽千万人吾往矣”这样一种勇气。

很不幸的是，当我们的传统文化被破坏得最厉害的时候，我们的传统文化最微弱的时候，恰恰是资本力量进入我们社会的时候，所以几十年来，既看到我们的经济在飞速地发展，又看到灯红酒绿、纸醉金迷充斥着我们社会的每个角落。我们既看到身边的每个人都在激发自己的最大活力、绞尽脑汁地在社会竞争里面创造财富，也看到许多人没有节制地在追求自己的欲望。我们既看到为了生存残酷地进行着惨烈斗争，也能看到在激烈竞争和生活重负这些双重压迫之下，我们的人性中仍然剩余着一些、残存着一些美好的东西。

英国作家狄更斯在《双城记》的开头说：“这是最好的年代，这是最坏的年代；这是智慧的年代，这是愚昧的年代；这是信仰的时期，这是怀疑的时期；这是光明的季节，这是黑暗的季节；这是希望之春，这是绝望之冬；我们的前途拥有一切，我们的前途一无所有；我们正走向天堂，我们也直下地狱。”狄更斯写作小说的时候恰逢维多利亚时代，这个时代也是英国人历史上最迷茫的时代，英国人觉得自己的帝国在出问题、自己的社会在出问题、自己的制度在出问题、自己的信仰在出问题。但是站在今天回首过去，那个时代恰恰是英帝国最辉煌的年代，因为他们社会中的每个人都在思考这个问题，并且试图回答怎么解决这些问题。所以我想，今天这个年代如果每一个人能够站出来思考这个问题，并且给出自己的回答，也许在饱受各种力量的煎熬和折磨，但是又没有失却初心的我们这些人里，有可能创造世界美好的未来，有可能成就一个伟大的时代。这就是我今天的全部演讲内容，谢谢。

如何提高城市军事战略

杜文龙

杜文龙

大校军衔，军事科学院作战理论和条令研究部正师职研究员。主要研究合同战术和武器装备，多年来追踪研究海峡两岸以及周边国家武器装备的革新与发展。发表学术文章近百篇，参与20余部作战法规、专著、教材的编写工作。多次担任中央电视台、深圳卫视等媒体的军事评论员。

国防实力至少包括两个部分，一是国防意识，二是作战能力。国防意识是国防实力的重要组成部分。

未来的主战场为什么在城市

未来主战场在哪里，这个问题充满了争议。为什么说未来的主战场在城市？如果把未来的作战场景或者模式选择为野外，我感觉跟现在或者跟未来陆战发展的基本趋势有一些矛盾。现在很多训练基地都已经把野战当成了一个基本模板进行复制，演练活动场面非常宏大，复制或者克隆了野外地形的某种特征或者叫主要特征，但是美军在什么地方作战？外军在什么地方作战？乌克兰、叙利亚、伊拉克等国的极端组织的作战行动常常不在高山，不在沙漠，而在城市，比如在阿富汗，军队就围绕着坎大哈、卡波尔这类城市目标进行作战。

城市一定要有内涵和外延。按照国家法规，从规划角度理解，城市是指按国家行政管理需要设立的直辖市、市、镇，它们通常是国家或一定区域范围内的政治、经济、文化中心。总之，中心概念成了城市概念的全部要素。中国也把城市当成国家的标志或王朝的标志。列宁讲过，城市是经济、政治和人民的精神生活的中心，是前进的主要动力。这句话概括得比较准确。

未来20年城市化发展的趋势

可以这样去理解，现在是工业化、后工业化时代，正在向信息化时代迈进的过程中，以乡村为主的闲散状态开始向各类城市的云集状态转进，快速钢筋水泥化是现代城市发展的重要趋势。城市化的第一个表现是人口的城市化，人口的城市化主要体现在城市人口占全部总人口的比重。

1850年，美国有6座城市超过1万人，它容纳的总人口数量不到5%，但是到1900年，超过1万人的城市达到了38个，25%的人成了城市人。

2011年，有一个里程碑式的事件值得大家关注。2011年12月19日发布的2012年“社会蓝皮书”指出，2011年中国城镇人口占总人口的比重，数千年来首次超过农业人口，达到51.27%，我们不再是农村人口大国了，今后还将处于城市化加速的趋势。

现在欧洲地区 70% ~90% 实现了城市化，印度的城市化人口也占总人口数量的 35%。由于我国地域差异比较大，各地城市化人口比例相差很大，长三角、珠三角、京津冀城市化速度快，平均每天要消亡 200 个自然村，以前熟悉的这些自然村落现在处于加速消亡的趋势。

城市化的第二个表现是地形的城市化。地形的城市化好理解，城市化、郊区化的区别现在好像越来越模糊，我们习惯的表述是城市郊区化、郊区城市化，以前我们看到的纯粹的自然村落都已经进入了申请非物质遗产保护的范畴。这个村很美，要马上保护，如果不被保护它就会被开发，就会让现在城市的烙印留在这个村子里。从目前来看，各类地形的城市化是重要趋势，很多城市要素正在向乡村转移，高速公路、高楼大厦在野外地区、乡村地区一天比一天多，城市化的味道在家乡、在边远地区，它的各种元素生长速度异常快，说明地形也在向城市化方向发展。

城市化发展有两个趋势：一是城市越来越大；二是城市化群或者叫城市联邦目前也呈现出一种加速出现的态势。现在郊区化和多中心化成了基本趋势。北京从二环到六环，建设速度太快了。二环路 1992 年 9 月通车，全长 32.7 公里。三环路 1994 年 9 月全封闭，全长 48 公里。四环路 2001 年 6 月通车，全长 65 公里。五环路 2003 年 10 月通车，全长 99 公里。六环路 2009 年 12 月 12 日通车，全长 187.6 公里。这是第一个趋势：城市越来越大。对于超大城市、特大城市，如果出现了某种灾难性事故，城市功能被瓦解、被瘫痪的可能性会进一步提高。

第二个趋势就是城市群的出现。以前恩格斯讲，随着资本的增加，大城市会消亡，这个消亡指的可能就是现在城市群和城市联邦的出现，比如湖南正在搞长株潭一体化，北京搞京津冀一体化，长三角早就一体化了，各个城市之间距离越来越近、越来越短，很多城市提出口号要打造一小时交通圈。

城市化的第三个表现是经济活动的城市化。连锁店、连锁企业的设置也围绕着大中城市来进行，城市对于战争潜力的蕴含作用目前非常突出。

城市越大，经济规模越大。过去，古埃及人有一个非常形象的比喻：法老是唯一的批发商，意思是说，只要到了城市，大家都在法老的统治下开展他的经济活动。

美国三大城市群的 GDP 占到了全美国的 67%；像莱茵－鲁尔工业区，煤产量占了德国的 80%～90%，钢产量占 65%；日本的东海城市群集中了 2/3 的日本企业，贡献了工业产值的 3/4 和国民总收入的 2/3，日本三大城市群的 GDP 占到了全日本的 70%。我国长三角地区面积占全国的 1%，人口只占 6%，却贡献了全国 GDP 的 8% 和财政收入的 20%，而珠三角、长三角和环渤海经济群的 GDP 占到了全国的 30%，虽然人少、地小，但是能量很大。随着城市和城市群的发展，产业结构的调整，城市经济活动对国家和地区的贡献还会进一步加大。

城市在国家安全中的战略支撑功能

城市作为区域政治、经济、文化中心，对国家安全而言，它发挥的作用越来越大。

第一，是重要的标志功能。重要城市的得失往往是改朝换代的标志，首都被攻破，那往往就是改朝换代的重要标志。现在的城市规模跟以前相比大得多，地位也重要得多。目前这种标志性作用我们可以用自己身边的事来理解。在平时如果不打仗，就看社会治安是不是稳定，今后暴力恐怖事件和其他围绕着城市的这种恐怖破坏活动处于增加趋势。我们感觉目前政府采取的策略很对，就是要联防，通过军警民一体来进行防范。防范的难度、防范的重要性比过去要大得多，防范重于打击。

现在的恐怖组织有一句话说，如果《古兰经》和祈祷不能奏效，就会求助于遥控炸弹和卡拉什尼科夫自动步枪，这就是他们的信条。如果这种信条成为一种常态，国际、国内的暴力恐怖事件会进一步增多，主要目标还是城市。因此城市的得失不仅成了战争胜负的标志，也成了社会和谐稳定的标志。

第二，是强大的蓄积功能。城市是国家经济活动的重要场所，是GDP的主要来源区域，更重要的它是先进的科学技术特别是军事技术的重要源头，各种航空科工集团、科技集团，先进武器装备的各种实验环境和场地，只有大中城市才能够提供这种高端环境。现在很多信息化武器装备，很精密，也很娇贵，它的实验环境、研制环境在野外不可能找到，只有在城市才能够找到。

外军对于城市的认识是这样的。1994年，美国人写了一本著作叫《多建筑区内的军事行动》，该书认为城市是21世纪最复杂和资源最密集的战场，并且是21世纪最可能的战场。作者把未来100年的主战场瞄向了城市。2006年有一本书叫《未来陆军、未来挑战》，这是美国陆军转型的一本核心著作，或者叫成果，有这样一种表述或者结论，说大城市之所以成为大型军事目标，是因为它们能够带来重大的军事效益，甚至打下了大城市就赢得了战争。

2007年，美国开始制定一项跨度长达100年的计划，核心是如何攻占世界上最大的城市，特别是发展中国家的超级城市。我们的沿海地区以及在内陆的核心城市区域，可能面临着对方的直接攻击。

海军陆战队是美国的重要军种，它是海外作战的核心。海军陆战队有一个战争实验室和联合作战司令部城市办公室，专门研究美国海军陆战队未来的作战环境。他们认为现在战争所需要的一切都可以通过城市获得，城市是未来的战区，于是在我们周边搞空海一体战。空海一体战就是海军、空军、海军陆战队三个军种联合进行的作战行动，它利用空、海、岛、陆相连的战场环境，绝不是只在空中和海上进行的作战行动。

争夺大中城市关乎战争结局

第三，是显著的制胜功能。简单理解，就是围绕着大中城市的争夺，往往对战争结局产生重要的影响。

有这样一个统计，第二次世界大战中发生在城市和大城市居民区的作战行动占欧洲战场的40%，二战之后美国进行了250场海外军事行动，有247场涉及城市，占94%。从美军基本作战行动来看，主要的作战行动都在城市，所以美军设置的各种训练基地不是模拟草原、模拟沙漠，而是把自己的训练基地建成一座伊拉克小城。有一部美军片子拍得非常棒，在整个伊拉克小城里住的全是美籍的阿拉伯人，而且就在小城里按当时的生活习惯去生活，模拟的战斗环境非常逼真。

在阿富汗战争中，美军的作战行动超出了越南战争的长度，号称改写了美国军事史。在阿富汗战争中，围绕着城市的作战行动也贯穿了战争的始终。

在伊拉克战争中，南北1000公里的攻击轴线上遇到的大中城市有20个，城市化地形有100多个，城市化作战或者叫城市战贯穿了英美联军作战的全过程，没有一场战争是在沙漠里打的，越是在城市，对抗的激烈程度越高、越强。

俄罗斯打过两次车臣战争，第一次打败了，第二次打胜了。在车臣战争中，俄军90%的伤亡是在攻打格罗兹尼主城区时发生的，城市作战对于俄军的作战行动发挥了重要作用。

利比亚战争双方围绕着北部的班加西、布雷加等城市展开，英国媒体宣称是战争让我们记住了原本陌生的城市名称。

叙利亚的作战行动不在山区，而是在霍姆斯、哈马、大马士革等地方进行。

城市在陆战中的主体地位

为什么应该把城市当成未来的主战场？未来20年，城市将是未来陆战主战场，是陆上作战的主要依托。从陆军发展的角度看，城市战也是陆军转型过程中最现实的问题，因为城市难打，包括开进难、展开难、保障难、击中难、打击难、防护难、协同难、通信难，几乎没有一项作战行动容易。为什么？因为大中城市对于战斗队形的分割、对于作战力量的稀释作用非常重要，而且越是大城市，越能够拉近敌我双方武器装备的差距。

美国人认为，城市是坦克的坟墓，也是装甲部队的坟墓。再好的装备，到了城市也没有办法发挥，而且在城市的很多地方使用火力要受限制，对高大建筑物的攻击，你不能无限度地使用火力，要防止过大的附加损失。所以今后这种作战行动应该是陆战最难的一种，我们把它当成陆军转型的核心、焦点。我们把最难的事都干好了，今后容易的事才有可能干得更好，如果能够把城市作战这种最难的作战样式研究透，今后围绕着其他作战地形的作战行动难度就会降低。

城市在陆战中的主体地位主要有以下几个方面。

第一，国土防卫作战中的主体地位。未来我们必须设想跟强敌对抗，只有把目标做强，才能够让自己更强。磨刀石有多么好，你的刀才有多么锋利。我们的沿海地区以及内陆的大中城市会成为对方空海一体战的主要打击目标。防卫作战、突击作战、反岛作战、维稳救援是未来陆战力量在城市作战的主要任务。

第二，祖国统一之战中的主体地位。我们国家现在还处于分裂状态，我们军队的基本使命是维护国家统一。如果和平统一不能实现，就会有作战问题。在高密度的城市地形条件下进行作战，没有强大的城市攻击能力肯定不行。

在夺取和占领全岛的过程中，以陆军为主的地面作战部队的作战行动一定是全城或者是准全城的城市作战。如果没有这种能力，上岛之后能待几天、能够在多大范围内起到控制作用，都要画一个大大的问号。

第三，边境军事行动中的主体地位。今后边境作战绝不会是对“骑线点”的攻击行动，而是对边境或者以边境线为中心，对对方纵深或者前进纵深内城市目标的攻击，以及对我们这一侧城市目标的防守。如果只是对骑线点攻击就会形成一个基本状态，像割韭菜，今天打下来了，第二天又易手了，第三天打下来，第四天又易手了，所以围绕着骑线点的拉锯战会成为一种常态。因为对方前进纵深内的城市蕴含着战争资源，它可以把自己的各种作战能力在短时间内重新在边境线上部署，如果你打掉了对方的城市，那就打掉了对方作战能力的仓库，边境冲突才有可能解决，才会形成较长时期的稳定态势。同样对方也会如此。今后围绕着边界作战行动，一定是边界阵地、边界我方一侧的主要城市、边界敌方一侧主要城市三者的聚合，没有这三者的聚合，各种作战行动都会形成一种持续的拉锯状态，这对于边境地区速战速胜速决没有任何帮助。

今后，陆军也有可能会出境作战，因为我们有两个边疆，第一个叫国土边疆，第二个叫利益边疆。现在安全这个概念在发生重大变化，特别是十八大以后成立了国家安全委员会，让我们重新界定了安全的内涵。现在我们理解安全至少有两个层次，第一，国土边疆内是不是稳定，权益有没有受到损害，比如我们的九段线，我们的陆地边境线有没有被蚕食、被侵占，这是之前我们考虑安全不安全的界限。现在看呢，我们必须把利益边疆加入其中，我们国家在主权边界线之外有我们的利益区域、贸易通道、能源基地等，这些地方稳定不稳定，安全不安全，也是一个重要指标。今后若发展速度慢，不安全会成为一种常态。从目前来看，我们国家基本的形态，从安全角度去概括，已经从捍卫生存转型为护卫发展，整个国家的军事能力要为国家高速发展保驾护航，否则，我们的贸易通道、能源基地、海外利益就得不到维护和保障。

中国有那么多基建工人在国外，如何去保卫这些人的生命，值得思考。这些工程投资很大，我们要怎么去保护。今后的出境和越境作战应该会成为一种常态。恐怖组织在巴基斯坦每天训练1000个恐怖分子，他们学会了以后，会到边境地区，到内陆的大中城市进行各种暴恐活动，如果我们不做好准备，等到状况发生就晚了。所以，今后对周边、对于利益边疆的控制能力，有可能成为军事力量的重要发展趋势。从这点来看，在利益区域，在境外进行作战，遇到的主要目标依然是城市。对境外城市的熟悉程度和攻击能力，决定着你利益边疆的稳定程度、决定着利益边疆的界限。

第四，反恐在维稳行动中的主体地位。2003 年、2005 年，我们在新疆搞各种反恐演习，那会儿还只是个苗头。这些年随着境外恐怖势力，特别是国际恐怖组织的渗透，境内暴力恐怖事件呈高发态势。从现在来看，恐怖活动的目标都是大中城市，什么爆炸事件、砍杀事件，都发生在大中城市。因为恐怖的最大特征就是恐怖效应最大化，通俗一点，就是要短时间内让更多人知道，而且火车站、地铁站这种开放场合没法防，防不住，如果在这些地方发生了暴力恐怖事件，它的传播速度异常快，几分钟内就会上网、上电视。这种传播速度和传播效应正是策划者所需要的。从这个角度来看，今后内陆的大中城市和边境城市依然是恐怖活动高发区域。

今后还可能有一种恐怖活动需要大家关注。有一些恐怖分子通过土耳其到叙利亚等地方去留学，他们不是去读书，而是参加叙利亚反对派对政府军队作战。政府军和叙利亚反对派之间曾经使用过化学武器，那么化学武器的制造和使用从现在来看也不是什么高端技术，如果这些人回国发动化学恐怖袭击，一旦成为常态，可以想象，这种恐怖效果比我们传统想象中的力度、范围要大得多。所以今后围绕着大中城市的反恐维稳，需要加强城市意识。现在我们搞联防，有防恐情报员，有了这种情报体系，联防体系才能够建立起来。因为恐怖爆炸是一瞬间的事，你根本看不到它的任何行踪或者很难发现任何行踪，特别是凭肉眼很难发现。炸药探测也只是在机场可以做到，它可以探出分子级炸药的位置。那么在其他地区、其他人员不具备这种特殊能力，没有办法在短时间内发现对方到底拿的是什么东西时，很难凭肉眼去判断，因为打击行动时间异常短暂，所以防和救最重要。反恐，我们讲防、救、打，就是防护、救援、打击，最核心的就是事先预防和事后救援。爆炸事件造成了重大损失，需要在短时间内把所有损失降到最低，最大限度降低民众的恐慌效应，城市依然是“重灾区”。

最后，对城市化武器装备发展的一些设想。美国的坦克现在开始向城市化转型了。美国的条令、教材、作战方向开始指向城市。二战结束前，《美国陆军野战条令》规定，装甲部队应避免在严密设防的城镇中作战，如果装甲兵、坦克部队碰到方圆大于1公里的城镇应该怎么办，一是“躲”，二是“绕”，当时的坦克用的都是汽油发动机，一旦被爆炸触及，不用打自己就会炸。现在，美国出台了一个“联合城市战纲要”，把未来的作战和战役重心向城市靠拢，说城市是21世纪最可能的战场，城市作战很难打，但是必须打，所以难打和被打在今后会画等号。

怎么进行城市化改造，比如，坐在坦克里，通常前面有一个小窗户，如果碰到颠簸、上下起伏，很难固定地观察到每一片视野，但是以色列的梅卡瓦坦克已经把摄像机镶嵌在装甲里，乘员不用通过小窗户去看前面的路，他可以通过几个彩屏来观察自己周边的地形情况。过去坦克驾驶员的死角盲区很大，如果杀手匍匐接近你的坦克，就没有办法发现这个杀手，但是梅卡瓦坦克提高了驾驶员的观察能力。驾驶员可以通过倒车影像雷达来观察周边的地形地物，明显减少了自己的盲区和死角，作用巨大。

现在坦克的主炮发展最快，你想消灭碉堡里的目标，特别是城镇密闭建筑物内的目标怎么打？美国研制了一种炸弹，可以穿过一层、两层甚至第三层墙再炸，它可以大量杀伤建筑物内的人员，而不是仅仅打穿建筑物，和以前的穿甲弹相比，这种炸弹要强大得多；而且通过智能化隐身，能够让在多层或者有多重防护的建筑物内的目标受到重大损害。

还有一种遥控武器战，包括美国的M1A2坦克，俄罗斯的城市化作战车辆，你看不到有人在操纵机枪，士兵不是把自己的身体暴露在外面对目标进行射击，在车内遥控已经成为一种主要手段。遥控武器战的出现，会让坦克的火力、支援能力和压制能力进一步上升。

俄罗斯有一种坦克，通过城市化作战装备，变成火力支援车，把整个战车组合成一个火力刺猬，远处有导弹，近处有机枪，高处有机关炮，近处还有榴弹发射器，点面一体、远近一体。除了坦克的进攻能力提高之外，防御能力也提高了。以色列的梅卡瓦坦克号称装甲防护能力天下第一，高度重视防护，但是黎巴嫩民兵也有自己的办法，用 40 公斤炸药就可以把梅卡瓦坦克炸得底朝天，再好的坦克也没有办法承受这种爆炸。怎么让坦克的防护能力更强？国外也想了好多办法，在伊拉克执行作战任务的美国人，甚至把车弄成个鸟笼子，把一系列片状装甲、条状装甲焊在了车体外面，可以把击穿主装甲的可能性或者概率降到最低，所以坦克虽然不是铜墙铁壁，但是，可以把穿甲弹、破甲弹的爆炸原理彻底抓住。

现在美国 M1A 坦克改名了，如果是巷战性的坦克就叫 M1A2 巷战王，从整个防护能力来看，加装防雷套件，再加装蠕动连接系统，再加装光电干扰系统，这些都成了通过武器装备提高坦克作战车生存能力的重要指标。

德国坦克还别出心裁，把一些颜色作为坦克的伪装涂层，通过各种迷彩制作，把它喷在坦克上，那个装甲车向前跑时，看起来像一个小的建筑物在移动，你感觉不到是平时那个威风凛凛扛着大炮的坦克在进攻，也可以增强它的隐蔽性。所以从武器装备发展来看，城市战味道越来越重，城市化武器以及城市给装甲兵、给坦克造成的威胁也让坦克寻找新的发展方向。

俄罗斯现在最关注一种主动连接系统，可以通过发射一个小弹药把对方的导弹火箭筒摧毁，这样对坦克的主装甲构成损害，通过引爆坦克车体，或者是炮塔摧毁目标。

作为城市居民，对未来城市作战或者为了适应未来城市作战，我们要多想想。其实我身边开车的人几乎没有不用导航的，一是对路况不熟，二是对街区建筑不熟。我们对自己脚下的这片土地恐怕会比较陌生，第一件事就是要记住安全通道在哪儿？避难所在哪儿？地下设施的位置？要记住你的应急手电筒、防毒面具、灭火器的位置，不要过目就忘。

要考虑未来

城市里的很多地方都是对方的重要攻击目标，像政府机构、广播电视机构，电力、燃气、供水设施，这些标志性的建筑物要远离，因为这些地方往往是对方的重点攻击目标。另外，要掌握必要的求生手段，比如建筑物内的生存，紧急寻找各种有利地形，以及战伤自救等；还有，如果引发了城市作战，支援作战行动、协助救援行动可能是重要选项。因为，如果大城市发生了大的作战行动，造成的破坏在短期内没有办法全部清除完毕，一定是长期行动，在这个过程中你要参与救援、参与作战，甚至要支援作战行动，这时你就要听从指挥、积极参与、量力而行。总之，了解城市、认识城市、了解城市战，以及掌握一些必要的求生手段，有助于我们提高适应城市战这种形态的重要能力。

为什么说未来的主战场就是城市？我们修了这么多防御设施，为什么那个地方不是主战场？我们现在讨论的是未来的事，要把未来事态、未来战争形态、未来战场环境作为我们考虑的出发点。以前有人对我们这种思维模式有过评价，他是31岁当院士的美国神童、著名物理学家亨利·奥古斯特·罗兰，也是美国物理学会的创始人。1883年8月15日，在美国科学促进会（AAAS）年会上，他做了题为《为纯科学呼吁》的演讲。他说，我时常被问及这样的问题：纯科学与应用科学究竟哪个对世界更重要。为了应用科学，科学本身必须存在。假如我们停止科学的进步而只留意科学的应用，我们很快就会退化成中国人那样，多少代人以来他们都没有什么进步，因为他们只满足于科学的应用，却从来没有追问过他们所做事情中的原理。这些原理就构成了纯科学。中国人知道火药的应用已经有若干世纪，如果他们用正确的方法探索其特殊应用的原理，他们就会在获得众多应用的同时发展出化学，甚至物理学。因为只满足于火药能爆炸的事实，而没有寻根问底，中国人已经远远落后于世界，以至于我们现在将这个所有民族中最古老、人口最多的民族当成野蛮人。

130 多年前，人家对我们的评价是这样的。特别是 120 年前，甲午海战我们输得很惨，其实当时双方装备技术水平差距很小，但是在这次作战行动中我们全军覆没。

今年又是甲午年，如果发生战争，会有什么样的结局？会有什么样的行动、效果？除了取决于解放军的作战能力、武器装备，还取决于各位关注国防的意识。只有把未来的安全环境、对策、战场和国防相关的事情多想一点，才会有更多办法应对那些猝不及防的事情。如果今天我们不生活在未来，明天我们一定生活在过去。

谢谢各位！

曾国藩的廉政实践

张宏杰

张宏杰

历史学博士，清华大学历史系博士后。中国作家协会会员，辽宁省作家协会理事。已出版《大明王朝的七张面孔》等专著 11 部，发表学术随笔及学术专栏文章 120 余篇，在《当代》开设《史纪》专栏。曾获“全国少数民族文学骏马奖”、“辽宁文学奖”等文学奖项，并受邀于央视《百家讲坛》，主讲《成败论乾隆》。

1811 年，曾国藩在湖南乡下出生时，家里有 8 口人，土地约 100 亩，人均 13 亩左右。当时全国人均占有土地 3 亩多，因为晚清社会整个贫困化，小地主的生活水平实际上并不很高，粗茶淡饭而已，不过他家人一年到头可以吃得饱，大家长曾国藩的爷爷晚上吃饭的时候甚至可以拿半个咸鸭蛋来佐酒，跟别的人家只有这一点不同。

曾国藩家的经济状况一般

曾国藩考了两次进士，第一次去北京考进士的路费是他家自己掏的，到第二次，几十两银子他家就拿不出来了。《曾国藩年谱》记载说，曾国藩第二次进京赶考，向亲戚朋友凑了几十两白银才去了北京，可见他家的经济状况非常一般。

在传统时代，一个人要改变家庭甚至家族的命运，基本上只有通过科举考试。曾国藩的爷爷叫曾玉屏，他高瞻远瞩，把家里所有钱都拿出来供孩子读书。但是很不幸，孩子们的智商不是很高。曾国藩的父亲叫曾麟书，他从小开始读书，十几岁开始考秀才，一直考到43岁，前后考了17次才中了秀才。曾国藩的智商实际上也不高。曾国藩最初考秀才的经历跟他父亲非常相似，前六次都失败了，一直到第七次才勉强中了秀才，为什么说勉强呢？因为曾国藩中的是全县倒数第二名，他的天资确实不太突出。像他的老朋友左宗棠就经常批评曾国藩，你太笨了，用兵打仗靠这个智商不够用。他的学生李鸿章曾经当面指责说，你这个人做事情反应太慢。曾国藩自己也经常说，“余平生短于才”。

曾国藩天资不高，但读书确实很刻苦。他靠着这股刻苦的精神，后来真的把书读通了。中了秀才之后，他的科举之路走得比较顺，后来考举人一次就考中了，考进士也只考了两次。28岁时他就中了进士，这在当时是属于非常顺利的。

道光十八年（1838年），曾国藩中了进士点了翰林，从此步入仕途。他的第一个官职叫翰林院检讨，是一个从七品的官，大概相当于今天的副县级、副处级，翰林院官员主要负责起草朝廷的重要文件，探讨国家的发展方针，有点像今天的国务院政策研究室高级研究员。曾国藩是不是从此就过上了幸福生活呢？曾国藩连着做了13年京官，他的经历、生活的主旋律就是一个字：穷。

有两个例子可以很好地说明他穷到什么程度。

第一个例子，道光二十二年（1842 年），仆人陈升跟曾国藩吵了一架，过去主人跟仆人吵架、拌嘴是常事，但与众不同的是，这个仆人跟曾国藩吵了一架之后，就卷起铺盖走人了。因为曾国藩家里太穷了，吃得也很不好，连着好几个月没给陈升开工资，一怒之下他跑了。这件事让曾国藩很受刺激，后来他写了一首诗叫《傲奴》，其中有这样两句："今我何为独不然？胸中无学手无钱。平生意气自许颇，谁知傲奴乃过我！"意思是我这个人胸中学问修养不好、手里又没钱，所以一个仆人都不把我放在眼里。

另外一个例子更有说服力。曾国藩非常重感情，亲戚朋友家要是有困难，能帮的他就会伸把手。道光十九年，他离开湖南到北京做官之前，跟自己的那些亲戚朋友告别，来到了自己的两个舅舅家里。曾国藩的舅舅家很穷，曾国藩记载他大舅过的生活是"陶穴而居，种菜而食"，说他的大舅那年 60 多岁了，家里连房子都没有，就在村子的后山坡上挖了一个山洞，住在山洞里，在山洞边上种了一片菜，靠卖菜生活。他的二舅叫江永燕，生活比大舅强一点，家里有三间草房，但也是东倒西歪的。这个二舅送别曾国藩的时候，握着曾国藩的手说，"外甥做外官，则阿舅来做烧火夫也"，就是说你做京官可能比较穷，但是你将来要外放到哪个地方做县官，你一定要通知我，我给你做伙夫，也吃两天饱饭。曾国藩一听很难过，不觉"为恻然者久之"，当时就流眼泪了。但事实是曾国藩在北京做了整整 5 年京官，没给这两个舅舅寄过一分钱。到第五个年头，曾经想给他当伙夫的舅舅江永燕就贫病而死了。

副处级官员为什么这样穷

有的朋友可能比较奇怪，一个堂堂的副处级官员，为什么会这样穷呢？有两个方面的原因。

第一，清代实行低薪制。曾国藩这样的从七品官俸禄全年各项收入加到一起是 125 两白银，换算之下，当时的 1 两白银的购买力相当于今天的200元人民币，125两白银换成今天是25000元，再除以12，每个月的收入约2080元，更何况曾国藩那时拖家带口，过去妇女不出来工作，这2000多元钱要养活他一大家人。

第二，生活水平高。他毕竟是堂堂的七品命官，生活上一定要讲排场。我找到了一套曾国藩亲笔记的账本，他每天都要给自己记账，买白菜、剃头、买衣服，都要记下来。以他记的账本为基础，我从头到尾给他算了一笔账，收支是平衡的，证明他这个账本记得非常扎实、非常准确。

我就以这个账本为基础，分析一下在道光二十一年的时候，曾国藩的收支水平、具体的衣食住行情况。

到北京工作，曾国藩面临的第一个问题就是寻找住房。他当时只能选择租房。因为曾国藩是七品命官，他不太可能住在一个大宅院里头，跟那些卖煤的、卖米的、卖面的杂居到一起，他必须得租一个四合院。在晚清租四合院很贵，曾国藩在绳匠胡同租了一个有18间房的小四合院，一年的租金是160两白银，仅住房就已经超过了他全年工资收入。

第二项比较大的花销是社交应酬支出。在晚清，这方面的压力很大，那个时候在这个方面特别讲究，你的上级、朋友家里娶媳妇、生孩子、过年过节，你得送礼，而且还有大致的固定数目。而曾国藩很爱交往，“随份子”对他来讲是很大的压力。通过他那个账本我给他算了一下，道光二十一年，他“随份子”一共随了11笔、花了70多两白银。第二个方面就是请客吃饭。京官那个时候很清闲，平时不用上班，就是轮流请客吃饭，可以构建自己很庞大的关系网，给未来升迁奠定很好的人脉基础。当然，建立这个人脉网络的主要方式就是请客吃饭。我算了一下，曾国藩这一年请客吃饭的钱加在一起花了40多两白银。所以，“随份子”加上请客吃饭，这两项加一起已经有110多两白银。

第三项比较大的开支就是穿衣服的花销。曾国藩对穿衣服是特别讲究的，他到北京做官的第一年买衣服的支出花了500多两白银，相当于差不多10万元人民币。清代官场对官员的衣服有非常严格的要求，春夏秋冬四季要有不同的官服，而且这个官服往往都要用名贵的材料制成。官帽的顶子要用宝石、水晶，最起码要用金银，冬天要穿貂皮服装，要挂朝珠。朝珠是由非常名贵的材料制成的。哪怕只买一套，一年穿的官服也要花500多两白银。

清代有些官员实在太穷，买不起官服，就有一些官服店专门出租官服。曾国藩到了北京之后，他的第一件事是买官服，头一年仅帽子就有11顶，大呢冬帽、小呢冬帽、大毛冬帽、小毛冬帽、皮冬帽等，都是由名贵材料制成的，便宜的要七八两，贵的要10多两，这些帽子加在一起就要100多两白银。

这是第一年的情况。

到了道光二十一年，就是我们详细介绍的这一年，因为以前服装买得差不多了，所以这一年服装支出仅40多两白银，又买了一些不重要的服装。

第四项是交通费的支出。曾国藩买不起轿子、买不起马车，但北京那个时候针对官员的租车行很发达，曾国藩需要出门的时候，会派仆人叫一辆车过来，一年的租车费用也是40多两白银。

道光二十一年，曾国藩一共花掉了620两白银。他的收入是125两，支出620两，这就意味着他做了一年官，就有490两白银的赤字。

弥补财政赤字也有固定渠道

清代京官弥补财政赤字也有一些固定渠道。第一个渠道是家里给他补助。曾国藩进京当官的时候，身上带了1500两白银。曾国藩出身小地主，家里没多少钱，这些钱是曾国藩自己筹集起来的。曾国藩中进士之后，请假回了老家，在老家待了将近1年，这段时间他的主要任务就是四处拜访各地的富人、官员，说我中了进士，对方一看你中了进士，将来你很有前途，肯定要表示祝贺，会给他一笔贺仪，一般给他 10 两、8 两白银，说白了就是“打秋风”。不到一年时间，他在湖南跑遍了各县、跑了 2000 多户人家，汇总到一起，筹集到了 1500 两白银带到了北京。

第二个途径是“冰敬”和“炭敬”。什么叫“冰敬”和“炭敬”？京官很穷，但是地方官很有钱，所以地方官到北京办事或者在北京有京官朋友，每年会给这个朋友送一点钱，一般 10 两、8 两。夏天送呢，就说钱不多，天很热你去买点冰，这叫“冰敬”。冬天就是支持你买点木炭取暖，叫“炭敬”。当时这是一个通习，严格说这是一种腐败，但当时大家都认为这是很正常的现象。道光二十一年，我们在账本当中查到他收了 9 笔外官送给他的“冰敬”和“炭敬”，加到一起是 97 两白银。

还有一个渠道，就是借钱。大家愿意借钱给京官。道光二十一年底，他把家里带来的钱都花光了，就开始借钱。后来在他结束京官生涯回到老家时，他一共欠了 1000 多两白银的外债。

立誓不靠做官发财

查曾国藩这些年的账本记录，没有任何一笔灰色收入记载。曾国藩应该不会做假账，因为他这个账本前后是严丝合缝的，这就涉及我们要讲的一个主题，就是官员的清廉程度和他的个人道德修养之间的关系。

从本质讲，曾国藩是清官，主要是因为曾国藩有很高的道德修养，有人说他是中国社会最后一个圣人。对曾国藩有所了解的人都知道，曾国藩从 30 岁即到北京做官的第二年，他就立下志向，叫“学做圣人”，这辈子最大的志向是在道德上完善自己，做一个圣人。从这一年开始，他刻苦地进行道德磨炼，主要方式就是记日记。曾国藩记日记的方式很特别，很像今天大家写微博。他的日记不长，每则日记 100 多字，跟现在的微博差不多，而且他记完日记之后，每隔十天半个月就把那个日记送给自己身边那些老师、朋友传阅一遍，然后每个人要写上批语。曾国藩为什么要采取这种方式呢？这是为了让老师和朋友们监督自己，他把自己这一天的所作所为甚至每个念头都记下来，然后进行反省，请别人进行点评。

“学做圣人”的重要方面就是在经济上要抵御金钱的诱惑。做京官不久，他就发了一个誓，“我立誓不靠做官发财”，他在家书当中给几个弟弟也说了，请他们监督。

在曾国藩的日记当中，有时候会发现一些比较好玩的记载。道光二十二年二月初十，曾国藩有一则日记记载，“昨日，闻人得别敬，心为之动。昨夜，梦人得利，甚觉艳羡。醒后痛自惩责，谓好利之心形诸梦寐。”意思是我昨天白天出去跟人家吃饭，席间有个朋友跟我提起，他收到了一笔上百两白银的“别敬”，我当时心里非常羡慕，结果昨天晚上我就做了一个梦，梦见别人发了一笔大财，我在梦中也是心怦怦跳，想说哪天我也发一笔财。我在梦中对这个钱财都如此贪婪，可见我这个人的人格修养是多么不到家。

这一年十月十九日，曾国藩在日记中记载：“两日应酬，分资较周到。盖余将为祖父庆寿筵，污鄙一至于此！”意思是曾国藩在日记当中反省，这一段时间突然应酬特别周到，谁家里通知我、有什么事通知我，我肯定都去，而且“随份子”随得都很重，我以前不是这样啊，今天我通过反省想明白了，因为过两天是我祖父生日，我心里暗自盘算，在北京给他办一个寿宴，借这个机会收点礼金，渡过目前的财政困难，可见我这个人的人格实在太卑污了。

清代财政制度不合理

读曾国藩日记，我并不认为曾国藩的人格有什么问题，只能说明清代财政制度多少有不合理的地方，为什么大家愿意在北京苦熬做京官，他们心里希望有一天能外放做地方官，经济收入马上就会出现翻天覆地的变化。清代地方官主掌地方税收权，当时税收由地方官员亲自征收，又没有严格的监督机制，弹性非常大。国家规定的税率可能是收10%，但是这个县令可能收20%、40%甚至60%，他的借口是我这一级的行政支出没有来源，我必须得多收一点才够花。因为地方官手里的经济支配权特别大，很容易“一夜暴富”。

曾国藩在北京做了13年京官，经济上没赚到钱，反而赔了钱，但是政治地位上有很大的收获，他从副处级研究员一直做到了礼部侍郎（副部长），升官升得很快。他离开北京是因为他母亲去世了，回家去守孝，正好这个过程当中爆发“太平天国”起义，皇帝就任命他带军队打仗，他打了几年仗，立了很多战功，后来皇帝就任命他做了两江总督，两江包括江苏、江西、安徽这三个省，总督既主管民政，又主管军政，两江总督职权相当于今天这三个省的最高负责人。

主要收入就是“养廉银”

曾国藩做两江总督的时候，他的工资收入按照国家规定，年收入是155两白银，比做副处级官员只多了30两白银。那么这155两白银换算乘以200，相当于31000元人民币，除以12，月薪约等于2580元。但他还有另一项主要收入就是“养廉银”。清代从雍正皇帝开始，特批高级官员一笔养廉银，两江总督的养廉银是18000两白银，换算成人民币达300多万元，与做京官时期相比，完全不可同日而语。

事实上，养廉银仍然不是总督级别官员的主要收入，主要收入是“陋规”，换成今天的话来讲就是“灰色收入”。这个“陋规”的标准是18万两白银，就是说曾国藩在两江总督任上一年收取的灰色收入，如果不超过18万两，社会上对他就不会有批评，就不会认为他是贪官。

这样，曾国藩做两江总督一年的收入将近20万两白银，那他肯定是整个大清朝最有钱的人之一。曾国藩做两江总督的时候，他的生活水平是不是比京官时期有非常大的不同呢？确实有了不同，但是生活水平不是提高了，而是降低了。

首先看他这个“穿”，在做京官时期，曾国藩的服装非常讲究，做总督时，他的服装变得非常俭朴。曾国藩的秘书赵烈文在回忆录当中甚至说，他第一次见到曾国藩，发现曾国藩的衣服料子非常普通，帽子和靴子都非常破了。

家庭生活水平不高

为什么在北京的时候讲究服装，到两江总督时期就不讲究了呢？原因很简单，因为在北京做京官，曾国藩每天要见他的上级，他把衣服穿得特别整齐是为了对他的这些领导表示尊重。到做两江总督时，他本身就是当地的最高官员，于是他恢复了不拘小节的本性。

除了穿衣之外，曾国藩做两江总督时期，整个家庭生活水平都不高。曾国藩做了两江总督之后，把一家老小都接到了两江地区，有20来口人，只有两个仆人，一个是老太太，另外一个是小丫头。家里活多干不过来，曾国藩的夫人就在市场上雇了一个人做帮手，曾国藩知道后很不高兴，把夫人严厉地批评了一顿，规定家里的活家眷们也要干，曾国藩甚至给家中女眷制定了一个功课表，这个功课表在《曾国藩全集》当中还收录着。曾国藩规定，她们每天早上起来要做“食事”，就是跟吃饭有关的事情，要腌咸菜、做酒、做酱、做小菜；上午要织布、纺棉花；下午要做衣服，一家人全年穿的衣服她们要亲手做；晚上要做鞋、要纳鞋底，女眷们一天到晚闲不着。每天晚上在两江总督府大堂之上，曾国藩在一边点起油灯批阅公事，另外一边他的夫人带领着这些女眷在那儿做鞋，这样的场景在中国历史上并不多见。

曾国藩收不收礼呢？这是清代做官必须面对的现实问题，因为清代官场送礼成风，每逢年节，下级都会给上级送礼。这个礼物代表了一种感情沟通，所以一点礼物都不收，也不利于建立情感联系。在收礼方式上，曾国藩的处理方式是你送礼我不会拒绝，但只象征性地收一点点。

曾国藩的日记记载，咸丰十一年（1861年），湘军名将鲍超来给他过生日。鲍超给他带了16包礼物，曾国藩很高兴，把这16包礼物打开一看，都是古玩呀、字画啊。看完了之后，曾国藩说，很好，我很喜欢，但是我用不了这么多，于是他挑了一个绣花小帽，收下来了。鲍超没办法，又把这些礼物打包带回去了。

史料记载，曾国藩还收过美籍华人容闳所送的礼物。容闳是中国历史上第一个毕业于美国耶鲁大学的留学生。在洋务运动当中，他帮助曾国藩到美国去采购机器设备，按照当时官场惯例，容闳回国之后应该到曾国藩府上来拜访，而且要送一点礼。容闳回来的时候，曾国藩正好出差在外，他就写信给自己的儿子曾纪泽说，容闳给我送礼，你把握一条，你看他送的这个礼物大概值多少钱，要是不超过20两白银你就收下，要是太多了你就还回去。从这条记载我们可以判断，曾国藩收礼有一个“价格线”——20两白银，换成今天的人民币就是4000元，曾国藩这个分寸把握得很好。

事实上，曾国藩也有不太清廉的一面。

第一，曾国藩做两江总督的时候经常大吃大喝、请客送礼。曾国藩日记记载说，有一次他到苏州检阅军队，在苏州待了多天，每天的任务就是请客吃饭，苏州地方官轮流请他吃饭，晚上喝酒唱戏。临走时，曾国藩也摆了两桌回请这些地方官员。

第二，他也送礼。曾国藩在北京做京官的时候，每年他收取别人送他的“冰敬”、“炭敬”；他做地方官，每年也不忘给北京的那些京官送“冰敬”、“炭敬”。他认识的人很多，每年要专门预算出三五千两白银给京官送礼。

清代官场上还有一项支出叫“别敬”，就是地方官到北京见皇帝，临走的时候要给北京你认识的那些官员每人送一点钱，叫“别敬”。同治七年，曾国藩从两江总督调任直隶总督，这中间他要晋见慈禧太后，临走的时候，他给认识的那些京官每个人都送了一点钱，加到一起他一共送了14000两白银。

第三，曾国藩在官场上也要花钱办事。曾国藩多年带兵打仗，就遇到了一个问题——军费报销问题。同治七年，曾国藩需要报销3000多万两军费，按照清代规定，军费开支需要编成非常详细的账本，然后送到户部，就是相当于今天的财政部加以审批。那么户部凭什么来判断这个账本做得准不准呢？标准也很简单，就是看你送的“部费”多少，“部费”就是活动经费。

为了军费报销问题，他派李鸿章到北京打探，了解到户部定的回扣标准是1.3%，报销3000多万两白银，需要40万两部费。曾国藩说，不行啊，这40万两太多了，我拿不出这么多钱。曾国藩打听来、打听去，听说江宁布政使李宗羲在户部有亲戚，通过他去做工作，最后部费从40万两降到8万两。

就在这个时候，皇帝下了一个批复，慈禧跟皇帝说，曾国藩带兵打仗多年，劳苦功高，而且曾国藩这个人道德品质很好，我们信得过他，所以他的那些军费就免于报销手续，让户部直接给他通过，不用审核了。这8万两送还是不送呢？曾国藩想来想去，“所托部吏拟姑听之，不遽翻异前说”。什么意思啊？我答应送人家8万两了，还得继续送。作为两江总督，以后求人办事的机会还有，我这次要是不守信用，以后肯定有麻烦。

这些送礼的钱从哪儿来呢？答案就是我们刚才说的“陋规”，按当时的标准，他一年会有18万两“陋规”收入。

曾国藩到两江地区之后，他在财政制度上做了大量改革，包括裁撤总督衙门的“陋规”，以及州县衙门的“陋规”，不允许地方官在税收的时候过多地给老百姓摊派，或在税收上做过大的浮动。他只允许这些州县官收一些合理经费支出，把当地老百姓的负担降下了一大块。但是曾国藩的这项改革并不彻底，不是所有的“陋规”都不收，他采取了一个调和的办法，他规定自己一年收3万两“陋规”，一般穷的下属衙门给他的钱他就不要了，但是有几个特别“肥”的衙门给他的钱他都会收下来，比如盐运司、上海海关、淮北海关。他每年会从这几个衙门收3万两白银，用途呢就是以上说的官场的这些打点、应酬。

以上是曾国藩做官时“浊”的一面。

接下来，就曾国藩的实践和当今廉政文化建设做两点总结。

第一，从曾国藩的这个例子来看，清代财政制度不合理，这是清代贪污盛行的主要原因。曾国藩做京官每年实际支出600多两白银，国家给他的收入是100多两，这中间的巨大差额他必须自己弥补。

中国历史上整个工资标准最低的两个朝代是明朝和清朝，贪污最严重的也是明朝和清朝。低薪制是明太祖朱元璋定下来的，朱元璋在制定财政制度时，给自己的儿子、孙子，都封为亲王、郡王，定的俸禄标准非常高。给官员定的俸禄标准都低，是历代的最低值。朱元璋惩贪非常狠，只要贪污满60两白银就“剥皮实草”，就是把整个人皮剥下来，然后里面填上草，做成一个人皮稻草人，后来每个县衙门里都有这样一个人皮稻草人。即使这样反贪，大明王朝仍然是中国历史上最腐败的王朝，主要原因就是整个财政体制设置不合理。

第二，曾国藩做官的风格可做如下总结，他是一个非典型清官，他做官是“内清而外浊”。一方面，从本质上来讲，他是清官，从生到死他没有把国家的一分钱揣入自己腰包，用于自己的家庭花销。但是另一方面，他的很多做法和大部分官员一样，也请客吃饭、请客送礼，在这种文化氛围之下，很少有人认为曾国藩是清官。

此外，曾国藩有意识地让大家不认为他是清官。曾国藩有一个“小金库”，每年收入3万两白银，一般地方官在结束官员生涯的时候，会把“小金库”中的所有结余都带回家里。但是曾国藩没有这样做。他从两江总督调任直隶总督，他的小金库还剩下1万多两白银没花出去。曾国藩就嘱咐自己的儿子曾纪泽，把这1万多两白银捐给地方慈善事业，但是悄悄地用别人的名字捐出去，因为“散财最忌有名，一有名便有许多窒碍”了。他又说，“余生平以享大名为忧，若清廉之名，尤恐折福”。就是说我这个人一生做事不想享有大名，特别不想大家认为我是清官。曾国藩做官不是为了自己获得多大的名声，是为了做大事，如果要做一些拯救国家、推动社会的大事，就要调动官场上最大限度的力量，团结周边的人一起做。曾国藩知道以一己之力改变中国传统社会几千年来的行为准则不现实，只能一定程度上向它妥协，从而做自己想做的大事。应该说曾国藩是中国传统文化、廉政文化当中非常有特点的代表。

谢谢大家！

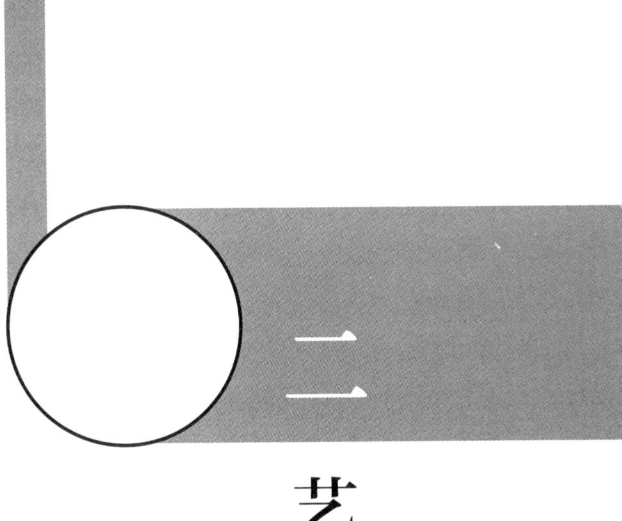

二 艺术

百年中国合唱潮

梁茂春

梁茂春

中央音乐学院教授、博士生导师，中国音乐史学家，音乐评论家。著有《中国当代音乐》《香港作曲家》《百年音乐之声》等专著。已发表《中国五代作曲家》《论民族乐队交响化》《冼星海的音乐思想》《许常惠音乐创作之路》《写在“谭盾交响作品音乐会”之前》《论“语录歌现象”》等300余篇专题论文和音乐评论文章。

中国本没有合唱的传统，“六代乐舞”中没有合唱的记录，唐宋大曲中全无合唱的记载。戏曲、曲艺音乐中也缺乏合唱的形式。只有在民间的“一领众合”的劳动号子中，以及少数民族的多声部民歌中，有一点合唱的因素。

从19世纪引入的西方基督教唱诗活动和20世纪初兴起的“学堂

乐歌”开始，西方的合唱形式开始在中国播种、发芽。1913年李叔同谱写出三声部合唱曲《春游》，标志着中国合唱创作迈过了起跑线。百年来，合唱已经在中国形成滚滚洪流、滔滔大潮。

西方合唱是在宗教背景下发展起来的。中国则不同：中国合唱离不开政治，往往与政治同步，乐与政通，与政俱进。百年来的中国合唱数度成为政治的工具，迷失了合唱的本体。评论中国百年合唱，不能不从政治的角度入手，又必须超脱于政治。

合唱艺术的总体特点是人声美的集中和充分的展现，通过在欧洲逐步发展起来的复调和和声手法，将人声之美呈现到极致，它是全人类共有的艺术财富。

合唱的基本要点是人性的真诚表达，是众多的人声一起合唱共通的人性——人类本性的艺术聚合。如果说独唱（艺术歌曲、抒情歌曲等）是个人情感的抒发，而合唱则是众多人性的集中表现。当合唱违背或离开了表现人性，合唱就走上了歪路，陷入了迷途。

百年来的中国合唱经历了几次大潮，几度辉煌壮丽，几度虚火狂滔，几度迷茫低谷，形成了蜿蜒曲折、跌宕起伏的中国百年合唱长河。

中国合唱的源头清溪

中国合唱曲《春游》产生的时候，合唱艺术在欧洲已经发展了1000多年，产生了像《弥赛亚》《第九交响曲》《德意志安魂曲》等众多的合唱经典作品。诸多的合唱艺术高峰已经出现。

1. 中国合唱清泉出涧

中国合唱潮，潮起钱塘江。《春游》是李叔同在杭州谱写的三部合唱曲。这首16小节的短歌是一个标志：中国合唱创作的源头就在这里。它是莽荒榛棘中流出的一条清流小溪。

《春游》是一首带再现的二段体结构的歌曲，曲式简单而完整，与七言诗的歌词结合得严丝合缝。6/8节拍，七声音阶旋律，是典型的西方节奏和曲调风格。李叔同从日本学到了西方古典音乐的基本知识，这是他将西方的和声、旋律、合唱体裁移植到中国的初步尝试。

《春游》的歌词也是李叔同写的，前四句中出现了四个“春”字，这有点犯了写诗的忌讳：重复太多。李叔同之所以要这样写，是为了突出杭州西湖春天的景色和意境。歌词写道：“游春人在画中行，万花飞舞春人下。”人与自然在春天里亲密交融在一起，这多么值得人们向往！中国合唱就在这春光熹微、春光荡漾中迈开了脚步。中国合唱犹如春泉出涧。

20 世纪一二十年代能够谱写合唱的人还非常少。李叔同在谱写了《春游》之后，还创作了二部合唱《留别》（叶青臣词）。萧友梅在 20 年代也谱写了《迎冬舞》《美育》（均为易韦斋词）等小型合唱歌曲，在学生中传唱，但是影响甚微。

萧友梅在 20 年代还开始对大型声乐作品进行了创作试探，这就是多乐章的女声合唱曲《别校词》（易韦斋词，1924）和混声合唱《春江花月夜》（唐・张若虚词，1929）。但是这两部作品都没有能够在音乐史上留下深刻的印记。

2. 向往大海

给 20 年代留下时代印记的大合唱作品是赵元任的《海韵》。大合唱《海韵》有点像一部小型的清唱剧，主要人物是一位热爱大海的勇敢的女郎（由女高音独唱代表），另一集体形象是呼唤女郎不要投入大海的众人（由合唱队代表）。钢琴伴奏也以积极主动的姿态参与了戏剧性的展开——或以上下翻滚的琶琶音表现涌动的大海，或以轻盈的节奏表现女郎曼妙的舞蹈。

《海韵》的词作者是诗人徐志摩，原诗充满了深刻的象征意义和神秘气氛，是对人性深刻的挖掘与反思。诗人用悲悯的情怀去歌颂美丽的幻灭。女郎象征着向往自由的青春力量，她热爱大海，即使被大海吞没也毫不畏惧。《海韵》讴歌了人类永恒的大胆追求的可贵意志，将“五四”时期渴望自由和个性解放的一代人的精神面貌做了突出而生动的呈现。因此它是时代精神的体现。

大合唱《海韵》由结构严谨的五个乐段连缀而成。从第一段到第四段，合唱歌词中都有一句“女郎，回家吧女郎”，赵元任在四个乐段中做了四次不同的处理，他通过音区、节奏、音色、和声紧张度的变化，使这一乐曲的情绪由劝告到呼唤，到恳求，最后发展到狂喊的警告，气氛一次比一次紧张，到第四段形成全曲的最高潮。在第四乐段音乐中，合唱队和伴奏中都出现了连续的尖锐的减七和弦。最后，女郎被大海的狂涛席卷而去。第五段是合唱队悲剧性的咏叹，只留下了沙滩上凄凉的景象和大海空旷的声音。

《海韵》的音乐，女郎的独唱基本上是五声音阶的中国风格曲调，而合唱部分的旋律却是非常西洋化的风格。这种“中西并置”的音乐风格，体现了赵元任创作的独特风格。

《海韵》是赵元任在1927年用10天时间（7月6～15日）谱写而成的。徐志摩1931年11月19日因飞机失事就去世了，生前未能听到大合唱《海韵》的演出。赵元任在《日记》中写道：“晚听说徐志摩坐飞机上死了!!! 可惜徐志摩没能听到《海韵》的演出。”①

《海韵》受到了中国听众的喜爱，而且越来越受到国际听众的喜爱。在中国合唱的发源时期，就产生了这样一部闪现着生命灵光的优秀的合唱精品，它表达了人们对大海的强烈向往。中国合唱从源头开始，就连接了大海辽阔的波涛。

中国百年合唱的三次辉煌大潮

中国合唱在产生之后不到20年，就遇到了民族大灾难——1931年日本帝国主义对中国的野蛮入侵。民族的危难引发了中国合唱的爆发式成长，30年代中国合唱获得了一次划时代的提高，出现了中国合唱的第一次辉煌大潮。

---

① 1931年11月19日徐志摩因飞机失事逝世，20日晚赵元任将当日《大公报》刊登飞机失事的消息剪下来，贴在日记里，并写了上面所引的话。

1. 第一次辉煌大潮——三四十年代的中国合唱

这一次辉煌大潮的开始时间和“九一八”事变是同步的，一下子就涌现了《抗敌歌》《旗正飘飘》《救国军歌》《游击队歌》《到敌人后方去》《歌八百壮士》《满洲囚徒进行曲》等优秀的小型合唱曲，均达到了很高的水平。不久后又涌现了《长恨歌》《黄河大合唱》《八路军大合唱》等优秀的大型合唱作品。

悍敌入寇，全民抗战，民族的危亡唤醒了民族意识，社会现实有力地改变了中国音乐的风格。民族悲壮的历史，极大地推动了音乐创作的发展。这一时期的合唱作品大多以抗敌救国为主题，以雄壮的战歌为特征，以豪放的进行曲为主体。为了表现正义战争的精神，作曲家们大胆地从外国进行曲，尤其是苏联革命歌曲中吸取营养和因素，并努力将其与中国民族音调相结合，使得中国音乐风格出现了多种多样的变化，可以说：中国音乐从来也没有这样雄强、豪放过。

中华民族在抵御外辱中雄起；中国合唱在抗日救亡中成熟。

以小型合唱《抗敌歌》为例，这是黄自在“九一八”事变后两个月创作的，原名《抗日歌》，由于国民党当局实行不抵抗主义，禁言“抗日”，被迫改名为《抗敌歌》。这是我国最早的一首采用合唱形式写成的抗日救亡歌曲。《抗敌歌》是单二部曲式，第一乐段采用主调写法，第二乐段采用模仿式的多声部写法，接以四个声部的齐唱，造成了一呼百应的艺术效果。《抗敌歌》引领了中国救亡歌咏运动汹涌澎湃的大潮。

1932 年夏秋之际，黄自谱写了清唱剧《长恨歌》，这是我国第一部清唱剧作品。可惜的是，原本十个乐章的歌词，作曲家却只完成了七个乐章。男声四声部合唱（如《渔阳鼙鼓动地来》《六军不发无奈何》）和女声三声部合唱（《山在虚无缥缈间》）谱写得特别精彩，而这部清唱剧的主要角色（杨贵妃和唐明皇）的音乐形象却显得不够丰满。

1939 年在延安产生了《黄河大合唱》，这是一座拔地而起、高耸入云的中国合唱高峰。《黄河大合唱》完全是时代的产物，它是中国人民抗日战争的一座音乐的丰碑，民族精神在《黄河大合唱》中得到集中而崇高的体现。艺术风格上雄伟壮阔，汪洋恣肆。至今70多年过去了，仍无中国合唱作品能够与之比肩，艺术感染力更无法逾越。

从《春游》到《黄河大合唱》，中间只有短短的26年时间，忽然间就从渐进到突进。它就像从黄河的三江源头一下跳到了壶口瀑布，那急浪翻滚的《黄河船夫曲》，那风狂雨骤的《保卫黄河》，那山崩石裂的《怒吼吧黄河》，那情那景那势，就像是黄河急浪打到了中国人民的心上。《黄河大合唱》是自然天成的艺术珍品，如贾谊所说的："天地为炉兮，造化为工。"每一次聆听《黄河大合唱》，每一次都心荡魂惊。

《黄河大合唱》并没有标上"交响大合唱"的标题，但是它比各式各样标上"交响大合唱"的作品都要切合"交响大合唱"这个题目，因为它真正是中国人民心灵的交响。

《黄河大合唱》的产生改变了中国合唱的历史，它标志着中国合唱创作的成熟和高峰。音乐史上划时代的作品大都有一种引领的作用。《黄河大合唱》带动了一个轰轰烈烈的"延安合唱运动"，在延安这个偏僻的小城里，1939～1942年涌现出了郑律成的《八路军大合唱》，金紫光的《青年大合唱》，马可的《吕梁山大合唱》，李焕之的《女大大合唱》，吕骥的《凤凰涅槃》，杜矢甲的《蒙古马》，陈紫的《抗大大合唱》，刘炽、安波等人的《七月里在边区》，等等，大合唱的总数有数十部之多，这是中国音乐史上罕见的大合唱成批涌现的阶段，简直像"井喷"一样。冼星海曾经说过："边区音乐运动的最大贡献和成绩，要算是产生了几个大合唱。"① 他还说过："'大合唱'的产生可以说是空前的，它不但能够在延安轰动一时，而且还影响到全国，提高了文化水平，增加了抗战的热忱，进一步地增强

① 冼星海：《边区的音乐运动——一月八日在"文协"代表大会上的报告》（1940年），《冼星海全集》第一卷，广东高等教育出版社，1989，第90页。

了唤醒民众、教育民众和组织民众的工作，无疑是现阶段的一大助力。”①

刘炽等人的《七月里在边区》创作于1942年五六月间，是一部形式和风格都非常新颖的“民歌联唱”，由《七月里》《纪念碑》《开会来》等六段音乐组成。几位青年作曲家到陕北的佳县、绥德、米脂一带深入生活，系统地搜集、记录了当地民歌和地方戏曲。当他们回到延安后，就将生动而鲜活的民间音乐融入他们的作品中。《七月里在边区》的每一首歌曲的歌词和曲调，都好像带着陕北民众生命的体温。吕骥曾高度评价《七月里在边区》，称“这部作品实际上是星海同志的《黄河大合唱》之后第一部别开生面的作品，生动地反映了边区人民的民主生活的几个侧面，音乐语言非常亲切动人，群众风格、民族风格十分鲜明”②。

1942年之后，延安合唱运动偃旗息鼓，代之而起的是秧歌运动和新歌剧运动。40年代合唱创作的重心转移到了国统区等其他地区，零星地产生了宗教大合唱《以马内利》《圣诞曲——基督降生神乐》和马思聪的《祖国大合唱》等数部作品。

抗日战争时期的中国合唱都以鼓舞爱国主义精神为第一要旨。在大后方的重庆，1941年3月12日由教育部主办了“千人合唱音乐大会”，地点选在重庆被日寇轰炸的夫子池残迹前。此事由音乐家李抱忱负责筹划，共有30多个歌咏团参加演唱，8个军乐队组成联合乐队伴奏。吴伯超、郑志声、金律声、李抱忱等人担任指挥。

《以马内利》这部“圣诞大合唱”的产生比较特别，1943年它谱写于菲律宾并在马尼拉首演，是由华裔黄桢茂作曲的。作品用中文谱写并由菲律宾当地华侨教会的圣歌团用中文演唱，这是现在已知我国最早的具有影响的大型宗教合唱作品。

---

① 冼星海：《鲁艺第三期音乐系》（1940年），《冼星海全集》第一卷，广东高等教育出版社，1989，第110页。

② 吕骥：《论安波同志的歌曲创作》，《吕骥文选》下集，人民音乐出版社，1988，第106页。

《以马内利》在菲律宾演唱的时候，正是菲律宾被日军占领期间。菲律宾全国人民内心充满了恐惧和不安。它的演出，给受难中的菲律宾人民，尤其是当地华侨以精神上的深深的抚慰。

大型神乐清唱剧《圣诞曲——基督降生神乐》（赵紫宸词，张肖虎曲），于抗日战争胜利前夕的1944年圣诞节期间在沦陷区天津上演。这是沦陷区中国音乐家一次盛大的、特殊的音乐活动，是爱国主义精神的集中展现。作者采用了西方传统清唱剧的形式，主要演绎了耶稣诞生的故事，在最后一个乐章中，也简述了耶稣受难、复活的情节。《圣诞曲》在宣传基督教教义的同时，通过艺术的手法曲折地影射了日本帝国主义在中国的侵略行径，鼓励民众坚定信心，相信“万国咸宁，天下为公”的日子将会到来。

《以马内利》和《圣诞曲》这两部宗教大合唱，在内容和形式上有颇多相似之处，它们通过宗教合唱的形式，让人们专情宗教而获得心灵的安宁，这是战乱时期广大民众的心灵渴望。其中的《以马内利》在印度尼西亚、香港、台湾、加拿大、韩国和中国大陆演唱，成为传播最广的中国宗教合唱作品。

抗日战争胜利之后，黎锦光在1946年谱写了流行歌曲《香格里拉》，这是一首领唱加合唱的作品，当第三乐段再现第一乐段的旋律时，合唱队与领唱作回应式对答，表现了对“香格里拉”这个世外桃源的无尽赞叹。这是流行歌曲合唱创作的最初探索之一。

马思聪在这一时期谱写了《祖国大合唱》（1947）、《春天大合唱》（1948）等作品，推动了大合唱在中国的发展。这些作品反映了对独裁统治的反抗，对民主政治的向往，以及对祖国独立富强的追求。

2. 第二次辉煌大潮——五六十年代的中国合唱

1949年中华人民共和国成立之后，一些大城市纷纷建立专业的合唱团体，群众性的业余合唱活动普遍开展，新中国成立初期的清明的政治气氛推动了百年合唱的第二次辉煌大潮。山之苍苍，水之泱泱，中国合唱之河显得更加宽阔、多彩了。

1951 年有一首女声领唱加合唱的《新疆好》传遍全国。这是刘炽根据维吾尔族民歌《斯洛姆》改编的。它掀起了新中国成立初期“民歌合唱”的新风气。刘炽将他在 40 年代《七月里在边区》的创作思路移植并加以创新、发展，很快就形成了一股强大的民歌合唱的潮流。《新疆好》是刘炽谱写的《边疆战士大合唱》中的第四段，至今这首大合唱已经隐入历史，而《新疆好》却仍在广泛传唱，成为新疆的一张音乐名片。

1953 年北京成立了一个“陕北（女声）民歌合唱队”，正式名称叫“中央歌舞团陕北女子合唱团”，队员都是从陕北绥德、米脂一带的农村姑娘中挑选出来的。她们的演唱很像今天的“原生态”民歌，受到全国人民的喜爱，王方亮为这个合唱队改编了《三十里铺》《信天游》《红军哥哥回来了》《蓝花花》等陕北民歌合唱。朴实、自然的土嗓子，高亢、亲切的旋律，地道的陕北方言，将“西北风”刮到了全国。① 她们为新中国成立初期民歌合唱做出了不可磨灭的历史贡献。

“民歌合唱”不仅是指由民歌改编的合唱曲，也包括一些由古曲改编的，或创作成分较多的合唱作品，它们的总体特色是民族风格十分浓郁，反映了当时人们内心对民族和国家的自豪感。

50 年代优秀的民歌合唱作品还有：麦丁编曲的《远方的客人请你留下来》（1953），王洛宾编曲的《沙枣花儿香》（1953），瞿希贤改编的《牧歌》（1954），郑律成、罗忠镕改编的《嘉陵江号子》（1955），王洛宾编曲的《亚克西》（1956）、《黑力其汗》（1958），时乐濛、孟贵彬改编的《小河淌水》，葛顺中编曲的《你送我一朵玫瑰花》，王震亚编曲的《阳关三叠》，等等。这些民歌合唱就像流着月光的小河，缓缓流向人们心灵深处。

民歌合唱像是一股合唱的清流，极大地丰富了中国合唱。在世界

---

① 这个“陕北（女声）民歌合唱队”由于离开了陕北，不久就产生了许多问题，于 1958 年返回延安，归延安歌舞团，至 1962 年解散。非常可惜。

合唱潮流中，它又是一个中国合唱的文化符号。

一些创作成分较多的歌曲如罗宗贤、时乐濛的《英雄们战胜了大渡河》等，也具有“民歌合唱”的特色。50年代中国人民乐观自信的情绪，在这些民歌合唱中有充分的体现。这种民族自豪感，在当时的小型合唱作品如王莘的《歌唱祖国》，刘炽的《我的祖国》中同样也有充分的表现。

50年代的大型合唱作品，大都和政治宣传有紧密的联系，大多属于大型颂歌，内容上大体分为歌颂革命历史和歌颂社会主义建设这两个方面。以歌颂社会主义建设为主题的大型合唱，有刘施任的《祖国颂》，郑律成的《幸福的农庄》，马思聪的《淮河大合唱》，等等；歌颂革命历史的大合唱作品，以瞿希贤的《红军根据地大合唱》、郑镇玉的《长白山之歌》、时乐濛的《长征大合唱》等为代表。

1957年刘炽创作了单乐章合唱曲《祖国颂》，音乐宏伟辽阔，气势宽广绵长，是50年代中国合唱的典型之作，唱出了这个时代人民对祖国的真挚情感和美好的期望。

五六十年代提出了“为毛主席诗词谱曲”的号召，[①] 产生了一些为毛主席诗词谱曲的小型合唱歌曲，最突出的有李劼夫、晨耕谱写的《西江月·井冈山》，彦克、吕远谱写的《七律·长征》和沈亚威谱写的《七律·人民解放军占领南京》。这三首合唱都是1964年为音乐舞蹈史诗《东方红》而创作的。“为毛主席诗词谱曲”的大型合唱方面，重要的收获是朱践耳谱写的交响乐大合唱《英雄的诗篇》（1960）。

1965年产生了组歌《长征组歌——红军不怕远征难》，参与谱曲的四位作曲家（晨耕、生茂、唐诃、遇秋）都是富有创作经验和特别擅写旋律的军旅作曲家，他们谱写出了能够表现红军特色和充满民

① 1958年4月10日，《文艺报》向作曲家提出了“把毛主席的诗词谱成歌曲”的建议，并向作曲家征稿。5月13日，中国音乐家协会约请部分在京作曲家座谈关于为毛主席诗词谱曲问题。此后“为毛主席诗词谱曲”蔚然成风。

族风情的优美曲调。在第六曲《过雪山草地》中采用了藏族民间曲调，第七曲《到吴起镇》吸收了陕北民间音乐和青海花儿的音乐素材，第八曲《祝捷》采用了湖南花鼓戏的因素等。优美动听的旋律，使《长征组歌》受到了广泛的欢迎。从鲜明的民族风格来说，《长征组歌》可以说是一部大型的、发展了的“民歌合唱”。

《长征组歌》充分发挥了各个声部艺术特点，也充分发挥了独唱、乐队、朗诵、化妆（演出时合唱队员、乐队队员和指挥都穿当年红军的服装）、舞蹈造型、灯光布景和舞台美术等多种艺术手段，即利用了多媒体的综合作用，获得了丰富而新颖的艺术效果。使这部作品成为当代影响最为广泛的大型合唱。随着历史研究的深入，有人对这部作品的历史真实性等问题提出了质疑，但是这也未能阻挡《长征组歌》的继续广泛传唱，其影响波及海外。

《长征组歌》产生于“文化大革命”的前夕，不久之后就出现了“文革”的大动乱，所以它成了“文革”之前大合唱最后的辉煌。

“文革”中的合唱发了虚火，形成狂滔。这将在下一节中具体论述。

3. 百年合唱的第三次辉煌大潮——新时期和新世纪的合唱

“文革”结束之后的合唱大潮，是从施光南的《周总理，您在哪里?》（1976 年底）开始的。《周总理，您在哪里?》有独唱的版本，也有合唱版本。合唱版本的《周总理，您在哪里?》当唱到高潮处，“周总理，您在哪里?”的问句此起彼伏，就像山河大地都在呼唤周总理一样。这首合唱能够催人泪下，演唱时常常是演员和听众同泣同哭。合唱感人至此，令人叹为观止。或许人们现在已经很难理解了：为什么那时的人们对周总理的情感如此之深?

八九十年代优秀的小型合唱作品还有瞿希贤的《把我的奶名儿叫》（1980）、《飞来的花瓣》（1982），施光南的《在希望的田野上》（1981），鲍元恺的《景颇童谣》（1981），陆在易的《雨后彩虹》（1982），郭峰的《让世界充满爱》（1986），陆在易的《在十八岁生日晚会上》（1990），色·恩克巴雅尔的《八骏赞》（1991），等等。

21世纪影响较大的小型合唱有尚德义的《大漠之夜》（2001），曹光平的《天湖·纳木错》（2003，无伴奏三声部女声合唱）等。

其中《让世界充满爱》是一部通俗歌曲性质的组歌，是献给1986“国际和平年”的全国百名歌星演唱会的作品，它表达了人们对和平的向往和憧憬，表现了博大而深沉的命题。歌中高唱：“让这世界有真心的爱，让这世界充满情和爱”，这是对“以阶级斗争为纲”的政治路线的彻底否定。

这一时期的大型合唱作品，有鲍元恺的童声合唱套曲《四季》（1980），陆在易的音乐抒情诗《蓝天·太阳与追求——为女声合唱队与乐队而作》（1984），田丰的《云南风情》（1985），郭文景的交响乐《蜀道难》（1987），陆在易的合唱音画《行路难——为混声合唱队与乐队而作》（1989）和音乐抒情诗《中国，我可爱的母亲——为大型合唱队与交响乐队而作》（1993），王西麟的《交响壁画三首——海的传奇》（1998），永儒布的交响合唱《草原颂》（2006），金湘的《金陵祭》（2007），关峡的《大地安魂曲》（2009），鲍元恺的《第五交响曲·禹王》（2009），郭祖荣的《生命交响合唱》（2012）等。

陆在易的合唱音画《行路难——为混声合唱队与乐队而作》通过民族性和交响性结合的形式，表现了“透过风雨见晴天，翻过峻岭是平川”的深刻人生哲理，音乐具有客家山歌风格，领唱旋律具有民族唱法特色和高腔特点，它是50年代“民歌合唱”在新时期的发展。

金湘的交响合唱《金陵祭》是一部史诗性的音乐作品。作曲家将创作的重心放在“祭奠”二字上，避开了对“南京大屠杀”的具体描绘。这充分体现了作曲家深厚的人文关怀，表达了作者对受难同胞的深厚同情——正如金湘所写的：“以此告慰南京城30万同胞在天之灵！”① 作曲家站在今天的高度，站在人类和人性的高度上来思

---

① 金湘：《〈金陵祭〉随想》，载《交响大合唱——金陵祭》（钢琴缩谱），人民音乐出版社，2005。

考历史，展望未来，对“南京大屠杀”事件做了一次跨越时空的、冷峻的历史审视。

关峡作曲的《大地安魂曲》是为四川汶川特大地震爆发一周年而创作的，音乐表现了人间的真爱，抒发了内心的悲痛，呼唤了世上的真情。全曲对死难的灵魂进行了沉痛的哀悼。祈求远离的灵魂得到安息，祈祷未来的世界和谐美好，音乐既是哀的表达，又是爱的颂歌。《大地安魂曲》的产生，适应了一个时代的需要，适应了人们对大灾大难的思索，适应了社会心理变化和审美变化的需求。人们迫切要求一种指向心灵深处的音乐，迫切需要一种表达人性关怀的音乐，迫切需要一种赞颂人间大爱的普世性音乐。

21 世纪以来，中国群众性的合唱队大量成立，纷纷出国参加各种层次的比赛，捧回了不计其数的金奖银杯，然而最大的问题是合唱的创作远远跟不上时代、群众的需要。新时期合唱创作进入了多元化的状态，天高水阔，波平浪静，却再也未能掀起滔天的巨浪。合唱作品的题材扩展了，技法多样了，但是没有能够产生划时代的大合唱作品。于是人们只能纷纷地唱“红歌”，唱老歌。人们普遍在盼望着产生新时期的《黄河大合唱》。

百年中国合唱的三大巨潮，呈一潮低于一潮的状态。第一次高潮有抗日战歌和《黄河大合唱》，第二次高潮有民歌合唱和《长征组歌》，第三次高潮呢？

当然，我们不能用《黄河大合唱》一个标准来衡量中国百年合唱。黄河过了壶口，水面变宽，风缓浪平，柔波细浪，晚霞血照，东海夕阳，也另有一番别样的风光。中国合唱的生命力是一以贯之的。但是，新时期合唱缺少真正杰出的、能充分展现人性大美的、能够改变中国合唱历史的代表作品。

聆听歌剧　走近经典

王立民

王立民

国家一级演员，中央歌剧院男中音歌唱家，中央歌剧院音乐会演出主持人。中国音乐家协会会员，中国戏剧家协会会员。享受国务院政府特殊津贴。参演了《假面舞会》《漂泊的荷兰人》《阿依达》《安魂曲》等歌剧，并在《茶花女》《蝴蝶夫人》《驯悍记》《弄臣》《马可·波罗》《布兰诗歌》等歌剧中担任主要角色。多次赴东南亚、中国澳门、中国香港等地参加国际音乐节及演出活动。

首先我跟大家讲一讲声乐，讲一讲歌剧的基本常识和欣赏歌剧应该注意的礼仪。

歌剧400多年前诞生在意大利的佛罗伦萨，是资产阶级文艺复兴最大的积淀。为什么我们要学习歌剧？因为歌剧、交响乐和芭蕾舞是人类文化、思想发展过程当中的里程碑。现在我们有一些人就是不服西方的歌剧，主张创造中国的歌剧来超过它，这是不可能的。因为一个时代有一个时代的产物，比如中国的汉赋、唐诗、宋词、元曲是那个时代的人、那个时代的社会的思想文化的产物，现在如果有哪个人天天琢磨着在创作上超过唐诗、宋词，那是不可能的。我们首先要学习、继承那个时代好的东西，因为它代表了人类先进的文化和思想。

歌剧反映人性里好的东西

前些日子我在国家大剧院看了《乡村骑士和丑角》，又看了《弄臣》，近200年了，这些歌剧为什么一直还能演？为什么它里面反映的东西我们还能接受？因为它是资产阶级文艺复兴时期对于人性解放的最大沉淀。相反，我们有些歌剧，仅仅过了几十年，再演起来就得不到大家的共鸣，所以说，歌剧其实反映了人性里面好的东西，比如爱情，这样的歌剧生命力很强。

歌剧《茶花女》的故事脉络其实非常简单，就是玛格丽特和阿尔芒的爱情故事，但是这个爱情故事是小仲马写的。小仲马是谁？小仲马是法国大作家大仲马的私生子。在18世纪，私生子在法国没有社会地位，虽然大仲马是大作家，很厉害，但小仲马依然被人歧视、遭人冷眼，他把他这种内心的感觉灌注在小说《茶花女》里，对玛格丽特注入了深刻的同情。玛格丽特是巴黎上流社会一个高级交际花，非常漂亮，会弹复杂的钢琴曲，会读文学名著，会跳很复杂的华尔兹、圆舞曲，但她地位很低，按现在的话来说，她被很多“大款”包养，在北京、巴黎、深圳有很多房产，但是她得不到真正的爱情。青年人阿尔芒被她的气质所吸引，从心里面深深地爱上了她。

阿尔芒真挚的爱情激发了玛格丽特对生活的热望，《茶花女》里面有一段玛格丽特的独白，她把她内心的惶恐、欢喜都淋漓尽致地表达了出来。玛格丽特变卖了所有财产跟阿尔芒去过两个人幸福的日子，但是他们的结合即使在现在中国社会也是不被允许的。如果你的儿子跟一个妓女——这不好听——或者说交际花好了，你能答应吗？阿尔芒的父亲迪瓦尔先生就去找玛格丽特。他告诉玛格丽特，他的女儿爱上了一个体面少年，当那家人打听到阿尔芒和玛格丽特的关系后表示，如果阿尔芒不和玛格丽特断绝关系，就要退婚。玛格丽特只好作出牺牲，发誓与阿尔芒绝交。这就博得了历代观众的同情。我们到各个大学演出的时候，演出完后同学们上台签字，都是眼睛里面含着泪花。反映人性的这种爱情，现在演起来还是很受欢迎。

歌剧《弄臣》以一个公爵的弄臣及其女儿的悲剧故事，表现出了对那个时代君主专制制度的抨击以及对弄臣女儿吉尔达的爱情悲剧的同情。什么是弄臣？就是专门给公爵找乐子的人。《弄臣》的主人公里戈莱托貌丑背驼，在宫廷里当一名弄臣。年轻英俊的曼图亚公爵专以玩弄女性为乐，而里戈莱托常为公爵出谋划策，帮他干勾引朝臣妻女的勾当，引起人们的愤恨。大家设计对他进行报复，让他不自觉地参与诱拐自己心爱的女儿吉尔达的活动。里戈莱托发现自己竟将女儿交给公爵后，决定雇刺客杀死他。当他从刺客手中接过装有尸体的口袋，以为大功已成时，忽闻公爵高歌之声，急忙打开口袋，发现里面装的是奄奄一息的女儿，这使他痛苦万分。原来，获悉行刺计划的少女吉尔达对虚情假意的公爵一往情深，甘愿为了爱情而替公爵一死。

弄臣里戈莱托是一个很复杂的男人，很坏，但是他对自己的女儿来说，又是一个好父亲，他告诉自己的女儿不要出门，世界上的人很复杂，男人没有一个好东西，但他的女儿被公爵勾引以后，坠入爱河，愿意为爱而牺牲，最后弄臣决定刺杀公爵。对歌剧所讲的内容，大家以后多看、多听，对歌剧了解了，看起来就有意思了。

了解歌剧里面的音乐

歌剧包括音乐和戏剧两个部分，戏剧是骨骼、音乐是血肉，最重要的是大家对歌剧里面的音乐如果有所了解就愿意听了。

2013 年是威尔第诞辰 200 周年，北京演出了威尔第的一些歌剧，中央歌剧院也演出了瓦格纳的五部歌剧。在世界歌剧史上，意大利的威尔第和德国的瓦格纳被称为歌剧史上的双峰，不可超越。今天我请大家记住两个人名，第一个是意大利的威尔第，第二个是德国的瓦格纳，好吧？然后我请大家记住威尔第的三部代表作，第一部是《茶花女》，第二部是《弄臣》，第三部是《游吟诗人》。

为什么天津、北京包括东北出的歌剧家多，因为歌唱与语言有关。美声唱法产生于意大利，除了意大利是资产阶级文艺复兴的发源地之外，意大利语是美声唱法的源泉。天津人怎么讲话，你干吗呢？是吧？东北人说话嗓子放得开，你干啥呀？打架呀？哈尔滨出的歌剧家也多。唱歌最忌讳运气到喉头，而我们唱歌剧喉咙要放开。如果喉头不提高，男声、女声听不出来。很多人唱歌，一辈子没唱对。

瓦格纳是 19 世纪欧洲最著名的浪漫派作曲家之一，同时他又是一位影响巨大的歌剧改革家。他一生所作的大量艺术探索与实践，给后代作曲家带来了不可泯灭的影响。同时因为他在政治、宗教方面思想的复杂性，成为欧洲音乐史上最具争议的人物。他的歌剧作品有《黎恩济》《漂泊的荷兰人》《汤豪舍》《罗恩格林》等。

在北京国家大剧院看歌剧实在是人生一大享受。我家住在玉泉路地铁站边上，在网上一查国家大剧院有什么好歌剧，花 2 元钱买张地铁票，到天安门西站不用出地铁站，直接就可以进入国家大剧院。

歌剧也叫作高雅艺术

歌剧也叫作高雅艺术，为什么高雅呢？这与歌剧在演出过程中，演出的形式、表达的内容比较深刻有关。歌剧表达的内容涉及爱恨情仇，它们通过演员的演唱表达出来，对我们的灵魂冲击很大，会引起我们深深共鸣。德国人看歌剧，一看就是通宵，瘾很大。另外，瓦格纳本身又是哲学家、戏剧家、编剧家、作曲家，他所创作的这些歌剧产生了一种强大的氛围，德国由此产生了很多伟大的政治家、思想家、理论家。中央歌剧院 2014 年开了历史的先河，一共演出了瓦格纳的六部歌剧。欣赏歌剧时，大家可以先闭上眼听，听了以后再看。

在欣赏歌剧的时候，会用到一些意大利术语，今天我请大家记住，如果觉得歌唱家、演奏家的表现很精彩，无论在哪里，你都可以说一句意大利语，叫“不拉不”（音），要卷舌音，意思就是“好极了”。

改革开放之初，美国费城交响乐团在北京天桥剧场演出，有一个交响乐爱好者已经多年没有听过这么精彩的交响乐了，他就情不自禁地喊了一声意大利语“不拉不”，那个门卫很生气，马上出去同他说，你捣什么乱！这是一个笑话。

歌剧讲究声音形象

歌剧讲究声音形象，你别睁着眼睛看。不像京剧，京剧一开场，人漂亮，声音也漂亮。评判国外歌剧最主要是看你的声音形象，《弄臣》里面的吉尔达，花腔女高音，本来应该是少女的形象啊，但是你别睁开眼睛看，外国人不讲究这个，有时候听声音像百灵鸟，少女一样的声音。你如果睁开眼睛一看，没准是一个腰围 3 尺 2 寸、非常胖的女高音歌唱家，体重大约有 90 公斤！当然现在有的著名女高音歌唱家也很漂亮，表演、形象、声音都好，但是无论怎样，外国人更注意的是声音形象，通过声音判断是不是这个人物。

男高音是永远的白马王子，特别是意大利男高音。意大利有三宝，意大利皮鞋、意大利面条、意大利男高音。为什么我们要追求美声唱法？就是意大利男高音唱出来以后，真是惊天动地，感人肺腑啊。

有个 64 岁的意大利男高音在北京中山公园音乐堂演唱过，我们坐在最后一排，这个演员不用话筒，声音灌满全场，我们这些从事几十年歌剧艺术的表演者和声乐爱好者被他唱哭了！为什么？他的声音太好听了，美声唱法灌满全场！因为他把喉咙打开了，通过呼吸把语调调整到高位置上。如果我们看到外国那些唱花腔的女歌唱家胖了一点，我们要理解她们，因为她太需要呼吸了。当然也有身材很瘦的歌唱家唱歌很棒，这不是绝对的。树林里的小鸟这么小，声音照样婉转。

我们每个人都有不同的音色！现在据说发展到什么地步呢？你到一个地方去，有认识你眼神的，还有认识你声音的！你哈一声就给你开门，你音色不对不给你开门，1000 个人有 1000 个人的音色，再选出一个更好的，那就是演唱歌剧的！可以说这种嗓子在娘胎里声部就确定了，你的声带构造，你爹妈给你的材料不一样，我的喉头位置就在这儿了，所以唱起歌来喉头位置稳定，跟气息搭得紧，如果你的喉头位置偏高，气够不着，那不行。

不能说一个人的声部发音不会改变，也有改变的，但是男中音改成男高音还是比不上帕瓦罗蒂！全才的歌剧家很少，弹钢琴是专业的，指挥是专业的，演戏又是一流的，再加上具备那种天赋的嗓子，这种全才很少啊。更多的人需要通过自己后天的更加刻苦的努力才可以在歌剧里面担任一定的角色。

男高音唱得高

前两年，中央音乐学院在边远山区发现了一个男低音，我们的老师特意去他家里拜访，发现他的爸爸、哥哥、弟弟都是男低音，4 个男低音在家里说话，屋里嗡嗡作响！

世界上最好的男低音大家知道在哪里吗？俄罗斯！俄罗斯那个地方寒冷，连树的年轮都长得慢，但是长得结实。长得慢的人嗓子特别好！这个男低音被招来以后，经过刻苦训练在国际上得了奖。他爸爸从边远山区来看自己的儿子，问儿子，到北京三年了怎么样啊？他儿子的嗓音比他爸爸低，回答说，爸爸我现在很努力，在国际比赛得了奖。他爸爸就问，你现在唱什么？他儿子回答说，男低音啊！他爸爸马上给了儿子一巴掌，太不努力了，三年了怎么还是男低音啊！原来他爸爸认为第二年应该是男中音，第三年是男高音才对啊。

天津音乐学院前任院长跟我一样是男中音。其实，不是说男高音就唱得高，男低音就唱得低，不是根据音调的高低来判定歌剧里面的声部，从专业性来讲，声音的换声区和你使用的声区不同，你看小提琴就这么大，它拉出来的声音是那样的，大提琴拉出来的声音是这个样子的。不是说你唱得高你就是男高音，男中音跟男高音的声区基本上相同。天津音乐学院前任院长年轻时去部队演出，声音很高很棒，首长很激动，说我们这个高男音唱得太棒了，旁边的文书马上说，他不是高男音是男高音。我们的老师较真，说报告首长，我不是男高音，我是男中音。首长很吃惊地说，太客气了，太客气了，你这么好的嗓子哪能是中音呢，肯定是高音。他以为男高音是音调高，中音是一般的。

其实，在女高音声部里，还可以细分为抒情女高音、花腔女高音、戏剧女高音等。歌剧为什么这么多年来能流传到全世界，是有原因的。我们国家大剧院在全世界剧院里都是数得上的，演出的场次多，整个剧场的豪华程度很高，我们把世界各地的好多优秀歌剧都引进来了，这些歌剧里面的音乐部分真的非常美妙。

男生的声音可塑性强

歌剧演员一般要用意大利语、德语、法语、俄语演唱，有一些音乐剧里还要用到英语，一些大的声乐作品还要用拉丁语来演唱。所以歌剧演员一生都要调整自己的音准、节奏、声音、语言、音乐和人物这六个不同部分的感觉。有朋友问，是不是这些语言你们都会说？像意大利语，简单的语言我们当然会一些。意大利语是拼音字母，很好读，但是进入文字的理解，语法变化极其复杂，很难深人。为了演好歌剧，必须从意大利驻华使馆请几个专家对我们进行语言训练，比如排演《茶花女》，大家先坐好，把谱子摆好，先一句一句念台词，我在歌剧里面演的角色，第一句词是什么意思，反复念，念对了以后再根据谱子唱起来，这是很复杂的过程。有的年轻人，特别是女孩子在语言方面就是比男孩子聪明，过耳不忘，一学就会。但是真正学会了以后，好听的还是男声。男生的声音可塑性强，四大名旦梅兰芳、程砚秋等，他们都是男生，男生虽然笨一点但是学出来好听。

歌剧《乡村骑士》需要这么演唱：第一句，决斗的时候不到，白刀子进去，红刀子出来。导演说，这一句说出来就要表现出很愤怒，要声情并茂。中国古人讲背书要讲三上，马上、厕上、床上，骑着马赶紧背、上厕所蹲着背、睡觉时也背。我就常常拿着一张纸条，坐地铁、走路的时候都在背。

在唱歌方面，嗓音条件和你的综合素质占60%～70%，如果你的音准节奏根本过不了关，或者你的嗓子练不上去，就没有办法。为什么俄罗斯人跳芭蕾舞最棒呢，中国人跳民族舞也非常好呢，这跟人的体形有关系。俄国女人很多是175厘米以上，腰、腿这儿一摆，她再脚尖一站起来，那种条件就非常合适。

中国的民族舞和西方的芭蕾舞、歌剧，是不同类型的美，所以跳什么舞一定要适合自己，鹰在蓝天上飞，猛虎在森林里跑，适合的才是最好的。有个小伙子身高180多厘米，唱歌听起来不错，但专业人士一听，只有一个八度的声音，三年唱完以后发现他还是不行，还是只有一个八度，最后还是改行了。所以，学音乐、学器乐，这个独木桥很难走，特别是80年代初，我女儿她们那一代，很多人发了疯似的学钢琴，如果学钢琴手指头短，要练出高水平实在太难了，能够坚持下来的不多。

自从人类产生以来，人类牙齿的个数，舌头的个数，喉咙的个数，没见增加，没见减少，但居然就产生了这么多不同的戏曲、歌剧流派。程砚秋的嗓子不如梅兰芳脆亮，30年代他去欧洲旅行，他说我的嗓子有点嘶哑、有点厚怎么办呢？但他融进来欧洲的女中音唱法以后，马上就独树一帜，声音特别好听。

今天不可能把所有的规格都讲清楚，你无论用意大利语、德语、汉语还是其他什么语言演唱，都要有自己的规格。另外，歌剧里面也讲究你适合演什么角色。

文学中的音乐梦想

刘元举

刘元举

编审、一级作家。辽宁省作家协会副主席，中国作家协会会员，深圳交响乐团驻团艺术家。著有中短篇小说集《人·情》，散文集《西部生命》《用镜头亲吻西藏》，长篇报告文学《中国钢琴梦》《爸爸的心就这么高——钢琴天才郎朗和他的父亲》《天才郎朗》等共22部。中篇小说《黑马白马》获《作家》杂志一等奖；《黄河悲歌》获首届中国潮全国报告文学征文二等奖；散文集《西部生命》获第三届东北文学奖优秀作品奖、首届中华铁人文学奖一等奖；《我的西部》获首届冰心散文奖；长篇报告文学《爸爸的心就这么高——钢琴天才郎朗和他的父亲》《钢琴时代》两度获得正泰杯征文大奖。

我觉得最好的城市都和音乐有关系，比如广州、杭州，而且这

“两州”的交响乐团在中国也都算是一流的交响乐团吧。

我今天给大家讲的题目是“文学中的音乐梦想”，实际上我不太喜欢讲梦，我最早的一本书叫《中国钢琴梦》。我写的第三本书叫《黄河梦》，后来改题目叫《黄河悲歌》。以前我一直在追梦时代，现在我更渴望脚踏实地，用我微弱的能力为个人、为社会、为家人做点事情。

我这些年的经历同音乐有关。2004 年，中国作家协会在东莞建立一个创作基地，我便在东莞待了两年，然后有一个机会，我到深圳来体验生活，我就选中了深圳交响乐团，每周都能听一场现场音乐会。在职业化的演奏团体中体验生活，聆听交响乐，感受交响文化，慢慢地听多了，耳濡目染就开始写乐评，当时在《深圳特区报》开了个专栏，叫“音乐手记”，写了两年专栏。现在我经常在《深圳特区报》的一个音乐坊里写乐评。

作为我个人来讲，谈文学中的音乐梦想，我准备谈谈从事文学的过程和感受音乐的过程，它们之间实际上存在一种内在的特质关系，当我进行这样一种研究和实践过程当中，我悟出了一些道理，希望在这里同大家进行面对面的交流。

音乐的仪式感影响了我的心灵

在仪式的感觉中走进音乐与文学。为什么这么说？在进行一些庄严的事情的时候，我们要有一些仪式行为，比如我们做弥撒，我们做礼拜。我喜欢音乐的原因，首先是音乐的仪式感动了我、震撼了我，让我惊讶。我极不喜欢戴着耳机听音乐，像小青年戴着耳机，在地铁上、在嘈杂的地方，浑身摇晃听那些摇滚。真正的音乐，我称其为西方古典音乐，你不能晃着肩膀在地铁里随便听，一定要走进音乐厅，走进音乐的殿堂去听。深圳音乐厅给我的感觉是有仪式感的空间，为什么说我愿意在深圳交响乐团待着，在我的文学创作当中，我要进行音乐方面的交流，音乐方面的感悟，我把大量的时间用来听音乐，用来写乐评，用来跟一些音乐家深刻接触和交流，音乐的仪式感首先让我受到了一种感染，它影响了我的心灵。

深圳音乐厅是日本建筑师矶崎新设计的，这个建筑大师是个先锋派大师，他很大胆地设计了深圳音乐厅。他最初的方案用的是黑颜色和红颜色的结合点，黑红之间有一种宗教的神圣感。我们知道，红衣大主教有时候穿红衣服，有时候穿黑衣服带着红领红边，黑红之间体现了宗教的神圣感和话语权。

我不知道在座的大家是不是都进过深圳音乐厅，我觉得你们都有福了。很多人第一次走进音乐厅，在二楼检票口，他们要停下来仰头看一下这个建筑，会让人感觉到一种耀眼、庄严，有一种升华的感觉。表现在建筑上，你要感觉到一种仪式感，它必定是高耸的，如果3米以下的那种建筑，我们会有压抑感。另外，音乐厅顶是尖顶，拜占庭式、哥特式的教堂都是尖顶，方便人在下面跟上帝沟通，接受那种神性的感悟。

实际上最早的古典音乐的起源就跟教堂、宗教有关。比如亨德尔、海顿、布鲁克纳等，都跟宗教有着很深的渊源，有的在教堂内担任过管风琴手，有的终生都在教堂里面做事。被称作交响乐之父的海顿，从小就在维也纳圣斯蒂大教堂接受音乐熏陶，后来当了乐团队长，给皇宫里面的贵族谱曲，给他们演奏。为什么在演奏时突然打鼓？因为国王贵族们经常打盹，他突然敲一下鼓槌，他们就不敢睡觉了，后来就发展成打击乐。

到音乐中去弥补愉悦、快乐

西方哲人说过一句话，愉悦是我们作为人亏欠自己的一份高贵的贡品。我们亏欠自己很多，但是最主要的就是缺少快乐，缺少愉悦，所以我们过生日，或者是节假日，我们到处祝你快乐。

怎么才能弥补这种缺失呢？我自己的体会就是到音乐中去弥补，还有从阅读中、文学中去弥补。我为什么会走进音乐？因为我深深地知道我需要愉悦，需要快乐。怎么样才能获得愉悦、快乐呢？我就像打鸡血一样，一到周五交响乐团演出现场，指挥爱华德在台上稍微一激动，他的头发就颤抖，他的头发一颤抖，音乐就热烈起来了。在这个环境中，我觉得我获得了一种最大的愉悦。

为什么听音乐有一种仪式感？很多音乐厅的建筑让我们感受到一种教堂般的高耸，让我们肃然起敬。音乐厅大致有两种形状，一种是传统像装鞋的盒子似的，像国家大剧院音乐厅。深圳音乐厅比较现代，像个太空舱，把舞台包起来，它周围包裹着一种温暖，观众、演奏家和舞台乐手是包容在一起的，这种音乐厅可能让音乐更容易亲近观众，可能更适合普通人去倾听。

仪式感还表现在一种衣着上，比如在西方，去听音乐会要穿正装，就是西装革履。在罗马的圣彼得教堂参观，穿拖鞋是绝不让你进的，但是现在的女孩子穿的鞋，拖鞋跟正装鞋差不多，如果她只是没有那根鞋带，教堂的工作人员会蹲下来弄个绳把她的鞋系上。所以说我们到了音乐厅，会特别注意着装。乐团的独奏家一定会穿燕尾服，尤其是指挥，穿燕尾服的时候和不穿燕尾服的时候给人的感觉完全不一样。

比较哈尔滨和维也纳

维也纳音乐厅所有的音乐文化，它的仪式文化，不单表现在我说的高耸的音乐厅，那种金色的装饰让你感到肃然起敬。它的音乐仪式首先表现在它的外部氛围，外面有一大片几百年前的石板铺路，那个石板不是普通石头往上放的，而是如同象牙般镶嵌进去，要撬下一块那是非常费劲的，所以那种路是不可能损坏的。当马蹄踩在这种石质路上，尤其在晨曦，那个马蹄声音就是音乐，就是旋律，就很悦耳。施特劳斯的那些音乐为什么产生在这样一个地方，我想跟马车，跟这个地面铺的石头不无关系。

中国最值得骄傲的城市就是有这种石头铺路的地方。哪里有？哈尔滨。我前不久在哈尔滨参加勋菲尔德国际弦乐比赛，他们请我去做嘉宾。哈尔滨的中央大街有一个老会堂，120年前是犹太人的一个音乐厅，当时从俄罗斯那片土地上逃难过来很多犹太人，他们在哈尔滨建造了很多建筑，比如喇嘛台、索菲亚大教堂、老会堂等。哈尔滨已经被联合国教科文组织授予“音乐之城”荣誉称号。它为什么会被授予“音乐之城”？我觉得就是因为它有老会堂那样的音乐厅，有格拉祖诺夫音乐艺术学校，它有中央大街那样一大片的石板路，那个石板路跟维也纳的石板路是一模一样的。哈尔滨现在在拼命打造东方的音乐之城、俄罗斯文化城。有一个巨大遗憾在哪儿？这里没有马车，没有高头大马。然而，维也纳的马车几百年来一直保持下来，现在仍然有。所以游人到维也纳首先要坐一下马车，在音乐厅前兜上一圈，感受一下当年的海顿是怎么来到这个地方听音乐，莫扎特怎么受感染，包括贝多芬怎样在这儿感受这种氛围的。这些形式上的东西像空气，像营养，丝丝入扣地在侵蚀着、在影响着、在浸泡着、在感动着我们的细胞，所以巴黎人、维也纳人他们真正的性情，他们的面容都会改变，他们会变得漂亮起来。音乐厅多了，人和城市就会起变化。有科学依据说，西红柿都会因音乐而变得漂亮了。在巴黎，二战时期一座歌剧院被炸坏了、着火了，结果老百姓都把残骸抢回家里，战争结束之后，所有人都把这些东西献出来，献给了这个重新修复的歌剧院。城市有这样的市民，才能够成为全世界瞩目的音乐之城，它们应该有一种风范、一种气质，它们应该有一种仪式感，我把这种仪式感归纳为音乐本身的建筑需要有的仪式感。服装需要有仪式感，音乐厅的地面需要有仪式感，周围环境需要有仪式感，包括马车需要有仪式感。这些仪式感可能会被一些人忽略，但是它却深刻地影响了我，而且我在书上也看到了这样的东西在发挥着作用。

谈李云迪的成功之道

深圳有一个非常知名的人物，他在13岁的时候到过维也纳，当时他和深圳交响乐团一起巡演欧洲十几个国家。在莫扎特的故乡萨尔范堡，他弹奏了莫扎特钢琴曲，现场有一个老太太感动得落泪，她就不相信这个孩子是东方人，甚至她都想扒着他的眼睛看一看，他的眼睛为什么不是蓝的而是黑的。这个孩子是谁呢？在荷兰的李斯特钢琴比赛中，他非常熟练地弹勃拉姆斯的《第一钢琴协奏曲》，世界上只有少数天才在年轻的时候会触碰这样的音乐，但是深圳的这个少年居然弹得非常成功。少年弹完之后，慈祥的钢琴大师雅辛斯基感到不可思议，当时他摸了摸这个孩子的头，鼓励他继续努力，这个人就是李云迪。

我觉得凡是钢琴弹得好的孩子，他都是有心的孩子。一个小孩，不要看他多么聪明，会不会奥数，也不要看他会背多少唐诗，那些都没有用，我觉得，要看他有没有心，按照老百姓的话说是他走不走心。小孩要走心的话，他就是什么都不学，到了该上学的年龄，他也会成为一个优秀的孩子，他要是没心的孩子，你就是天天把书堆在他的床上，让他枕着世界名著睡，也没有用。

这位深圳的天才少年回来之后，他想雅辛斯基为什么摸我的头呢？他发现头形是个很重要的原因。他想来想去，于是通过画册找到了肖邦的那种发型，剪了个肖邦头。后来李云迪在参加肖邦国际比赛的时候，就是这个头型。当然他得到肖邦国际比赛第一名，不仅仅是因为发型，还有一个重要原因。比赛第七天，他过 18 岁生日，他的老师和亲友们给他过了一个非常简单的生日，是在一家麦当劳快餐店过的。然后，他们一起去了肖邦公园。肖邦公园里面有一个非常奇特的景点，就是肖邦的塑像是一棵树。李云迪坐在那儿，一直瞅着肖邦的塑像，他在那儿感受着这种氛围，感受着那个仪式感般的公园。他走进那个公园，首先他感觉到肖邦大赛就有一种仪式感，因为在华沙大剧院里，肖邦的头像是用玻璃做的，玻璃一半是肖邦的侧面脸形，一半是玻璃的纹理，玻璃的纹理自然披垂下来，就好像肖邦那段长发，就像树冠造型的雕塑。对于清瘦的年轻男士来讲，多了一层节奏感，肖邦给人的感觉确实有一种忧伤，有一种忧郁感。我觉得弹肖邦的年轻人，要参加肖邦比赛，你绝对不能满脸阳光地去弹。肖邦的风格是什么呢？有一种悲伤感。音乐和文学本质的深刻点在哪里？在于悲伤。

舒曼说过，肖邦的音乐里，是鲜花里面有大炮。每年的历届大赛，首先要有肖邦风格的人才能获得肖邦大赛第一名。阿格里奇是肖邦大赛的重要评委，是阿根廷伟大的女钢琴家，也是世界上最伟大、最权威的钢琴家之一。有一届大赛，一个选手的钢琴技巧弹得无与伦比，而他在肖邦作品里完全注入了自己的风格，所有评委都被震撼了，就没有听过这么弹肖邦的，从技巧上来讲，他肯定是最高的，但评委们依然没有让他进入决赛。为这个事情，阿格里奇非常愤慨，当场拂袖而去，从此拒绝当评委了。这件事情轰动了全世界，所以说历届钢琴比赛，大家就围绕着“什么是肖邦风格”“肖邦风格应该怎么样来表现”进行讨论，这样的问题已经形成了全世界参加这个比赛选手的一块心病，要参加比赛，首先要弄懂肖邦风格是什么样的，评委们想要的是什么样的肖邦，什么样的风格。

刚才我讲到，李云迪的发型酷似肖邦，更不可思议的是，当时他住在志愿者家里，他带去的方便面吃完了，他们做的饭李云迪吃不下，他又要参加比赛，胃口不好，所以他就饿了 7 天。他本来就清瘦，头发那么长，又饿了 7 天，大家想，他羸弱得简直更接近肖邦了！他弹第二轮的时候已经感动了评委们，等第三轮他弹钢琴协奏曲，李云迪的那种在忧郁哀伤悲悯当中的情怀，一经转成清醇的高亢的绽放，这种反差有着巨大的力量。那一瞬间，深深地感动了评委、感动了现场观众。最后是掌声如雷！

李云迪对肖邦的理解有几个层次，他把肖邦的悲伤弹出来了，把肖邦的思念脆弱弹出来了，又把肖邦的爱国情怀，鲜花里的大炮弹出来了，18 岁的李云迪在华沙绽放。那时候，很多华沙人还不知道有深圳这个城市，一些人念深圳为 shenchen，他们就发不出深圳那个圳的音，但是自从李云迪得了大奖之后，深圳变成了世界人能够知道的这样一个城市，能够发出那个音了。我们这条小河沟可以像塞纳河一样焕发出璀璨了。为什么？因为我们有李云迪！那个瞬间，李云迪的出现是这个城市的骄傲，而且他适应了肖邦，适应了华沙，适应了音乐，我觉得李云迪首先是一个有仪式感的孩子。

我去过李云迪家采访，了解他小时候就特别懂得珍惜东西，他母亲给他买了一双旅游鞋，当然还不是耐克牌，他会把这双新鞋放在枕头边上，让它一尘不染，沾上土了他会自己把它擦掉！他守着这样的鞋子犹如守着一件圣诞礼物。他是这么一个细心的男孩子。他这种细心跟肖邦又很像，肖邦就喜欢穿一种亮皮鞋，巴黎有一个制造商专门给他做皮鞋。而且肖邦那种皮鞋是别人没法仿制的，是那种亮皮做的。肖邦还喜欢紫罗兰，他的房间里到处都会有那种鲜花，而且三天就要更新。肖邦个性极其强，特别爱干净。如果把音乐理解透了，确实音乐有一层非常柔软的东西。最近我读了一个“80后”很出名的作家的书，他叫张嘉佳，他的书现在很畅销。我发现他的行文当中，有一种很绵延的柔软，比如他写女孩子向男孩子求爱，她会跪在草地上，她让无限柔软的草地继续柔软下去。这种语言我觉得它是音乐，它是慢乐章，那种弦乐弹出的声音是无限柔软的草地上发出的声音，带着青草的香味儿。

我所了解的傅聪

有一本很畅销的书叫《偷影子的人》，作者写了一个男孩子爱上了一个哑女。这个女的从小就不会说话，她只会发出来很难听的嘶哑的声音，但是在这个男孩子向她求爱的时候，这个男孩子说，克莱儿，你的嘶哑的喊声像大提琴一样能够擦掉天空所有的阴霾。我觉得这种语言一下子感染了所有人！这是个哑巴女孩子，她美丽，她漂亮，她的内心渴望表达。音乐是什么？是你最渴望表达的时候表达出来的声音，而这个女孩子只能去嘶哑地喊，但是这个嘶哑的喊在爱她的男孩子的感觉当中，它是大提琴的声音。我觉得这就是文学当中的音乐句子。而在音乐里边也有无限埋藏的文学情怀和文学意境。所谓文学中的音乐梦想，我还可以举傅聪这个例子。傅聪是中国伟大的钢琴家，我跟他很熟，我写过傅聪好几篇文章，我曾经在《人民日报》发表了一篇文章叫《高贵的傅聪》。我认为傅聪很高贵，但傅聪的高贵来源于他父亲傅雷的高贵，上年纪的人可能读过《傅雷家书》。

傅聪小时候，傅雷跟黄宾虹那些作家、画家交往甚厚，他们在一起聊天的时候，傅聪跟傅敏就在下面偷着听，了解到很多文学的艺术的东西。傅聪那时候一点都不喜欢音乐，但是傅雷喜欢，所以傅雷就让他儿子弹琴，但傅聪先天就具有叛逆情怀，12 岁前一直不好好练琴，因为这个事，他跟他父亲顶嘴，他父亲一个盘子砸过来，结结实实砸在傅聪鼻梁上，留下一道很深的沟，当时鲜血直流，差一点把鼻梁砸塌。

傅聪弹琴是戴手套的，他吃饭也戴着手套。他是中国人，吃饭一定要用筷子。但他用筷子夹菜比别人都艰难，而且那个筷子是塑料筷子，很光滑。有一次他吃虾段，虾段裹了一层更滑的东西，他夹不起来，但他会夹四五次，掉了再夹，绝不放弃。傅聪的性格就是这样。听傅聪弹琴，你感觉他弹得最好的是肖邦，是莫扎特，是舒伯特，最感动我的音乐就是傅聪弹的舒伯特 D960，就是未完成的奏鸣曲。那一次他在东莞弹琴的那个场面让我终生难忘。傅聪弹琴不是坐在琴凳上弹，他会自己搬一把太师椅，高靠背的那种，穿一身黑灰色的唐装。傅聪特喜欢穿唐装，他在国内弹琴，从来不穿燕尾服。在上大师课的时候，他有几十上百套灿烂的唐装，比如湖蓝色、孔雀蓝色、淡粉色，都是极其灿烂、极其名贵的唐装。傅聪特喜欢叼着个大烟斗，像思想家。那天他弹琴穿一件黑灰色的唐装，他让工作人员把钢琴推到最里面，他不像年轻钢琴家那样靠近台边，和观众来回互动，他特别怕观众来惊扰他。下面要是有一个照相的，傅聪会瞪着他半天，而有一些手机响，傅聪就干脆不弹了。傅聪对音乐的那种仪式感非常强烈，每次他弹琴，我觉得傅聪就经历了一次脱胎换骨的过程，是一次灵魂得到深刻洗礼的过程，我能感受到。有一次听他弹莫扎特 K595，我感觉他在苦苦挣扎，因为他的手表达不了那一串和弦，他非常艰难地在挣扎。我当时跟上海音乐学院的一个教授说，听傅爷弹琴，我特别难过，我觉得他弹得像在沼泽地里挣扎。他说，哎呀，刘老师你可千万别跟傅聪表达这个观点。我说为什么？他说他会不高兴的。我就想让傅聪不高兴！吃饭的时候我就跟他讲了，我谈对他弹莫扎特K595的演奏风格。没想到，傅聪说，你真正听懂了我的音乐，我始终都是在搏斗当中，我始终都是很苦我自己。他第一位太太是梅纽因的女儿。他是中国唯一的流亡艺术家，大家知道俄罗斯那些伟大的艺术家，几乎最伟大的都是流亡艺术家，如霍洛维茨、拉赫玛尼诺夫、纳博科夫等。因为流亡，那些艺术家把世界文化纳入怀中，他们得到的是更大的人性空间，所以他们的音乐梦想也就体现在全世界的音乐文化交流当中，他们得到了人性最深刻的东西，站在了世界音乐的制高点上。

傅聪走出去的时候，他成了“反革命”，傅雷因此无比痛苦，因为他的儿子背叛了新中国。而且傅雷的名字叫怒安，发怒的怒，平安的安，但是我觉得他到最后也没有得到怒安。为什么？因为57岁的傅雷选择了自杀。2013年12月，我去了傅雷在浦东的墓地，周围的那些老百姓，很多人不知道傅雷是谁。但是傅雷的精神和思想，包括傅雷对黄宾虹那种画法的评价，我觉得都是非常高贵的营养，它滋养着我们一代又一代的艺术家。

为什么说傅聪看重仪式

我觉得很多人忽略了我们最宝贵的东西，我们把一些最不宝贵的东西当成了珍品。玻璃在阳光下照样闪光，甚至比金子闪光还要璀璨，一些肤浅的人，恰恰在这些问题上，他们远离了艺术，远离了文学，远离了人类的精华，这是深层次的悲哀。大家问我为什么喜欢音乐？我说只有在音乐的体验当中，我才能感受到前人的那种深刻的灵魂上的东西，我能跟他们接通，他们能够打动我的灵魂，于是我能把它转变成文字，我在滋养我自己，我也希望更多的人读到我的作品，我也会传递这种感觉给他们。讲音乐和文学的梦，这是我最根本的动机。

再来讲傅聪。傅聪对仪式感的要求极其苛刻，我受《新民晚报》的邀请，要写一整版傅聪的文章，他们告诉我说没有人敢采访傅聪，傅聪容易发脾气。他们说，你年龄大一点，你问他的时候，你会掌握火候。但是我决定全挑傅聪不爱听的问题问。比如我问傅聪，你怎么看待金钱跟古典艺术的关系，我问他你怎么看待商业演出，你为什么不到美国去演出，都是很刺痛他的问题，但是傅聪没有发任何脾气，而且回答得非常认真，非常深刻。他当时对郎朗的评价并不高。

我曾经在上海东方艺术中心跟郎朗一起签名售书，郎朗当时跟着巴伦博依姆学钢琴，而巴伦博依姆是傅聪的小老弟，他们关系非常好，后来巴伦博依姆和傅聪关系破裂，是因为一个悲伤的理由。巴伦博依姆是犹太人，以色列纪念建国的时候，巴伦博依姆拉着傅聪等世界著名钢琴家去演出，但傅聪拒绝了，原因是因为傅雷。傅雷当年是因为甘地遇刺深陷悲伤。

习近平总书记访问印度时，参观过甘地故居，甘地是令全世界人敬仰的领袖人物，而甘地被刺之后，傅雷把自己关在房间里一个礼拜不出来，他觉得世界上怎么会有这么丑陋的、凶残的事情！他绝食一个礼拜，不吃饭也不喝水，他自己在屋里默默流泪，他为人类的这种堕落哭泣，他受到了巨大的打击和刺伤，这就是傅雷。这件事情是傅聪亲口跟我讲的，所以这件事情对孩子的教育，对幼小时候傅聪的教育是至关重要的。在傅聪身上，他就有一万个缺点，但是傅聪的家国情怀，傅聪的正义感，傅聪对人性的深层次的呼唤，我觉得他就是一个伟大的艺术家！那种闪光点，我在现代年轻人身上看不到了。为了一个异国的领袖被刺杀，现在哪个年轻人会悲伤竟至绝食？即使到了异国，我们会去他的墓地凭吊吗？我觉得人类的情感是相通的，正是因为傅聪在傅雷这样的家教当中，他有这样一个艺术家的情怀，所以他是那样看重音乐，看重人性，看重仪式。

我为什么说傅聪看重仪式？他在东莞演出，弹舒伯特最后的音乐

D960，舒伯特一生的痛苦在哪里？他觉得他永远赶不上贝多芬，他对贝多芬顶礼膜拜，亦步亦趋地学习贝多芬，贝多芬去世，舒伯特参加了贝多芬葬礼，舒伯特就在写 D960，而他改了一年，一直改到临死之前，还没有改完这个曲子。我觉得傅聪所有的悲伤，他对舒伯特的理解，他都弹得沉浸在自己的世界里，当时整个现场没有一个人说话，没有一点点声音，弹完之后好久好久傅聪站起来，整个场地的人都听傻了，没有任何人鼓掌，等半天傅聪站起来才鼓掌，我就问周围的人，你们为什么不鼓掌？他们说不敢鼓掌，他们没听懂。后来我跟傅聪吃饭，傅聪说他特别高兴，东莞观众这么懂音乐，但我没敢告诉他，所有人都听不懂 D960，他们都被你吓住了。

通过仪式的美感得到真音乐

郎朗原来的行礼是带着“文革”式的，因为他父亲经历过“文化大革命”，所以郎朗上台有些“文革”的脚步，就是那种雄赳赳气昂昂的东西，包括谢幕的时候也有这种特点。

但是自从巴伦博依姆教了他之后，郎朗的谢幕方式改变了，他第一次改变就是在上海东方艺术中心，他那个谢幕动作深深地感动了傅聪，当然他那次演奏的曲目，包括舒曼、李斯特、肖邦的几个曲子，傅聪都很受感动。那天傅聪着意打扮了一番，穿了一件非常庄重的欧洲风衣，而且打了头油，一种非常典型的绅士打扮，而且他听完之后，看郎朗的行礼谢幕是手放在胸前，而且是带有宗教色彩，又带有虔诚的那种，稍微侧一下身子谢幕，这个姿势是典型的巴伦博依姆式的谢幕姿势。结束后，傅聪问我，郎朗哪儿去了，我要去看他。后来傅聪跟郎朗拥抱了，傅聪向他表示了作为上一辈钢琴家对他的认可和感动。我拍了一张照片，那张照片我自己看了很感动，他俩在握手那一瞬间，两个不同时代的钢琴家，代表两种不同文化、不同家庭、不同环境、不同成长轨迹，也遭受了不同待遇的两代人。每看到那张照片，我就会想起很多故事，我的内心会沉淀，也许它将来会沉淀出另一部作品。

进入一种仪式状态，需要一种仪式的美感、熏陶，我们才会得到真音乐，我们才会得到真感动。

同样，文学的阅读也需要进入仪式状态。古人讲，要焚香净手读书，香炉放在香案上面，香案要和人的膝盖一般高，而且要有各种工具，有点像广东人喝茶，所以我喜欢广东，喜欢广东人的慢生活。广东的老板再忙，他都要坐下来喝工夫茶。广东人喝茶的一招一式，我开始不理解，后来我慢慢理解，慢慢喜欢了，就像我喜欢音乐这种仪式一样，我觉得广东人最接近于古代人的焚香读书。

环境影响演奏家的情绪

上海有个七星级酒店，叫喜马拉雅酒店。2013 年 12 月，我在那里听过中国古琴大师的一场演奏，古琴古筝，体会那种香烟袅袅的感觉，你仿佛回到了远古，你听到的是远古人在和你倾诉一段中国音乐，那种感觉非常棒。那次郎朗也去了，也演奏了钢琴。东西方文化在那个环境中交流，因为它有那个仪式般的焚香过程。当时去的还有好几个国外的钢琴家，他们在一起联欢，我觉得那种感觉是别的地方找不到的。喜马拉雅酒店大堂中间有一个小亭子，小亭子里面有一个一年四季都在焚香的香炉。这等于精明的商人在进行一种文化回归，当然这只是环境和文化的一种自我回归。

可惜现代人生活得太匆忙。当深圳被联合国教科文组织授予“设计之都”称号的时候，我看到了那部宣传片，里面有这样一个镜头：当图书馆大门一打开的时候，大家像百米冲刺一样冲进去。这就是读书城的风采？我感到很费解，为此而悲伤。我觉得走进书店，走进图书馆，应该脚步轻轻地，不应该像冲锋一样，那可不是读书，读书一定要怀着敬畏之心，就像我们到音乐厅。钢琴家殷承宗说过，一场成功的音乐会要有四个因素：第一，要有钢琴家；第二，要有好的钢琴；第三，要有好的观众；第四，要有好的环境。环境会影响演奏家的情绪，比如有没有人拍照。

哈尔滨的观众比深圳观众差得多，美国大提琴家纳撒尼尔·罗森来哈尔滨演出，有人拿闪光灯拍照，纳撒尼尔·罗森一开始就怒发冲冠，眼睛瞪得像鸡蛋那么大，但是他们继续拍，理都不理他，拍着拍着，我发现这位伟大的大提琴家突然间笑了，他笑得是那样百般无奈，那种笑比发怒、比痛苦还要让你难过。他一定会想，怎么会有这么一拨观众？结果那天我最想听的一首希伯来挽歌，我抱着那么大的期待，但是他拉出来的效果，却没有让我得到满足。这位柴可夫斯基国际比赛金奖得主，轰动美国轰动世界的大提琴家，怎么会拉出那样的效果？甚至都没有走到我心里去，这是为什么？我终于明白，这是观众的问题。观众的拍照已经把他的情绪破坏了。

仪式不可缺少

这就告诉我们，走进音乐厅，要有仪式感。为什么孩子上学第一天要升国旗？比利时、卢森堡那么小的两个国家，家家户户窗前都挂着国旗，因为他们热爱自己的国家，他们有着那样一种家国情怀，欧洲人对仪式感极其尊重。

这么些年来，中国人好像很不现实地接受了一些西方的所谓自由的东西，忽略了仪式，没有了敬畏之心。一句话没说好就把人杀掉，这些冲动来源于你没有敬畏之心，没有敬畏之心的人就会疯狂，人疯狂的话就会得到报应，等于自己把自己杀掉了。

人为什么要信神灵，为什么要信宗教，为什么要有宗教情怀？我们听音乐，在音乐的仪式当中，让我走近了人性的深度，让我得到了境界升华，让我有了梦想。当我们走进教堂，走进有仪式的地方，看升国旗，我们都会有一种庄严的感觉。我们早晨到北京天安门广场看升国旗，我觉得这个仪式对中国人非常好。中国幸亏有国歌，“中华民族到了最危险的时候”，但问题出在哪里呢？我们总唱最危险的时候，其实我们所有唱歌的人都没有感觉到最危险。马路上看到一个女孩子的包被抢了，所有人都认为危险跟自己无关，所以仪式跟自己无关，他只是在一瞬间会神圣起来，但是过一会儿他就会嬉皮笑脸，当然我的意思不是让你悲伤到永远。我是说我们要有敬畏感，要有敬畏之心。

文学和音乐是什么关系，为什么文学中有音乐梦想？在我看来，它们具有联姻关系，它们互相渗透，比如一部好的音乐作品，格林卡的《鲁斯兰与柳德米拉序曲》，本身就是根据文学作品改编的，而且这个曲子里面有很强的仪式感的音乐，它宏大，它庄严，它神圣。《鲁斯兰与柳德米拉序曲》也是深圳交响乐团经常演奏的。文学里面有音乐，很多作家喜欢音乐，比如大江健三郎，他就特别喜欢音乐。他的儿子是一个痴呆儿，是一个智障孩子，6岁之前不会说话，但这个孩子突然有一天听懂了鸟语，他奇迹般地成为一个天才作曲家。小泽征尔拿了大江健三郎儿子做的曲子之后，认为日本出现了一个旷世天才。这种天才在日本已经失落了几十年，现在突然出现了，为什么？因为他不是正常人的思维，他能听懂鸟说的话，明白鸟的苦难，所以他写出了一首大自然的沾着露珠的、没有经过粉饰的乐曲，他的曲子一下子感动了所有的人。大江健三郎就是用这样的文字，写出了自己的体验，获得了诺贝尔文学奖。因为他有一种深刻的苦难意识，他的儿子就是一个巨大的苦难，他背负了沉重，他通过战胜这种巨大的苦难，把他的体会写进了一部长篇小说，叫作《个人的体验》。这是个人的体验，也是世界的体验。因此有了世界的感动。

伟大的音乐作品90%都是悲伤的

我再说一下伟大的指挥家小泽征尔。他的女儿患先天性哮喘，但他女儿特别喜欢养狗。狗毛会引发哮喘病。他非常仇恨他女儿养狗，坚决不许这条狗进家门。狗只能睡到外面。忽然有一天，这条狗在外面被车撞伤了，他女儿就痛苦地到医院彻夜守着这条狗，他们全家都守着这条狗。等狗身上的伤养好之后，他破例允许狗登堂入室了。放在他们家最尊贵的地方，他们全家人和狗朝夕相处。奇迹出现了，他女儿的哮喘病奇迹般好了，而且这个女儿写了一篇文章给大江健三郎，大江健三郎看完之后说她是个文学天才。所以，小泽征尔说，伟大的音乐作品90%都是悲伤的，比如贝多芬的、莫扎特的，当然大家会说《欢乐颂》是悲伤的吗？它是欢乐的，没错。莫扎特也有欢快的乐曲，但他们的欢快作品是建立在90%的悲伤作品基础上的，他是在深深领略了悲伤这样一种基础上写出欢乐来的。就像我们讲的道教的三种境界：看山是山，看水是水；看山不是山，看水不是水；看山还是山，看水还是水。这种境界恰恰就是我来写音乐，来写钢琴，来写文学作品，我所孜孜以求的，我觉得它们同样能让我达到这种境界。

最让我感动的作品就是小泽征尔指挥的柴可夫斯基的《悲怆交响曲》。我觉得在小泽征尔指挥柏林爱乐的时候，全世界没有任何指挥家指挥得比他好，没有任何乐队在小泽征尔的调教之下能把《悲怆交响曲》演绎得如此惊心动魄。尤其在那一瞬间让所有人都忘记了你是谁，你陷到了一个巨大的、无法解脱的悲怆深渊当中，你爬不出来。我曾经看过小泽征尔的现场指挥，他身体清瘦，长发披垂着，他的两只胳膊像鹰的两只翅膀，我觉得他指挥的姿势像一只山鹰，悬挂在悬崖上，随时可能掉到悬崖底下，但是他翱翔的翅膀和他的艺术灵气让他永远掉不下去，他只能往悬崖顶上飞，绝不会跌落崖下。到晚年时，小泽征尔得了癌症，枯瘦一圈，当他满头白发指挥柴可夫斯基的《悲怆交响曲》的时候，我觉得小泽征尔不再是凌虚的山鹰挂在悬崖上，我觉得他变成了我们当代的基督，他是耶稣，将自己挂在了十字架上。进入第四乐章尾部，那一瞬间，挂在十字架上的小泽征尔悲伤无比，他肩膀枯瘦，整个身子只能感受到衣服在颤，在抖。

我给大家播放这段“第四乐章”，我一定要让大家体会这个感觉，什么叫最悲伤的音乐，什么叫真正的艺术，什么叫深入骨髓的境界。

作者进入了悲伤情怀，他自己是在苦水中挣扎，你看演奏员，跟着音乐一样沉静，他虽然没在动，但是他的表情也沉入了最悲伤的时候，这在我们的乐团是做不到的。但是你看柏林爱乐，看小泽征尔的表情，音乐结束了，所有人都在悲伤之中，而他没有指挥完，这就是指挥家，全世界最伟大的指挥家是这样的，真正的悲伤，真正的感动，真正的文学，真正的音乐就是这样的。而且同《悲怆交响曲》同名的一部长篇小说是托马斯·曼的儿子克劳斯·曼写的，写得非常棒，写柴可夫斯基晚年的生活，写那次痛苦的欧洲之旅。这部《悲怆交响曲》刚写完的时候并不被欧洲人认可，但现在它是全世界最悲伤的音乐之一，也是最深入骨髓、最受欢迎的音乐。

最后还想讲德国作家赫尔曼·黑塞，他是最懂音乐的作家。他在德国听了收音机里面播放的傅聪弹的肖邦的《玛祖卡舞曲》，无比感动，他写了7000多字的评论文章，可惜傅聪没有及时看到。等傅聪看到的时候，黑塞已经过世了。这些作家和音乐家的故事，实在太多了。

音乐也好，文学也好，给我留下的是无尽的回味。为什么要去追求这样一种梦想？我为什么要把音乐作为我的毕生追求，而且我要这样来感受音乐，就是因为悲伤能够催生文学，悲伤也能催生音乐旋律，而且音乐和文学的结合，才能够让我们真正在仪式感当中，提升自己的心灵。

我是一个普通作家，才气普通，却有一颗不甘平庸的心。所以，我才渴望沉浸在音乐与文学之中，渴望自己在这种长期的耳濡目染之中，得到修炼，得到升华。我不一定去拜佛，我也不一定去焚香，但我常常让自己走进这样的音乐殿堂，带着渴望。我希望大家也和我一样，在音乐殿堂里得到一些提升，大家都有一点敬畏之心，有一点悲悯情怀，为了人类，也为了自己。

古典戏曲的文学与诗性

徐晋如

徐晋如

文学博士，深圳大学文学院副教授。兼任深圳市儒家文化研究会副会长、香港孔教学院名誉院长等职。主要研究领域：政治儒学、诗词学和京剧学。已出版《胡马集》《人苏世——北大第一保守派思想文录》《大学诗词写作教程》《禅心剑气相思骨——中国诗词的道与法》《忏慧堂集》等专著。

今天讲的题目是“古典戏曲的文学与诗性”。古典当然是和现代相对应的概念，但不仅仅是时间上的区分，更重要的是意识形态的不同。

何谓古典？何谓现代呢？德国思想家马克斯·舍勒概括说，所谓现代性，是事物和人的巨大变形。用大翻译家、大思想家严复讲过的话说，中国100多年来的这种变化，秦汉以来所未有，具有一种颠覆性。由于这种变化的存在，现代性与古典性截然划分。所谓古典，意味着经典，意味着不因时间变化而有所转移；而现代性往往意味着给你带来的是一种惊讶，而不是真正意义上的审美愉悦、审美快感。

人类几千年文明的结晶，我们称之为经典，或者古典，而现代性发端于18世纪的欧洲，最后它成为一个文化幽灵。马克思说，一个怪影或者翻译成一个幽灵在欧洲游荡着。他讲的这个怪影或者幽灵指的就是共产主义，其实共产主义也是非常典型的一种现代性思潮。

如果从这些大概念出发去理解古典和现代，还有点难以理解，我们不妨看一看具体的几出戏，从这些具体事例当中去比较，就会很容易知道什么是古典，什么是现代。

《曹操与杨修》在1994年底、1995年初推出的时候，我还在清华大学读书，当时上海京剧院送戏给首都大学生，首都大学生可免费看戏，几出戏当中有样板戏《智取威虎山》，有《三打白骨精》等，还有一出戏就是《曹操与杨修》。我从小看戏看到大，更确切地说是听戏听到大，因为对于内行来说应该说听戏不是看戏。我们班有个同学从来没有听过京剧，他也去听了《曹操与杨修》，他听了以后就眉飞色舞，特别激动地跟我说，这个戏太好了。我没有话跟他讲，我只能说你不懂戏。《曹操与杨修》这个戏是完完全全的现代话剧，完全不符合京剧传统的审美。它的故事情节讲的是赤壁之战之后，曹操决定要招贤纳士，于是杨修就去应聘，两个人都没有办法互相容忍，曹操就把杨修给杀掉了。

这个故事与传统的戏曲审美完全不一样，它对人性的剖析更加尖锐，对于曹操与杨修这样两个出类拔萃的风云人物，既写出了他们优秀的、可爱的一面，同时又写出了他们卑微甚至于猥琐的一面，整个戏看下来让人心情非常沉重。传统中国人看戏讲究什么？看戏就是找乐子，不是去接受你的教育，看戏不能看得心里堵得慌。现代性的戏剧更注重的是强烈的戏剧冲突，它和古典戏曲完全不一样。

在我的家乡，当年的淮剧《金龙与蜉蝣》曾经轰动一时，讲述的故事更加让人透不过气来。该剧讲金龙本来是皇太子，因为朝中动乱，他逃到了民间，并且冒用了他手下一个大将军的名字，和一个村姑恋爱了。这个村姑后来怀孕了，一直以为她生下来的孩子是这个大将军的孩子。在这个大将的帮助之下，皇太子终于登基做了皇帝，可是他又开始猜忌，他担心这个大将军夺了他的皇位，于是他就把这个大将军杀掉了，而他的亲生儿子一直以为自己是那个大将军的儿子，要为父报仇。到了京城以后，他行刺未成，被自己的亲生父亲给阉割做了太监，然后他的妻子从乡间来寻找他，又被皇帝金龙一眼相中纳为后宫。到最后，金龙出乎意料地被自己的亲孙子杀掉了。这出戏，我认为内容极其不健康、心理极其黑暗，它迎合的是人性当中阴暗、猎奇、邪恶的一面。虽然号称这样的戏剧抨击了传统封建礼教，却不知道被我们所侮辱为传统封建礼教的东西，恰恰是我们这个民族在文化上体现出的优越性，使它成为文明古国的那些东西。我们赖以为生的礼乐文明一旦毁坏掉了，我们的文化就变成了人吃人的文化，这是非常可怕的。我讲的现代性，它本质上不追求高尚，它追求的是让人惊讶。

刚才两出戏都是古装剧，但它们在精神气脉上都是现代性的戏。

我们再来看评剧大师新凤霞所演的一出戏，这出戏后来拍成了电影《刘巧儿》。故事讲的是陕甘宁边区有一位农村少女刘巧儿，从小就被自己的父亲许配给了赵柱儿，可是她跟赵柱儿从来没有见过面。她接受了新思想的熏陶，觉得包办婚姻违背人性，于是就跟父亲提出来退婚。她的父亲非常势利眼，嫌赵家没钱，早就想退婚了，正好女儿提出来要退婚，他巴不得，就想把女儿许配给财主王寿昌。巧儿不知是计，正中父亲下怀。巧儿当时在区里面开劳模会，她看上了一个人，他的名字叫赵振华，“都选他做模范，人人都把他夸”。她就朝思暮想，她想和他做一对模范夫妻立业成家，这是巧儿的想法。

在一个热心阿姨的帮助之下，她才知道原来自己所爱的这个赵振华竟然就是从小跟自己订了娃娃亲的赵柱儿，柱儿是他的小名，振华是他的学名。他们又想复婚，可是当时乡里面负责婚姻登记的人作风官僚，觉得你已经退婚了怎么可能复婚呢，不予批准。这个时候县上面派下来一位马专员了解情况。这位马专员很懂得调查研究的重要性，听了巧儿的一段经典唱段以后，决定帮助巧儿，最后皆大欢喜。

这个故事虽然发生在现代，但是它的故事结构，它的审美气脉是古典的，是传统的。如果我们把赵振华的劳模身份换成是一个才子，把刘巧儿换成是一个大小姐，那你就会发现，这个故事的结构其实跟古代流传的这些故事没有什么区别，这就是古典戏曲。

我们大致可以做这样的一种划分，古典戏曲的价值观是单一的，一定是崇尚善良，一定是蔑视邪恶，一定是黑白分明。而现代性的戏曲，它的价值观却是多元的，你很难判断一个人是好人还是坏人，英雄人物也有他的缺点，小人物也有他光彩的那一面。

古典戏曲注重说故事，我把故事讲完了就可以了，而现代性的戏曲注重的是心理探索；古典戏曲里面所有的演唱一般不具备心理探索意义，它就是作为一个串场，我的故事发展到这里了，我需要唱一段，或者人物的心态有一种表现，而现代性的戏曲在文字上非常注重心理探索，因此显得非常的沉重。

古典戏曲一般都是大团圆结局，它让人觉得世界是美好的，而现代性的戏曲有很多是悲剧，还有很多是荒诞喜剧，让你感觉到世界是荒谬的，是痛苦的，是不可忍受的。

我们再来比较几个著名唱段，来看看古典性的戏曲和现代性的戏曲的区别。

首先，我们来看看邵氏黄梅调电影《梁山伯与祝英台》里面的一个唱段，它曾经风靡了香港、台湾，这出戏的主演凌波女士是反串，女扮男装演梁山伯。她当时访问台湾，从桃园机场一直到阳明山，人山人海，无数人都要一睹凌波的芳容，她到阳明山是因为宋美龄要亲自接见她。当时有一个著名的古文字学家，他也动了追星的念头，让自己的研究生做马，他骑在研究生的身上，只为了能在人群之中多看她一眼。

这出戏里面的唱词，我觉得写得非常漂亮，非常富有诗意，作者是当时上海的文人李隽青，后来去了香港。

下面这一段唱词，我觉得很有元曲小令的风味。我们知道元曲分为元杂剧和元散曲，散曲当中又分套数和小令，小令就像是唐朝的那种山水诗，非常有山水画的意境。我觉得这首词就让人产生了这样的一种感觉。

远山含笑，春水绿波映小桥。行人来往阳关道，酒帘儿高挂红杏梢。绿荫深处闻啼鸟，柳絮儿不住随风飘。

整个典雅庄重与诙谐放在一起，非常的和谐。

我们再来看张君秋先生1958年创作的京剧《一定要解放台湾》。怎么唱？张君秋先生的张派唱腔有一点像西方歌剧当中的花腔女高音，非常富丽堂皇，非常华美。他用非常富丽堂皇、缠绵婉约、华美的乐曲唱了这样剑拔弩张的词：解放澎湖与台湾，中国人民有主权。台湾本是我领土，不与美帝有相干。美帝胆敢来侵犯，六亿人民的铁拳，把美帝消灭在那海里面。我们一定要解放台湾！

大家看，张君秋先生用这么华美、这么缠绵的曲调来演绎如此阳刚、如此斗志昂扬的唱词，它要多不和谐有多不和谐，这就是现代性戏曲的一个重要特点。

再来看程砚秋大师的《荒山泪》里面的一段唱腔，太长了，唱完要十多分钟，我就不唱了，给大家念一段词。

谯楼上二更鼓声声送听，父子们去采药未见回程。对孤灯思远道心神不定，不知他在荒山何处安身。到三更真是个月明人静，猛听得窗儿外似有人行。忙移步隔花荫留神觑定，原来是秋风起扫叶之声。听画鼓报四更愈添凄冷，看娇儿正酣睡恐被风侵。我不免引寒机。伴奴坐等，又思来又想去越不安宁。数更筹交五鼓空房愈静，果然是晓鸡唱天已黎明。我不免唤琏儿到街前探问，你爹爹到如今未转家门。

不要说唱，念起这段唱词你也会觉得这段词行云流水，非常舒服。

现代京剧《杜鹃山》里，有这样的一段经典唱词《乱云飞》：

乱云飞，松涛吼群山奔涌，枪声紧军情急肩头压力重千斤。团团烈火烧我心。杜妈妈遇危难毒刑受尽，雷队长入虎口他九死一生。战士们急于救应人心浮动难以平静，温其久一反常态推波助澜是何居心。那毒蛇胆施诡计险恶阴狠，须提防内生隐患腹背受敌危及全军。危及全军。面临着生死存亡我的心，心沉重。心沉重，望长空，望长空，想五井。似看到万山丛中战旗红。毛委员指航程光辉照耀天地明啊。想起你，想起你力量倍增从容镇定，从容镇定，依靠党依靠群众坚无不摧战无不胜，定能够力挽狂澜挫顽匪壮志凌云。

这段唱词我们就不说它了，光是这个词，你念起来都不符合我们的汉语节奏，是完全欧化的语序，它跟中国人说话的样子根本不符合。

以上我们从故事结构上、审美上比较了古典戏曲和现代戏曲的区别。

曲词和文辞的配合是一门大学问

我们还可以从文辞上来看古典戏曲跟现代戏曲的区别。古典戏曲的文辞更加注重抒情性，而现代戏曲的文辞更注重意义的传达。古典戏曲的文辞有严格的文体格式，比如西皮一般来说就是七字句或者十字句；而现代戏曲的文辞处处打破传统格式。梅兰芳先生说过，这个唱腔一定要让人听了以后入耳，腔没有新旧之分，好听动听为上。而现代戏为了传达它的意义，为了能够营造一种惊讶效果，它有时候就不得不牺牲古典性的审美。

古典戏曲为什么会有这样的审美？它一开始并不特别注重文辞的典雅，它是曲本位，首先要把音乐表达好，文辞上可以非常鄙俗，比如京剧里面就有很多根本说不通的词。著名京剧《二进宫》里面的皇娘李艳妃加封杨波为太子太保，但是这个演员文化不高，他不懂太子太保是一个官职，在演唱的时候，他总觉得这里少一个字，所以就把它变成了加封太子和太保，这样一加就不通了。

曲词和文辞的配合是一门大学问。音乐很美，文辞就可以不美吗？南宋末年词学家沈义父写了一本书叫《乐府指迷》，里面有这样的感慨：前辈好词很多，但是往往跟音律不配合，所以没有人唱和。而秦楼楚馆里面流行的那些词都是教坊的乐工和江湖上的小文人写的，因为音律上很好，唱的人多，可是你仔细一看，很多地方用词不通。这种不通我们现在读宋词也能够感觉到，比如宋词里有一个词叫销魂黯然，你不能把它给省略成销黯。就好像我们今天有人写诗，改革开放这四个字全是仄声字，写诗没法写，于是有人就把它简称为改开，但谁要是这样写诗，肯定会被大家笑话。

但是宋词里就有很多这样不通的句子。

这是因为欣赏中国传统戏曲，不是说“唱”戏，而是说“听”戏，一个人是不是懂戏，你就看他是去看戏还是去听戏。听戏的人就是内行，看戏的人则是外行。正因为戏是为了去“听”的，戏词就可以非常鄙俗。中国戏曲的传统就八个字，“无声不歌，无动不舞”，可以说概括了中国戏曲的基本内涵。

你看戏曲舞台上，只要发声就一定带有音乐性，对白叫韵白，是带有音乐性的古代文化。京剧里面的哭，专门有一个词叫哭头，它也是音乐，它不像现代生活中的哭，所有动作都带有舞蹈性。

传统戏曲经历了一个雅化的过程

中国文化的特点，它的主流一定是追求典雅，追求雅正的，所以戏曲也慢慢地要跟这种主流文化合流，因此传统戏曲都经历了一个雅化的过程。在这种雅化的过程之中，戏曲的地位越来越高，越来越接近于诗词。

方孝岳先生说，中国文学和西方文学不一样，西方文学是国民文学，中国文学是仕宦文学，就是士大夫文学。西方文学因为是国民文学，要写出来给大家看，所以喜剧、小说最发达。中国呢？士大夫只需要对皇帝负责，老百姓是子民，不需要听他们的话，一切抒情不需要让老百姓知道，他只需要表达自己，或者是寄希望于皇帝知道而已。因此，西方文学是为他人的文学，中国文学是为自己的文学。因为小说、戏曲是为他人，是要给更多人看的，所以在中国的传统上，它们的地位不是很高。

中国最早的文学总集《诗经》也是士大夫文学。今天有人持一个观点，认为《诗经》产生于民间，其实司马迁早就说了，“诗三百篇，大抵圣贤发愤之所为作也。”所谓“圣贤”就是那些贵族。

一代有一代之文学，《诗经》里面那种四言诗，楚国的离骚，汉魏的五言古诗，以及唐诗宋词元曲，全部都是士大夫的文学。

流传到今天的戏曲名作无一不是大文人所作，创作这些戏曲作品的人，大部分是科举考试的成功者。

昆曲不是一种地方戏曲

今天讲古典戏曲，它最杰出的代表就是昆曲。昆曲不是昆明的曲子，是江苏昆山的曲子，但说它是江苏昆山的曲子，让人产生一个误解，好像它是江苏昆山地区的地方戏。其实昆曲的来源不是地方戏，而是唐宋词的音乐经过演变变成了昆曲。

600 多年前，元朝末年，昆山文人顾阿瑛、杨维桢、倪云林等著名的文学家、画家、音乐家聚在一起，然后唱曲，形成的唱腔人称昆山腔，后来大家都去学，这是我们看得见的昆曲的历史。

看不见的昆曲历史可以追溯到至少 800 多年前，应该从靖康之难（1127 年）算起。我们知道，从隋朝开始，西域音乐传到中原，最后形成了一个全新的音乐体系叫作宴乐，就是在宴会上使用的音乐。宴乐有时候也写成燕乐。与宴乐相配合的文辞叫作曲子词，也就是我们后来讲的唐宋词。它的音乐当时在朝廷的教坊和民间的秦楼楚馆中传唱。

而宋朝是中国文化发展达到了高峰的一个朝代。

国学大师陈寅恪说，天水一朝（宋朝）的文化堪称登峰造极。宋朝文化之所以发达，有其历史缘由。宋朝的祖制是，新皇帝登基之时，会有一个不识字的小太监把他带到一个偏殿，然后打开偏殿门，皇帝在里面掀开一个黄色布包，里面有一块石碑，上面刻着赵匡胤给赵家后来的这些子孙的最高机密，有三条：第一，保全柴氏子孙。因为赵家是从后周柴家夺取的天下，是欺负孤儿寡母得到的天下。柴氏子孙只要不犯谋反大罪，一定要保全。第二，士大夫不能因言获罪，即使犯了罪也要从轻发落，绝对不能杀他。第三，不加农田之赋。永远不要给老百姓、种地的人加税。这三条保证了宋朝经济发达。而宋朝文化更发达，它在宋徽宗年间达到了高峰。可这个时候，北方金人打过来了，把宋徽宗、宋钦宗都掳掠到北方去了，随着他们一起到北方去的还有没来得及逃跑的文武大臣、后宫妃嫔，以及很多乐工。这些乐工到了北方以后，他们就将曲子词和北方的弦索音乐，就是胡琴类带弦的乐器相结合，形成了一种新的曲艺形式叫诸宫调，像今天的京韵大鼓，一个人讲故事，讲一段唱一段。后来又在诸宫调的基础之上形成了北院本，当时朝廷有规定，这种本子叫作院本，目的是教化民众，这都是文人创作的。

另一批乐工则逃到了南方，当时康王赵构刚刚登基，百废待兴，朝廷也没钱养他们，他们怎么办呢？只好走向民间，当时的南方商品经济发达，民间有钱人就出钱听他们唱，这就形成了南戏。元朝时期，北方杂剧一家独大，元朝中叶时南北合流，元朝末年终于形成昆曲。

因此昆曲不是一种地方戏曲，它是唐宋词经过历史的沉淀，由庙堂走向民间所形成的文化存留。

古代的流行歌曲是什么样子

我们首先来看一看，唐宋词是怎么唱的。八九百年前的流行歌曲是什么样子。

《暗香·旧时月色》是宋代词人姜夔的作品。作品无句非梅，同时又借梅喻人。

> 旧时月色，算几番照我，梅边吹笛？唤起玉人，不管清寒与攀摘。何逊而今渐老，都忘却春风词笔。但怪得竹外疏花，香冷入瑶席。
>
> 江国，正寂寂。叹寄与路遥，夜雪初积。翠尊易泣，红萼无言耿相忆。长记曾携手处，千树压、西湖寒碧。又片片、吹尽也，几时见得？

这是宋词的吟唱。北方的戏曲从诸宫调开始，一直非常典雅。

当时有一个读书人姓董，因为当时对读书人的尊称叫解元，他被称为董解元，他写了《西厢记诸宫调》，是我们今天的《西厢记》的鼻祖，“大石调”是它的宫调，类同我们今天什么 C 调、D 调，“玉翼蝉”是它的曲牌名，它的曲子非常典雅。

> 蟾宫客，赴帝阙，相送临郊野。恰俺与莺莺，鸳帏暂相守，被功名使人离缺。好缘业！空悒怏，频嗟叹，不忍轻离别。早是恁凄凄凉凉，受烦恼，那堪值暮秋时节！雨儿乍歇，向晚风如漂冽，那闻得衰柳蝉鸣凄切！未知今日别后，何时重见也。衫袖上盈盈，揾泪不绝。幽恨眉峰暗结。好难割舍，纵有千种风情，何处说？莫道男儿心如铁，君不见满川红叶，尽是离人眼中血！

这首曲子和它的前身唐宋词相比，有非常大的区别，就是它已经完全按照北方话来押韵。唐宋词是按照古音来押韵的，所以它有入声词，那种发音非常短促的字在这里已经消失了，如果我们用唐宋词的念法来念，它应该念蟾宫 ke，赴帝 que，但是它就没办法跟相送临郊野押韵了，它是按北方话来押的，客不念 ke，有两种念法，一种念 kai，这里面念 qie，“蟾宫客，赴帝阙，相送临郊野。”它都是押韵的。

南北方的两种语音相结合，形成了一种新的曲子演唱形式。

南方商人和小市民去看的戏，不像北方都是由读书人来创作的，而是艺人自己创作的，所以文辞非常粗鄙。

今天我们从《永乐大典》当中找出了三篇南戏戏文，这三篇是《宦门子弟错立身》《张协状元》《小孙屠》。它的文辞粗鄙不堪，情节也漏洞百出，境界非常低下，很庸俗，但很符合商业化的要求。

元朝的主流戏曲是元杂剧，主要吸收了北杂剧、金院本的传统。元朝不让读书人参加科举考试，那读书人怎么活下去呢？他们就成立了一个行会，或者说行业组织，就是我们最早的编剧家协会。他们在当时的地位很低，因为元朝把人分成了十等，一官二吏三僧四道五医六工七商八娼九儒十丐，“文革”时期骂读书人“臭老九”就是这么来的。为什么丐比儒要低呢？因为丐比儒略输文采。为什么儒比娼要低呢？因为儒比娼稍逊风骚。

了不起的文学一定是俗得那么雅

我们来看元杂剧里面经典的一段名唱：《单刀会》，这是大戏剧家关汉卿创作的一出戏，这是一段北曲。

> 大江东去浪千叠，引着这数十人驾着这小舟一叶。又不比九重龙凤阙，可正是千丈虎狼穴。大丈夫心烈，我觑着这单刀会似赛村社。
>
> 水涌山叠，年少周郎何处也？不觉的灰飞烟灭，可怜黄盖转

伤嗟。破曹的樯橹一时绝，鏖兵的江水犹然热，好教我情惨切！二十年流不尽的英雄血！

这个时候关公旁边的干儿子周昌对着大江说，好水啊好水。关公说，周昌，这不是水，这是二十年流不尽的英雄血。

你看关汉卿的词真是写得出神入化，自从苏轼写“大江东去”以后，竟然还有人能够以大江东去开头，写出了一个完全不逊于苏轼的境界，这是何等了不起的一种天才。

而且苏轼写《念奴娇·赤壁怀古》，他是作为赤壁之战800年之后的后来者去缅怀、追忆，他更多的是对自己人生的一种体悟，人间如梦。关汉卿写的是关公，他要让关公来表达自己。关公作为这一段历史的亲历者，他能够写得如此到位。而且这种比喻，这不是水，这是二十年流不尽的英雄血。把这么俗的戏曲写得这么雅，太了不起了。

我们再来看元杂剧的另一位大家王实甫。如果说，关汉卿剧作以酣畅豪雄的笔墨横扫千军，那么，王实甫所写的具有惊世骇俗思想内容的《西厢记》，却表现出“花间美人”般光彩照人的格调。

碧云天，黄花地，西风紧。北雁南飞。晓来谁染霜林醉？总是离人泪。

什么叫霜林醉？秋天的枫树叶子都红了。他不说染红、染绛，而是赋予这些枫树以人格的意象。碧云天、黄花地其实来自北宋词人范仲淹的碧云天、黄叶地，可是你看他写得一点都不像抄袭，似乎完全自出机杼。

恨相见得迟，怨归去得疾。柳丝长玉骢难系，恨不倩疏林挂住斜晖。马儿迍迍的行，车儿快快的随，却告了相思回避，破题儿又早别离。听得道一声“去也”，松了金钏；遥望见十里长亭，减了玉肌：此恨谁知？

这段词了不起的地方就在于，谁都能听得懂，可是竟然它含有那么深刻的意味，那么富有诗性。真正了不起的文学一定是俗得那么雅，而不是雅得那么俗。

到了明朝清朝，对杂剧人们已经不过瘾了。杂剧相当于什么呢？相当于电影。杂剧一般四折，第一折故事的开始，第二折故事的发展，第三折高潮，第四折大结局，像什么？像电影。可是到了明清，人们要看电视剧了，于是就发明了传奇，一个故事给你铺排开来，能够有三五十折，一个故事演完，需要几天几夜。这些演员不是在外面卖唱，有钱人家习惯养一个戏班子，让他在我家里演，你要看戏就到我家来看，也不收你的钱。这种“土豪”的行为，今天大概不会有，但是你看明清的时候就有，而且很常见。

元朝末年产生了昆腔。第一位用昆腔来写作传奇剧本的作家叫梁辰鱼，字伯龙，《浣纱记 · 寄子》就是他写的。“浣”这个字正确的读法应该念“huan”，但是唱戏的都念“wan”，因此你要是听一个人他念“huan 纱记”，你就知道这个人是戏曲的外行，念“wan 纱记”就是内行。《浣纱记 · 寄子》讲述了伍子胥忠心耿耿，冒着灭族的危险死谏吴王，并把儿子寄养在齐国大夫鲍牧家的情节。

《浣纱记 · 寄子》里面这一段词写得多好。

岁月驱驰。叹终身未了。志转灰颓。丹心空报主。白首坐抛儿。前路去竟投谁。咫尺到东齐。望故乡云山万叠目断慈帏。云接平冈。山围寒野。路回渐入齐城。衰柳啼鸦，金风驱雁。动人一片秋声。路途休驾。淡烟里，微茫见星。

这是南曲。南曲的特点就是有入声字，但是我们撇开这些音乐成分，单看它的文辞，非常典雅，非常符合唐宋词的审美要求。

再看这一段。

> 清秋路。黄叶飞。为甚登山涉水。只因他义属君臣。反教人分开父子。又未知何日欢会。料团圆今生已稀。要重逢他生怎期。浪打东西。似浮萍无蒂。禁不住数行珠泪。羡双双旅雁南归。

大家想象一下，在舞台之上，伍子胥和他的儿子两个人载歌载舞地唱出这一段来，这种意境非常萧瑟，给人一种英雄一去不复返的感觉。

昆曲在清康熙和乾隆年间的普及程度有一个记载就是“家家‘收拾起’，户户‘不提防’”，家家都在唱。“收拾起”和“不提防”是两个曲牌的第一句唱，就是形容家家都会唱昆曲。

“收拾起”指《千忠戮》，写明建文帝逃亡中所唱的〔倾杯玉芙蓉〕：

> 收拾起大地山河一担装，四大皆空相。历尽了渺渺程途，漠漠平林，垒垒高山，滚滚长江。但见那寒云惨雾和愁织，受不尽苦雨凄风带怨长。雄城壮，看江山无恙，谁识我，一瓢一笠到襄阳。

“不提防”指《长生殿·弹词》中的〔一枝花〕“不提防余年值乱离”曲。

宋元戏曲不停地向诗和词靠拢

前不久，我在保利剧院看了上海昆剧团的《长生殿》，这个《长生殿》号称叫精华版《长生殿》，但是它恰恰是把最精华的两则——《酒楼》和《弹词》——给删掉了，它保留的是那个庸俗的李隆基和杨贵妃的爱情。《长生殿》这出戏背后的精神其实非常了不起。它表达了对南明朝廷灭亡的一种哀叹。明朝北方已经被清朝占了，但是他们还在南京建立了一个政权，延续了一段时间，叫南明朝廷。《酒楼》这一折，讲的是郭子仪出场，他代表了作者洪昇心目中的英雄人物，希望有这么一个人能够反清复明。

而《弹词》这一折的主人公是李龟年，安史之乱之后他流落江南。这个李龟年实际上是洪昇自己的心理投射，他在感慨南明朝廷的衰亡。你把最精华的东西删掉了，还叫精华版《长生殿》?

《长生殿》表达了当时江南地区的老百姓对南明朝廷的缅怀，很快就传唱开来了。它的音乐也非常的悲凉。

> 不提防余年值乱离，逼拶得岐路遭穷败。受奔波风尘颜面黑，叹雕残霜雪鬓须白。今日个流落天涯，只留得琵琶在！揣羞脸上长街，又过短街。哪里是高渐离击筑悲歌？吓哈倒，倒做了伍子胥吹箫也那乞丐！

在这种注重典雅、崇尚雅正的文化传统之下，即使是明清时候的俗调，民间小调，经过文人的润色也变得雅了起来。

比如下面这首《银钮丝》，如果在座的朋友看过香港电影《三笑》，对这个曲调应该不陌生，“叫一声二奶奶听我表一表”。实际上大家不要小看它，它是有五六百年历史的民间俗调，明朝就已经有这个调子了。

明朝散曲作家赵南星按春夏秋冬给这个《银钮丝》填了词，填的词非常具有诗情画意，我们就选他的“春”。

> 到春来难挨受用也慌，百花开遍满林芳。具壶觞，知心一伙赛疏狂。莺舌巧似簧，何须黄四娘。呀，大家把襟怀放，欢天喜地度韶光，也是俺前生烧了好香。我的天呀，唱齐声，唱齐声。

这一段唱讲的是春天来的时候，感觉到百爪挠心，就想出去玩。一帮小伙伴、好朋友，大家一起准备好了酒，到处听见特别动听的黄莺的啼叫声，我们何必一定要在黄四娘家才能听到这么美妙的黄莺之声呢，让我们大家一起来享受这美好的韶光，一起来感受春天的美好。

郑板桥创作的《道情》十首，使得道情曲在南方，尤其在淮扬地区风靡一时。它采用的是流行于扬、淮间的两种“淮扬小调”，一为“宫”调式，一为“羽”调式，在当地尤以“宫”调式最为盛行。板桥先生看中了这一为百姓喜闻乐见的民间艺术形式，1725 年始作道情，37 岁（1729 年）完成了《道情》十首初稿，几经修改，他 51 岁（1743 年）时方付梓，刻者为板桥先生好友司徒文膏，历时 14 年，定名《小唱》。

> 老渔翁，一钓竿。靠山崖，傍水湾。扁舟来往无牵绊，沙鸥点点轻波远。荻港萧萧白昼寒，高歌一曲斜阳晚。一霎时波摇金影，蓦抬头月上东山。

最后总结一下。唐宋词由高大上的冷艳最终变得接地气，变得更加富有民间性，于是就演变为宋元戏曲。宋元戏曲的发展，它的主脉一直在不停地向诗和词靠拢，最终由于它的典雅，它的经典性，成为唐宋词以后的又一高峰，这甚至影响了明清的俗调、俗乐、小曲，使得它们远比我们今天所听到的所谓流行音乐更加富有经典性，更加具有文人的雅趣。

好，我今天就讲到这里。谢谢大家！

书法人生

孙　克

孙　克

美术理论家、书法家。现任中国画学会副会长兼秘书长。曾任北京画院《中国画》编辑部主任、副编审，解放军艺术学院客座教授，中国美协《美术》杂志副主编，中国美术家协会中国画艺术委员会秘书长等职。已出版《孙克书法作品集》《孙克美术文论集》等多部著作。

1953 年我开始学美术，到今年已 61 年，我今年快 80 岁了。起初我不太懂书法是什么，一直到了 60 年代，我才认真好好写字，现在回头看，书法的确重要。

书法很重要。当然不是人人都能成为书法家，今人做不到，古人也做不到。古人天天都拿毛笔写字，随便记个账，医生开个条子都是写字，但写得不错不等于好，不等于艺术，这是两回事。

中国书法非常独特，在世界上可以代表东方。像中国绘画、文学、音乐，西方人很重视，他们觉得很新奇。但是无论画画还是唱歌，中西方有共通性，但中国人有一样西方人不行，就是中国人的书法是独特的，中国书法艺术有深刻的内涵，能够表达人生观念，体现个人修养，西方人不懂。

前辈宗白华等美学家认为，中国书法艺术真的是世界独特的。教堂建筑物是欧洲人的骄傲，非常了不起，非常坚固，而中国的建筑物是土木结构的，容易毁坏。当然西方的建筑艺术也许可以媲美中国书法艺术。

书法在中国最早是用来记事用的，很实用，但它最大的功能是表达思想、记录言行，它是传达思想的工具。它又是艺术品，从甲骨文起就有一种美的观念在里面，做得很好看，甲骨在刻的时候就很讲究。钟鼎上面要铭刻几个字，比如记载战争胜利或者重要的事情，这个铭文叫“金石”，就是当年的大篆，大篆的字很漂亮，很讲究。那个时代专门写字的人极少，但这些人掌握了书法，字写得非常好看。

“永”字八法流传两千年

到秦代开始出现小篆，小篆字很美，字体也很复杂。

《石鼓文》（因其刻石外形似鼓而得名，为我国最古老的石刻文字）第一个字是什么？第一句“吾车既工”，这个“吾”字在古文中是上面两个“吾”，下面一个“口”，左边一个“行走”的“走”，这就是“吾”字的复杂体。第二句是“吾马既同”，第三句是“吾车既好”，这几个字看着很复杂，但是字形非常好。《石鼓文》是周朝的还是秦代的？估计秦代的可能性大，当初发现石鼓在陕西凤翔一带，故宫专门有石鼓，这是非常著名的一个。

这些字很复杂，人们觉得很不方便。从秦开始统一文字，先变成小篆，字的特点是所有的口都是圆形的。后来圆形又变成方形的，就是隶书，由隶书又变为楷书，这是一个漫长的历史过程。在隶书和楷书之间，北魏时期出现了“魏碑”，碑也是隶书和楷书的一种变体。我用很长时间临摹过《郑文公碑》，《郑文公碑》全称《魏故中书令秘书监使持节督兖州诸军事安东将军兖州刺史南阳文公郑君之碑》，刻于北魏宣武帝永平四年（511年）。此碑为郑道昭书写，字体均为楷书，其结字宽博舒展，笔力雄强圆劲，有篆隶趣相附，为魏碑佳作之一，非常漂亮，是所有魏碑当中最有文气、最有文采、最有变化的。这个字当时还在形成中，没有完全规范化，有大、有小、有扁、有方，有立的字形，有扁的字形，完全根据需要变化。再一个，本来刻在山崖，但真正刻的时候，有时候崖面凹凸不平，这时候它的字好看。在座的朋友，如果你们写魏碑，我建议还是写《郑文公碑》的字体比较好，有文气，其他的《龙门二十品》我不是很喜欢，太匠气，匠是工人的做法，这种字写得再好也不行。

从汉代到晋代，楷书慢慢地形成了字体结构的写法。到了晋代，书圣王羲之推行“永”字八法，其实就是“永”这个字的八个笔画，代表中国书法中笔画的大体，分别是“侧、勒、弩、趯、策、掠、啄、磔”八划，八个笔画就把中国书法所有的字体横竖都概括下来了。

清末民初，张大千的老师李瑞清一辈子写《郑文公碑》，我也写了20年，这20年里把楷书的基础打好了，写字的力度加强了。楷书的完成在隋唐时代，从我们现在看，最典型的是唐代楷书、隋代楷书，一直到初唐的褚遂良、虞世南、欧阳询，欧阳询从隋代到初唐做官，书法写得很好，所以楷书形成有一个过程。

练习书法还是以楷书为好。首先写得平正，“初学分布但求平正”，“平正”两个字很重要。启功老师给我们上过课，他下的功夫就是先把字的间架结构研究好，他最大的特点是间架结构，他讲“九宫”，字分九个宫。

“永”字八法流传至今已2000多年，成为习书者的学习宝典。“永”字八法，教学独特，方法简便，强调从书写大字入手，由大而入小，可培养扎实的书法基本功底。同时以基本笔画“右侧点”为笔法之基，依照笔画进阶顺序：点→横→竖→撇→捺→勾→挑→折，循序渐进。详细分析用笔、行笔、力道、劲道及用墨等心法，让初学者能充分了解到毛笔特质，灵活驾驭毛笔，在短时间内熟识永字八法的基本运笔方法，再配合十种基本字体结构的分析，了解字形组合间架要领，触类旁通，逐渐进入书法的无穷妙境。

比如，古人的“一”写得很好，在《郑文公碑》里特别好，像隶书一样，这一道不是简单的横道，下笔是这样下笔，然后这样走，然后再往上去，或者是这样收，再收，最后收势到这个地方。它是一个波，是一个弯度的东西，这个横道里面能写出力度，这就是字写得好不好的差别，下笔应该这样，结束应该这样，书法就讲究这些规矩。

用笔方法举例

“无垂不缩，无往不收”是宋代大书法家米芾在《论书·答翟伯寿》中的一句话，意思是说：在写字运笔时，要求笔锋在点画尽处或虚或实地作收缩、回锋。

“无垂不缩，无往不收”是一条具体的用笔方法。原意指写竖笔和横笔时的用笔方法。“无垂不缩”指写竖画时，笔画末端都要“缩”笔，即“回锋”收笔。不仅垂露竖如此，也包括悬针竖。悬针竖虽露锋出笔，但在提笔收锋时，也要有一个向上空回动作，以保持空回之势，使其笔锋虽露而笔力却不浮。“无往不收”指写横画时，在笔画末端要有一个向左“回锋”收笔的动作，使起笔、收笔得以前后呼应。中国字书法就是研究这些笔法。

“蚕头”“燕尾”为隶书的典型代表，形容书法起笔凝重，结笔轻疾。比喻隶书的横画起笔和横波收笔。长画起笔时，回锋隆起，形如“蚕头”；横波收笔时，顿笔斜起，形如“燕尾”。即使不写字你也知道中国书法的丰富性或者说它的规律，好的字就这样。

书法家怎么写字？其实对手有特别要求，毛笔拖着走不行，得拉着走顶着走，这个字才有“力透纸背”的可能性。你要是拖着笔，这个字绝对没有力度、没有力感。

书法的讲究包括它的毛病，如“钉头鼠尾”。什么叫“钉头”？这个就是“钉头”；“鼠尾”是什么呢？像老鼠尾巴一样，它不收回来，就像“鼠尾”了。

“蜂腰鹤膝”也是书法病笔，蜜蜂的腰仙鹤的腿，蜜蜂的腰很细，这种字不好；写出来的字如仙鹤的膝盖，也不好。“钉头鼠尾”、“蜂腰鹤膝”说的都是书法的病笔。书法里面有很多讲究。这是了解书法艺术的初步要求。光是写得平正、四平八稳不行。

我走了很多黑道摸索书法

我在1964年重新临帖，先写褚遂良的《孟法师碑》。我没有老师，因为当时找不到老师。没有人教我，我就自己学，先写得平正。我选的教材是唐碑。我在写《郑文公碑》的时候，同时研究了一下包世臣的《艺舟双楫》。这是一本清代书法理论著作。该书涉及“论文”四卷，多评析古文作法和作者所崇尚者，亦录所作书序及碑版等。这是非常有名的讲书法的书，讲书法的变化、结构、让气等。书法理论很深奥。你读这些才知道书法是怎么回事。

我后来研究孙过庭的《书谱》。《书谱》是论述历代书法和论书法变迁之专著，本身亦具书法艺术价值，其文章更具理论价值，是我国关于书法理论之重要著作，它对书法欣赏、技巧等方面至今仍有重要的现实意义。《书谱》写于唐垂拱三年（687年），对自汉讫魏晋之草书诸大家均有详述。关于平正，《书谱》就有这么一句话：“至如初学分布，但求平正。既知平正，务追险绝。既能险绝，复归平正。”谈平正的对立面是险绝，很讲究。开始一定要学平正，学了平正以后就要追求险绝，以后再“复归平正”。这个时候就有意思了，“既能险绝，复归平正。初谓未及，中则过之，后乃通会。通会之际，人书俱老。”这个写得太好了，大家一定要看一看、读一读、太美了。“初谓未及”就是一开始没有达到，“中则过之，后乃通会。通会之际，人书俱老。”一开始觉得没有达到，中间达到了，超过它了。一开始没有达到，到后来才能通会，把险绝的东西吃透了、了解了。“通会之际”，到通会了“人书俱老”，进入了一个新境界。书法老了、人也老了。艺术真的要用一生的精力才能把它做好。中国文化有许多内涵，到老了才能理解，年轻时体会不够深刻。

练习书法没有10年以上，不容易理解书法是怎么回事。我花了很多时间，走了很多黑道去摸索。当然这也有好处，自己可以慢慢体会。

中国书法实际上是中国文化的根源

中西方艺术有很大不同。西方油画很好看，艺术也很美。中国山水画要求不同，中国画深奥，代表的精神不一样，文化内涵不同。西方注重视觉特色，作者把感觉好的东西，美的东西画上，比如体会到傍晚，树的颜色变暗了，天很明亮，这时候的晚霞很好看，感动了画家，画家就会把这个感动表达出来，用颜色处理好，并且尽可能地把自然美反映到他的艺术里，通过这个艺术去感动、打动观众。

印象派就是这样。我们专门到过诺曼底一带去看莫奈走过的地方，莫奈画画的地方。莫奈确实让你感动，他把大自然的光线表现得那么深刻、那么好。但是中国人画画，画家看到的山水等自然的东西，会先存到自己的心里，消化了，然后在画的时候自由地去发挥，在画面上自由地处理这些树、这些山、这些石头、这些人。另外，不同的是，欧洲的自然环境适合用油画、用色彩来画，绿颜色的地、碧蓝的天空、美丽的大地。中国的山川变化丰富，黄山的崎峭、华山的奇险，还有泰山这种灵动，如果作者把这种精神表达出来，肯定不一样。

有的前辈可能说西方艺术是物质的，中国文化是精神的。中国人用笔墨画画，笔墨里头就是书法，所以我们讲“书画同源”。中国书法实际上是中国文化的根源，没有书法你不会很好地写字，笔法写不好，你的画不好看。

中国的花鸟画笔法用得好。山水画也讲究笔法。黄宾虹先生讲五笔七墨，就是要有五种笔法，七种墨法。书法就是画，画就是书法。“平圆留重变”，讲如何运用笔法。画山水画如果不懂得这些规律，不懂得笔法，这幅山水画没有价值。因为传统中国画，除了墨色就是笔法，就是黑白、清淡，即使用颜色也是赭石、花青这些简单的色调，但是色彩方面的确用得不多。不是完全照大自然表达，还是强调运用笔法画好。书写的感觉、书写的特色，谁高一点谁的价值就高，低的艺术评论就相对低了，因为你不是简单地描画，而是真正在写。

书法美也体现在难度当中

魏碑是我国南北朝时期（420～589年）北朝文字刻石的通称，大体可分为碑刻、墓志、造像题记和摩崖刻石四种。北魏书法是一种承前启后、继往开来的过渡性书法体系，对隋唐楷书体的形成产生了巨大影响。历代书法家在创新变革中也多从其中汲取有益的精髓。弘一法师早年写魏碑，而且学得相当好，后来他觉得魏碑不能这样写。他晚年写出入都很圆浑的这种字体，淡淡地好像没有用力气，作品收敛锋芒与法师的修佛心境有关。弘一法师这个字最能表达他晚年的心境，皈依佛门以后，他的心就是平淡的，超脱人生的喜怒哀乐去表达，书法真的能够这样表达。

现在有三件最重要的书法真迹流传。第一件是王羲之的《兰亭序》，第二件是颜真卿的《祭侄文稿》，第三件是苏东坡的《寒食帖》，这三件书法真迹非常情绪化但是又有不同。你仔细看，《兰亭序》追求唯美，王羲之写得很端正，每笔都很讲究，追求漂亮、追求美。现在看王羲之不可企及的地方就在这里，它特别美、特别柔和、特别均匀，字好像也是柔柔的。我们说“绵里针”，哪个人去学都写不到他的力度。西安弘福寺沙门怀仁集王羲之书的《集王圣教序》，我也想临，但肯定白费力气，根本写不到这个样子，“绵里针”那种感觉，那种力度在骨子里了，写一辈子可能还是写不出它的神韵来，你只能临摹它的面貌，甚至这个面貌你也临不到。所谓千古第一难就在这里了，只能从他这里吸收营养。颜真卿的《祭侄文稿》也写得非常好。苏东坡的人格、气度、修养都体现在他的字上。

书法讲不完，这些笔法、间架结构，丰富多样。写字还要注意行气，还要互相避让。包世臣就提到，古人口诀里讲的“担夫争斗”，就是挑挑子的两个人在山上道路很狭窄时，担夫要通过这条道路，就要互相避让，书法也是这样。这条笔画大了长了，那条笔画就要缩小一点；左边右边，第一行第二行互相之间，书法美也体现在这些难度当中，它非常难但是非常之美。

书法表现个人修养学问

中国的治学思想、老庄哲学、儒家的学问都融合在中国书法里了。实际上练习书法是高难度、高标准的修养。写了一辈子，我觉得我还在门外瞎转，没有达到我们真正的理想。不但古代人没有达到，近代人也没有达到，当然近代人写得好的有很多。书法界现在很多不好的风气就是急于事功、求名、逐利。刚写了几年就想成为书法家协会会员，要卖字了，这个不太好。书法没有统一的标准，没有标准所以很乱，我们缺乏标准。

书法表现了个人修养、学问，你下了功夫，但是你有没有天分，人格卑鄙、猥琐那种人肯定写不好字。要把这些综合地放在一起，可以反映这个人的高度。所以艺术是个人的东西，你把自己写好了，我觉得这就是好的书法家。

在综合学历、能力、天分等方面，如果达到“人书俱老”的状态，这才是我们的追求。学习书法的人，首先是自己感受到了艺术的愉悦，为了自己的爱好、追求。如果你早早地物质化、早早开始追求一种物质化的目的，我觉得这种艺术家走不远。不管你是不是天才，你有多大能力，你过早地去追求物质上的成绩，你走不太远。我从事艺术多年，我体会到了，对中国书法我们要下很大工夫。我今天简单讲了中国书法的发展变化，其实中国书法太丰富了，书法作品太浩瀚了，我们即使进了门也只是拿了几本书看了看而已。

书法精品是这样的

王羲之的《兰亭序》已经没有原作，很多人说唐太宗把它殉葬了。现在看到的《兰亭序》都是后人临摹的，但是写得非常好！

位于故宫博物院养心殿的西暖阁，原名温室，后改为三希堂，是清高宗弘历即乾隆帝的书房，也是其作为养心殿主人留下的最明显的标志。乾隆皇帝书写的“三希堂”匾额和《三希堂记》墨迹，至今还悬挂在墙上，匾额两侧对联为“怀抱观古今；深心托豪素”（其中豪素指书法）。另在台北故宫博物院也有一处“三希堂”，藏有《快雪时晴帖》。三希堂始于乾隆朝，后经嘉庆、道光、咸丰、同治、光绪、宣统各朝，都未有任何变动，至今仍保持原貌。

乾隆帝文韬武略、博学多识，能诗词，尤擅书法，曾多次在全国寻求历代大家的名帖，乾隆十一年（1746年）在三希堂收藏了晋朝大书法家王羲之的《快雪时晴帖》、王献之的《中秋帖》和王珣的《伯远帖》。这三件古代墨宝，被乾隆帝珍爱，特意收藏在此，不时把玩。

王羲之的《奉橘帖》是书法精品之一，每个字都写得非常美，非常讲究，绝对没有败笔。“龙跳天门，虎卧凤阙”，形容它的飞动的感觉和那个沉着的感觉，后人写字只能受他的影响，但是达不到他的高度了。

这是欧阳询的《九成宫醴泉铭》，欧阳询的字四平八稳，间架结构特别好。唐碑的特点是，每个字、每笔都规范，变化非常小。后来的人尤其是康有为对唐碑是贬低的，他不赞赏，认为它没有创新。

练习书法从哪里着手

现在很多孩子写书法都学欧体，我觉得挺好，欧体很适合小孩子学，它平正、规范，没有其他毛病，初学期还是临《九成宫醴泉铭》这个帖比较好。

年纪大点的人写颜体比较好，颜体厚重、力度大、端庄，字的格调比柳体差一点，但是它很有筋骨。最著名的书法真迹、孙过庭的《书谱》流传下来了，在台北故宫，一个长卷，内容是研究书法的历史和变化的规律，他用王羲之的那种“王体”字写到上面。

如果想学草书，我建议从《书谱》入学，《书谱》最规范，草书各种讲究都在里头了，每个字的样子都有了。“夫自古之善书者，汉魏有钟张之绝，晋末称二王之妙。”王羲之云：“顷寻诸名书，钟张信为绝伦，其余不足观。”可谓钟张云没，而羲献继之。《书谱》是他一口气写下来的，前面写得很慢，到后面放开了，变化很大。所以很多写《书谱》的人只写前半截不写后半截，感觉到丰满有余、劲力不足。但还是后面的字写得好。一般写《书谱》的人写得出前面的味道，写不出后面的味道。

《祭侄文稿》是唐代颜真卿追祭从侄颜季明的草稿。行书，23行，234字。书于758年（唐乾元元年）。颜真卿的侄子在安史之乱中牺牲了，他很悲愤地写了这篇文字祭他的侄子，我们不容易体会到他那时候写的心情是什么样的。

颜真卿的《多宝塔碑》也很好，颜体字丰满、庄重、厚重，很注重力度，但给人太过于注重四平八稳的感觉。但是写颜体字不会写出毛病来，甚至有许多人从颜体字里面发展出来了。宋代的大部分书法家都写颜体，包括苏东坡、米芾。颜体的变化很多，你从这个字体可以进一步往前走、往前变。

这是柳体。皇帝曾经问柳公权：“你的字怎么写得这么方正?”他说：“臣笔正则心正。”笔正则心正，皇帝一听肃然起敬，皇帝就立刻觉得臣子在这里给我提意见了。

这是怀素的草书。“怀素家长沙，幼而事佛，经禅之暇，颇好笔翰。”怀素的《自叙帖》现藏在台北故宫博物院，怀素的草书写得非常好，每个笔画都非常讲究，这个草书是连起来一笔写下去的，整个气非常贯穿，“幼而事佛”那个“事”字跟一撇那个“佛”字，那个悬针多么漂亮，“经禅之暇”这个笔法属于大草，跟后面的不太一样。

明清时期写小字的人一般都从《灵飞经》入手。《灵飞经》是道家经典，内容是说道家如何炼丹，但是字写得非常好，字很小。古人说大字要紧密、小字要松散，大字写的时候要向内，要写得很内在，向中心用力；小字要写得很疏散，好像这个字完全不着力写开了，向外写。如果你把小字写得很佝偻、大字写得很散，就不行了。

中国书法千变万化

《研山铭》为宋代著名书法家米芾的作品，早期流失国外。此帖沉顿雄快，跌宕多姿，结字自由放达，不受前人法则的制约，抒发天趣，为米芾大字作品中罕见的珍品。《松风阁诗帖》是黄庭坚的作品，黄庭坚的字有个特点，横画都比较平、比较长，甩出去，这个字写得很有他个人的风格。

明代画家文徵明30岁以后才画画、写字，到了80岁还能写蝇头小楷。

郑板桥的字有点个人风格，他把隶书、楷书甚至是篆字的笔法结构都融合在一起。对以隶书为主的这个笔法，他自己叫“六分半书”。因为八分书就是隶书的笔力。他用了一种杂交的方法来写字，形成了他自己的风格。

刘墉与王文治、翁方纲、梁同书并称清四大家，他的字写得比较黑、大、圆、亮。刘墉学书，也是从董其昌、赵孟頫入手，转而深入学习阁帖，最后形成了他的肥腴端厚的风格。

清代中期以后，魏碑开始流行，才有比较好的市场。众所周知，赵之谦北魏风行书是其独创，前无古人。唯有赵之谦，逐步地完全放弃了颜体而转向了北魏书法，始将北魏笔法直接运用到行书之中。清代书法家在魏碑以后就觉得自己的字没有办法再发展下去了。

但仍然有些书法家在探索，阮元被称为碑学复兴第一人。包世臣、邓石如等人成为推动清代碑学运动的中坚力量。包世臣的一些具有可操作性的碑学观念吸引了众多的书法爱好者，并凝聚成“包派”。康有为完全从他的爱好出发了，他把魏碑提到了非常高的位置。魏碑虽好但也不能完全代替其他字体，因为楷书帖的学问仍然有它的生命力。

于右任是20世纪中国最好的、最大的、最有名的书法家，他把魏碑、楷书和行草结合起来了。他自己很注重草书，他一生在追求一种标准草书，或打算把草书标准化，因为中国书法千变万化，太复杂了，所以他要把它标准化。这是我自己写的字“大江东去”，跟古人没法比，差得太多了。

谢谢大家。

幸福城市的未来主义实践

德尼・岚明

德尼・岚明

法国建筑设计大师，21 世纪著名建筑师之一。曾任法国财政部部长 René Monory 和文化部部长 Philippe de Villiers 的城市规划与建筑顾问、阿布扎比政府的地域规划与新能源可持续发展计划专职顾问。参与了欧洲、北美、非洲等地的 200 多个设计项目。

人类从起源开始就寻找两样东西，第一，是自己身体的安全；第二，就是灵魂的快乐。

考古学发现，人类制造的第一件东西，它不是用来自我保卫的武器，也不是用来捕获野兽的工具，而是用来吹奏的一支笛子。

这说明了人类具有对于美的物品追求的一种天性。我们可能认为，实际功能性的需求和美的追求可能是一对不太好调和的矛盾，但是接下来，我会和大家分享，在我看来功能性和美学性其实可以互相作用、相互补充、能够完美融为一体。

人类具有对美追求的天性，这种天性是自然而然的。如果各位相信上帝存在，上帝在创造人类这个物种的时候，其实就在人类体内设置了一个主动追求美的激发器，当人们看到一个比较美好的事物时，人们会自发地去喜欢去追求。说到美和功能性的关系，我认为美与功能是相互补充的，而不是不可调和的。

举例来说，法国有一个飞机设计师叫达索，他所设计的飞机占整个欧洲直升机比例的50%。达索曾经说过，如果你能把飞机制造得更精美，那么它将飞翔得更自由。对我来说，如果一件器物本身具有非常美和精致的内涵，那么它的功能性也会得到更加极致的发挥。建筑是人类唯一可以居住在其中的艺术形式。它在恶劣天气与危险情况时为人类提供庇护，也是人类童年安乐窝的延续。但这个安乐窝应该越来越美观，越来越舒适，因此就产生了设计的必要。一座建筑要满足庇护、舒适与美观这几种需求，而这几种需求之间有时又会互相冲突。原始人类在发现洞穴之后会住进天然的洞穴，这属于自我保护的心理需求。人类第一次进入洞穴以后所做的第一件事，就是寻找色彩来装饰洞穴的墙壁和房顶，说明人类对于美有第一反应和第一追求，就像人们穿上衣服是对身体本能的功能性的满足，但是当人们穿上衣服之后，人们会自发性地去寻找一些首饰来装饰自己。同理，建筑和人们对于美的需求一样，在满足其功能的同时，也会主动在第一时间去追求它的美学意义。

随着历史的演变，原始洞穴逐渐成为功能越来越综合，舒适程度越来越高的房屋，再进一步，由于人们生存的需求，房屋再进一步聚集，就产生了最开始的城市雏形，在由一座座单体建筑构成的城市当中，功能也会越来越综合，舒适度也会越来越高。

在人的居住的基本需求满足的情况下，人们会寻找一些能够带来欢乐的休闲的东西，这时房屋聚集在一起汇聚成城市的雏形，接着城市的功能会不断地自我完善，包括服务设施和休闲场所不断地自我完善，当然在自我完善的过程中也产生出一些问题。

人类聚集在一起，城市雏形产生后，有无数好处。因为人们在一起彼此能够交流，相互关怀，所以群居的城市生活也会变得更加美好和令人向往，但它同时也会带来一些问题，比如过高的密度会让人觉得拥挤，或者对环境造成一些直接的影响，就像现代城市所面临的各种问题。因为人类的过度聚集，产生了一些诸如环境污染、道路网络不畅通等一系列问题。如今城市所产生的各种各样的问题是与人类一开始所追求的幸福生活背道而驰的，人们聚集在一起是希望能够彼此慰藉，相互关怀，生活品质得到提升。人们对生活质量有着自始至终永恒的追求，可是在城市发展的过程中所引发的一系列的城市问题，对人们所追求的幸福生活带来了一些不可磨灭的影响。对于幸福的追求，其实是一个世界性的话题。无论你是美国人、法国人、意大利人、南美人还是中国人，对于美和幸福的追求应该是全人类永恒的话题。

在城市发展的过程当中，似乎有一对很难调和的矛盾，即过多的人口和高密度的聚集程度，与同时所引发的人们对于绿地、对于空间的需求。简单来说，就是人口高密度和对绿地的需求，看似是一对不可调和的矛盾，一旦人的聚集程度高了，那必然要牺牲一些绿地，牺牲一些清洁的空气，牺牲一些人们能够接近自然的机会。这在我们看来好像是自然而然的现象，但是我认为高密度的聚集和人们对于自然的向往，以及对于高品质生活质量的追求，并非不可调和，它们可以彼此很和谐地融合在一起。比如城市过度发展、过度扩张后，大家把道路越建越宽，可是交通堵塞却越来越严重。

接下来我会用两个例子来证明我的观点，即高密度的聚集和城市绿地的需求可以很好地融合在一起。一个就是机动车辆与车行道路的尺度，另一个是绿地景观和人们的需求。

如果城市的街道、道路的尺度比较大，因为人类居住分散，当人类需要从自己居住的地点往另外一个生活空间去的时候，人们不得不选择开车出行的交通方式，那么人越来越多，车辆的数量越来越多，对于道路的宽度需求就越来越大，大家会看到道路会不断地从一个尺度再继续扩大、再继续扩大，然后再继续延长。其实这个延长和扩大的道路不仅没有缓解交通堵塞，反倒将人们的距离拉得越来越远，这条道路实际上就像是把本来应该居住在一起，幸福和谐生活在一起的人们变成了彼此相隔离的屏障，而不是相连接的渠道。

其实无限制地扩张道路绝对不会是解决交通堵塞问题的办法，比如美国休斯敦的公路网占据了整个城市的70%，但休斯敦同时也是交通堵塞问题最严重的地方。

大家会觉得，美好的或者高品质的生活环境一定得配备足够的绿地空间和绿色景观。在此我举个例子，如果一棵种对了位置的树，它带给人们生活的愉悦，对人们生活品质的提升，会远远超过一片种植得不合适的绿地。

对于城市幸福生活的追求，其实每个城市都会有它自己不同的特色、自己的城市特点、自己的城市面孔。比如巴黎就是一个适合于人们漫步的城市；罗马是一个能够激发人们想坐下来、停下来的城市；北京目前像是以各种交通高架桥串联起来的车行城市。每个城市都有自己的面孔，而不应该千城一面。

说到城市面孔，我举一个伦敦的例子。伦敦的城市特点就是通过各种各样的城市公园，让人们在城市当中就可以享受到自然。

我非常喜欢深圳，也来过深圳很多次。最适合深圳的城市面孔应该是什么样呢？当然不应该是单一的面孔，比如说是纯中国风格，或者纯美国模式，而应该把各种模式和谐地组合在一起。比如在深圳，我们会有非常通达的像美国模式一样宽敞的道路，但同时深圳也是非常适合做高密度、高聚集的、小尺度的，适合于人们停下来漫步其中的一个城市，深圳潜力无限。

能够给人们带来生活品质感的城市，这样一种组合或那样一种组合，为什么会给人们带来和谐感呢？什么才是和谐？曾经有人问过莫扎特，你如何能够弹出如此优美的乐曲？莫扎特的回答是，我只是把彼此喜欢的音符放在了一起。其实建筑、城市和整个规划是同样的道理，它也会遵循它自己应该遵循的乐理，即城市会由一些彼此喜欢在一起的建筑所组成，也是在寻找彼此喜欢的材料，相互舒适组合在一起的长和宽，大与小的比例，彼此喜欢相邻的一个个建筑。建筑不应是一个个孤立的作品，而是彼此能够和谐对话的群集组合，这一定会是和谐的城市。

对于乐曲，我们会有自己的判断。有一些音乐听起来非常流畅和悦耳，而另外一些音乐可能在我们听来就会有些不舒适，这是因为它没有遵循很好的乐理，把一些彼此并不和谐的音符放在了一起。同样道理，对于建筑来说，如果一个建筑、一个规划或者一座城市，没有把彼此相互喜欢的建筑放在一起，一样会不和谐。

其实建筑又通过什么来体现呢？是由它的色彩、材质、比例来构成的。如果一个建筑的色彩没有遵循应该遵循的乐理，或者说它的比例没有遵循很好的分割比例，那么这个建筑在人们看来一定不具有美感。

就如同和谐悦耳的音乐要遵循的乐理一样，建筑在设计过程当中也一定有它所遵循的自然法则。在中国传统文化里，人们讲究风水。在欧洲，为了使建筑达到和谐，从安全性、适用性、美学性等角度都会有一些规定，其实建筑本身也一定具有它所应该遵循的原理。

建筑师此时扮演的角色就像作曲家，它需要考虑使用什么样的材质，来满足一个建筑所应该具备的最基本的功能性需求。建筑师也会考虑通过什么样材质的相互组合，什么样的比例相互搭配，使建筑在满足基本功能性需求的同时，又能够为居住在里面的人们提供舒适的居住感。

刚刚说了那么多原理，现在通过一些图片和例证来解说，可能大家会有更加直观的感觉。

一个好的建筑一定要遵循好的比例关系，由于电视是宽屏版，比例上有一些微调和变化，也正好体现了其实合适的比例对于美好的事物，特别是对于建筑来说是多么重要。

这是始建于25年前的一个以IMAX技术为主的主题公园，它其实是世界上第一座智能城市的典范。这个图片是其中的几座建筑（见图1），整个园区以主题公园居中，然后周边辅以一些科研中心和一些高等学校的综合园区规划。大家所看到的其实是一些拥有高科技

IMAX 技术的电影院，这是其中几个剧场的造型，接下来我会从建筑学的角度给大家讲一讲这几座建筑。

图 1　以 IMAX 技术为主的主题公园

首先大家看到的这一座像水晶的建筑（见图 2）。它的建筑外形全部采用通透的玻璃，本身水晶的造型能够让人们引发出无限的畅想，玻璃的立面又能够很有效地和天空、自然的光线相结合，并和下面的水面产生非常美好的互动，所以它会是一个变幻无穷，时时刻刻都在发生变化的一座水晶式建筑。

后面这座主要是柱形体的三角形立面建筑，它其实是象征着三维空间的建筑。之所以这座建筑能够让人的视觉上有一个比较和谐的感觉，就是因为它遵循了应该遵循的原理，就是黄金分割比例，长宽比遵循了这个原理，它的长宽比是非常适度的比例，它的柱体象征着三维空间，中间的球体象征着时空这个概念。建筑成败其实很大程度上取决于它的细节。像这样的一个建筑，第一眼看上去我们会觉得它是一个简单的平直的斜面，但其实在设计过程中，它通过微妙的弧度变化让人们产生一种建筑非常轻盈的感觉。建筑其实就是通过很多的细节来体现出它的精妙之处。

每一个建筑都应该有它的象征意义，有一些会象征着自然，有一

图 2 水晶式建筑

些会象征着人类。这座建筑（见图 3）看上去非常简洁，但是我在做设计的时候会考虑到如何使用材质，从而能够体现出建筑的精妙之处。比如这个立面其实是一个很简单的凹面镜的形式，但是因为它的造型独特，在不同的高度我们可以看到不同的色彩变化。凹镜的上方因为反射地面的光线而显得一层比一层的界面颜色更加深，而凹形的下面因为反射天空的光线而变得更加通透和明朗。一个很简单的造型，通过精妙的设计能够给人们带来视觉的震撼。

图 3 凹面镜立面建筑

这是由竹子组成的一个魔笛造型的建筑（见图4），象征着一张随着乐曲跳跃的舞毯。

图4　魔笛造型建筑

这张图是法国欧莱雅集团的研发中心（见图5），它的建筑是一个莲花造型。

图5　莲花造型建筑

这是一个议会中心的建筑（见图6），它的两个相对称的棱柱造型象征着阴和阳。

图6　棱柱造型建筑

这是一座水族馆（见图7），它的设计独特之处就是突破了以往水族馆的概念，让海洋生物在外面，而人在其中，感觉像是人们在海洋当中，而海洋生物成了人们的观者。

图7　水族馆

这座建筑模型（见图8）是曾经参与竞标的北京国家大剧院的设计方案。最终这个方案没有被采纳的原因是，我在做设计的时候大量运用了水的元素。但因为北京城非常缺水，所以最后竞标成功的是另外一个方案。因为它是国家大剧院的竞标方案，我很愿意在这里和大家分享一下。

图8　北京国家大剧院的竞标方案

这是西雅图波音研发中心的设计，这张图是当时开幕式的场景（见图9）。

图9　西雅图波音研究中心开幕式场景

这是一组办公楼的取景建筑（见图10），这组建筑也是当年全球第一座节能典范，它从造型上看是一群展翅飞翔的鸟。

图10　办公楼取景建筑

这座建筑离各位都不远，它就是深圳当地的一个建筑——G&G创意社区（见图11），它是风火创意公司未来的非常有趣的创意经济总部，现在这个工程正在建设当中，未来大家都有机会见到。

图11　G&G 创新社区

这是我做的邮轮设计方案（见图12）。因为这个设计方案我取得了很多专利。当今世界上最大最豪华的两艘邮轮都采用了我的设计方案。它的特点在于，对于位于邮轮中部位置的客房，通过邮轮的中部预留出来景观空间，使得这里的房间也能够充分享有自然采光及景观。下面的图片是这艘邮轮最初的设计手稿。

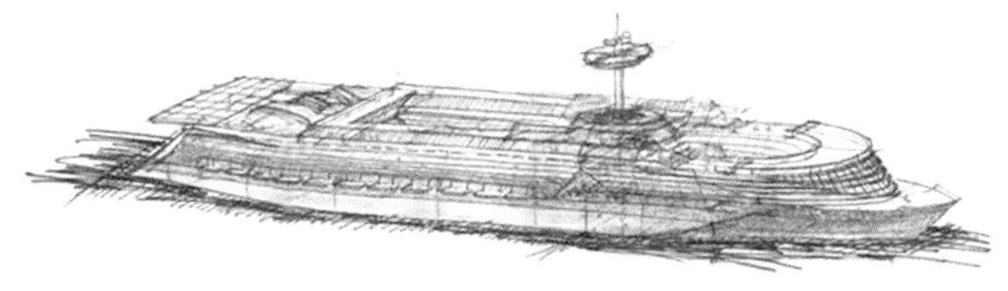

图 12　邮轮设计手稿

这是阿布扎比附近小城马斯达尔正在建造的一个工程，它是以太阳能为动力的未来城市。这是一座零碳的城市，所有动力都来自太阳能。这是世界上第一座零碳城的设计方案。这是工程设计整体的总屏图（见图 13）。

图 13　太阳能城市设计总屏图

以上是今天演讲的内容，谢谢大家。

国际化城市建筑与公共空间的共鸣

多米尼克·里昂

多米尼克·里昂

法国著名建筑大师，最早提出和实践公共建筑与城市公共空间理论的先锋建筑师。建筑作品——塞维利亚世博会法国馆，入选法国建筑博物馆常设展览。2002 年获得法国建筑最高奖银角尺奖；2003 年成为密斯·凡·德罗奖的最终候选人。多次受巴黎市政府及法国文化部之邀参与法国重大项目设计的讨论和决策。作品多次选送威尼斯建筑双年展、法国波尔多规划双年展、巴黎军火库博物馆等国际展览。

公共空间需要以人为尺度

关于公共空间的话题，在讲它之前，应该先对它进行简单的定义。

公共空间是个体与集体相对应的共同存在的空间。在一个城市空间里，个体享有城市集中化给大家带来的服务和通信上的便捷。同时，他又拥有思想和行动上的自由。公共空间是将城市不同的元素结合起来的空间，对一个城市来说，公共空间是城市各种元素争相表达的地方。集体和个人的意志都可以在这个空间找到自己的位置，做出自己的表达。

对一个市政厅来说，公共空间表达了一种政治权力、经济力量、媒体力量、商业力量，或者是历史遗迹，以及一种文化形态。这种表达方式是多种多样的，比如美国纽约，市政厅以一种很亲和的尺度与城市街道直接相邻，纽约证交所也不例外。纽约时报大楼也存在一种与公共空间直接相连的方式，纽约歌剧院也以很直接的方式与公共空间产生互动。

公共空间需要以人为尺度。过于大的公共空间的尺度，会让人们感受不到人与人之间的关系、人与建筑之间的关系、人与城市之间的关系。一个大都会级的城市，需要不同的功能完美地集合，体现出城市的整体形象。这样的城市才是我们希望到达的城市，这样的公共空间才是这样级别的城市所需要的。

公共空间的历史演变

要了解公共空间，就不得不提到公共空间的历史。只有追溯它的历史起源，我们才能更清楚地明白公共空间的定义是什么。下面主要讲解欧洲城市的公共空间，特别是巴黎的公共空间。我们从 18 世纪说起。

在这个时代，因为公共利益的概念还没有提到整个哲学思潮上来，因此公共空间的概念还没有真正被提出来。街道不是专门为公共空间的功能形成的，但实际上体现了公共空间的功能。市民在这里工作、交易、祈祷、休闲。街道不是由规划者设计出来的公共空间，它是自发地形成的。

我们看到，在重要的宫殿、贵族城堡的建筑前面，往往有一个宽阔的开敞空间，但这并不是真正意义上的公共空间。市民生活的街道公共空间，也只是交通空间。比如，对于贵族来说，街道只是从一个家到另外一个家的交通路径。

18 世纪末启蒙时代来临，公众的利益被提到了整个社会思潮的主要层面，这个时候公共空间的重要性就体现出来了，虽然那个时候还没有真正意义上的公共空间。

1789 年法国发生了大革命，这个时候贵族与非贵族之间的阶级壁垒由于革命的原因被消除了，公众的利益由国家政治机器来保证。这个时候，人民的概念形成，国家政权需要意识形态来支持。革命之后，政府取得了原来教会和贵族的土地，政府有规划公共空间的强烈愿望。但那个时期，社会还不稳定，难以形成真正的公共空间。

巴黎是这样形成的

直到 19 世纪中叶，拿破仑三世任命奥斯曼男爵为巴黎改造的主要负责人。奥斯曼男爵是一个城市规划师，这个时期，真正意义的公共空间系统才开始体现在城市里。这个时候，万事俱备，强大的国家政权有机会建设、改造城市公共空间，拿破仑三世希望将公众利益与市民的个人利益达到一种完美结合和平衡。同时，当时法国经济非常强大，就是在这 30 年里，巴黎形成了维持至今的城市结构。由城市景观路、城市广场等组成的城市交通体系，主次分明，在奥斯曼男爵的规划下逐渐形成。而这个体系与之对应的是在每一个交通节点上出现的给城市提供公共服务的公共建筑。在每个城市广场旁边有重要的城市公共建筑，在很长的城市大道的尽端也有相对应的城市设计。

这就是我们今日看到的巴黎的城市结构，它深深地受到奥斯曼男爵的影响。这个城市改造是大刀阔斧的，他们利用了相对应的法律工具，形成了整个改造计划，购买土地，然后把它变成公共空间，让城市的整个结构清晰明朗起来。核心的想法就是形成相对宽敞、明亮、通畅的公共空间，以满足当时城市化的大量人流和与之对应的商业系统。

从法国大革命到奥斯曼改造城市的70年间，法国人民逐渐变得富裕，有机会接受良好的教育。市民生活的改善，促使他们对城市有更高的需求，他们需要更多的商业保障，有更多的受教育机会、有更多休闲的去处。奥斯曼男爵最重要的一个规划成果，就是在整个结构体系下面，规定了道路作为公共空间载体的大致尺度。之后的开发也罢，或者国家建设行为也罢，都在这个制定的尺度框架以内进行建设的，从而达到了今日巴黎相对高的城市密度。

建造所有的公共空间的资金来源都来自其后的城市开发，而实践证明，当时巴黎公共空间的创新，给当时的市民带来了一种全新的生活模式，而这种市民生活方式处在世界的前列。也就是在这种情况下，巴黎成为整个欧洲的核心城市。

“巴黎歌剧院”现在位于巴黎歌剧院大道的尽端，与之相对应的是，在其周围自发地建起了很多小剧院，共同形成了一个相互配合、相互弥补的整体。重要的是，整体上的尺度不会过小，也不会大到超出人对空间理解的范围。同时，周边出现了新的公园、绿地。这个时候，城市百货公司出现了。后来从小商铺发展到我们现在常见的购物中心，百货公司是一个中间形态。

问题来了。购物中心和百货公司，它们原来是私有性空间，现在接受了公共人流，它们是否会成为公共空间呢？不是。准确来说，它们是集体空间。奥斯曼男爵的改造总体来说非常成功，他定义了今日巴黎的城市结构，以及今日巴黎的公共建筑的基础，事实证明他是成功的。

公共空间的弯路

20世纪20年代，一种新的模式在美洲出现。纽约的整个城市结构由一种不分主次的相对极为规整的街道系统架构出来，城市的各个空间不分主与次、不分高贵与低贱，上面和下面都拥有同样的城市结构。在纽约的肌理里面，公共建筑非常少，而市政权力参与的、植入的公共服务也不多。纽约保持了这种在旧的结构上采用新的建筑模式的方式，成功创造了它自己特有的公共空间。与欧洲中世纪城市一样，纽约所有的公共生活都在大街上发生。但与之不同的是，街道作为公共空间，它有自己的管理系统，有自己的规划系统，而且警力维持着它的一种良好的运行状况，公众生活并没有因为公共建筑的减少而降低，相反他们拥有非常繁忙的公共生活。这与巴黎的公共建筑与公共空间十分紧密的结合方式有所区别。

美国人发明了体育俱乐部、大型歌舞会这种大型的私人空间来承载公共活动。但这些空间不是真正意义上的公共空间，只是一种集体空间，良好地连接在一个好的公共空间的基础上，形成了良好的互动和互补。

20 世纪在欧洲出现了现代主义思潮，核心观点就是功能主义。商业建筑、住宅建筑与公共建筑相互都被完完全全地撕裂开了，没有了以前那种相互的交叉性。因此，公共空间随之消失了，城市不再是一种不同功能的交会。在巴黎，不同性质、不同功用的建筑采用了并排的方式互动。而在纽约，人们通过层高的方式互动。而在现代城市里，这种功能上的混合性消失了。在一个功能主义的城市里，也就是现代主义的城市里，交通和人流严格地区分开来，街道不能跟人流互动，街道就没有了，公共空间也就没有了。

现代主义的思潮当时基本上还是停留在纸面上的一种思考，因为实践这些思路的条件还不成熟。在一个功能主义的城市里，建筑之间的间距非常大，而它中间隔出来的空间，不是真正意义上的功能空间，人行和车流完全区别开了。

重新发现公共空间

第二次世界大战摧毁了欧洲很多城市，正是这种毁灭性的打击，让很多城市需要重建。

重建有两种思路。

第一种思路，是在老的、旧的城市结构上，用现代建筑的方式去回应那个时代所需求的功能。整个城市虽然用现代建筑来建造，但依然保留了传统城市的街道、广场和景观大道等主次分明的城市元素。在这个城市里，实践证明，无论是它的商业住宅还是公共设施，都以非常良好的状态运行至今。这种城市在法国很具魅力，受到普遍欢迎。

第二种重建思路，就是我们刚才谈到的现代主义城市，它的区域按功能来划分。在这样的城市里，住宅与工作、商业相互不交叉，形成自己的一个小体系。这种城市化的模式曾经在欧洲流行。但这种类型的城市产生了很多社会问题。因为它们缺乏相应的公共空间，缺乏配套的商业设施，缺乏相应的公共服务，从而造成了很多社会问题。于是我们开始反思。居住在这种街区里面的市民开始逐渐逃离，只有那种完全没有能力逃出来的社会最底层的人，才留在这个街区，说明这种建设方式完全违背了整个城市的大众利益。

20 世纪 70 年代，反思的思潮促使一些先锋建筑师开始在建筑形态、城市符号上面寻找城市的文化根源，这就是我们要讲到的后现代主义。比如，西班牙建筑师里卡多·波菲采用罗马圣彼得教堂的一种建筑形式，在城市里重新塑造了一种形式上的城市历史符号。当然，我们不能简单地重复历史的符号，这样的方式肯定不能满足我们如今一直在变化的市民需求，于是就产生了这样的结果。这种尝试的结果就是我们将历史的符号生硬地套用在现在的这种建造和更新的环境里面，最后得到的结果就是，我们把历史符号当作一种装饰，以像迪士尼乐园一样的那么一种形式表现出来。

70 年代，一座非常重要的公共建筑出现了，它为公共空间的塑造提供了一条崭新的思路，这就是巴黎蓬皮杜艺术中心。蓬皮杜艺术中心的招标过程是面向全球的，它的建筑采用了一种很特别的方式，就是不把整个地块全部修成建筑，而选择把整个建筑集中在地块的一边，而腾出了一块空的区域专门作为城市空间的表现方式，而这块腾出来的空间就成为巴黎最市民化、最受市民喜爱的公共空间之一，这就是蓬皮杜艺术中心前面的广场。

蓬皮杜艺术中心的案例

正是这种建筑立面的高度与城市空间比例的完美协调相互达到非常细致的平衡的时候，我们处在这个空间里，完全适应这种人的尺度。沿着这个立面，所有人可以直接走到建筑最高的地方。在它之前，几乎100年里都没有形成类似的真正意义上的公共空间的形态。由此，一种对于公共空间、对于城市价值的探讨就在欧洲城市之间流行开来。蓬皮杜艺术中心这个案例，成为欧洲一个非常经典的案例，它给予了一种指导方式，就是一个文化设施可以重新塑造一个公共空间，而这个公共空间可以辐射它周围一系列的城市空间，成为真正城市的核心。

1974年，蓬皮杜艺术中心正式开放。在这个时代，在欧洲一体化进程中，欧洲大城市之间进入一种相互竞争的状态，它们竞争的就是社会的精英阶层。精英阶层对城市如何满足他们的生活要求越来越高，对城市的公共空间也提出了更高的要求。每个区域性的都会级城市都有它自己的资源、自己的历史和文化，它们创造了富有个性的公共空间，吸引了欧洲很多精英。欧洲一体化让不同国家的年轻人可以随意地在各个城市之间迁移，并选择在哪里生活和工作。在这样的背景下，这些城市管理者们选择了这样一种更新城市的方式。

巴塞罗那的经验

最早期的案例是西班牙的巴塞罗那。巴塞罗那市长制定了使巴塞罗娜成为国际有影响力城市的发展目标。他得到了专业的城市规划者的帮助，制定了自己的城市发展策略，就是大刀阔斧地改造公共空间。巴塞罗那拥有美丽的地中海海岸线，原来的工业港口被改造为具有多种功能的公共空间，同时建造了从城市中心通向这个公共空间的一条景观大道。

城市管理者和规划者制定了一系列的城市规划工具，帮助开发商和建造商在遵守一定城市规则的基础下，建造自己的建筑，包括整个商业配套面积。其中一个建筑策略就是，邀请著名的国际设计大师让·努维尔、多米尼克·佩罗、雅克·赫尔佐格、德莫隆和弗兰克·盖里，建造了一系列世界著名的作品。在改造后的工业港口小小的地域里，文教、艺术、体育等各种公共建筑集中在一起，成为一个真正的城市空间核心。

从让·努维尔建造的非常有特色的高塔开始，巴塞罗那的景观大道沿线发展得非常繁荣。在城市的老街区，建起了一些小的公共建筑，以改善公共空间的品质。

波尔多的地产价值得到了提升

法国波尔多市也采用了相同的更新政策，之前波尔多曾经一度失去了在区域内部的竞争力，市政府决定将城市沿河地带建成一系列的公共空间，城市中心的一些老建筑得到更新和维护，最后整个波尔多的地产价值得到非常大的提升。

在波尔多，公共交通特别是有轨电车的改变值得说说。为了减少私人汽车的使用，以减少汽车在城市公共空间的面积，波尔多市大力发展公共交通和有轨电车。欧洲好几个重要的历史古城都采用了这种方式。如果没有好的公共交通政策，公共空间就没有根基。

基于好的城市策略和城市法规，公共空间需要城市自由的商业发展，也需要城市功能与公共空间有很好的结合。比如，在建筑的底层可以产生和城市互动的这种空间。欧洲在整个城市更新的策略上，将公共空间的改善作为整个城市发展的重要原则。所有项目、所有改善的方式都应该以公共空间的改善为目标，这种方式会激励一些更有智慧的、以相互交换为基础的方式。比如在纽约，如果这个开发商在底层或者是二层为城市提供了更多的公共空间，那么他就有权利建造更高、更密的建筑群。这种交换方式维持着个体利益与公众利益的平衡，这种平衡可以在一定的基础、一定的原则上进行讨论。

公共空间代表公众利益

在欧洲，保留了很多在功能主义年代建造的旧建筑，这些现代城市因为缺乏公共空间，需要进行革新和改造。从80年代开始，法国的这种类型的纯功能主义的城市就在慢慢地被改造，有一些建筑已经逐步被拆除掉。在巴黎北部我主持的一个项目中，在一个非常嘈杂、没有主次比例的一个现代城市肌理里面，我们需要创造它自己独特的公共空间。一些过于巨大、影响整个城市架构的建筑被拆掉，新的公共空间与私有空间之间的界限逐渐被划分出来，形成了真正意义上的城市街道。同时，形成功能相互交错的一个肌理，比如地铁、办公场所、住宅、运动设施等。

什么是公共空间？公共空间首先是一种政治诉求。公共空间代表的是公众利益，城市发展要求城市的管理者和规划者将这个利益放在最前列，他们应该把公共空间的位置放到最紧要的位置，最后形成一套可以根据实际情况予以改变的法律制度，从而创造有自己特色的城市公共空间。

重新定制中国人的公共空间

我想谈谈中国城市特有的一种现象。中国城市正在以历史上前所未有的方式快速地发展。欧洲创造城市空间的这种方式，是否可以适应当今中国城市的发展？是否符合中国城市的规划模式？是否符合中国人对公众利益的理解，以及现在中国人对城市的需求到底是什么？

这种对实际情况的具体分析，可以让我们明白何谓中国特色的城市公共空间。作为个体，实现纯粹的自由；作为城市人，可以利用城市达到各种便捷，满足市民在教育、娱乐、工作方面的需要等。我相信，随着中国人民的生活水准、教育水平的普遍提高，中国人对自己的城市有越来越复杂的需求。而正是这种需求，将重新定制适合于中国人的公共空间。

中国的大城市也将进入世界大城市的竞争行列，深圳将同东京、洛杉矶这样的城市竞争。这种竞争迫使中国城市为精英阶层提供更有吸引力的公共空间，由此在文化上或者经济上带来更大的产出。

深圳也会有自己的方式

最后，我就我的首次深圳之行所看到的一些简单的东西，提出自己的一些想法。

我第一个要谈到的就是尺度。一个很大项目的尺度在中国城市比较常见，这种方式导致的模式就是它是一个自我完善的体系，相对孤立于周边的城市肌理。如果由一个地产商来操作这种方式，最后的结果就是没有真正意义上的公共空间，公共空间也不会和它的建筑产生直接联系。

芝加哥的城市生态和城市路网系统是结合在一起的，城市因此发展出具有很强活力的城市空间。在这样的思路下，一个区域的打造不应该由一个开发商、一个建造商来完成，公共力量应该将公共空间放在首位，整体去打造，最终可以将一个个小的可以建造的地块拿给开发商。比如，当一个公共空间大到一定程度的时候，当它失去了空间与人之间的这种联系的时候，它就不再是一个公共空间。公共建筑应该以创造舒适为主要原则。比如，不一定将人们吸引到公共建筑以内，而是应该创造自己独立的形象，将公共空间引到建筑的外面。

还有一个例子就是荷兰的阿尔米尔市，规划师将大型购物中心放在底层，而在上面像传统城市一样去建造不同的建筑物，这个时候就产生了类似的公共空间。下面一层是公共商业区域，而上面属于相对私密的住宅区域。这也许是我们希望的真正意义上的公共空间。

在法国诺曼底，我们建造过一个图书馆。这个图书馆处在一个相对嘈杂的环境里，但我们将阅览室放在地下，这样就保证了整个建筑的通透性。在一个非常热闹的环境里面建造一个图书馆，这肯定有冲突，而将阅览室放在地下，跟周围的商业空间保持一定的距离，就得到了一个闹中取静的效果，同时又将公共空间的通透性完整地保留了下来。一个公共建筑将文化活动、商业活动和公众活动完美地整合在一起，这就是我们期待的公共建筑创造公共空间的一种效果。建设住宅小区也是这样，最好的方式是找到跟城市的连接方式，而不是建造一个个相对独立的居住小区。

我坚信，中国的城市在高速发展过程中，将通过地域之间不同的需求，形成极具特色的每个城市自己的公共空间。成都有成都的方式，上海有上海的方式，广州有广州的方式，深圳也会有深圳自己的方式。

我相信，在不久的将来，公共空间策略将成为我们城市发展的最基本的策略，中国的城市也有很多的优越条件来做这个工作。

我坚信，中国人在工作、文化、商业上的这种积极的活力，将成为创造这种公共空间非常坚实的文化基础。西方游客总是惊讶于中国城市强大的商业活力，而这种商业活力正是城市公共空间赖以生存的根本。中国南方的很多城市有很好的气候条件，植物的生长非常迅速，而这种环境为公共空间提供了良好的条件，这是欧洲很多城市不具有的。

最后，我想说的是，中国的城市居民与公共空间保持了一种非常适宜的关系。我在成都拍过一张照片，在车流不息的小街上，有人在放映露天电影。这说明一个真正意义上的公共空间存在各种各样的可能性。有特点、有类型的公共空间如果存在了，请尽情把它保留下来。

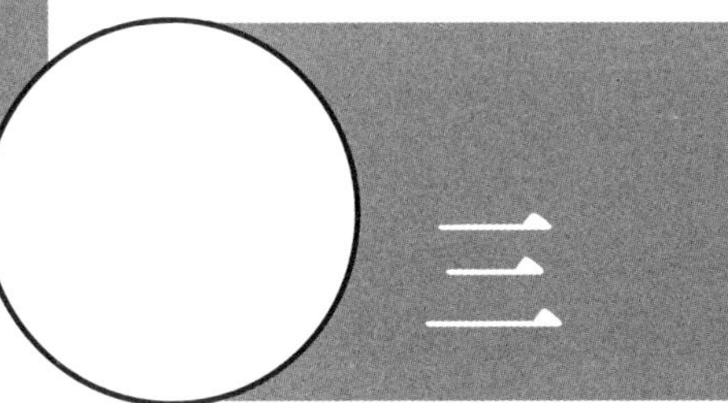

三 教育·婚姻

“不要输在起跑线”与“不要错在起跑线”

程介明

程介明

香港大学教育学院讲座教授，历任教育学院院长、副校长、校长资深顾问。北京大学、北京师范大学等高校客座教授，中国国家基础教育课程与教材专家咨询委员会委员。主要研究领域为教育政策和教育规划，近年的研究也包括高等教育的发展与改革，特别是后工业社会对教育的挑战。学术著作颇丰，在香港《信报》《上海教育》及西班牙 *Escuela* 等刊物撰写教育评论专栏。

现在全世界基本上推行西方的学校制度。中国传统上不是没有教育，但中国的科举从来都不是为了大众的学习，而是面向选拔官员的。而且中国科举有个非常大的特点，就是“十年寒窗，一朝成名”。古代中国梦非常简单，无论你经济条件、生活环境怎么差，只要你努力就有可能成功。实际上科举是中国社会各阶层上升的唯一途径，虽然每次殿试只有一个状元、榜眼和探花，但大家都觉得我可以当状元。

南亚地区历史上主要流行庙宇教育，开始是印度教，后来有一段短暂的佛教，后来佛教传到中国西藏、缅甸、泰国。教育同宗教关系密切，强调同精神世界的传承关系，跟这个相似的是伊斯兰教，主要涉及个人跟真主之间的关系。

西方学校制度产生之前，英国出现过一些私立学校，当时是什么情况呢？英国不是日不落帝国吗？全世界到处有它的殖民地，很多精英都出去经商了，孩子怎么办？他们要努力让他们的孩子也成长为精英，于是就建立了最初的学校制度，成为“公学”。后来比较出名的包括独立学校、寄宿学校、文法中学等，都是英国的“公学”演化而来的。但现在我们看到的全社会性的学校制度，一般是在19世纪中叶才开始的。1870年，英国推出了第一个教育法规。

美国麻省一个小镇上有个旅游点，里面的人都延续着1836年的生活，穿着当时的衣服，吃着当时的食物，也有当时的学校。我就到这个学校去，扮学生去听课。听完课之后，我就问这个老师，这些青年干吗要来你这里上学？他说，很简单，他们要到波士顿去上班，所以他们要能读、能写、能算。当时需要这三门基本技能。当时英国人、美国人为了打工的需要，主要为孩子提供知识与技能的教育。直到现在，全世界的学校制度，教育政策，背后还是这个理念。家长为什么要孩子念书？就是要把他塑造成为一种专门人才，放到一个岗位上。而在工业社会，这个岗位一般比较长久，在同一个单位里面，可以按部就班地过一生。

1966年我从香港大学毕业，我有一个同学读工学院，他毕业后就进了政府机电部门，进去的时候22岁，已经知道什么时候他能够有钱买汽车，什么时候能够成家、买房子，退休的时候他的退休金是多少，等等。但现在这种状况其实已经不存在了，或者说存在的机会极少了。

1999 年我们在香港推行教育改革。当时的背景是家长对学校不满，教师对学生不满，雇主对本地的毕业生不满。之前我们做过很多研究，提过很多建议，方方面面都做了改革，结果没有用。因此我们决定停下来，重新思考我们到底要做什么？后来我们用了 1 年的时间思考，决定向全社会提出：我们的教育目的是什么？当时要求在每所学校里面立一棵硬纸板做的树，每个学生在树上挂上一个纸苹果，上面写着：“我有一个梦，教育应该是……”那个时候真的是提出了一个梦。在后来的十几年里，我对这个问题的认识越来越清楚了。我可以举几个例子。

最近我做过一些了解，全美国的法学院学生毕业以后，当律师的只有 50% 左右。在港大，工程学院的毕业生，从事与工程有关工作的只有 65%，35% 从来就没有进入过工程行业。唯一例外的是医学院，几乎是 100% 当医生，所有大城市大概都是这样。银行、保险、投资、会计，这些行业以什么标准聘请人呢？基本上他们不看你的专业，是看你这个“人”。

1999 年，我们访问了很多专业学会。在会计师学会，我问，我们的大学应该怎样教会计？他们犹豫了一会，说：“最好别教。大学里教的，在工作几个月后就能学会，我们需要的不是这些技术。当会计、搞审计最重要的是两件事：诚信、敏锐。我们看的是人。我们培养不了人，这要靠学校。”

我的一位博士研究生研究过一个投资银行的案例，19 个最底层的分析员，没有一个是学过金融、会计甚至经济学的。他们在大学学的，有生物，有人类学，有英文，还有一个是学古典语言的。我问这个银行的管理人员，你聘请这些人的标准是什么？他说：“就是看这个年轻人在过去的经历里有没有为自己打算过，设立过一些目标，有没有为这些目标做过一些奋斗，克服了一些困难，参加了一些竞争，然后成功了。我们这个取胜型的银行，需要取胜型的人才，这叫品格。”就是说，教育要为行业培养人才这个概念慢慢地在淡化。

2006 年，英国有名的伦敦帝国理工学院做过一个调查，大学一年级的工程学院学生还有 79% 的人说愿意当工程师，而二年级学生愿意当工程师的只剩下 44%。麻省理工学院（MIT）是美国最好的工学院，院长说：“这个问题我一点都不担心，最好是我的毕业生都当了非常好的 CEO、总裁，甚至于教会的教士，最好是当美国总统。但是有一条，希望最好的工程师还是出自 MIT。”他们的想法好像比英国的要开放一点。

2006 年英国有个统计，推算 15 岁以上的英国公民一生大概要从事 13 份工（也就是转工 12 次）。2006 年美国劳动部推算，美国公民一生会从事 10.6 份工。我们没有这个统计，我估计在香港也差不离。

随着时代的迁移，同样的学历会越来越贬值。

20 世纪 70 年代，在香港，百货公司的部门经理一般都是高中生，当时很了不起；但是后来这些百货公司改组，搞科学化管理，这些人就下岗了，转到下一层的百货公司去了。再后来，要懂电脑、英文，又淘汰了一批。最近 15 年左右，因为大陆旅客香港自由行，商场里面第一要讲普通话，第二要使用年轻人，这些人就没活干了，到了 50 岁左右就不顶用了。这种情况以后还会更加严重，而且是越变越快。

以前社会的变化周期大概是 50 年、60 年，所以人的一生里，35 年、40 年的工作寿命不会经历很大的变化，而现在是 5 年一变，甚至 3 年一变，所以人的一生会遭遇很多变化。从就业来说，从一而终、一劳永逸那种概念已经没有了，更不能说“学好数理化，走遍天下都不怕”了。

我只是说了故事的一半，还有另外一半。除了知识和技能，还要看你的人品，这个要复杂得多了，我们的教育已经不能完成它的使命了。

全世界现在都面临教育改革的压力，不是说中国内地的家长不满意，全世界没有一个地方对自己的教育是满意的。因为不仅仅这个子女还要经过这么长的职业寿命，而且人的生活不只是经济生活、文化生活、政治生活、家庭生活、休闲生活，有些地方还很重视宗教生活、灵性生活等，这些谁去负责呢？特别是现在中国人的寿命特别长，退休得特别早，那后面那些年怎么办？

学校教育基本上把学生的全部时间垄断了，如果有点自由，家长也帮你垄断了。

有一次，我看到美国的《国家地理》杂志封面上有一个婴孩，标题说这个孩子会活到120岁。我就很吃惊，活到120岁，那60岁退休后怎么办？这是很现实的问题。

30多年来，这个世界基本上风平浪静，除了少数地区有战争以外，几乎都是太平盛世，这个太平盛世能维持多久我不敢说，我提几个方面，大家来论证一下。

1. 自然灾害的后果越来越严重。

2. 人为的意外几乎无日无之。

3. 新的疾病不断地发生，旧的疾病又回来了，如肺结核。

4. 经济危机已经难以预测，不知道为什么来，也不知道为什么走。

5. 战争危机越来越明显。

6. 贪污泛滥。中国现在反贪，大家觉得很严重，其实几乎每一个国家都面对严重的贪污。

7. 西方国家，政党之间不负责任地争斗。

8. 从组织到自发的恐怖活动。

9. 世界上任何大城市，都会出现毫无先兆的社会动乱，其实全世界的政府都要维稳。

我们的教育要面向未来。我说的这几个方面大家可以印证一下。我们的下一代要应付怎样的生活，他们有准备吗？就算是我们现在的教育，按照我们现在塑造的目的完成得很好，但只不过就是找到一个职业，而且这个职业还是不稳定的。对应试教育大家都不高兴，但它占用了学生很多时间。家长也很担心，希望孩子不要输在起跑线上，让孩子学这个，学那个，好像都没有错。但是假如我们下了这么大的工夫，真的就能为孩子准备好之后的几十年吗？

这样想一想问题就不一样了。最近六七年，通过研究教育的宏观政策我发现，对教育的核心问题，就是学生的学习能力，其实我们很少研究。其实，学习能力才是最根本的。如果一个人善于在新的环境下学习，在他遇到困难、遇到挫折时，他就有能力再站起来，一有机会他还能够上升。因此，教育的宏观政策，最后还是落脚在微观的每个学生的学习上面。

昨天我在香港吃早餐，旁边有张桌子坐着一对夫妻和他们的两个孩子，一个2岁多，一个1岁多，每个人前面一个iPad，他们赢在了起跑线上？其实是错在了起跑线上。

比如说语言，所有研究都证明，初生的孩子语言能力极强，我们是否充分用好了？学习语言，不只是学习语音，而是理解语言的意义，其实是开发孩子的理解能力。

一位很出名的教授专门研究了学中文跟学英文的脑科学，发现学中文跟学英文不同，它们发生在脑部不同的区域。因此，多一种语言的交往，孩子的大脑就多开发一个领域。

国外很多研究都发现，双语教育对孩子影响很大，接受了双语教育的孩子的应变能力、解决问题的能力比接受单语教育的孩子强得多。于是很多学校跟我说，对，要推行双语教育，多学几种语言。其实我不是这个意思，学语言可以开发人的大脑，不等于正式地多学几种语言。要是强迫念书、背书、书写、背文法，等等，这就把整个事情给搞糟了；就输了，不是赢了。

在我们学中文的过程里面，其实有许多内容值得研究，比如从字到词到句到文章，中文字本身是孤立的，除了很少数的字，大多数只有在运用当中才有意义。我们在很多方面的研究不够。孩子学中国文字，应该是有故事、有内容地学，在使用中学，最为有效。

我只是说“不要输在起跑线上”这句话有问题。你一心一意要你的孩子赢，跟你一心一意让你的孩子将来能过有意义的生活，能够愉快地生存下去是两回事。

从“出人头地”到“安身立命”

——来自台湾教育的反思

林安梧

林安梧

台湾大学哲学博士，慈济大学宗教与文化研究所所长，教授。曾任台湾师范大学国文系教授、《鹅湖》学刊主编兼社长、《思与言》人文社会学刊主编等。研究领域涉及儒、释、道等中华传统文化诸多领域，兼及文化哲学、宗教哲学、教育哲学、社会哲学、哲学人性论等。著有《王船山人性史哲学之研究》《存有·意识与实践》《中国近现代思想观念史论》《儒学革命论》等。

时代在变迁中。以前的农业社会时代，聚族而居、聚村而居，所以读书人有限，我们讲的“士以天下为己任”的那个“士”字，许慎的《说文解字》说的那个“士”，是“十一”也，就是上面一个

"十"，底下一个"一"，只有十分之一的人能够成为"士"，所以大家努力地要求自己的孩子要"出人头地"。

在进入所谓的"现代化"的过程之前，当教育没有这么普及、知识没有这么丰富、信息没有这么发达的时候，人们反而是在另外一个处境下过活的。我的父亲是一个农夫，他当时也要求我们这些孩子"出人头地"，但是他谈的"出人头地"的后头，实际上蕴藏着一个非常深层的"安身立命"的道理。我父亲有6个孩子，我们从小跟天地可以密切地结合在一块，因为在农村，我们可以同父母一起在大地上耕作，虽然我们也去学堂读书。这个"安身立命"的道理是什么呢？就是很清楚地告诉我们，人要通天接地，人是顶着天、脚是踩着地的。这些思考其实跟整个中国文化的传统连在一起。历史上中国文化非常强调"上能承天命、中能继道统、下能接地气"，上为天、下为地、中为人，那么贯通这个"天、地、人"的，我们就叫做"王"，所以我们讲"王道"、"王道思想"，而"王道"从人伦，"养生丧死无憾，王道之始也"，过去这些思想在农村、在民间都以自然而然的方式存在着。

我的意思是，尽管老一辈人强调"望子成龙"、"望女成凤"，但是在以前那种氛围下，整个知识还没有进入强调现代性的、工具性的、合理性的状况下，其实人还没有疏离、异化，没有跟天地割裂开来。强调要"出人头地"，其实后头还是以"安身立命"为本。

人类的生活方式发生了巨变

现在不同了，现在的孩子离开了自然的天地，他已经进入一个人所建构的世界，而且是西方近现代以来建构成的现代性社会之中。在这个社会，人跟天地是疏离开来的，在这种状况之下，工具性、合理性，甚至是一种理性法则变得重要起来了。追求欲望、追求此生此世的欲望的彻底满足，甚至追求拥有更大能力去获得更多资源来满足欲望，变成我们这个时代的共同认知，并且认为这就是人最重要的，你所谓追求卓越就是你能够获得更多资源来满足自己的欲望。人类不断地用这种方式来强调一种成长，其实这种观念陷入耗损非常严重的过程，这 100 年来，人类所耗损的资源比人类在 20 世纪以前所有世纪加起来的总和还多。

现在的问题是，不只是一个家长要转变观念，也不是让老师学习如何帮助转化，因为在一个庞大的机制后头，在西方近现代文明的发展过程中，存在一种偏差现象，造成了现在整个世界的“一往而不复”，就是一直往前走回不来了，这是西方近现代文明的一个特性。在这个特性下，我们接受的教育是如何追求卓越，如何“出人头地”，而这个“出人头地”是竞争意义下的“出人头地”，它早已经偏离了所谓“士以天下、国家为己任”这样的目标，这是非常严重的变化。

如果我们在更宽广的、更有深度的背景下思考这个问题，我们该怎么办？人类进入 21 世纪了，大家开始思考什么呢？可能我们会认为，四个世纪以来，人类用这样的方式过活是有问题的，人类不能再用这样的方式来教养下一代。最前沿的思想家开始想这个问题了，但非常不幸，我们还有很多人是在所谓“现代化”的启蒙思考里面来权衡这个问题，很多人想的仍然是如何满足“现代性”的欲望之力的那种理性法则，或者怎么样通过一种工具性的合理性获取更多的资源。我觉得在台湾已经看到很多弊病了，而在中国大陆其实同样很严重。

重新思考教育是为了什么

这一二十年来，大陆很多朋友谈到，大陆在经济发展的同时，在整个人性道德教养方面面临一个逐渐滑坡的过程，这个问题其实不仅是中国大陆的问题，它是全人类的问题。而中国大陆如果能够好好地回归自己的文化传统，重新思考教育是为了什么，可能我们有机会为人类文明开启新的可能。这就是我们为什么必须反省我们现在的整个教育、整个体制出了什么严重的问题，在推动西方现代化的过程中，我们理所当然地彻底接受了这种现代性的合理性。而恰恰就在西方完成了现代化之后，很多思想家已经开始检讨这个问题。

站在近现代启蒙的观点，很多台湾人还误认为美国教育比我们的教育好得多，但美国校园的枪杀案件有多少？其实对人类文明的思考应该是多元的，我们的教育不能只是朝向一个单元，人类不能够以此生此世当下这个“我”、这个“我”的欲望的满足，当成唯一最重要的指标，这是很清楚的。我们的教育从来不是这样的。但是，目前整个教育基本上是往这个方向在走，这是西方整个现代性的合理性的一种扭曲的发展。不是说西方现代性的合理性原先就是这么发展的，这后头牵涉到太复杂的思想史、文化史背景，以及整个教养的变化，我们必须重视这个变化。要不然，大家依然只会检讨如何重视个体性、重视自由，这种思考方式依然过于简单，包括台湾很多所谓的教育改革者也是站在这个立场上。

举一个很简单的例子。在我们师辈教书的年代，没有那么多项目、课题、奖项、限制，但是至少在人文学科方面出了很多大师。如牟宗三、唐君毅、徐复观，或者更早的冯友兰、熊十力这样的大家，而到了我们这一代人，我们还有吗？不可能。是不是大家不够用功呢？也不是。因为在整个资本主义化、人口消费化的产出过程里面，人已经成为工具性的存在了，而我们不自觉地在服务着这个庞大的体制，而不是这个庞大的体制服务我们，让人能够好好地生活，让人好好地做学问。

大学教育，特别是大学校园本来应该像江湖，“鱼相忘于江湖，人相忘于道术”，这个鱼可以游得快一点，如果它愿意，它也可以悠然自得游慢一点，但是现在的教育体制是逼着使这条鱼要怎么样游得快，甚至限制在一个什么速度。这是扼杀生命的生长力的。须知“道生之，德畜之”，教育应该是一种生长，结果现在不是，教育成了一种制造，我们的教育是为了产出产品，而不是服务生命本身的生长，这个问题就很严重了。在这个时候，你要求他“出人头地”，就是在更精细的控制底下，人离开了人本身，人处于被控驭的状况之下，在这个过程里你要他去成就什么？后头的价值定向常常不清楚。

看似很合理的口号其实错了

现代人读书很多，接受的信息很多，但是人的价值的基本定向是混淆的，这其实也是整个现代性的合理性里面最缺乏的。一谈到价值定向，有些人会认为它就是集体化的一种控驭，而会误认为教育就应该回到自然本身，而当前所谓自然本身则是为了满足他的个人欲望，其实在资本主义化、人口消费化底下的这样一种状况下，这样的认识方式确实让我忧心。

很多看似很合理的口号，其实是错误的。比如，“不要让你的孩子输在起跑点”，这是台湾幼教的口号。有人说，那个起跑点很重要，要抓住恰当的起跑点才能够获胜。有这样的电视节目，父母亲带着孩子到这里，用各种方式诱引孩子往前攀爬，谁得胜了，后面的人就开始鼓掌，我觉得这实际上是对人性的一种摧残。

孩子最需要的是自然生长啊！家长为什么要驱使他呢？在人类文明里控驭下的竞争，玩玩可以，如果把它作为一个机制，通过大众传播扩散到社会上去，就是很大的错误，我一直反对这种节目。

人生是起点决定终点，还是终点决定起点？“小时了了，大未必佳”嘛，小孩子你何必让他学那么多东西呢？有一种说法认为，“三岁就决定了一生”，有点道理，但不完全对。

家长应该重视“学贵慎始”，勉励孩子总是对的，但应该注重孩子开始生养的过程，并不是果真三岁就定了终生，怎么可能三岁孩子就定终生啊？以前乡下的小孩，三岁可能什么都没学啊，能定得了终生吗？有人说学语文要越早越好，其实也未必。我现在讲的普通话是我进小学才开始学的，以前我们在台湾讲闽南话，闽南话是中原古音，从河洛传到福建，因为福建山多，平原很少，所以这种语言保存得很好。当然我现在讲普通话比很多广东朋友、福建朋友讲得还好一些，因为福建话跟广东话口音比较重。

文化的自觉来自哪里

我举这个例子是要说，人类在生长过程中，来自生命内在的一种召唤能力很重要，而这个召唤能力来自于对终极信仰有真正的体验或者真正的要求，因此才会启动你的这种功能。教育最重要的就是能够启动这个动能。教育不是竞争，教育不是制造，如果催促一个人从开始就要追逐跟人竞争的卓越感，那种卓越感很容易异化成“有我无人”，它很难产生“士以天下为己任”的这种服务的人生观，或者说难以产生能够去担负更多人群的责任的这样的卓越感。这是很大的不同。

可以说，“出人头地”这个词，从现代性的、工具性的、合理性的角度看很合理，但是确实存在很多不合理的地方，特别是在西方文明的主导底下，有很严重不合理的地方。今年是公元2014年，公元是以耶稣纪元开始的，为什么咱们不能以孔子纪元开始呢，中国历史上，我们习惯使用的是天干地支纪元法，今年是甲午年，我们不能回归天地吗？我们可能很少思考这个问题，我们太多问题太理所当然地就接受了，这就是现在我们必须好好面对的问题。

1492年，哥伦布明明是被飓风吹进了一个旧大陆，但我们的历史记载的是哥伦布发现了新大陆，而对这些思考我们并没有提出质疑，因为我们其实是处在整个西方文明主导、以欧美为中心的一个大背景下来被动思考问题的。我们误认为人类只有这样才能够从未开发进入已开发，如果我们缺乏文化的自觉、自信，何来文化的自强？

文化的自觉来自哪里呢？在人类文化中，唯一跟西方文明能够相互匹敌的其实不就是中华文明吗？中华文明源远流长数千年，尽管历史也有黑暗的时候，但是它从来没有真正断绝过。我们很早就有大学，讲“大学之道，在明明德，在亲民，在止于至善”，但是我们现在谈大学，我们会回到这种语境里来谈大学吗？不会。孔老夫子谈“六艺之教”，礼、乐、射、御、书、数，我们现在谈教育会回到这个角度好好谈吗？过去的“礼”谈的是分寸、节度；“乐”谈的是和和同一；“书”包括的是整个典籍教养；“数”是逻辑的思辨；“射”，射箭，它其实是指向对象的确定；而“御”，驾车，强调的是主体的掌握。所以孔老夫子是最早的通识教育家，他是最早强调应该施行通才教育的思考者、实践者。但是，我们两岸现在谈通识教育的有多少人果真好好回到这里谈呢？一谈通识教育，美国芝加哥大学如何、美国加州哈佛分校如何、美国洛杉矶大学如何？这些问题都是我们必须要去思考的。

人类应该回到自身好好地去生长

很多台湾人误认为美国的教育比台湾的教育好，大陆现在也一样，非得把孩子送出去，觉得如果没送出去，这个孩子没有什么希望。其实未必如此，最重要的是，人类应该回到自身好好地去生长，重视这个生长，因为这个生长非常非常重要。

今天最重要的是，我要提醒大家重视这个问题，而这已经不是简单的父母亲教育孩子的观念问题。在资本主义化、消费主义化、在欧美中心主义的洪流底下，基本上我们难以抵挡教育观念的扭曲。加上我们传统的皇帝专制、父权高压、男性中心，这种已经被异化了的“三纲”比西方更强调身份阶层，而我们现在又夹杂着资本主义化、消费化这个大洪流，而名字就叫“现代化”、叫“进步”，连在一块儿，于是就出现了一些很有趣而且非常奇怪的现象。

比如，某一位博士生毕业了，准备到一所大学去教书，这个大学会组织一个委员会考核他，问他的博士、硕士甚至本科学位是从哪个学校获得的？如果这个人的大学本科来自比较乡下的一个学院，结果他可能就没有机会被录取了。这实在很奇怪。这种思考方式比科举还糟糕啊！科举是“十年寒窗无人问，一举成名天下知”，现在这样的一种思考，如果他的大学本科来自比较乡下的一个学校，他大学本科念的不是“985”“211”高校，机会就很小。这种“新门第”“出人头地”的思考不是很可笑吗？但是它确实在大陆正在发生，在台湾也不是完全没有，当然至少在台湾还不敢那么明目张胆。台湾社会比较开放，他可以走另外一条路，但是台湾还是有很多父母亲死心塌地要求孩子一定如何，其实很多思考是错的。等到孩子本科、博士毕业，发现原先家长那些要求是不需要的。

在幼稚园，需要孩子的成绩那么好吗？不需要。小学生成绩需要那么好吗？不需要啊。但是无论在台湾、大陆，有很多父母相信这个。这种错误的、刻板的思考，我们怎么样去破除它？其实我们只要真正去正视人应该如何“安身立命”，人的生命所重何在？我们就会明白怎么去做。

如何处理与天地的关系

在我们的文化传统里，从来不以个人此生此世为核心来思考问题，而核心考虑的是个人如何处理跟天地的关系、跟父母的关系、跟祖先的关系、跟前辈的关系，强调“礼有三本”。礼是一种具体实践的途径，讲的是在天地、人伦以及种种脉络中如何看待人。人不仅仅是简单的个体，不应该从个体自我来思考问题。所以讲“天地者，生之本也”，讲“先祖者，类之本也”，讲“君师者，治之本也”。我把它转译一下，意思是圣贤、师儒是文化教养之本，人的生命有自然的生命、有血缘的生命、有文化教养的生命，人是在诸多脉络中来确立一个人的存在的。

所以，我们所做的任何一件事，不是现在哪个教育学者开口闭口就说的“自我实现”，我们的问题应该是，我们的所作所为对得起天、对得起地、对得起父母、对得起祖先、对得起前辈、对得起圣贤吗？现在的教育告诉我们，如果我们不做回自己的话，我们这一辈子就白活了，这是多么奇怪的教育思想！

这种教育思想只有在什么状况之下可以说是正确的呢？也许在美国可以。为何？因为美国消耗了全世界将近50%的资源，而它的人口仅占全世界的4.4%左右。美国通过霸权把全世界最好的人才邀集到了美国，成就了美国的霸权，而美国的教育就是用这样的方式养育成的。美国的教育后头当然还有非常可贵的天主教、基督新教等宗教信仰作为底子，所以美国的教养能够稳得住。但是现在也出现了非常严重的问题，因为资本主义化、人口消费化这样的一个大潮流，原先很强的宗教力量也慢慢地变薄弱了，整个教育出现了严重的问题。

不要盲目地认为，到美国去以后就可以如何发展，我们要考量的是，在不同文明的背景下，如何让人类文明能够开启新的思考方向，不是什么“出人头地”，而是致力于“安身立命”；不是如何保持我这个国家、这个民族在人类文明中的绝对优势地位，而是推动人与人之间、文明之间的和谐相处。

美国的宽容与不宽容

我在美国生活过，我真正地感受过美国人的友善，他们非常友善。美国有很多台湾留学生、大陆留学生，我在大学做过访问研究，一些朋友希望我给大家讲讲课。我就讲老子的《道德经》，我用中文讲，所以贴的海报也是中文的。这些海报贴了很多，其中有一张海报上面被涂鸦了，写着“racist”，就说我是种族主义者，“exclusionist”，就是种族排他论者。请问，你在大陆看到过一个标语或者一张海报是用你不懂的文字写的，你会给它这样的批评吗？不会。我当时很有感受，于是我写了一篇文章，叫《美国的宽容与不宽容》。美国人有时确实非常宽容，比如我到美国的第二天，因为时差的关系，我在图书馆按错了电钮，于是消防铃大作，我赶快去承认了。结果学校当事人真的非常友善地跟我说，Never mind，没有关系啊，你不要管了，离开就可以了，尽管我后来听到消防车来了，但美国人没有找我的麻烦。但是，你贴了一些中文海报，有人会给你批注“racist”；美国人不会支持一群中国人在公共场合大讲中文，美国人会要求你在公共场合里一起讲英文。这很奇怪。所以大家不要只看到美国的好，没有看到美国的不好，后头其实是整个教育问题，而且牵涉到整个资源的分配，而资源分配问题牵涉到整个人类文明近几百年来在发展过程里存在一种偏差，而这种偏差的发展促使我们重新反思。

中国原先不是“nation”的概念

我们的传统价值强调“望子成龙”，这有什么错吗？什么叫“人中龙凤”？是地位很高、权力很大、敛财很多吗？不是。孙中山讲得很好，“以天下为己任”，“有一人之力者，服一人之务；有十人之力者，服十人之务；有百人之力者，服百人之务”，国家也是这样的，中华民族强盛起来了，不是要成为世界的霸权，是要担当起人类文明发展过程中非常重要的“济弱扶倾”的责任。有一个西方汉学家说，你们中国实在太自以为是了，把自己误认为居在世界之中，所以叫“中国”。是这样解释的吗？不是，“中国”其实就是海内，“国”原先讲的是“城”的意思，叫城内，后来扩大到海内、四海之内，凡在四海之内都可以称中国，这个中国原先不是一个“nation”的概念，它只是一个天下的概念，它不是一个近代民族国家的“国家”概念。而我们过去讲的“国”和“家”，“士大夫之家”“诸侯之国”，也不是现代的国家概念。

很多观念我们应该好好反思，人类一直是在变化中，包括我们的文字。到目前为止，中国文字是最独特的，它是图像文字，跟语言既分别又结合，我们的文字不是通过符号去记录语音而构成文字，我们的文字是通过图像去表现其意义，所以我们应该好好爱惜我们的文字。我并不是完全反对简体字，简体字有一些很有道理嘛。比如灰尘这个“尘”字，小、土，以前不是，以前是上面三只“鹿”，底下一个“土”，有一群鹿跑过去才会有灰尘嘛。但是有一些不能简，比如父母亲的“亲”字，这个亲不见怎么行啊？亲要有一个“见”字嘛，对不对？“爱”这个字怎么可以没心呢？“亲”不见了，爱少了“心”，这不得了了。

传统文化逐渐地稀薄了

文字是统一的、语言是多元的。中华文字是通过图像去表现意义，它是最接近存在本身的，所以我们的历史用什么方式来记录？就是通过纪传体的方式来记录，但是现在历史系有人好好读《史记》吗？台湾很多大学历史系根本不安排读《史记》。先师孔子是人类文明中最重要的教育家，我们的教育系好好研究过孔子的思想吗？我不知道大陆有没有，台湾没有。很多朋友说，台湾是保存中国文化最好的地方，我听了一方面很感动，一方面很惭愧。感动的是，我们没有经过“文化大革命”，只要有华人在的地方，就会把人伦教养一代一代地传下来。但是非常可惜的是，在西方化、现代化、工具理性的发展过程里，传统文化逐渐地稀薄了，夕阳无限好，只是近黄昏，这是我所担心的。而中国大陆现在看似旭日东升，但是我担心它仍然还在文化搭台、经济唱戏。

我的主张是经济发展、文化生根。而文化如何生根？在近现代西方整个学校的学术体制建制底下，我们的人文能生根吗？难，很难驻在那里，因为在现成体制的建制底下，我们把人缩到这儿，你根本没有转圜的余地，很难“安身立命”。现在“安身立命”的呼声很多，而最荒谬的一种“安身立命”的呼声来自你的个体的心灵如何放下。因为错误的思维已经遍布人类文明的各个地方。在这个资本主义化、人口消费化的过程里面，人聚集在一块，然后各个地方的心灵讲师教你如何放下、放宽、放开。于是，你在那样的集体催眠过程里，你果真放下、放宽、放开了，不错，但是当你回到职场不到几个星期，你发现必须再去放下、放宽、放开。这个问题不是很严重吗？

在西方出现的所谓“New Age Movement”思想，即“新时代运动”的思想里，其实含有一些来自印度婆罗门的传统，或者古代中国的禅宗、道家传统，什么都有，但还是没有办法真正穿透到整个非常庞大的严重的资本主义化、人口消费化的这种现代性体制里，而只能在这个体制底下，我们学习如何放下、放宽、放开。于是，本来你应该矜持些，它教你放开了；本来你应该坚持的，它也教你放下了；本来你应该努力，它也教你不理它了。这些书现在卖得最好，甚至于慢慢地这种看法侵入我们的社会里面，形成了另外一股看似安定的力量，其实它是新的“麻醉剂”，这是很严重的问题啊！它可能披着佛教的外衣，它可能披着道家的外衣，它可能披着“新时代”某位大师的外衣，而这些大师有的是真正的大师，有的只是这个时代推举出来的大师，跟古代的圣哲根本不能比，这都是严重的问题啊。

所以，教育的问题不是学校体制、成绩如何的问题，是整个教育、整个人类文明如何居处在天地之间、如何能够继往开来的问题，但是我们已经忘掉了继往开来，因为所有的教育教导我们适应当下就好，这还得了吗？

鼓励祖父辈跟儿孙辈住同一社区

面对着现代化的庞大机制，我想我们在结构上是不是可以有一些调整？而大陆在改革开放的过程里，其实很像台湾以前蒋经国主政的年代，蒋经国说了算数，算数就是有力量了。而现在台湾的政治人物谁说都不算数了，但社会整体来讲还不错，还在发展中，但很难反思，因为太复杂了。

到目前为止，大陆仍然属于政党－国家体制，在这个体制下，如果能够好好地在结构上作一些调整，在教育上可能会有帮助。举一个例子。怎么样能够让我们儒家的人伦教养生根呢？中国文化不能只是制造了很多名嘴，或者很多著名学者，如果真正能够在大地母土上生根，就要好好恢复整个中国文化的载体、人伦生活的载体，就是要让祖辈、父辈跟儿孙辈有更多的交往，就要让他们能够尽量地居处在同一个区域。

所以我一再地主张，凡是祖辈、父辈跟儿孙辈在同一个社区买房的，应该给予无息贷款。你们说好不好啊？第一，它一定会促进经济发展。第二，它会强化整个人伦关系网络，再加上其他的各种教育措施，它会让人心更稳定，这是国家最重要的“维稳”政策，它一定“有百利而无一害”。第三，要恢复“三祭之传统”，祭天地、祭先祖、祭君师（祭圣贤），应该恢复天、地、圣、亲、师的牌位。“君”这个字容易被混淆，从广义来讲，“君者，能群者也”，也没有什么不好的，但是现在没有皇帝了，所以我们讲“圣”好了，我觉得要有这样一个牌位。这个牌位在家里供着，它才形成了全家共同的心灵休养生息的空间，而且家里可以摆设一些古代圣贤的经典或者前人守则之类的书籍，这是最重要的教育。

人伦之爱可以转变成大爱

除此之外，社区里人们之间应该慢慢地有更多的互动和来往，要有共同游戏、共同教育的空间，台湾这方面做得不错，很有进步。而台湾最可贵的是，有非常多的 NGO 与 NPO，所谓“非政府组织”“非营利事业”，而且台湾有非常多的志工，在大陆叫“志愿者”。在一个社团里，原先的儒家人伦之爱可以转变成大爱，台湾的传统力量因此一直在生长。大陆跟台湾的整个组织结构不同，但大陆基本上比较像台湾蒋经国年代，还是大有可为的年代，也许出台几个政策就有很大变化。

比如，大陆现在如雨后春笋般地冒出了许多民间书院啊！起码几千个了，这些书院如何通过联合会或者联谊会的方式，在一个恰当的组织结构下，作为整个社会生长、文化教育生长的基础？而在体制化的教育里面，我们如何重新找到文化的自信？我们大学毕业生穿着的那个毕业服，是不是可以好好地设计，把中国文化的因子包含进去呢？学士袍、硕士袍、博士袍，可以啊。我们的新郎新娘结婚了，能不能办一个带有中国文化因子的婚礼啊？中国富起来了、强起来了，我们不仅要在经济上、在政治上成为人类文明里头很重要的部分，在文化上我们应该有更多的贡献，除了所谓学术沟通、互动，最重要在大地母土上好好生长。

大陆标语很有进步

深圳是一个很难得的地方。几年前，我在市民文化大讲堂讲过一堂课叫“公民儒学与社会实践”，当时让我题字，我题了“汇众流以为深，蓄千江而成圳”，深圳果真是如此。你看，它是“汇众流所以能深”嘛，它是“蓄千江成一个大圳”。我那次来，深切地感受到深圳是城市建设包括城市文化建设的样板。我记忆中最深刻的一个标语就是：“没有红灯的约束，哪有绿灯的自由。”这是我认为最好的交通标语。这些年，大陆标语很有进步，现在叫“绿草茵茵，踏之何忍？”不是“请勿践踏草地”，更有趣的是，“小草要休息，请勿打扰！”哎，我觉得这就是文化，这就是教育。

整个中国大陆现在面临一个大改革的年代，以我对中国历史知识的浅薄理解，教育问题解决了，那才有真正的汉武盛世。在未来的发展过程中，我想在教育上真正要多用心，引导大家真正去正视人的生命本身是什么，而这种见解在我们传统的教育里面特别多，包括儒、道、已经本土化了的佛，非常多。当然西方宗教里也包含很多，只是在西方的近现代的发展过程里面，这些东西常常被忽略了，我们必须重新把它捡拾起来、重新去面对。要有一种更深层的生命的召唤，而不是在现代性的工具理性的计较底下，去想要获得怎么样的资源来满足欲望，而用这样的方式形成一个庞大的欲望之力的驱动力，而以这样的驱动力来获得资源，来“出人头地”，结果到最后是“一将功成万骨枯”，所以我们要重新来好好想想，对整个体制必须好好思考。

儒教是十足的教

家庭教育像阳光，社会教育像空气，学校教育像水，如果没有阳光、空气，猛灌水，这种教育一定是糟糕的。家庭教育很重要，怎么样建立三代人伦的重新互动、融通，或者从原先的人伦之爱发展到大爱，我们要想办法，而且要去面对以前的“敬天法祖”的宗教思维、儒教思维。儒教是十足的教，这没有什么好争议的，只是它不同于西方的“一神论”的宗教。儒教强调“教化之义”，教主就是孔子、周公。有没有尊崇的对象？有，就是敬天法祖。有没有经书？就是《四书》《五经》。到目前为止，学界仍然还在争议儒教是不是一种教？甚至连我们自己的传统学问都还被争议，这毫无道理啊。就好像澳大利亚土著曾经被白人怀疑过，他们是人吗？因为澳大利亚土著很矮、很小，这样的歧视是毫无道理的。

人类文明已经到了新的年代，西方很多现代化之后的思想家们在思考，整个西方近三四百年来的发展出现了偏差，人类应该重新给予认识。现在已经不再提单一性的、全球化的普世价值，而更多强调在地化的多元生长；不再强调“Globalization”（全球化），而是强调“Glocalisation”，就是强调“在地全球化”，这是很大的变化。在这种状况之下，你的孩子是不是不必急着从二三岁就开始学英语，可能应该先学好母语。不如在广东学广东话、在福建学福建话，再好好学习普通话，而英语顺着时代自然而然地也就学会了。

中国崛起仍然有危机

过去大家能够想象中国崛起是今天这个样子吗？但是中国崛起仍然有危机，它的危机在于对于自己的文化传统是否有一种责任感，对于天命、天道是否有一种真正所谓“默契道妙”的承接感，有一种“文不在兹乎”的这种担当。如果没有，中国传统文化也只是在资本主义化、人口消费化背景下的一种喧哗吵闹，然后随之而去而已，这都不是我们愿意看到的，也不是人类文明自身所乐意的。因为人类文明只有中华文明能够跟西方文明作那么强烈的对比，尽管存在那么大的差异，中国文化能够生长、能够好好发展，所以我们应该正视它。

回到我们今天的本题，我们的重点不在于“出人头地”，而在于“安身立命”。这个“安身立命”不是屈服于西方现代化意义下的“安身立命”，而是要面对整个西方现代化背景下，人如何在异化、疏离的状况下好好思考，以“安身立命”的潜伏的深层思维去思考人类文明该当如何。这样，中华文明将可能真正地“出人头地”，担负起济弱扶倾的责任，这个责任在人类文明进入21世纪以后，是应该可以看到的一种愿景，只要我们肯努力。

特别在深圳，它是一个可以汇众流聚千江，能够成为整个中国文明重新出发的南方之强，这样一个温柔敦厚的城市，恰恰是在人类文明强调的“共生、共长、共存、共荣”这样的条件下发展起来的，我们当然有所期待！

让孩子在挫折中阳光成长

王守莉

王守莉

深圳市紫阳心理咨询有限公司创办人，国家二级心理咨询师，深圳电视台都市频道《第一调解》、《法观天下》心理调解师，深圳晚报《情感热线》、深圳电台《飞扬971栏目》心理顾问，深圳市地方税务局培训中心心理顾问。

给孩子播下希望的种子

一个17岁的女孩，因一场意外失去了行走的能力，医生的结论是，这个孩子可能要终生坐轮椅。这个17岁的女孩正面临高考，她当时感觉是天塌了，想尽各种办法寻死，觉得没有生存价值了。可是她的妈妈说："女儿，妈妈不相信你站不起来；我那个活蹦乱跳的女儿不会不回来，我相信。"

在爸爸几乎放弃治疗的情况下，她的妈妈用自己弱小的身躯背着女儿，四季更迭、心理交替，经历了各种苦、各种痛，但是妈妈从来没有放弃。她跑遍全国各地，终于有一天，在一个中医的针灸下，这个孩子的腿恢复行走能力了。

这个故事已经有20年了，这个孩子现在也是学心理学的同行，医生都判了她的腿“死刑”，可是她的妈妈却让她奇迹般重新站立，去走她美丽的人生。在这个挫折面前，这个母亲给孩子带来的是希望的种子，并且在她的内心生根、发芽、开花结果了。

很多时候，挫折是人们无法抗拒的一种障碍、干扰和限制。在心理学中，这个挫折究竟是什么呢？首先是遭遇了一种阻隔，接下来是因为这种阻隔带来的悲观、失望、退缩、抗拒、绝望等一系列的心理反应和情绪反应。最后，人在这种情绪面前走向了完全的低谷。

不要经常否定孩子

究竟怎么样让我们的孩子能够在挫折中阳光成长？怎么样去超越风险、障碍？其实很多因素容易让孩子心理受挫，比如分离的创伤也许来源于孩子三岁之前，他的父母由于各种各样的原因没有办法把他留在身边，比如安排外公外婆带或者是爷爷奶奶抚养，这个孩子就很容易产生一种被抛弃感。有这样的一个例子，一个30多岁的男子，事业做得很成功，但他总是觉得随时会被抛弃。原来他小时候在一个陌生的家庭寄养了一年，这种分离的创伤影响了他30年，现在他的女儿10岁了，他说女儿我们拍个照吧，女儿说我才不跟你拍呢，他会黯然神伤地躲到角落里，觉得被抛弃了。

如果一个孩子经常被否定，再遇到家境贫困、父母要求过高、考试失利、人际交往障碍、青春期早恋，很容易产生一种挫折感。他可能没有办法建立一段稳定的、信任的人际关系，他不会跟同学、老师相处，不会跟同伴相处，最后的结果是这个孩子就会退缩到家庭里。

有的孩子一路走来都是鲜花、掌声、表扬，其实我们说表扬是好事，因为哈佛大学校长曾经说过：世界上没有任何一件事比赞扬更能够让孩子绽放异彩。可是今天我们看来，如果孩子从小一路受表扬，总是那么多人一直肯定他、表扬他，实际上这是不可能持久的。遇到挫折时，这个孩子可能真的很容易丧失希望。

先精彩自己

这里我想说一下关于升学的问题。升学无望对孩子来说肯定是一种严重挫折，因为他承载了父母的希望。在这个过程中我们经历了哪些风雨？又见了哪些彩虹呢？展望未来，我们怎么样回避这些容易使孩子产生挫折的因素呢？

在挫折面前有各种各样的表现，有的人可以翻过高山，风光尽览、勇往直前，有的人望而却步，蜷缩到自己心灵的一角，再没希望了。有些孩子在挫折面前还产生一些极端的行为，比如动辄离家出走，动辄闭门不出，甚至想不开自杀，这叫什么？真可谓怕苦怕累不怕死，父母忐忑，亲人不安，在这样的状况下我们怎样去面对他？怎么样才能让孩子在挫折面前阳光成长？

让孩子精彩，要先精彩自己。你让孩子坚强，你自己要先站立起来。如果父母都没有这样的抗挫折能力，孩子的能力从何而来？

父母是孩子的第一任老师，很多时候我们没有办法去解决这些问题，实际上那些答案就在某一处、某一时间等待着我们和它相遇。有的家长会说，既然有那么多的方法，怎么会有那么多无奈的父母呢？

我想跟大家分享一下心理学的原因。在如今的环境里，小到家庭、中到学校、大到社会，我们和孩子随时面临着挫折，这个时候我们的孩子需要一句话，一个眼神，一双温暖的手，可是它们在哪里呢？比如孩子抱怨老师偏心，家长让孩子坐下来后可以这样说："孩子咱们俩聊聊，你的情绪我能理解，想想老师面对一个班级 50 人，不可能一节课老师每个人都关注到，因为老师没有那么多的时间。"孩子一想是啊，第二天他会非常坦然地说："老师好！"于是这种良性的关系建立了，孩子在这个挫折面前越过了一道坎，他收获了解决问题的能力，我们给了他一粒种子，孩子收获了一片森林。

创伤挫折无处不在

中国有一句老话：头三十年看父敬子，后三十年看子敬父。一个孩子很可爱，阿姨开个玩笑，拍他一下，你长得好黑呀，这种“创伤”本来非常友善，但这个孩子会经常地感觉到自己很丑，很难看。评价孩子时，为什么会出现这样一种情况，根源在哪里？我们有一个5∶1法则，就是孩子受到一次创伤，必须得到五个肯定，有五次成功的体验，这个创伤才能渐渐磨平。

再比如，孩子在热闹的公众场合看到一个讨饭的，这个孩子想去帮助这个讨饭的，给他一点钱，在很多情况下父母的爱是自私的，不想让自己的孩子惹麻烦，有的父母说：“给了钱就算了，我们管不了那么多。”在这个过程当中，我们给了孩子希望还是挫折感呢，这个挫折感来源于哪里呢，当然来源于他对社会的思考、感受。我曾经见过这样的妈妈，她对小女孩说：“你以为你是谁啊？你是救世主啊？”可以想象一下，将来这个小女孩需要救助的时候，她会求助别人吗？人家能伸出援助之手吗？

在孩子的成长过程当中，挫折无处不在，小到每一个眼神，大到打骂，它就像尘埃一样，虽然微小却包裹着整个世界。一句话、一个眼神都会伤害到孩子，都会在孩子成长的过程当中让他有一些负面的体验，形成一种挫折感。如何去避免这种挫折呢，其实避免挫折就等于让我们的孩子更多地看见阳光，让他在阳光下健康成长。

没有完全相同的两片树叶

我曾经思考过一个这样的问题，有一天早上我在晨练，看到一个小孩背着小书包，可能是去香港上学。家长在边上说，快走，我要迟到了。我想，这个孩子还那么小，他在成长的过程当中会不会形成一种焦虑感。我们满眼见证了很多东西，只要我们思考了，都可能给我们一些启迪。今年暑假，我又见到了那个孩子，当时在超市，因为要妈妈给他买什么东西，孩子像疯子一样在哭闹，这与他妈妈当年的状态有没有关系？当年孩子在没睡醒的状态中，是不是妈妈强行牵着他的手去读书，因此形成了障碍感，不能跟妈妈有效地表达，所以慢慢就形成了哭闹这样的行为。对这个孩子我有一种担忧，他长大后会不会失去对人的信任、安全感，更加没有了解决困难的技巧。

面对孩子出现的这些问题，家长都会把焦点指向孩子，你怎么这么不争气呢？你怎么这么不成才呢？我就是这么过来的，我比你难多了，比你苦多了。别忘了，我们是我们，孩子是孩子，他是一个鲜活的生命、一个个体，世界上没有完全相同的两片树叶。

打骂的结果很糟糕

如果孩子遇到挫折，我们的有效方法有哪些呢？我们切不可打骂他，打骂的结果很糟糕，孩子将来可能有暴力倾向。我们可以陪伴孩子渡过挫折，你不用讲什么，如果孩子哭，你就坐在他旁边，把手放在他后背上不用动，让那只手陪伴孩子。还有，支持孩子适当地情绪发泄一下，在这个过程当中，他会慢慢平复。还要给孩子希望，前面说的那个17岁的女孩，因为妈妈的不离不弃，才重新有了精彩的人生。

如果父母非常焦虑、难过，孩子怎么能够安心呢，必须预防孩子在挫折当中难以自拔。生命因为接受而精彩，教育因为尊重而深刻，我们接受孩子的一切，会因为尊重孩子的一切而变得不同。其实孩子在成长过程中有很多个人的想法，因为这份尊重，在这个过程中，我们倾听了孩子的心声，孩子会变得不同，适时地加以引导，纠其不当，效果会更好。

为人父母切记，不要在孩子面前太过能干了。如果我们一切大包大揽，对孩子成长不利。真正好的父母会给他一些精彩的肯定，让他感觉到自己是精彩的。在这种成功的体验下，他会不断地生发成功。

当孩子犯了错误时，父母切忌指责甚至咒骂。随便指责、诅咒，大家知道结果是什么吗？在今后的岁月里，孩子会复制父母的行为举止，并且使用在学习、生活和工作当中，你的一生将不得不操心。既然这样，我们就不要做这些无效的、无谓的行为了。

在纠错的过程当中成长

让我们的孩子在阳光中成长、战胜挫折，很简单，就是让孩子做一回孩子，可以干坏事，可以犯错，在纠错的过程当中才能不断成长。其实我们的父母如果真正能够做到这样，孩子回头望去，人生这么艰难的道路，轻舟已过万重山他浑然不觉，这就是父母要修炼的、要努力的方向。

在孩子的成长过程当中，可能有些家庭存在一些创伤，或者家族里有不为外人知道的秘密，孩子感觉不到家庭的温暖和幸福，父母对他都不好，他怎么相信别人呢，因此他从来不相信任何人。有一个13岁的男孩，平时每天车接车送，突然有一天爸爸出差，司机病了，妈妈不会开车，这孩子就知道站在那里哭，坐公交车、打出租车都不行。这个孩子从来都是车接车送的，他没有打出租车的经历，更没有坐公交车的勇气，这究竟是谁的错？很多时候，父母有意无意地给孩子埋下了在挫折面前只见到乌云这样的一种因素，父母应该思考一下，我们应该怎么做。

培养孩子的激情和理性

让孩子阳光成长，我们就要努力去克服那些在前面隐藏着的一个个障碍和风险。

我们应该培养孩子的两种能力或者一种状态，培养他的激情和理性。孩子面对挫折，如果他能够有激情，心中就会有一股无尽的、向上的动力。没有激情，任何伟业都不得善始。在失败的时候，孩子要学会理性，没有理性的任何壮举也没有善终。一开始就没有激情，遇到挫折就变得冰冷，那这个人的人生就完全没有了价值。

今天我们谈挫折、谈挫折教育，谈尊重，谈生命，我们要把这一切的目标拿来给父母自己。时代发展到今天，我们说“60 后”很吃苦耐劳，但那个时代只有苦和辛劳，不吃怎么办。“90 后”很享受，世界发展到今天，物质极大丰富了，不让他享受让他干吗去，这本身就是一个假命题。我们要用发展的眼光去看待我们的孩子、去看待我们孩子内心的挫折。

仔细想一下，我们有多少地方处理不当，有多少地方需要改善，我们总在说，我的孩子怎么不合群、不努力。但有个小孩告诉我：“我真的不能快点写作业。”我问：“为什么呢?”他说：“我要是写完了这本，那本已经等着我了。所以我坚决不能再写了。”对孩子实施有效的教育，让孩子走得更远而不是更快，一定要鼓励他做好童年、少年、青年该做的事情。也许在家长眼中、家长口中的所谓坏事，让他干就好了，只要不突破边界。这样的孩子的未来是什么呢，将来他将投入更多的心思做社会上大家期待的一切正事。

一些孩子在小学、初中、高中都很精彩，为什么到了大学就不一样了呢？我思考的结果就是：我们过早剥夺了孩子很多应有的权利，比如他打球的权利、她在青春懵懂的时候想画点口红的权利，这些权利被我们剥夺了。一旦他们成年，他们会回头留恋不舍。

青春期的孩子会有很多很美好的情绪，家长切不可以把它们定义为成年人眼中的不堪，没有那么糟糕。如果你的女儿接到一封情书，你可以告诉她，这个男孩字写得很漂亮；如果你的儿子喜欢一个女孩，爸爸可以拿钱请他们吃饭，你放心，他们俩将来分手都没有仇恨，要善待他们。我们应该思考，怎么样帮助他们在挫折中阳光成长，怎么样陪伴他们在挫折当中成长。让孩子在阳光中健康成长，这真的是一个话题。

这不仅是家长的责任，也是老师的责任，更是社会的责任。如果我们的下一代个个都能在这种状态下生活，身在苦中不知苦，人在福中更知福，那我们的天会更蓝，水会更清，小草会更绿，鲜花会更美，一定是这样的。心中洒满阳光的未来一定充满了希望，让我们共同努力，让孩子在挫折中阳光成长。

谢谢大家！

孩子之“错” 父母之“过”

杨 坚

杨 坚

深圳市云顶学校（原华南师范大学深圳附属学校）校长。国家中小学督导评估专家（国家级督学），中国民办教育 2012 年度人物，深圳市政府办学水平评估组组长，“深派”教育论坛总主持人，深圳市中小学校长培训中心特聘教授，深圳市首批教师培训课程专家。获“深圳市劳动模范”“福田区优秀园丁”荣誉称号。深圳电视台常任嘉宾，《南方都市报》和《深圳晚报》特约教育专家。

今天我跟朋友们分享一个话题：孩子的“错”，是父母的“过”。做校长 10 年，我深刻地感受到，很多孩子在学校的问题，根子都在家庭。

我曾经见过这样一个学生，他从幼儿园来我这里读小学，不到一个星期问题就出来了，这个孩子从来不敢在学校上洗手间，所以就从来不敢在学校里喝水，要把那泡尿憋回家，这样就把身体憋坏了，把肾憋坏了。父母很着急找到我，发现什么问题呢？原来这个孩子跟人家上厕所的习惯不一样，旁边一定不能有人，学校里的洗手间是公共场所，哪能没有人啊？为什么怕有人在呢？他上洗手间必须把裤子脱掉，才能产生尿感，才会开始方便。

研究来研究去，发现根子在她母亲那里。这个母亲是个洁癖，很小给小孩把尿的时候，她一定要把他的裤子全脱掉，她觉得孩子把尿滴在裤子上是她绝对不能忍受的事情。习惯成自然，变成条件反射，孩子就形成了现在这样的怪癖。

母亲的洁癖变成了孩子的怪癖。中国有句话，有其母，必有其子。我做了这么多年老师，现在观其子，必知其母。我一看孩子就知道他父母是干啥的，从他的长处，知道他父母的学历怎么样，职业如何。

有一天，四年级一个班有老师教生字，教什么字呢？“麻”。“同学们，给‘麻’组个词”。有个同学快乐地举起手来，“老师，麻将”。老师觉得这个也对，但好像这个字不太高尚，也不美。再想想，“麻烦”。“哎，这个不错，你说说为什么是麻烦呢？”“哎呀，我妈天天打麻将，警察来抓她就麻烦了。”不行，这个字也不文雅，“再找一个。”“麻木。”这个不错，有点含金量，“为什么叫麻木啊？”“哎呀，你不知道，老师，我妈打麻将都打得麻木了。”又回去了。三句不离开麻将，她妈妈干什么行当的？开麻将馆的。老师很失望。“来，哪个同学举一个例，多拿点分。”有个女生怯生生地站起来，好像戴着近视眼镜，“老师，麻省。”麻省理工学院是国际著名高校，是吧？能组这个词，我个人觉得她父母至少也是一个本科生，同时这个孩子为什么成高度近视啊？家里肯定有很多藏书。我把这个归为“观其子，必知其母”。孩子在某种意义上是父母的影子和名片。

曾经有一句话说：一个问题孩子的后面，至少有一个问题家长。有些孩子的不良行为，源自家庭，呈现于学校，破坏于社会。那么真正为人父母，中国有一个词语叫“过错”，很多事情一过就错，过错体现在哪几个地方呢？我认为是四个方面：

第一，过高的期望，造成孩子的无望；

第二，过度的保护，带来孩子的无能；

第三，过度的赏识，带给孩子的无奈；

第四，过分的私爱，带来孩子的无情。

很多来深圳的人都是成功人士，他们都希望自己的孩子长大之后比自己强。现在同孩子讲话经常这样说，我小时候怎么怎么样，你现在怎么怎么样，老拿自己比孩子，老拿孩子比自己。其实各位，我们有没有想过，在我们很小的时候，父母对我们有什么期待吗？当时可能只是让我们好好学习，之后有一个正式工作，对吗？我们当初踏上南下列车的时候，可能压根没前景，没有人想象买所几百万元的房子。当然在中国的传统文化里面，父母都有一种“望子成龙、光宗耀祖”的概念。

孩子不是实现理想的工具

我曾经犯过这样的错误。有一年，我父亲七十大寿，喝了一杯酒后就开始吹牛说，我这辈子最自豪的事情就是把一个六口之家从小山村搬到了小县城。那天我也喝了酒，我得继续往下吹，我说，我也很自豪，我已经从一个小县城住到了大特区，娶妻生子，安身立命。但我讲完之后就后悔了。我的儿子应该怎么吹呢？他怎么去延续这个家族的希望呢？按照这个模式，他至少要走过罗湖桥，从香港机场出发，飞到欧洲、美国、加拿大或者某个发达国家。其实，这个逻辑很荒谬。

按照这个逻辑，我的儿子从出生那天开始，他就得承受一个非常沉重的负担，那就是光宗耀祖。

第一，我们的父母有一种心态，总希望自己的孩子能替自己实现一个理想。

我是云顶学校校长，之前我在梅林一村基督教堂附近的南开学校当校长。我在那儿当校长的时候，不少人报名，我就问一个问题，你怎么想到把孩子送到南开学校呢？人家说，我当年考大学，没考进南开大学，我一定要让我家孩子读南开学校。各位，南开学校办得不错，但这肯定同南开大学不是一回事。

社会上大龄男女青年比较多，不全是孩子的错，有些父母也有错。儿子领一个女朋友回来，当爸的总不点头，不点头就是在无声反对。为什么他要反对呢？他在儿子领回的那个女友身上，看不到自己梦中小芳的模样。或者妈妈在女儿的男朋友身上看不到当年她心目中那种兵哥哥的模样。

很多人都在无形当中会把自己的理想转嫁到孩子身上，那孩子就会成为父母实现理想的工具，其实他是我们生命的重要同行者，不是实现理想的工具。为什么现在小学、幼儿园阶段的幸福指数很高，中学这个阶段的指数并不高？当孩子刚刚落地的时候，父母抱着他就像抱着一个地球和世界，对这个孩子的未来充满憧憬，觉得他一切皆有可能。这个孩子到了四年级之后，父母对孩子的期望会开始调整，随着孩子的成长日趋合理。

我的核心观点是：孩子和父母是茫茫人海当中不同的两片树叶，孩子不一定和你一样聪明能干，更不一定会比我们成功。他只是我们生命列车中的同行者，不是实现理想的工具。

人生其实就是一场生命之旅。在这趟生命列车上，我们有多少同行者呢？有我们的父母，有我们的孩子，还有我们的兄弟姐妹，还有我们的亲朋好友，对吗？但是在这一趟列车中我关注得更多的是自己的孩子，我们的父母比我们早上车，也会比我们早下车。我们的孩子比我们晚上车，也会比我们晚下车。我们陪父母能陪多少年，大概不到 20 年。我们拥有孩子多少年？也不到 20 年。在这趟生命列车上跟我们一路同行的还有哪些人呢？应该是兄弟姐妹、亲朋好友，尤其是每天晚上躺在你旁边那个呼呼大睡的家伙。他基本上跟你同时上车，也基本上同时下车。从今天开始，我们每个人都要记住，孩子只是生命列车的同行者，并且不到 20 年。

孩子不是一张白纸，是种子

第二，我们做父母的有一个核心观念，孩子长大以后要变强，否则就觉得脸上无光。人比人，气死人。

这个社会的幸福指数都是在攀比当中失去的。教育是帮助孩子不仅走向成功，更要获得幸福。

现在各个特长班是不是特别旺盛啊？很多孩子上特长班都是跟风、盲从、攀比，跟着感觉走。盲目地跟从，从来不考虑自己的孩子适不适合、喜不喜欢、需不需要。我就碰到这样一个孩子家长，那个孩子对什么都充满好奇，有一天妈妈问，宝宝，楼上的姐姐钢琴弹得怎么样？好听。要不咱们也买一台，好不好？孩子想都没想，好。其实孩子不一定真想弹，他是对钢琴充满好奇。不是所有人都适合弹钢琴，咱的手指适合弹钢琴吗？我这个嗓子能成歌唱家吗？首先你要发现他。

在孩子们学各种特长之前，一定要对他进行分析、判断。做校长10年，我有一个核心观点：孩子不是一张白纸，而是一粒种子。很多人在退休的时候才有了感觉，这一辈子我干点别的一定比这行更好。有些人甚至临死都觉得这辈子干的事情好像不是我最拿手的。必须承认孩子是有差异的种子，不管在家里还是学校，无论你是冬瓜还是土豆，都不能一锅炖。现在有人讲，我们的学校，不仅是学校，还是一座座不冒烟的工厂，机械化地批量生产相同规格的人才。各位，人生天地间，各有各用处。一娘生九子，连娘十个样。为什么说人的差距如此巨大，其实每个孩子生下来都有独一无二的基因和密码。如果我们一锅炖，就会把基因和密码全炖没了。种瓜得瓜，种豆得豆。是土豆就让它成为一个最好的土豆，是冬瓜就让它成为一个最好的冬瓜，是麻雀就让它享受田野上的快乐，是雄鹰就应该让它展翅翱翔。我们不要试图把一个冬瓜、辣椒混在一起跟豆角比长，这有必要吗？

每一个人生下来有八项智能，他在某项智能上可能优于其他所有人，在某项智能上也可能有缺失。多元智能跟他的智能区域有关系，并且跟他正确的就业方向也很密切。既然说孩子是一粒种子，就要承认这个差异，尊重这个差异，欣赏这个差异，说白了，慢慢经历最好的自己。首先成为自己，最终成为最好的自己，别期望麻雀飞上高空，那是鹰的领域。

中国人的思维比较传统，出什么样的题目都比较讲究标准答案和唯一答案。外国人出题比较随意，很多问题基本没有标准答案，更没有唯一答案，因为答案是开放的，甚至允许你质疑，能提出质疑来的孩子就是有创新精神的人。中国老师没有这个习惯，如果老师被他的学生质疑，他认为是学生跟他过不去，一不小心就让学生穿小鞋了。当然现在的教育有很大进步，大学自主招生，高中自主招生，已经在向这个领域迈进。

我出两道小题目：一只纸飞机从眼前掠过，请继续描写下去，5分。这考了孩子什么？想象力。这个题目是开放的，是吗？有些孩子的想象力很丰富，纸飞机从我眼前掠过，拐了几个弯，飞上了太空，在那里发生了一段美丽迷人的爱情故事。有的孩子的思维却是这样的：这个纸飞机从我眼睛掠过，转了几个跟头，后来掉进了学校旁边那个粪坑里。

还有一道题。地震来了，有一个壮小伙，冲到二楼抱起自己的孩子，救了他，自己的父亲却压伤了。假如那个壮小伙就是你，先救老子还是先救小子啊？这个题目考了孩子什么能力？思辨力和表达力。当年我们也都接触过这样的考验。老婆问你，我和你妈掉水里，到底先救谁？有没有标准答案和唯一答案？没有。我的答案也不一定对：我会利用便捷的方式，先救最方便的，只有这样，救了第一个，还有机会救第二个。是这样吗？当然我这个答案不是唯一的。

迟开早开的花朵同样美丽

有一个寓言跟大家分享：有一天，动物们设立学校，教育下一代应付未来挑战。课程有飞行、跑步、游泳、爬树。

鸭子游泳技术一流，飞行课的成绩也不错，可是跑步就无计可施，只好加强练习，放弃游泳，练习跑步。最后磨坏了脚掌，成绩变得平庸。

兔子跑步名列前茅，可是对游泳一筹莫展，甚至精神崩溃。

松鼠爬树最拿手，可飞行课的老师要求它一定从地面往上飞，不准从上往下降，弄到它神经紧张，肌肉抽搐。

老鹰是个问题儿童，学校必须严加管教。在爬树课上，老师没说完，竟然不理会老师的要求，坚持用自己最拿手的方式，第一个到达树顶。

到学期末，一条怪异的鳗鱼以比较高超的游技，勉强能飞能跑能爬的成绩，获得平均最高分，最后在这个舞台上代表毕业班致辞。

各位，我们的孩子是鸭子，是兔子，还是老鹰呢？现在我们所谓的平均最高分、综合能力最强的那个人，就是那条怪异的鳗鱼。自从我当校长那天起，我就下了决心，取消“三好学生”的评比。如果全部遵循传统观念，这个社会会变得单调。我就创设了一个彩虹奖，我的理念是阳光理念，有云、彩虹、阳光，多诗意。但是阳光有几种颜色？赤橙黄绿青蓝紫。这个孩子品德好，发个红梅奖；这个孩子守纪律，发个银奖；这个孩子艺术好，发个紫霞奖。总有一款适合他。最后我要求每个孩子、每一学期必须拿到一张奖状，必须接受一次聚焦，接受一次观众的目光、掌声和鲜花。

每年期末的表彰是颁奖盛典，从天亮发到天黑。台下没有人了，全到台上领奖去了。这个事情千万别笑，一个家长说，杨校长，我们家装小东西的柜子都不够了，前阵子都去买柜子了。接着他说，奖状发多了，可能孩子们都觉得不够有吸引力了。我就跟他讲，你太不了解孩子了，孩子喜欢奖状，就像大人喜欢钞票一样。每当过年，孩子们都盼着那张奖状，大人盼望啥？一沓钞票啊。当年有个老师找我，说，杨校长，有个孩子，给他啥奖都不适合。我说你描述他出了啥问题？他说，上课时，一半时间在桌子上，一半时间在桌子下，好动，每天一次。我说影响别人了吗。他说不影响。我说只要不影响别人，就默许他存在。最后发给他一个青春活力奖。

什么叫德学兼备？品德差才要德学兼备啊。什么叫品学兼优？就是人品要好，学习要好。不仅要看到孩子的优秀，更要看到他的进步。优秀是跟别人比的，进步是跟自己比，如果一个孩子进步成习惯，未来更辉煌。每年只要前进三名，大学获得第一都可能。孩子不是一张白纸，是一粒种子。我们要发现他，成全他。

孩子是种子，种子有花期，迟开早开的花朵同样美丽。有些孩子在小学阶段就是怒放的生命，但是大家有没有发现，过早怒放的孩子不一定能持久。有些孩子读书时代成绩差，一到社会上生龙活虎。很多孩子目前不太优秀，那只是成功的暂停，人家正在冬眠，你非要摇醒他，让他在后面跌跌撞撞。

“坏孩子”有很多惊人的优点

第三个观点，教育孩子要欣赏。人不可能样样都对，更不可能一无是处。

做校长10年，我发现一个惊人的秘密：所谓学习成绩不好的“坏孩子”，身上可能有很多惊人的优点。学习成绩很好的孩子身上也有很多致命的弱点。无论你的孩子在什么状态下，我们都要有一个很清晰的思维。

我给大家讲我遇到的问题。

所谓成绩不好的“坏孩子”的第一个优点是耐挫能力极强。今天李老师讽刺他，明天张老师骂他，后天陈老师批评他。人家每天都屁颠颠地来，屁颠颠地回，笑对人生。

媒体报道过这样一个事件：有个孩子跳楼了，是一个成绩很好的孩子。他老想着拿第一，拿到第二他都受不了，他硬要一枝独秀。

第二个优点是这些孩子特别重感情。我当了10多年老师了，教师节来电话的没有几个学习成绩好的。谁稀罕你对他好？谁对他好是应该的。坐在后三排的那些家伙需要我们帮助他重塑自信和信心。当初给了他一个机会，给了他一个眼神，一个肩膀，他从那天起就燃起了希望，看到了自己将来的背影。我在学校讲，什么是名师？把种子种在孩子身上的人就是名师。

那种成绩不好的孩子还有什么优点呢？交际能力特别强。人都有被尊重的需要。有些孩子在课堂搞恶作剧，不是天生就爱搞，因为他在成绩上、才艺上、品德上，没有人关注他。他通过好动才有人关注他。其实他上课根本不在听你老师讲，他专挑咱们老师的毛病、制造课堂的爆笑点、搞怪点。有些孩子你发现他成绩不咋的，练起街舞来特有干劲，自己花钱请老师买衣服，专门在那些过道演讲，比广场大妈的声音还大。研究来研究去发现，为什么他们在过道上练呢，因为过道是女生经常路过的地方。他有被尊重的需要，所以他要有一定的交流，这是一种强大的交际能力。你发现这些孩子和门口小卖店的老板混得好吗？人家实际上常常借老板的钱，我们借钱使用信用卡，他们的信用指数比我们高啊。他们借钱不拖欠，是讲诚信的人，他甚至跟门口的保安混得好，迟到了爬围墙，保安不会管他。保安喜欢抽根香烟，他知道通过给保安送根烟来创造自己的各种便利。

我经常跟学生父母讲，孩子的成绩好，祝贺你，多省心啊，你们等着享福吧。当我见到那个愁眉苦脸的，问他孩子的成绩怎么样，他说别提了。我说你这人真好，你这便宜捡的真大，你孩子天天在学校交朋友，他们有耐挫能力、社交能力、重感情能力，还有最后的一种能力，特别有正义感。

如果有一些女生被隔壁班的男生欺负了，挥拳头冲出去的那个人，一定是那个成绩最不好的傻大个。成绩好的一般个子小，早吓得躲在桌子底下了。吵架和打架是一些孩子证明自己价值的机会。

不同的孩子在学校的幸福指数非常不同，要多一个角度来看问题、看孩子。在学校，孩子幸福指数最高的不是那个成绩最好的，当然也不是那个成绩最不好的。那个成绩最好的孩子在前面跑，一边哭一边变方向，没有最快只有更快，还得左顾右盼，生怕别人超过他。

跑在后面的孩子也不错，他反正怎么跑都是最后，最重要的是不用往后看，后面没人。那个中间的幸福指数最高，一会在前面，一会在后面。打起精神跑了一阵，累了就小歇一会儿。

做什么人最幸福？人中人最幸福。成绩中等偏上的孩子幸福指数最高，在社会上活得最明白。

这是我讲的第一个板块：过高的期望会带来孩子的无望。要认真地分析我们的孩子是一颗什么种子，要给它提供什么样的土壤和条件，作为父母和老师，要为孩子提供适合他成长的土壤和条件，无论他成龙、成虫，我们只要尽到了最大努力，就问心无愧了。

过度保护带来孩子的无能

第二个板块：孩子的“错”是父母的“过”，过在哪里？过度保护，会带来孩子的无能。

现在一些孩子能力偏下，很多父母剥夺了他们应有的成长机会。当然，有很多原因，觉得现在的孩子是独生子女，经不起闪失，教育者比较辛苦。现在很多孩子的德育和教育问题，不少跟只生一个孩子有关联。另外，现在的社会生活环境没有我们小时候那么纯洁、安全，所以大家很担心。

中国有一个词叫“生怕”，生了就怕，生了男孩怕学坏，生了女孩怕受害！我们学校有很多这样的案例，比如，孩子上学自己不带作业，妈妈在家发现了，立即打出租车送到学校，她在出租车上还给老师打个电话，“老师啊，我孩子昨天落作业了，我现在正给他送来，等我一会，你千万别批评他，批评他，他会一天不开心的。”大家有没有发现，很多孩子上了一两年学，父母亲还追在他后面送东西。小区里每天早上 7 点多钟，一定能看到一个景象，前面走着一个背着大书包的孩子，后面追着一个披头散发的少妇。那个少妇的手上可能带着一本书，一个文具或一个鸡蛋，看起来傻乎乎。

上学放学的途中，帮孩子背书包的家长比比皆是。我们学校的学生家庭条件都不错，看看我们学校多少衣服没人认领？孩子把衣服扔了，家长不当回事。每年我们可以收一卡车这样的衣服捐给山区的孩子。

一个家长给我打电话说，听说你们学校的厕所有点臭。我说怎么回事？她说她孩子上洗手间，发现没手纸，结果没擦屁屁就回来了。这个问题很有意思，我说擦屁屁它不归学校教，没有手纸就可以不擦屁屁？社会上的公厕都有纸巾吗？如果社会上的厕所都有纸巾，我学校可以配最好的。

各位想一想，有的孩子笨到老师在扫地他都不知道拿起扫把来，在职场他会失去多少晋升的机会？根子在哪里呢？在家里。孩子一口啃着饼干，一边看着电视。妈妈趴在地上擦地，她孩子可能在后面捣乱。有些孩子在学校和同学之间发生了矛盾，很多父母立即从单位赶来，比欺负自己还难受，结果两个孩子和好如初了，手拉着手在操场上玩呢。

深圳有一些全职太太，只要有机会，我都鼓励这些全职太太走向社会，走出家门。因为她可能 80% 的时间忙于照顾孩子，20% 的时间照顾丈夫，却没有时间照顾她自己。

孩子到学校不是为了接受照料，而是为了接受锻炼。斯巴达民族为什么那么强大？孩子生下来先扔到池塘 24 小时。日本是怎么训练孩子的？日本的操场不像我们的操场铺有塑胶，地上全是煤砟子，几个老师穿着风衣，抱着拳在一旁御寒。孩子全打着赤脚，在煤砟子上噼噼噗噗地跑。为什么我们要让孩子雨天秋游？下雨天父母不让他出门，学校也不让他出去，社会上哪有下雨不出门的，找工作连大雷雨也都得去！我们经常秋游，专门选下雨时才去，这都是案例。我们还把孩子拉去军训，就是要弥补家庭教育的缺憾，孩子会表现出惊人的毅力和前所未有的坚强。我们有时对孩子缺乏信心。

做父母的，不仅是父母的角色，我们还要担负起教育者的角色。

我们的核心观点是：孩子在学校不是接受照料，而是接受锻炼的。

对孩子过多赏识有害

下面讲第三个板块。我跟大家分享一下，过多的赏识，会带来孩子的无奈。

虽然我绝对认可赏识教育非常必要，但是过多的赏识是有害的。现在做父母的有一个补偿心理，觉得自己小时候的快乐太少了，希望孩子天天快乐。各位，不可能天天艳阳高照，天上星多月朦胧，地上人多路不平，我们可以给他修好小时候的路，能不能修好他一辈子的路呢？孩子必须在复杂多变、多难的世界上，坚定从容地前行啊。

如果我们认为，孩子德育不好，是危险品；智育不好，是次品；体育不好，是废品；现在还有一种心理不好，是易碎品，玻璃心，风一吹就经受不了。老师的正当批评，孩子受不了，将来领导对他也会批评，他受得了吗？所以，赏识教育不是万能的，学校不是欢乐谷。

有几个方面我们要注意。在坚持赏识的基础上，要注意慢慢尽量给孩子多一点情绪体验，给他创造接受挫折的机会。过去我们总觉得要给孩子创造一个很纯洁的环境让他生长，跟这个目的不适合的都不要让他知道、参与。比如说，很多人喜欢带孩子去看新郎新娘结婚，有没有人带自己的孩子参加过追悼会呢？10 岁的孩子我觉得可以。为什么呢？深刻的人生教育啊，让他感受到悲欢离合，眼泪擦干之后，亲朋好友之间相互慰问，擦掉眼泪重新出发。

教育的契机在生活中到处有。举个例子，孩子的碗里装了她最爱吃的鱼，吃饭的时候突然摔下去了。其实这里面蕴含了三个情绪的过程，第一个可能是“啪”的一声，孩子受到了惊吓。有了这个体验，打雷的时候就不会往你怀里钻了。他最喜欢的碗破了，确实太惋惜。可是长大了之后，他要再面对失去的女友，他就不会痛哭了。他的鱼脏了，不能吃了，他会感到一种特别的遗憾，他会感觉到人生就是由遗憾组成的一个过程。

这个案例我就不讲了。

孩子是我们生活的同行者

最后一个板块，过分的私爱，会带来孩子的无情。过分私爱就是溺爱，没有感觉的爱，一切事情代劳，一切愿望满足，一切以孩子为中心。

我喜欢经常启发一下孩子的感情。每年新生入学升旗仪式上，我都会讲，孩子们，此时此刻闭上眼睛想一想，咱们这么美好的学校，碰到这么多的好老师，这么好的环境，此时此刻，我们最应该感激的人是谁？很多孩子想不起来，突然间有一个孩子举了手，我把话筒递给他，“感谢校长！”应该是父母养育他，拍马屁学得比谁都快啊。

过分的溺爱其实不是幸福而是灾害，对孩子极度的关爱不是幸福而是负担。在电视连续剧《中国式离婚》中，林小枫为什么会这样，因为对老公极度关注，五分钟给你来一个短信你受得了吗？

现在很多父母都是以爱的名义在控制孩子。抚养孩子不是商业行为，养育孩子的过程难道全是付出吗？父母不也因此而感到过乐趣和希望吗？

带孩子的过程当中有很多非物质活动，让人生充满希望。“为了你，我头发全白了！”好像不带孩子你头发就不白似的。

对孩子要适度施爱。他只是我们 20 年生活中的同行者，做父母的、做老人的，对自己应该慷慨一点，该旅游就旅游，到国外转一转不好吗？

我讲一个典型例子。

有个初中毕业班学生，每天躲在房间里写作业，压力很大，觉得这一年要是考得不好，对不起父母，于是就到厨房里去为父母泡了两杯茶，端到客厅父母面前。母亲这样说，“快要考试了，还倒什么茶？你考得好，我给你倒一辈子茶！考不好你给我倒一辈子茶都没用。”孩子心里有什么感觉？有的母亲讲的话可能更不好听，“我还不知道你，就想借着给我们倒茶的理由出来玩一会儿。”孩子心里原来不是这样想的，听了老妈这样的话，他气得回到自己书房，“啪”的一声把门关上，做了一个决定，“这辈子再给我妈倒茶，我就不是人！”

我的演讲就到这儿，谢谢！

陪你一起长大

——漫谈“两头教育”

潘之江

潘之江

曾任深圳广播电影电视集团新闻研究所所长、深圳广播电台总编室主任、新闻频道总监，兼任市民周报社社长、总编辑，主笔出版了《罗湖桥头话九七》《九九回归看澳门》《敢问理在何方》《城市改革理论与实践》《广播前沿》等书籍。

今天这个话题归纳起来两句话，孩子长大成人前主要向父母学习，老人暮年之际就要向子女学习。承接这两头的关键人物是在座的中青年一代。我认为这是一个只有经验教训没有理论归结、老生常谈但又能常谈常新的话题。因为它无法预演和彩排。

我先讲一个故事。讲的是天津静海县的魏京鹏，一个从贫民家庭走向哈佛殿堂的学生的童年经历（故事略）。这个故事说明两个问题。一是说明即使没有文化，也能教育孩子从小就懂事和善良，二是家境清贫不会影响孩子的成长。从1993年起，在我无数次给大学生讲《学会成长》的专题前，总是要提到魏京鹏成长中平凡又不平凡的故事。而今天开场，我讲这个故事就是要告诉大家：人的成长，是不论门第，不讲出身，没有贫富，更没有贵贱。这是真正意义上的所谓起跑线。只有正确认识，才能平静对待。我不赞成关于赢在起跑线上这种说法。要说起跑线，那就是家庭教育。

孩子从出生那天开始到上学，主要接受的是家庭教育，对父母来说是漫长和愉快的过程，对孩子来说是一个循序渐进的过程。我把孩子的家庭教育归纳成三句话，六个方面。三句话就是，一项基本要求：营造一个安静的成长环境。两条必须做到：家长要有良好的生活品行，开拓幼儿智慧天地。三个人生懂得：懂得责任（就是学会担当），懂得自由（其实是高境界的自我约束），懂得善良。我把老人晚年生活归纳成两句话：一是丢掉旧框框，接受新知识；二是活化老脑袋，快乐再成长。

下面先讲陪孩子长大三句话中的六个方面。

一是营造一个安静的成长环境。

关于一个静字，里面有大学问。人一出生需要的就是静。从零岁开始到成人，都需要一个安静的环境。汉字的意思是很深刻的。静与动是相对立的。静，往往与文静、斯文、精美等有关联。动则与多动、粗鲁、粗糙相连。人类社会发展是一个静—闹—静的过程。（举例略）

尊重科学是基本面，注意方法是各有不同的。婴幼儿时期是大脑发育很重要的阶段。这段时间最忌讳的是去逗、去抱。接下来是前三个月。根据科学的要求，只要是睡好，吃饱，（大家注意这里是吃饱）及时更换尿布就行，不复杂，很简单。这期间的关键是创造条件让孩子平均每天睡眠达到20个小时。目的是让他安静地睡好，通过睡眠增加大脑发育，因为从科学的角度讲，婴儿只有通过充分睡眠才能吸收脑部的积水，帮助大脑尽快发育，这是大脑生长的黄金时间。所谓的寸金难买寸光阴放在这里说更合适，那些出生不久就过多地传手抱啊，逗啊，是不可取的。对婴儿要分阶段实行按时吃、睡、换尿布。逐渐地让小孩养成有规律的好习惯。婴儿的哭，一般不出三种原因。那就是饿了，湿了，或有不舒服的地方。如果有第四种，就是你有事无事去逗弄他，他已开始学会烦躁。但好习惯需要好环境来生成。如果不重视这一阶段的成长，用后天来校正，一是要花更多精力和时间，同时效果也不一定好。而且会给接下来的婴儿管理造成麻烦。

从另一个方面来看静和动。静，给人感觉是频率低，进而与少而精有关系（比方做事有条不紊）。动，给人感觉是频率高，进而总是与多而杂有关系（比如总是杂乱无章）。我们有一些成功的案例。小时候给孩子一个宁静的空间，效果会好些。要正确理解一个静字多么重要！

当然还有许多方面需要我们制造静，比如家长学会在孩子面前相对长时间地看书，或专心致志地做完一件事。陪孩子耐心地搭积木、听故事，观察一只小昆虫的行动等，它能使人变“静”，小孩逐渐形成专心、细心、耐心和毅力等优秀品质，从而提高人的整体素质——这比其他方法要好些。常言道：宁静致远，静能生智。当一个人的心灵处于宁静状态时，其思维质量和办事效率是最高的。

静，对一个人的健康成长应该是一以贯之的。我记得小时候上幼儿园，老师教的第一首儿歌就是《三轻歌》，歌词一直没有忘记。“走路轻，说话轻，放下东西也要轻。不用老师告诉我，自己会留心。”歌词很简单，寓意很深刻。其实静的环境是生活的第一需要，静也是人文明行为的开始。有人问，强迫孩子静，是不是会扼杀孩子的天性。我认为不会的。因为现在外面的世界太浮躁了。

二是家长要有良好的生活品行。

也就是树立一个良好的被模仿形象。俗话说，父亲是山，母亲是河。人之初，性本善。三岁看大，七岁看老。把这些话合起来理解就是一个道理。人生下来是一张白纸，婴儿童年的成长环境将影响和决定其一生的走向。这其实也是“家教”、“教养”的问题。

孩子的习惯从出生那天就开始了。婴幼儿的习惯就是大人的习惯。婴幼儿四五个月的时候，就能模仿，还有短暂的记忆。这是很恐怖的事，所以我们做父母的行为，哪怕是一点一滴都需要高度重视。

家教的教是大人无声的行为。比如我们大人做事静不下来，一有小事就争吵不休，经常大声喧哗，东西乱扔乱放，家中一片狼藉。更严重的是走没有走相，站没有站相，坐没有坐相，睡没有睡相。最要命的是吃没有吃相，这时候孩子全盘照学，那就很危险。

我不太相信血统论、基因论，而在乎习惯的养成。一个人像不像贵族，不是钱的问题，而是通过家教养成一个人的气质、良好习惯。我们不用怨天尤人，因为三岁前的孩子学好或变坏，全在家长身上。三岁养成好习惯，接下来就会事半功倍。否则要扭过来就相当吃力。

要巩固良好的生活习惯，这就是有关教养的大问题。教养教养，重点在养，而不是教。教在前面说过，只是家长行为。养成一种好的习惯，或者是养成一种不好的习惯。教养这个东西首先来自于家庭，有人也很讲究家教，但是总把家教理解得很狭窄，周末送孩子去弹钢琴，或者让孩子背《论语》。当然从小培养一些艺术细胞和兴趣爱好也是有必要的。但不能把教养简单理解为知识或某一项技能。实际上这只对了一部分。教养它是一个自然形成的东西，是在日常生活当中，无形中形成的亲切与自然、举手投足中的优雅与高尚，这是一个氛围，是被熏陶出来的，不是教出来的。我们平时说话谈吐粗鲁，缺乏基本涵养，孩子跟你学就不一定会有素养了。

下面是一些大家都知道不该在孩子面前表现的坏习惯。父母吵架；父母发脾气；偏心；父母失信于孩子；不耐心解答孩子提出的问题；在孩子面前计算金钱得失；在客人面前指责和赞扬孩子；等等。这方面我们做大人的合格吗？是否需要学习或改进？

三是开拓幼儿智慧天地。

为什么说是智慧，而不是智力？因为智慧与智力相比，智慧更具有分析判断和发明创造的能力。比如说一个孩子会背诵几十首唐诗或认识几百个汉字，那是不难做到的。而另一个孩子凡事都能想出比一般同龄人不一般的方法，那就很难做到。

聪明当然好，但智慧就不一般。牛顿在苹果树下发现万有引力，瓦特煮水时发现蒸汽动力原理。这些都是人类的智慧。只要你不去扼杀孩子的天性，他们都可以想象无限。

教什么学什么，还是学什么教什么，在这里提出了一个很严肃的问题，也是一个家长们普遍关心的问题，更是一个关系孩子前途的问题。

我认为学前的儿童，家长的重心是要陪他合理地玩好，寓教于乐。通过玩儿开发孩子的想象力和智慧空间。我认为学前儿童要更多地接触大自然，而不是学识字、做算术。因为去看莺飞草长，昆虫习性，四季变幻，阴晴雨雪更能促进孩子思维变化和智慧的生成。（昨天看到一个朋友关于德国幼儿园的图片，很有意思。上小学之前以玩为主，上中学后以学为主。大学就一门心思学习研究。我们正好相反，在大学有相当一部分同学不爱学习，热衷于玩。我觉得这是因为他们小时候太累了，已经失去了对学习的浓厚兴趣。）

我是不迷信神童论的。更不相信通过五花八门的学习会造就神童。我们不否认千百万孩子中或许会有那么一两个神童和天才，所谓神童，就是聪明过人。我有一个朋友就是神童，小时候读书不太认真，但能过目不忘。现在美国做医学博士后。这是少数，与我们没有多大关系。

开拓孩子的智慧空间，首先不能让他从小就有厌学情绪，一般来说，玩是所有孩子的天性，但怎样让孩子玩好，家长总是处于被动的地位。因为对玩不重视，甚至片面认为玩就是放养，当然放养会野性，家长要把玩当作一门学问去研究。为什么有些学前学得多的孩子，上小学后成绩反倒一直不理想？原因就在于杂乱无章的学前教育，造成了孩子的多动和烦躁，使得这些孩子缺乏45分钟的课堂定力。

四是懂得责任。

什么是责任？简单说就是担当、诚信、知错。不同的生长时期有不同的要求。家长的责任，就是让孩子吃饱、穿暖，接受良好的教育。这里不用再说大道理。责任对孩子来说，首先就要学会诚实，敢于担当。原则问题不撒谎。这是诚实的开始。在这个过程中，家长这个角色很重要。说到这里，我想起小时候邻居家的一位大婶，她是村妇，虽然没有文化，但教子有方。小毛在母亲的管教下终于成才，现已是北京名校教授。

小孩身上缺点比较多，比如说在外玩后回家吃饭不洗手，正餐不吃吃零食等。等长大后，类似的缺点就没有了。这主要是经过家长的调教，改正了缺点。余下没有改正的，久而久之就成为性格上的弱点。

每个人都有自己的弱点，这是人性使然。在武侠小说里，即便是江湖上数一数二的绝世高手，也有自己的命门所在。这个命门就是弱点。为了不影响自己的江湖地位，对于自己的弱点，高手们总是隐山藏水。因为弱点实在是难改啊！凡是缺点没有人不想改的，凡是弱点没有人认为需要改的。

所以说从小养成承认错误和改正缺点的习惯很重要。一个人没有坏习惯最好，有的话，越早改越好。当然知错就改也要看时候。从小就有知错就改的习惯，长大后必将满腹经纶，为人谦逊，才学过人，能成大事；成人之后知错就改，就会修正自己的航向，能够借用别人的智慧，发点小财，图个温饱；暮年知错就改，能迷途知返，端正人生，落得个安度晚年；弥留之际想改错，那就为时已晚！

巴菲特说过一句话。靠谱是一种比能力更需要的东西。投资要找靠谱的人。靠谱也就是诚信，有担当，不忽悠人。

五是懂得自由。

什么是懂得自由？就是要给孩子充分的自由，并让孩子从小珍惜已经获得的自由空间。也就是珍惜信任。

我有一个同事，她对孩子从小就实行契约式管理。从一年级开始，只要完成规定作业，剩余时间都可以用来玩，也就是自由支配。当然，家长会给予一些意见，比如多看些课外书籍。这个小孩终于在宽松的管理下，完成基本学业，同时又通过剩余时间多看书，上初中时知识面就很广。这样，自然而然进入良性循环的认知轨道。接下来就不用细说，应该是一路高歌。我很赞成这种做法。果然，几年后，我再次遇到那个同事，她告诉我，儿子早已毕业，现在国际货币基金组织工作。这就是自由空间与珍惜信任造就了一个高级人才。这里的作用是相互的。

我们很多家长，很爱他的孩子，什么都可以给，就是不给自由。说作业做好可以玩，但做好了之后，又加码。或明天变相加码。

没有让孩子自己安排时间，而是根据望子成龙的需要把孩子的学习时间塞得满满的。这里我们一定要认清一个道理，我们是陪伴、引导孩子长大，而不是代替他们长大。

六是懂得善良。

什么是善良之心？也就是乐于助人。这也是需要从小养成的。善良本身就是给予和帮助，并不计回报。这就是一种宽厚之心和仁爱之心。善心也需要从小培养。其实这也是一种修身，有一个潜移默化的过程。从小爱劳动，知疾苦，珍惜财物，关爱他人，不斤斤计较，不贪图小便宜，等等。久而久之，自然养成一个平和的心态。然后辅以文明熏陶，善良之心就自然养成。

善良不分高低贵贱。善良基本点在于，不占有不属于自己的物品，在力所能及的前提下帮助需要帮助的人。我们要理解富不等于贵，贫不等于不高尚，就会知道什么是善。

庄子说，“时势为天子，未必贵也；穷为匹夫，未必贱也。贵贱之分，在于行之美恶”。由此可见，“贵”与“不贵”的关键在于“行”，而“行”取决于其“身”，所谓修身就是完善品行，提高人生境界。只要境界提高了，眼界也就自然提高了。

古人云，有心为善，虽善不赏；无心为恶，虽恶不罚。这句话也可以反过来理解。善良不是为了谋求某种意义上的回报。

如果人遇到难事了，想到去行善，当然是好事，但不值得赞扬。还有一些贪赃枉法之徒，用赃款行善，甚至烧香拜佛，想得到回报，那就连门都没有。善良之心，就是最纯洁的平常之心！

刚才说的是如何陪伴孩子成长，接下来说说如何陪伴老人到老。两个阶段：65 岁前的老人和 65 岁后的老人。两句话，一是丢掉旧框框，接受新知识；二是活化老脑袋，快乐再成长。

一是丢掉旧框框，接受新知识。

要去掉脑子里根深蒂固的认知和习惯，不是简单的一件事。在这个时期要抓紧丢掉那些不好的习惯和处世的方式，把一些自认为是好的，其实是已过时的经验，趁自己还不糊涂的时候，赶快清理。先腾出空间，才能接受和装下新的东西。

周围的朋友常常感叹自己老了，感叹自己大不如以前。在他们身上已没有什么令人不觉一惊的进步性，但他们却自以为老了，老到除了追求名利之外，一切皆不合时宜，一切皆可放弃。

我常常问朋友，你为什么觉得自己老了呢？女生的答案差不多是有关容貌和身材；男士则觉得自己体力下降，性功能减弱。就为了这点鸡毛蒜皮的小事而让心里弥散一种暮气，无论对自己还是对周围的人，都是一种灾难。

老人不丢掉旧框框，就会钻牛角尖，有时还出不来。其实世界上不是所有的事情都需要说清楚。然而比说清楚更重要的是：能承担；能行动；能化解；能扭转；能改变；能想自己，更能想别人。理解你的人，不需要解释，不理解你的人，解释也没用。这不仅是一种境界，更是一种大智慧。

老年人最忌讳的是抱怨。如果你抱怨世界，请先问问自己：我能做些什么？我都做了些什么？

有一个人，快到退休年龄了，还没有得到应有的提升。他决定辞职，然后到丽江租了一个小院，在那里生活了整整一年。院中有一棵梨树，到梨树开花的时节，他就会搬一把躺椅，沏一壶茶，拿一本以前来不及读的书，喝两口茶，读几页书，有时会睡上一会儿，睡醒之后就会看见，雪白的梨花一朵朵落到他的书上。这种人属于提前清醒。

然而不管你属于哪一种人，你都会经历这样的时刻：觉得自己不够幸福，可是又不知如何改变。我想原因就在于少了这样的“梨花一瞬”，你需要一段悠闲的时间，去品茶，去读书，或者什么都不做，只需要一个黄昏，看梨花如何从身边飘落。

我们不妨向“老外”学习。我认识几个丹麦的朋友，他们都是六七十岁的人了。他们经常讨论买新车，说有钱应该买一部凯迪拉克，这是老年人才会喜欢的牌子。他们还依然学习中文，去各国旅行，常常突发奇想，然后试图实现，再然后放弃，实在很像我们周边的年轻人。

二是活化老脑袋，快乐再成长。

这个年龄是要安定下来度晚年，不必再操心儿辈、孙辈。在这个阶段，学习是为了使思维不停顿、思想不落后、行为不木讷。学习是获取一种没有功利的快乐。不妨与孩子一起来一次头脑风暴吧，想各种点子，合理的、不合理的、荒唐的、可笑的、幼稚的……重点就是放下负担的快乐。

作为他们的孩子，要允许和包容老人们有任何看似天真的想法。与时俱进，对生活的热情，让你觉得和年轻人没有任何代沟，营造一种“无龄感”的生活氛围。

这其实也是一个再学习的问题。学什么？那就是新知识。向自己的孩子学习，向儿辈孙辈学习都行。自我学习的途径有三个：高端的学习就是看书玩艺术；通俗的就是运用当前时髦的电子新产品；大众化的就是弹琴、唱歌、跳舞、做体操。

最后，我还是想再讲一个故事作为今天演讲的结束。

那是一个深秋的夜晚，大家已经熟睡，一对年迈的夫妻走进一家旅馆，可是旅馆已经客满。

前台侍者不忍心深夜让这对老人再去找旅馆，就将他们引到一个房间，说：“也许它不是最好的，但至少你们不用再奔波了。”

老人看到整洁干净的屋子，就愉快地住了下来。

第二天，当他们要结账时，侍者却说：“不用了，因为你们住的是我的房间。祝你们旅途愉快！”原来，他自己在前台过了一个通宵。老人十分感动地说：“孩子，你是我见过的最好的旅店经营人。你会得到报答的。”侍者笑了笑，送老人出门，转身就忘了这件事。

半年后的一天他接到一封信，里面有一张去纽约的单程机票，他按信中的提示来到一座金碧辉煌的大楼。原来，那个深夜他接待的是一位亿万富翁和他的妻子。富翁为这个侍者买下了一座大酒店，并深信他会经营管理好这座大酒店。

这就是著名的希尔顿饭店和首任经理的传奇故事。

人生无法事先规划，但可以事先准备。开场和结尾的故事都说明了这样一个道理。正直、勇敢、智慧、善良、勇于担当，是人生的康庄大道。

一个人从出生到老，只能有一个目标，就是努力成为一个普通的人，纯粹的人，品格高尚的人。这是每一个人都能做到的事，成本也不高。普通的人，就是有七情六欲；纯粹的人，就是思想健康，不占有不属于自己的物品；品格高尚的人，就是把帮助别人作为人生最有意义的事来做，乐善好施，不计回报。如果按照这个标准去成长，去生活，必定会在这个世界上永远快乐，永远立于不败之地。

教你读懂男人心

金　苑

金　苑

湖南省婚嫁协会副会长、湖南省婚姻家庭研究会理事、湖南司法警官学院特聘教授。《解放日报》《今日女报》《现代金报》等多家媒体情感专栏作家，湖南卫视、《妈咪宝贝》、《潇湘晨报》等媒体情感顾问。著有《读懂男人心，乐享好婚姻》等书籍。

我在大学教社会学，主要研究人们在婚姻当中的心理，尤其是研究中国人在婚姻当中的心理。一说到婚姻，必然涉及两性，因此我在聊这个话题的时候先说一下婚姻。

谈到婚姻，人们经常有这么一句话形容婚姻：追求的时候甜言蜜语，恋爱的时候花言巧语，求婚的时候千言万语，有儿的时候三言两语，中年的时候不言不语，老年的时候自言自语，临终的时候胡言乱语。

当我们的物质生活达到一定水平之后，我们希望精神生活有很好的升华，婚姻生活品质更高。事实上，婚姻应该有很多的步骤，每一步走好了将会很幸福，一般来说就是择偶、恋爱、婚前准备、新婚磨合和夫妻相处，每一步走好了，我的课就多余了。

当代中国的婚姻一定是以爱情为基础的，这是我的观点。最近“暖男”这个词在网络上非常流行，“暖男”就是指那些顾家、爱家，懂得照顾老婆，爱护家人，能给家人和朋友温暖的阳光男人。很多女人都会喜欢“暖男”，也就是说大家都希望过有品质的生活。

中国婚姻是“面子婚姻”

前几天，天涯社区有一个帖子说：中国男人的外表配不上中国女人。这个帖子出来后引起了男人和女人的争论，本来只谈外表、着装，最后变成了中国男人配不上中国女人。也有一些男人反击说，中国女人配不上中国男人，中国男人也非常优秀。两个阵营不断地争来争去。

中国男人和中国女人之间到底是怎么回事？我们先来看看婚姻是怎么回事。传统的婚姻我总结为三个字：过日子，或者说更注重家庭而缺少爱情。我有一些分析，比如说我们很多人结婚就是男大当婚、女大当嫁，到了一定年龄就结婚、成家了。其实在生活中，我们非常渴望爱情，但突然发现我们的婚姻问题很多，离婚率居高不下。民政部前不久的一个调查报告显示，中国人的离婚率已经连续10年不断上升。为什么？现在的人更加追求精神上的愉悦和相互满足。而且中国的婚姻还有个特点，就是典型的“面子婚姻”，即使两口子在家吵得非常厉害，刚好有人敲门，他们会一致对外：“你好，有什么事吗？”事说完了，两个人又吵起来了。中国人特别要面子，家丑不外扬，即便离婚了，一定不会让周围同事知道，因为社会环境不太能够容纳他们，他们觉得面子上过不去，很丢人。很多爱面子的中国人因此吃了很多亏。

进入改革开放、经济高速发展的今天，对现代婚姻我总结为三个字：讲缘分。合得来，我们就一起生活；合不来，我们就拜拜。经常看到有人秀“520”（网络语言，谐音“我爱你”），可是前两天刚领了结婚证，现在就完全过不下去了。重庆某个上午一对“520”排队结婚了，下午就因为洗碗的事情争起来了，你不洗就是不爱我，我就是没有这个习惯，两人立即跑到民政局离婚，二位说我们没有缘分，不能够在一起了。

现在的婚姻有什么特点

第一，讲情感。感情是爱情的基础，把情感放在第一位。

第二，讲文化。夫妻要同步，像深圳是改革开放的前沿阵地，生活工作压力很大，一方不断地往前走，另一方还停留在原来的位置上，这个时候就容易出问题，大家觉得我们没有办法过日子了。

有这样一个故事。有一个女的诉说，她先生是警察，但她现在没有办法容纳她先生，因为他完全不求上进。我问：他怎么不要求上进了？她说，他完全不听她的，不管怎么改造他都改造不过来。她连续用了两个“改造”。我就笑了。后来她又说，她家里的房子、车子，以及孩子读书的所有费用都是她出的。她说找个这样的男人干什么？那么这个问题就很严重了。我问她，你当初是怎么看上他的？她说，当初她觉得他是驻港部队的，人长得很高、很帅，又是本科毕业，在部队里也是一个大官，但她现在非常痛苦。看来他们之间的距离已经拉得越来越大。

第三，心理问题。如果两个人心理不相容，缘分也就越来越浅了。

第四，就是性。以前我基本上不涉及这个话题，因为中国人谈性色变，但是我们发现，在离婚的案例当中，有30%左右跟性生活有关系。有一个妇女这样说，老公想过夫妻生活的时候，她会提出一些要求，但他先生说，你怎么老是坏我的心情，你说的都不是时候，这个时候怎么说这个话？双方生活当中经常出现这样的一些问题。

女性朋友跟先生吵了以后，认为好多事先生不听她的，内心就得不到满足，可能很容易出状况。我想告诉在座的观众朋友，一般的男性尤其是中国男性不会说，太太我错了，我要怎么样，他觉得这是很丢面子的事情，但是他会通过其他的方法，比如从来不做饭他会做饭，从来不拖地他会拖地，或者晚上的时候会主动过一次夫妻生活。很多男性朋友认为，过夫妻生活能够打开两个人和好关系的一扇大门，他们本来想借这个机会跟妻子亲热亲热，但有些女性因为白天先生得罪了她，先生晚上还想干这个事，没门！一个大后背就转过去了，于是最后一扇门也关上了。在座的很多女性朋友，今天不是讲有关性的课程，但我想告诉你们，性生活是你同你先生之间一个很好的沟通渠道，当你把这个通道堵上了，他无路可走，就会选择其他路径，很多问题就会出现了。

第五，婚姻就是生活的习惯。我想问在座的各位，一个人要结几次婚才是幸福的？有人说老师问的这个问题有点无厘头，你们现场回应一下，要结几次婚才幸福？

观众：四次。

金苑：还有几次的？

观众：两次。

金苑：我告诉你们正确答案，要结三次婚。

价值观融合非常重要

你们就会想，怎么会这样呢？今天晚上你回去问你先生，这个老师怎么会讲这么荒谬的话题，你先生肯定会说你真的不该去听这个课，我可能连这个门都出不去就会被“拍砖”。

你爱这个男人或女人，你觉得他是你的终身伴侣，你愿意执子之手，与子偕老，这是第一次结婚。但是我们发现现在的婚姻容易出问题，很多人过不了新婚磨合的门槛，所以一定要结第二次婚。但是第二次结婚不要换人！只换内容！第二次婚姻需要重点协调两个人的脾气、性格、生活习惯等方面，因为很多人把一些小事作为大事来衡量。

婚姻当中有三个指标一定要考虑：第一，文化上般配；第二，价值观相似；第三，行为上相近，就是我刚才说的生活习惯、待人接物、生活方式等。这些问题大家都有差异、距离，尤其是生活习惯、一些为人处世的方式方法不一样的时候，特别提醒各位，你们需要跟他第二次结婚。为什么呢？价值观非常重要，包括你们的人生观、世界观、婚恋观，这是一个人好坏、善恶、是非的标准。找对象的时候，其实生活习惯不同不是什么大问题，这方面可以尽量包容，但价值观要衡量，如果价值观不能够融合，你们在一起会有很大的障碍。文化和文凭没太大关系，不是我是本科我就一定找个本科，我是大专就一定找个大专，文化跟你的家风有关系。我们这家人推崇积极向上，另外一家人是今朝有酒今朝醉，这两家人的文化就不太一样。我们这家人习惯勤俭持家，另外一家人乐意好好享受，这就是文化，两个人的脾气性格应该有个融合。

婚姻的成功取决于0.5加0.5的概率。我们经常说，男人和女人结婚了，相信一加一应该很幸福，但是当一个人所有的生活习惯、一切脾气性格要求对方全部来接纳，那么两个人的婚姻就有点麻烦，如果各退让一点，0.5加0.5就是非常好的婚姻。

我在湖南岳阳讲这个“0.5”的观念的时候，陪同我的工会主席说，“金老师，你讲的就是我的故事。我跟我先生结婚20多年了，关系非常好，当初我如果没有这个观念，我们两个人早就分开了。”她先生原来有个习惯，每天凌晨五六点起来拉二胡，她睡得正香，这二胡就在阳台响起来了，他们就吵得很厉害。后来她就想了一个办法，把阳台隔音了，从此两人相安无事。一直到现在，她说她这个感觉太强烈了，这是第二次结婚。

金苑：第三次婚姻换不换人？

观众：不换。

金苑：我可没让你们换人，第三次结婚还是换内容。

一个人幸福要结三次婚

在所有的家庭关系当中，天下第一难的关系是婆媳关系。说到第三次结婚，第一，你要爱这个男人；第二，要接纳他的生活习惯、脾气性格；第三，还要接纳他背后的生活圈子。就是要跟这个男人的家族和生活圈子“结婚”。所以说，一个人为了幸福要结三次婚！

根据我的了解，中国人70%的婚都离错了。比如在上海、北京、长沙，很多人离婚以后想复婚。如果动不动就发脾气要求离婚，真的不是上策。金钱对结婚的贡献率只占到10%，为什么我这么说呢？有一个马斯洛理论，把需求分为五个层面。第一，基本的生存需求，我能吃饱、我有地方住。第二，安全需求，如果我想过得更好一点，可以买一些保险，有一些储蓄。第三，情感上的需求。中国改革开放30多年发展到今天，基本上已经进入第三个层面了。现在的婚姻为什么会出现这么多的问题？离婚率会如此之高？就是因为大家开始追求婚姻的质量而不仅仅追求婚姻的形式。金钱不可能买到幸福，最主要的是你要会经营这段婚姻，要学会处理夫妻关系、亲子关系、婆媳关系等。

很多女人不懂经营婚姻

接下来我们分享第二个话题：“读懂男人心，乐享好婚姻”。

我一直研究跟社会学相关的问题，重点研究中国人的婚恋心理。我推出来的这本书就只研究中国男人的心理。

2013年底我在中山香山讲堂讲了三场，电视台的一个女孩子一直跟着做主持人，第三场结束的时候她说：“金老师，我实在是忍不住了，我太想跟你提提问了。”她的男朋友在香港做事，我分析了一下。她说：“我都没有说他是怎么回事，你好像比我还了解我男朋友。”然后我说：“我说得对不对？”她说：“对！他就是这样的一个人。”旁边陪我的两个男士就说：“金老师，我们男人在你面前都是赤裸裸的。”

咨询我的人中90%都是女性朋友，她们很多人完全不知道怎么经营婚姻，特别是她们不太了解中国男人的一些特点，所以出现了很多问题，于是我就写了《读懂男人心　乐享好婚姻》这本书，想送给女人。2013年底这本书发行以后，我接到许多男人的电话，其中有一些老板，他们说：“金老师，你这本书太好了，我要买来送给我太太。”我说：“男人也喜欢这本书？”他们说：“你太了解我们了，我原来也看了很多书，很多情感类书藉都是女人如何跟男人斗，斗来斗去，越斗越烦恼、越斗越恼火。你写的这本书特别了解我们男人，你知道我们男人是什么样的状态，我的太太如果这么了解我，我就会舒服很多。”我才发现原来这本书不只是给女人的，也很适合男人。

男女成人之后表现不同

男人和女人不同在哪里？有一本书很有名，叫作《男人来自金星，女人来自火星》，作者是美国的一个学者，他从社会学的角度区分了男人和女人。

男人和女人有什么不同呢？我给大家打一个简单的比方，假设有一个男孩和一个女孩，都是3岁，他们在幼儿园打架了，回来以后衣服烂了，头发乱了，脸上紫一块、青一块，回到家里说：“妈妈，一个小朋友打我了。”如果你是男孩的爸爸妈妈，会跟这个男孩说什么呢？有的妈妈说：“男孩子要坚强哦，你自己要学会处理问题，不要哭。”有的妈妈比较麻辣：“哭什么哭，打回去！”我们发现对男孩的教育就是让他不哭，所以说我们对男人有一句话叫作“男儿有泪不轻弹”。如果是女孩，妈妈通常就会说：“谁打你了？”还有的妈妈会把女孩抱到怀里：“乖乖，谁打你了？我们不要打架！”有没有说："哭什么哭？"跟女孩子这样说的有没有？这说明从社会学的角度来讲，人出生以后，家长会按照两种角色来培养孩子，我们给男孩子买玩具买枪买车买刀，给女孩子买洋娃娃。如果有个妈妈给男孩子买洋娃娃，恐怕所有人都会笑她。从社会角色来讲，男人要阳刚、女人要阴柔。如果男人说话的时候娘娘腔，我们会看不惯，不习惯。

正因为我们按男人、女人不同的角色来培养孩子，所以男女成人之后的表现不同，对男人更多强调的是地位、能力、力量，办事很讲究成就，在处理两性关系中，更强调控制、直接表达、沉默，当他们遇到压力时会心事重重，沉默寡言，不爱说话，等到他开口说话的时候他已经想清楚了。但是女人不同，在单位生气了，回到家里会向老公诉说怎么回事。女人在结婚的时候，希望跟男人建立很好的关系，其价值观更多以情感为前提，在处理问题时更多追求相互安慰，有什么事情喜欢说出来，说出来就没事了，但她就忘了，男人不愿意说，尤其是中国男人。男人注重结果，女人注重过程；男人需要尊重，女人需要爱；男人是视觉动物，女人是听觉动物。

有一次一对情侣听我的课，女孩第二天找我说："金老师，我长得好看不好看？"我说："很好看。"她说："可是他花心。"原来，昨天对面走过一个漂亮女孩，这个男孩看了一眼，结果这个男孩身上变成青一块紫一块。我就说，男人是视觉动物，女人是听觉动物，这是男女不同的特点。我还讲了一个道理，假如你的先生看到美女无动于衷，你要小心了，他是同性恋！当然这是开玩笑。因为女人是听觉动物，男人不妨经常说说："老婆今天穿得很好看。"或者今天的头发多么好，菜做得好吃，等等，肯定讨女人喜欢。但是中国男人沉默是金，我凭什么要说那么多？

中国夫妻缺乏性趣

中国夫妻最缺亲昵、情话、幽默、欣赏、沟通，我还加一个：性趣。确实相当一部分人不懂表达亲昵、不善于说情话、不太幽默、不大习惯欣赏、不善于沟通、没有童心，还有浪漫表现也不是特别强烈，这些都不多说了。

我想告诉大家如何才能读懂中国男人的心。我总结中国男人有四个特点。

第一，特别要面子。爱美之心当然人皆有之，但是美国男人找女朋友的时候不会注重漂亮，他会注重两个人是不是谈得来，是不是有共同话题？他不太看个人外表。中国人比较讲面子，我在书上总结为“美女情结”、“处女情结”、“恋小情结”，但是我想告诉在座各位女同志，男人虽然爱美女，但同他们真正在一起生活的时候，他会注重更多内在的东西。

第二，内敛。中国男人沉默是金，有什么事情，如果你喋喋不休地说，就觉得你不像个男人。我听到过这样一个故事，一个女孩在美国待了很多年，习惯于见到人就打招呼。同楼梯间有一个中国人，她连续三次都跟他打招呼，她觉得很正常，但这个中年男人突然说：“你想交往么?”她吓了一跳，她没想干什么事啊。只是中国人很内敛，不苟言笑，好男不跟女斗，这是中国男人的特点。

第三，大男子主义。很多女人跟我诉说，我们家先生是大男子主义，都是他说了算，我没有发言权。而且大男子主义基本上只许男子动情，不许女人多情，如果女人很能干，有的男的就比较痛苦，这都是大男子主义的一些表现。

第四，重家庭不重爱情。很多人接受的中国教育是，达则兼济天下，穷则独善其身。对男人的要求是，要安身立命就必须出人头地，因此男人要拼命地工作，必须像一个男人、像一个爷们。有的电视剧尤其是拍古装戏的时候，男人打仗回来的第一件事，会把孩子亲一亲，紧接着就是给父母请安。而外国人回来第一件事情是先吻自己的妻子，观念差别大。在中国人的脑子里，家是第一位的，所以中国男人从出生开始就要追求出人头地，对男孩子望子成龙，对女孩子望女成凤。

男人对爱情重视不够

中国男人特别讲孝道，为什么讲重家庭呢？百善孝为先，不孝有三，无后为大，很多男人重家庭、轻爱情，他一生所有的奋斗就是为了这个家庭，就是要好好地孝顺自己的父母，为孩子提供很好的环境，妻子的地位并不是很高。

很多中国男人拼命加班、拼命创业、拼命工作，就是为了让家里非常兴旺，光宗耀祖，所以男人的家庭观念非常重，但是缺少重视爱情的观念。大家都很欣赏以色列人，我们知道以色列人非常会赚钱，有经济头脑。但是在以色列人的家庭观念里，对太太做得非常好。

我的同事到以色列做访问学者，他说，中国太太习惯了先生晚上不回来吃饭，因为他有应酬，这是中国男人的常态。因为在我们的观念里，工作第一重要，有了很好的工作才有经济基础，但以色列人不是这样认为的。以色列人会说："如果你非常急的话，能不能允许我带着太太和孩子来？"所以到周六、周日，她们的先生不会谈公事和业务，他们会把所有的时间留给太太和孩子，带着全家去冲浪、爬山、交流，他们的家庭观念非常强烈，这才是他们真正的奋斗目标。

为什么有些男人婚前婚后表现不一样？有一个女同志和我说，谈恋爱的时候，她如果流眼泪，他会用舌头舔干泪。可是结婚以后，她说什么事情，他扭过头把门一关就走了，完全不顾她的感受。她说："他为什么变心了？"我说："其实不是变心。"我前面说了，很多男士婚前很要面子，要找漂亮、年轻、体面的女孩子，但是真正生活的时候，他看重的是女方的脾气、性格好不好，看内在的东西能不能满足他的需求，所以我们发现，在离婚案例中，有60%是性格不合。

恋爱有误区

今天晚上有三个女人来找我，她们有一个共同的特点，都长得很好看。先生有了婚外情以后，会说："你长得那么好看，你再找一个不就行了。"她就很郁闷，其实她的先生比较介意的就是她的性格，她对先生的要求很多，他达不到这样的要求，觉得很压抑、很郁闷。所以说男人是婚前看长相，婚后看性格。

恋爱有个规律，我们把它叫作爱情发展理论，就是刚谈恋爱的时候，不管是男人、女人，总是看到对方很多很多的优点和长处，唯独没有缺点。对于要结婚的人，我们建议一定要看清楚对方有哪些缺点，你能不能容纳，你要把这些缺点全部罗列出来一个一个地考虑，如果这些缺点能容纳就结婚，如果不能容纳就要想清楚。

中国男人有一个三部曲，第一，是刻苦读书，第二，是找一个好工作，第三，是找一个好爱人。这个时候这个男生找到这个女生都是发自内心的，这是一个成功男人必须走的一步，绝对没有虚情假意，所有的表现也是发自内心的。

之后，这个男人就要立业了，于是他把几乎 90% 的激情放到工作上、生意上，放到人生的奋斗中去了，这是男人的思路。可是女人不太习惯，以为男人变心了。为什么结婚以后对我冷淡了？为什么不陪我看电影、不陪我去旅游了？有很多的需求不能够得到满足。其实，他不是不爱他的家庭，他只是把家庭和爱情区别开，他觉得家庭更重要。

很有趣的一个现象是，女人婚前婚后也有变化。这跟中国的现实很有关系，就是生存压力非常之大。婚前，女人要考虑对方有没有经济能力，起码有住的地方或者有一份比较体面的工作。很多女孩子结婚之前会考虑这些硬件，很多优秀男孩哪怕是博士、博士后，或者是公务员，因为家境不太好，买不起房子，她可能觉得没有保障，因为有生活压力。但是很有趣的是，结婚以后，女人对男人的要求改变了，现在她有更多的精神需求了。前面是硬件，后面是软件；前面是物质的，后面是精神的。很多全职太太来找我的时候说，我现在宁愿不要这些房子，我也要跟他过原来的生活，我要他陪伴我，需要精神生活、需要爱情。

我就开玩笑，你等于把苹果手机和安卓手机两个功能放到一起了，婚前要求苹果手机，婚后则是安卓手机，结果就变成了苹果的外壳和安卓的内核，但是没有办法，要么就是苹果要么就是安卓。

为什么婚姻很容易出问题？是双方的需求得不到满足。男生需要女生的理解、包容、接纳，女生需要男生更多的爱、细心、陪伴，当这些需求得不到满足的时候婚姻就特别容易出问题。

多从积极方面去看对方

今天的第三个话题是如何和中国男人相处？

2012年11月，杨澜采访了比尔·盖茨。杨澜是中国女人，她提的问题也是从中国女人衡量男人的标准来提的，我觉得特别有趣。当采访结束的时候，杨澜问："比尔·盖茨先生，您认为您的微软帝国和慈善帝国哪个更成功?"比尔·盖茨是这么说的："都不是。我最成功的是有一个好的婚姻，有一个好太太。"因为他们追求的是一种有品位的生活，他们衡量一个人的标准不是做多大的事业，更重要的是有一个好家庭，有一个理解他的太太，他们的价值观、人生观、婚姻观非常接近。所以我想跟各位说，选对了人就决定了你们的生活方式，选什么人主要是看他的价值观。

两性相处有很多误区，第一个误区就是情绪化，尤其是很多中国女人比较情绪化。当你情绪化的时候，你的积极情绪很低，负能量就会很高。我们做过一些调查，在夫妻冲突当中，如果这对夫妻是幸福夫妻，他们的积极语言和消极语言的比例是5∶1，而我们发现，那些不幸福的夫妻的积极语言和消极语言的比例是0.8∶1，完全不一样。

当你用负面眼光看先生的时候，你会发现很多问题。所以夫妻相处，要多从积极方面去看对方。我出过这样的题目，就是把你老公的100个优点写出来，憋了很长时间，她终于写出来20个。这时候，当她再来找我，跟我谈话的时候，她的眼光变得很柔和了，她说："其实我先生还是有蛮多优点的。"因为她消极的东西太多了，所以把她那些积极的东西压住了。

两性相处的第二个误区是，过多的批评、轻视、退缩、猜疑、吵架。一方打扫卫生没有打扫干净，另一方可能产生不满，两人没有办法沟通，然后就开始轻视对方，不怎么对话，甚至开始贬低对方，如果两人始终没有解决，于是开始退缩、回避。注意，两人如果冷淡、逃避，就很可怕，一般的婚外情就从这个时候开始了。不管是男方还是女方，当一方逃避的时候就很容易出状况，开始猜疑了，开始吵、人身攻击，男的就逃避，女的就在后面追。

怎么处理这些问题呢？夫妻之间吵架其实不可怕，标榜从来不吵架的夫妻不见得是好的，夫妻不吵架其实也不正常，肯定有分歧。中国有一句话：祸从口出。很多时候夫妻闹别扭、不和谐，最后闹得不可开交，其实都是嘴巴惹的祸。女性的语言能力很发达，但男人跟女人争执的时候，通常男人不理睬女人，不跟你斗，女人说半天男人也不说一句。我想教给大家，如果两个人发生了冲突，这个时候女性就要倾听，倾听非常重要，善于倾听其实是解决问题非常好的方法，而且你要用心地去听，一心一意地去听。有些女人一吵架就喜欢把一些小事翻出来。其实你让对方说完，他基本上就发泄完了，不会有什么问题了。要会听而不是会说。会示弱是一种能力。

宋丹丹有一本书好像是《幸福深处》，写里外都逞强的女人是最不幸的女人，她自己有亲身经历。现在她跟她的先生在一起，她特别会示弱，她知道如何很有智慧地示弱，给男人一些机会。跟中国男人相处，要学会给他面子，当着很多朋友的面，不要去吼他、批评他、要求他，给了他面子等于给了自己一个机会。

跟男人相处，当然需要理解、包容、欣赏和鼓励，这个方面我就不多说了。爱，其实就是接受一个不完美的人。

什么叫幸福？什么叫美满婚姻？什么叫夫妻？能够接受一个不完美的人就是完美的婚姻。其实我们的先生或者是太太有很多不完美的地方，人无完人，如果说我们一定要要求对方非常好，各个方面按照你的要求去做，这个时候你的婚姻可能就不完美了，我相信这会给大家一些启示。

爱就是接受一个不完美的人，同时还要特别会爱自己。所谓会爱自己，就是懂得如何让自己内心变得更加强大，能够让自己的内在素质得到提高，这也是很重要的部分。

中国人不太善于把这个爱说出来，其实不管男的女的都需要说出来，所以我希望各位回去做一个作业，就是发一个类似这样的短信：亲爱的老公，这些年来一直关注孩子没有关注你，我有很多做得不对的地方，请你原谅，I love you！回去看看你们的先生有什么样的反应好不好？因为中国人太缺爱的表达了，要补课。

学会给男人面子

最后我给大家说说中央电视台第四频道徐莉的故事，她是央视的著名主持人。徐莉曾经发表过一篇文章《婆婆教我谈恋爱》，看了这篇文章我非常受启发。

徐莉是湖南人，是个辣妹子。她同前夫一起闯北京，但是他们文化上没有同步，后来两人就分道扬镳了。后来她跟《北京青年报》的一位张姓编辑结婚了，她先住在她婆婆那里，她发现了一个很有趣的现象。她婆婆是非常有名的雕塑家，而她公公就是一个普通公务人员，但是他们相处非常和谐。举个例子，她婆婆因为是做雕塑的，经常包着包着饺子腰就很疼，她公公说："休息去！"于是她就休息了。等到饺子煮好了，她公公就说："起来吧！饺子都煮好了！"她婆婆会表扬他先生做的饭菜很好吃。有一次，她公公生病了，她从来就没有看到婆婆做饭，她以为今天婆婆终于有机会表现了，但她婆婆说，千万不能这么说，他这辈子唯一引以为自豪的就是他饭菜做得好。当她婆婆把饭菜送过去的时候，他公公说怎么这么好吃，以为这是她婆婆在大前门哪家大饭店买的。

徐莉在婆婆身上学到了很多东西。她跟她先生两人都是再婚夫妻，他们一开始住在徐莉的房子里。他先生想买房子。徐莉说，住我的房子挺好的，干吗花这个钱？就没答应他。那几天他先生闷闷不乐。后来她婆婆就说：“你不知道北京男人、你也不知道中国男人，他们很要面子、要自尊，他们觉得大男人就是要给女人提供住的地方，住在里面才大气。”徐莉想清楚了，后来都按照她先生的要求去做。所以，女人能干没关系，但要善于经营婚姻，要有方法、有技巧、有智慧。

爱情是我们曾经拥有的每个瞬间，不管一路如何颠簸，我们的双手依然紧紧握在一起。最后，我祝愿在座的各位收获爱情、收获人生美好的幸福。谢谢！

经典婚姻的另类解读

——谈李清照与赵明诚

彭玉平

彭玉平

中山大学文学院教授、博士生导师。兼任中国词学会常务理事、中华诗教学会副秘书长及广东省古代文论研究会理事。先后入选为广东省省级学科带头人及珠江学者特聘教授。专长于古代诗文与诗文批评、词学及古代文学等领域的教研工作。已出版《诗文评的体性》《人间词话疏证》等十余部学术专著，并发表论文120余篇。

李清照在宋代女词人当中应该是一流的，也是那个年代词人的代表。解读女性的词与男性的词的方法有些不一样，我们说词是女性文学，总体上是这样的，虽然词体也在发展演变，但是词人以男性为多，或者说男性做得更加杰出。比如平时做饭的人女士居多，但是特级厨师以男性居多；做衣服的女性居多，而一流的服装设计师男性又居多。我这倒不是说男性优越论，而是社会环境导致了男女在从事这个职业的时候，有利或者不利的条件不同，所以解读李清照跟解读李清照之外的男性词人的方法不一样。

这个不一样体现在哪里呢？一个男性词人，他可能不是从自我的立场来表达自我的心情，他可以把自己假设为一个女性，或者另外一个人物，然后来表达一个女性或者另外一个人物的心情，这个心情与自己经历的心情可以没有关系，当然也可以有一点关系。但是李清照不同，她本人就是女性，她从自我的角度和立场来说自我的心情跟经历，就变得比较自然，我们因此可以通过词知人论事，而不是通过一个作品去了解一个人。如果是男性词人，可能中间会隔了几道弯，但是对于李清照这样的女词人来说，通过她的词来了解她本人，距离可能更直接一点，或者比较短一点。

李清照的透明度很低

李清照跟赵明诚的婚姻，一向被认为是情投意合。过去有人说，我们怎么能把他们的关系理解成是同床异梦呢？是不是我们心理有点变态？其实我认为，如果我变了她，也会认为这个世界正常的人不多，这是第一层含义。

第二层含义，对李清照跟赵明诚的婚姻关系的看法，不能只凭热爱或者感情做学术判断，我也喜欢李清照，我也希望她幸福，但是我必须根据事实得出符合事实的结论，如果我们确实有疑惑，甚至发现问题很大，我们不得不做出新的判断。

李清照的作品大概给人这样的印象，她的绝大多数词都充满了一种愁情，忧愁的“愁”，这个愁情呢，具有两个特点。第一，持续的时间比较长；第二，重复的频率比较高。

在当时那样一个社会环境里，她的生活圈子除了夫妻就是夫妻周围的这些亲属跟朋友关系，她没有单位，没有学校，她不会得罪谁，她为什么难过呢？为什么不开心呢？这些与领导没关系、与同事没关系、与同学没关系，那与谁有关系呢？她身边的人就这么几个，这个答案其实非常简单。

李清照的词除了有愁情之外，还有哀怨，甚至还有一种感情，我们可能听起来比较触目惊心，就是一种恨。李清照的词里面经常用到“恨”这个字，你说李清照能恨谁呢？

我们读李清照的词觉得愁情满纸，充满了哀怨，夹杂着仇恨，但我们的文学史却认为她是幸福的女人，尽管她在她的作品里面强烈地表达了她很不幸福，但是我们的文学史却说她很幸福，我觉得这就是很残酷的地方。对很多人来说，李清照的知名度很高，但是透明度很低，我希望能根据我的读书所得，尽量提高她的透明度，让大家知道更多的情况。

李清照的家族背景

李清照的号叫易安居士，济南人。现在济南的趵突泉公园里面就有李清照纪念馆。辛弃疾也是济南人，但他跟李清照在济南的待遇非常不同，李清照纪念馆是楼堂馆阁、窗明几净，里面纪念的东西也比较多，而辛弃疾纪念馆呢，很小的一个地方，上面布满了灰尘，人迹罕至，虽然就在大明湖旁边。

李清照的父亲叫李格非，曾任礼部员外郎，北宋文章名流，同苏轼关系密切，与廖正一、李禧、董荣合称“苏门后四学士”。赵明诚的父亲赵挺之则任过吏部侍郎，拜御史中丞。了解北宋历史的人都知道，苏轼这一派基本上得意的时候少，失意的时候多，为什么呢？因为苏轼属于旧党，旧党属于保守派。在北宋朝廷呢，革新派或者是变革派一直占据着主导地位，居于主流，苏轼倒霉，李格非当然就跟着倒霉了。

李清照从小就接受了传统的文化和艺术熏陶，虽然是女性身份，但她具备许多男性的眼界和男性的判断。

李清照嫁给赵明诚那年才18岁。赵明诚的背景是什么呢？赵明诚的父亲赵挺之为吏部侍郎，负责管理官员升迁，属于新党一派，所以这两个亲家政治上是对手，一个是新党、一个是旧党。在北宋，新党和旧党彼此不能相容，总是你上我下，我上你下，这种政治关系肯定会给他们子女的婚姻带来一些阴影，这个阴影简直无处不在。

李清照结婚的第二年，李清照的父亲李格非，因为朝廷政局变化，要被贬出京城，于是李清照就写信给她的公公赵挺之，希望他能帮一下自己的父亲。但是亲情归亲情，政治归政治，赵挺之不会为了这个亲家而牺牲自己的政治前途，所以他没有施以援手，这就肯定给李清照带来了一种心理上的阴影，这是一个方面。

赵明诚是收藏大家

第二个方面，赵明诚是一个收藏大家。他们刚结婚的时候，围绕着收藏曾经有过幸福生活，李清照在《金石录后序》里有过记叙，这篇文章写于赵明诚去世之后的6年。这本《金石录》就是赵明诚用了一生的经历来编纂成的一本书，由李清照收尾。

李清照记叙：每次收集到一个新的版本，两人会一起校勘，如果有些纸容易破损，那就把它们整理好，有些散乱的把它们集合起来，给它们盖章等，说明这本书什么时候收于什么地方；得到一个彝鼎（古代礼器），一些书法、绘画，“摩玩舒卷，指摘疵病”，就是把这个书法、绘画、各种彝鼎拿过来反复看，好在哪里，哪个是败笔。因为他们见多识广，所以他们可以对历代的这些名家、名作指出哪里存在不足。“夜尽一烛为率”，晚上以点完一根蜡烛的时间为标准，蜡烛点完了就可以休息了，所以他们家的收藏品不是随便堆在一起，而是全部经过他们精心整理过，所以“纸札精致，字画完整，冠诸收书家”，在当时的收藏家里面，这些工作他们做得最好，不仅数量最多，而且质量很高。

李清照说，她记性特别好，“每饭罢，坐归来堂烹茶”。归来堂是他们读书的地方，在归来堂烹茶，就是煮茶，那里堆了一地的各种各样的史书，言某事在某书某卷第几页第几行，夫妻两个人会竞猜，比如历史上哪件事情记载在某本书的何处，谁猜对了就可以喝茶。李清照的记忆力好，经常猜对了，一猜对了当然就很得意，一得意结果把茶打翻在身上，至茶倾覆怀中，结果猜中的人反而没喝到茶，但是她又说了后面一句话："甘心老是乡矣"，意思是愿意在这样的生活中度过一辈子。

这种生活清贫但快乐，但这是李清照晚年写的。如果她在这样的生活中度过了一辈子，她还需要有这一句吗？甘心老是乡矣，这6个字里面所包含的感慨，大家好好体会。

玩收藏可能是无底洞

收藏家常常是怎样的一类人物呢？我觉得所有收藏家如果到了一定的境界，几乎都可以用4个字概括：玩物丧志，丧志当然丧的是别的志，收藏的这个志还在。比如你平时玩收藏，但是当你的收藏到了极高境界的时候，就是收藏玩你了，这个藏品要让你开心，你就开心，要让你痛苦你就痛苦，不是收藏点缀你的生活，而是你变成了收藏的点缀。

赵明诚在收藏方面很有境界、很有眼光，他有判断力，而且他的经济实力曾经非常强大，但是你要知道，玩收藏可能是一个无底洞，你今年挣了1000万元，你明天买一样东西可能花5000万元，你很快就变成负债几千万元的穷人了，赵明诚就有这样的特点。

看李清照下面一段话，她说："余性不耐"，收藏多了以后，有时候也觉得很烦，"食去重肉、衣去重采，首无明珠翡翠之饰，室无涂金刺绣之具"。吃饭时，荤菜只有一个，为什么？要省钱啊，衣去重采，好看的衣服只有一件，平常舍不得穿，因为赵明诚玩收藏，李清照跟着做出重大的牺牲，别的女人头上又是明珠、又是翡翠，她头上啥也没有，别人家里的家具是刺金涂绣，她家里可能是极普通的家具。

李清照做了那么多的牺牲，她得到了赵明诚的尊重了没有呢？一开始当然是有的。他们新婚的时候，两人一起欣赏收藏，比赛记忆力，挺好的。但是当收藏品越来越多的时候，李清照在赵明诚眼里的地位就慢慢下滑了，收藏品的形象就慢慢高大起来。他们结婚的时候，收藏是他们新婚生活的点缀，时间长了，他们的婚姻生活成为收藏的点缀。

这段话是李清照亲口说的。后来，“或少损污，必惩责揩完涂改，不复向时之坦夷也。是欲求适意，而反取憀慄。”意思就是说，李清照有时候不小心把书画弄脏了，赵明诚就很生气，一定要她把东西涂改回原样，再也没有以前从容于收藏品之间、从容谈笑这样一种幸福生活的境界了。为此李清照很困惑，收藏本来是为了求得开心，现在反而搞得我很紧张，有必要吗？

社会动乱影响夫妻感情

如果北宋没有发生大的变化，两个人之间一些小小的矛盾，大概还是可以克服的。但是到了 1127 年，北宋灭亡了，很多人南下逃亡，就是带着钱坐船、坐车往南面跑。但赵明诚不行，为什么？他的收藏品在山东青州堆了满满 10 间屋，当然后来烧了一些，但是没有烧掉的这些收藏品还是装了整整一船，后来南下到了安徽池州。

这时候，朝廷任命赵明诚到浙江湖州任职。赵明诚政治上有抱负，对于朝廷的任命他当然不愿意错过机会，但是他没有想到，在逃难途中，在兵荒马乱的年代，他去浙江任职了，然后把这么一大船收藏品丢给李清照，李清照怎么办？他没有考虑这么多，在《金石录后序》里面，你看到了意味深长的一段文字，这段文字是李清照自己写的。李清照用一种文学的手段来描写了夫妻的这场离别，但是这段文字里面大有文章。

“六月十三日，始负担舍舟，坐岸上，葛衣岸巾，精神如虎，目光烂烂射人，望舟中告别。”意思是，赵明诚自从知道朝廷任命他去湖州做官以后，穿得整整齐齐，很亢奋，目光流露出极度幸福的一种眼神，都来不及在船上跟老婆慢慢说，马上上岸就要走了，“余意甚恶”，大家有没有觉得，一个是精神如虎，一个是余意甚恶，这还不是貌合神离、同床异梦吗？

赵明诚如果爱自己的妻子，当官固然值得高兴，但在兵荒马乱的年代，妻子也很重要，不能把她扔在一边，也不会兴奋到如此程度。李清照的描写充满了讽刺，什么葛衣岸巾，特别描写他把最好的衣服穿在身上了，全是讽刺性的笔调。而且这个时候，丈夫已经去世6年了，这个怨恨依然在，这个恨该有多大？衣服、精神、眼光，充满了嘲笑，嘲笑了以后还要蔑视，“余意甚恶，呼曰：‘如传闻城中缓急，奈何？’”你就不能近着把话说完再走吗？如果敌人打过来怎么办？赵明诚说，就跟大家一块儿跑啊。但带着那么多收藏品，她怎么跑啊？逼不得已，实在没办法，先弃辎重，再把衣被扔掉，实在还不行，再把书册卷轴、古器扔掉，但是那个宗器你一定要抱在身上，“与身俱存亡，勿忘之”。离别的时候，李清照也许本来希望赵明诚能够说一些很温暖的话，比如要保重自己，这个收藏品能带一件是一件，不能带就算了，都是身外之物。我想李清照一定想听到这样的话，但是赵明诚应该没有说，否则，赵明诚去世6年之后，她为什么还要把当初离别的这种对话一一地说出来呢？因为她对这场离别耿耿于怀！她为了这个男人牺牲了自己的青春，艰难了自己的生活，甚至失去了自己的风采！华丽的衣服没有，首饰没有，但最后得到的是这样的一个情况，“独所谓宗器者，可自负抱，与身俱存亡”。

李清照身价几何？在赵明诚的眼中、心中是清清楚楚的，宗器值多少钱，李清照就值多少钱。宗器应该是祖先所用的这么一个器具，你说丢了又怎么样？赵明诚离别时的交代，李清照肯定很不舒服，赵明诚不在乎李清照的生命而在乎宗器！

李清照有没有把这个宗器一直带在身边呢？我可以把结论告诉大家，赵明诚让她视同生命一定要抱在身边的宗器，她早就扔掉了，而赵明诚让她扔掉的东西她没有扔，“所有一二残零，不成部帙书册三数种。平平书帖，犹复爱惜如护头目，何愚也耶!”她又在讽刺赵明诚了，你说要我跟宗器共存亡，宗器就代表了我的生命，我根本没这样处理，我早就把宗器扔掉了，你让我扔掉的那些书册，我现在还带在身边，我像爱护我自己的头和眼睛一样地爱护它们。他们的矛盾就是这么来的，貌合神离。

李清照除了直接地来追忆她跟赵明诚之间的这个生活片断，包括北宋灭亡南迁以后逃难的这种对话，对于赵明诚的收藏的心态，也引发了李清照的进一步分析。

中庸哲学真的很有道理

李清照还有这样一段文字：“自王涯、元载之祸，书画与胡椒无异；长舆、元凯之病，钱癖与传癖何殊？明虽不同，其惑一也。”不要以为喜欢书画你就显得高尚，或者喜欢胡椒就显得低下，你只要喜欢某种东西到极致，那就是祸，就是迷失了自己，迷失了自我。

收藏家怎样从温文尔雅的形象变成面目狰狞，李清照一步一步看得很清楚，曾经对她呵护有加的丈夫，怎么变成动不动朝她发脾气，无视她的生命，把她的生命等同一个宗器，李清照回想起来历历在目。这篇《金石录后序》把他们夫妻关系的真相说得很清楚。我们看这段文字：王涯曾经当过宰相，对字画喜欢到极致的地步，被杀了以后，人家去抢他家里的钱，对他的书画根本扔在一边。你当作一个宝，别人当作一根草，换个角度看收藏，在你那里价重如山，在别人那里没准不值一提。元载也是一个宰相，贪污让他自尽，在他的家里面胡椒粉就有 800 袋，这个胡椒粉能当饭吃吗？

张爱玲说过，一个人极爱另一个人，会认为这个人的形象伟岸高大，自己反只是一粒尘埃。这是很悲哀的，崇拜也好，收藏也好，到了极致就是灾难。

我有时候觉得，中国人的中庸哲学真的很有道理，为什么儒家哲学在中国流传那么久？因为讲究温柔敦厚，凡事不要过分，不要把追求看得比命还大，这个哲学对我本人很有影响。

改嫁了为什么很快离婚

有传说李清照后来改嫁了。有没有可能改嫁呢？历史事实记得清清楚楚，这一定是个事实。女的改嫁，在别的封建朝代可能被认为很出格，但是宋代人很开明，觉得没有问题。范仲淹的母亲就曾经改嫁给一个姓朱的，小说里面写的，不知道是真是假。

李清照改嫁其实非常正常，她跟赵明诚的爱情基础本来就不牢，而且充满矛盾。从《金石录后序》里面看出来，这个矛盾不可弥补，赵明诚去世6年之后，李清照还耿耿于怀，否则她为什么不多回忆一点幸福的片断，而是用大量的篇幅去描写那些不幸福的片断，而且语言带有嘲讽。这些都说明了他们的婚姻本来就脆弱，一旦有了机会，李清照重新寻找自己感情的寄托完全有可能。

历史文献记载，同李清照再婚的这个人叫张汝舟，张汝舟是审计司的一个下级官员。张汝舟为什么愿意娶李清照呢？因为李清照家里的收藏品多啊！多到什么程度？多到连皇帝都记得啊！

南宋以后，宋高宗派人到她家里去买收藏品。皇帝敢买，你敢卖吗？只要皇帝喜欢，李清照奉送。李清照前一段婚姻充满了难以言说的悲哀，现在赵明诚去世了，现在又碰到了这么迫切地要跟自己结婚的人，她可能一时失去了判断，或者做了一个简单的判断，就嫁给了这个张汝舟。

嫁给张汝舟不到100天就离婚了。为什么离婚了呢？因为她发现张汝舟比赵明诚还差，因为赵明诚好歹就是性格问题，学问还是没有问题的。张汝舟要李清照嫁给他的时候，李清照说："僶俛难言，优柔莫决，呻吟未定，强以同归。"就在李清照犹豫不决、拿不定主意的时候，张汝舟好说歹说，花言巧语，等于强迫李清照跟他结婚了。但是一结婚，张汝舟的面目就暴露出来了，下面是李清照自己的话：

"遂肆侵凌，日加殴击。"完全无视她的尊严，而且时有家暴，动手打她。你说赵明诚最多就是批评她几句，怎么也不可能挥手来打她啊，但张汝舟是粗人，他会动手打人。我始终觉得，女人再可恶你也不能打她，你可以请她安静地离开，不能打她，一打她所有的责任就归到你这边来了。所以李清照说："视听才分，实难共处。"从说话、才华等各方面来看，我没有办法跟他相处，我这样有才华的一个女人不能配这样一个市井粗俗之人，结果不到100天的婚姻她马上解决掉了。他们瞬间离合的这么一个经历，也说明了她跟赵明诚的基础确实不是很好。

李清照的词非常沉重，根源于她的婚姻

李清照跟赵明诚的婚姻，在我看来她本来就不应该结婚，是不是？两家的父亲是政治上的敌人，这是第一。第二，赵明诚是个收藏家。千万别嫁给收藏家，他现在家财万贯，明天可能变成穷光蛋。第三，处于特殊时期，也可能导致这种情感发生变化。李清照对赵明诚的看法，为什么赵明诚去世之后她才说呢？因为有许多原因她不能马上说。对李清照的词，王灼有这样的评价："闾巷荒淫之语，肆意落笔。自古缙绅之家能文妇女，未见如此无顾籍者。"通过《金石录后序》我们知道，李清照下笔比较重，她要讽刺就讽刺，要嘲讽就嘲讽，她的词也是这样的，她要写跟赵明诚之间的幸福婚姻，就直接写了。按照钱锺书的话，宋代的词一般说的都是婚外情，婚外情你怎么写都没问题，你写夫妻之间的感情那就不合适，所以王灼说李清照的词："闾巷荒淫之语"，李清照的词其实不荒淫，为什么说荒淫呢？意思是她写了夫妻内部的事，不适宜写出来公诸天下，所以他对李清照有这样一个批评。

我们读李清照下面这段词，总觉得非常沉重、非常复杂也非常细腻，就是根源于她的这段婚姻生活，或者说这段婚姻生活的不幸，就成为这种细腻、沉重和复杂的一个主干，不能说全部，但是可以说是

主干。我们读她的《醉花阴》，“薄雾浓云愁永昼”，本来一个人情绪不好，看个电视，或者打开微信，在朋友圈里面转一个笑话就好了，但是她竟然是愁永昼，从早到晚情绪都不好，“瑞脑消金兽。佳节又重阳，玉枕纱厨，半夜凉初透。东篱把酒黄昏后，有暗香盈袖。”李清照的家不是穷到没有盖的被子，因为心凉啊！“莫道不销魂，帘卷西风，人比黄花瘦。”周边有菊花的淡淡的香味，旁边有篱笆扎好了，然后喝酒，这个情景应该很好，自己因为愁而瘦，还是因为瘦而愁呢？如果男性词人这么写，你读了会起一身鸡皮疙瘩，为什么？因为女性说这样的话是可以的，但男性说这样的话不可以。我始终不能接受男性女性化现象。

李清照不幸的种种表现

我们再看她这样的词，“红藕香残玉簟秋。轻解罗裳，独上兰舟。云中谁寄锦书来？雁字回时，月满西楼。”下面看，“花自飘零水自流。一种相思，两处闲愁。此情无计可消除，才下眉头，却上心头。”以前大家欣赏她的语言写得真好，“此情无计可消除，才下眉头，却上心头。”但是我们现在回到“愁”这个字，“一种相思，两处闲愁。”眉头心间都是愁，你说是怎样的一种不幸的生活，才能让李清照处于这么一种窘迫的情感？不幸的女人当然有幸福的时候，但是当一个女人用90%以上的篇幅一再强调她的不幸的时候，她一定不幸，或者说，在这个女人的笔下，她的幸福微不足道，她的不幸才是深重的。

李清照日晚倦梳头。我能找到很多证据，她早上不梳头，晚上也不梳头，“香冷金猊，被翻红浪，起来慵自梳头。”一个女人不梳头，那是怎样恐怖的情形？但是李清照确实这样，为什么她不愿意梳？“物是人非事事休。欲语泪先流。闻说双溪春尚好，也拟泛轻舟。只恐双溪舴艋舟。载不动、许多愁。”这种愁情从李清照婚后大概第二年就开始了，她的词里面就极少出现欢快的情绪，之前，有时表现了对于赵明诚的思念，有时是担忧。

大家知道李清照习惯用仄声韵，仄声韵能表达一种很紧迫的感情。幸福的女人都是舒缓而从容的，不幸的女人才会觉得紧张，所以她选这个韵。

> 寻寻觅觅，冷冷清清，凄凄惨惨戚戚。乍暖还寒时候，最难将息。三杯两盏淡酒，怎敌他、晚来风急？雁过也，正伤心，却是旧时相识。满地黄花堆积。憔悴损，如今有谁堪摘？守着窗儿，独自怎生得黑？梧桐更兼细雨，到黄昏、点点滴滴。这次第，怎一个愁字了得！

大家注意，觅、凄、戚、急、识、积、摘、黑、滴、得，都是入声，从这些入声字可以看出这种情感的一种紧迫，而且你看“这次第，怎一个愁字了得”，李清照不是描写一般的愁，她描写的是船载也载不动，而且是一道一道的愁，是连续性的愁。

应该考察这首词的背景

我发现李清照跟赵明诚两个人的婚姻有问题，与我的读书经历有关。下面这首词我有点难以理解，然后就考察这首词的背景，寻找相关学术史，我现在大概读通了，我们再细看下面。

“香冷金猊”，“猊”就是狮子，金猊就是铜制的狮子形状的香炉。为什么古代的香炉都是猛兽形状？辟邪啊！“香冷”，就是天亮了。“被翻红浪”，没叠被子。生活态度是一个人心情的反映，早上起来慵自梳头。你说李清照早年多么爱美啊！“晨起觉微寒，梅花鬓上残。”早上起来觉得有点冷，头上的梅花给我压碎了。以前的李清照自以为是花中第一流，对自己的长相也很欣赏，但是现在的李清照呢？被子不叠、头发不梳，一个女人到了这种状态，她的心情一定很不好。

“任宝奁尘满，日上帘钩。生怕离怀别苦，多少事、欲说还休。新来瘦，非干病酒，不是悲秋。”宝奁就是梳妆匣，尘满就是说让梳妆匣落满灰尘，也就是很久没打开过，没有心情化妆。“多少事、欲说还休”，夫妻之间如果很幸福的话，有什么不能说呢？有什么难言之隐呢？我最近又瘦了，不是因为酒喝得多，也不是因为悲秋。李清照这个聪明绝顶的女人为什么最近又瘦了？原因我想想大概不出三个，A. 病酒，B. 悲秋，C. 与赵明诚有关。现在 A 不是，B 不是，就剩下一个 C 了，所以非干病酒不是悲秋，这个指向，只有赵明诚一个人，这首词被认为写于赵明诚去世之前。有什么暗恨欲说还休呢？因为赵挺之去世以后，蔡京把赵挺之三个儿子的官职全弄掉了，赵明诚也回到了青州老家担任地方官，就在不远的距离之外，他居然有三年春节没有回家，那么李清照就觉得奇怪了。后来有传闻说，赵明诚在外面纳妾了，这完全有可能。第一，李清照跟赵明诚的婚姻基础本来就不牢。第二，李清照也是有性格的人。赵明诚如果希望找个小鸟依人型的妻子，李清照大概不完全是，如果你把李清照哄得很好，李清照可以是，如果哄得不好，她一定不是。再说李清照跟赵明诚结婚那么多年，也没有生孩子，在封建社会里，一个女性结婚以后没有生孩子，那是没有地位的。没有生孩子，李清照可能认为原因就在自己，她有恨也不能说啊！丈夫外面纳了妾，你只能暗恨，你还能指责丈夫纳妾吗？

“休休，这回去也，千万遍《阳关》，也则难留。”欲说还休，赵明诚要去外地任职了，如果是正常的夫妻离别，李清照为什么要这样写呢？“休休，这回去也”，翻译过来就是，这次走了就完蛋了，因为她可能知道下次他再也不会回来了，他有可能在外面纳妾。赵明诚如果因为工作的原因离开，想来李清照不会那么不明事理，大概赵明诚此行是可去可留，但是赵明诚想去，李清照想留，所以就导致了“千万遍《阳关》，也则难留”。

“念武陵人远，烟锁秦楼。”李清照跟赵明诚结婚以后，她的书房叫归来堂，这个归来堂来自陶渊明的《归去来兮辞》，他们希望像世外桃源那样，过好两人世界，像武陵人嘛。但是她超脱不了啊！原来跟我志同道合的赵明诚，现在在心理上已经离我十分遥远：烟锁秦楼。赵明诚可以离开这个地方，但是李清照没有办法离开这个地方，她被锁在这个地方了，“惟有楼前流水，应念我、终日凝眸。”这句话意味深长，除了眼前这段流水，没有人再牵挂我。“凝眸处，从今又添，一段新愁。”终日凝眸是种怎样的状态？不正常啊，凡是精神有问题的人，他看人的眼神都比较直。终日凝眸肯定不是一个正常的状态。她其实写自己很惨的状态，说自己不仅可能有轻度的精神分裂症状，甚至有自杀倾向。李清照写的就是这样的一个状态。

李清照的精神高度紧张

我无意把李清照说成是一个精神病人，事实上也不是。但是我要说，她的精神高度紧张，她的人生不再舒缓，她很害怕，她战战兢兢，她是个女人，再怎么样，在封建社会里面，女人是弱势，所以，我们读她的词里面就读出了这么多的不和谐的因素。李清照早期的词，把自己打扮得那么漂亮，心情那么好，回到家里那么开心，照了镜子看着自己花容满面，开心啊！现在如果拿了一个手机可以自拍的话，李清照肯定拿手机给自己一张张照，朋友圈一张张发出去，她珍惜自己啊！我一直觉得自恋的人很可能是好人，爱自己才有可能去爱别人，起码不会伤害别人，他自恋他就知道人是美好的，他虽然把更多的精力放在自己身上，但是他对别人也不会恶到什么程度，一个不爱自己的人，当然也不会爱别人。

幸福的婚姻都是相似的，不幸的婚姻才各有各的不幸。我们读了李清照的《醉花阴》，有一种冷的感觉，冷也是因为心里紧张，我们现在说不寒而栗，就是一紧张你会觉得浑身发抖。“被冷香消新梦觉”，“凉生枕簟泪痕滋”。这种冷的感觉她经常写，我相信李清照家里不至于没有保暖的东西。我还考察过，她的睡眠状况极其糟糕，要么就是整夜地睡不着，要么睡着了就做噩梦，或者半夜醒来就再也睡不着了。一个人长期睡眠不好，就会导致神情恍惚。

李清照因为睡不好，对什么都没兴趣，“试灯无意思，踏雪没心情”。这是李清照的原话，“倚遍栏干，只是无情绪。”栏杆从这里靠到那里，一点兴趣都没有。“断香残酒情怀恶，西风催衬梧桐落。”“藤床纸帐朝眠起，说不尽、无佳思。”她觉得生活没有意义，所以为什么终日凝眸啊？晚上睡不着觉，白天神思恍惚，有时候想想自己的一生，纯粹的爱情追求不到，最后导致现在这样的结局，她是不是接近崩溃的边缘？我完全可以做这方面的联想。

还有一种情感，在词里面更可怕：恨。“恨萧萧，无情风雨。”“楼上远信谁传，恨绵绵。”什么叫恨呢？就是自己受到了强烈的伤害，才会有的感情。

而且李清照有七八处写到了自己的憔悴。你说她不写自己的滋润，写自己的憔悴干吗？“如今憔悴，但余双泪”，憔悴到了只有两行眼泪。“满地黄花堆积。憔悴损，如今有谁堪摘？守着窗儿，独自怎生得黑！”你说是谁让这个原来自以为如花似玉的人变得如此憔悴？一个充满爱的人变成如此充满仇恨呢？这个答案似乎并不模糊，而且我说她有一点精神分裂的症状，就在于她有些动作已经不大正常：“更挼残蕊，更捻余香，更得些时。”残蕊花，别人拿着花看，她拿着花要把它捏碎，“独抱浓愁无好梦，夜阑犹剪灯花弄”，这都不正常，而且你看词里面还表达了一种特别的观点，就是残缺。一个健全的人，关注的是健全、完整，觉得自己的家庭、婚姻、爱情不完整的人，才会觉得这个世界是不完整的，才会觉得眼前的意象都是残缺的。在李清照的词里面，我们读到了那么多的残缺：玉炉沉水袅残烟，泪融残粉花钿重，浓睡不消残酒，梅萼插残枝，红藕香残玉簟秋，门外谁扫残红。我们可以看出烟是残烟，粉是残粉，酒是残酒，枝是残枝，香是残香，花是残花，所以在她眼里的世界的一切，都是不完整的。为什么不完整呢？因为在女人心中，如果她的爱情世界不完整，世界的一切都不完整。

通过李清照自己的文字，我们分析了她眼中的赵明诚是怎样的形象，又分析了她的词里面细微沉重和复杂的这么一种感情有可能的指向，我们就能知道，李清照跟赵明诚的婚姻需要换一个角度来解读。也许谈恋爱的时候或者新婚的时候，他们曾经非常甜蜜，但是不要忘记一句很经典的话，恋爱容易，婚姻不易，且行且珍惜。

谢谢大家！

张骁儒 / 主编

深圳市民文化大讲堂
2014年讲座精选

The Selections of
Shenzhen Civil Lecture on Culture
(2014)

社会科学文献出版社
SOCIAL SCIENCES ACADEMIC PRESS (CHINA)

【目 录】Contents

上册

一 家国天下

二 艺术

三　教育·婚姻

下册

四　文学

五　环保·社会

六　历史·传统文化

七　养生

四 文学

被误读的秦可卿

洛保生

洛保生

河北大学文学院古代文学教研室教授。已在《河北学刊》《河北大学学报》《蒲松龄研究》《光明日报》等报刊发表《红学论争与学术规范》《相同的小说观念、不同的艺术开掘》《古代文学研究的新视野》《河北大学图书馆藏抄本〈聊斋文集〉研究》等论文30余篇。

秦可卿在《红楼梦》中所占篇幅不大，只存在于第五回至第十三回。比起宝、黛、钗、凤的文字少得多。但浓墨重彩，多是溢美之言。

1922年年轻的俞平伯先生写了《论秦可卿之死》，提出秦氏与公公贾珍私通被丫鬟发现，羞愤自缢而亡。几十年来几乎没人提出疑问，几成定论。近年来有位作家兼学者，写了大量红学揭秘文章。自称考证出秦氏乃康熙朝废太子胤礽的女儿。因废太子正在进行谋取皇位的政治斗争，所以将她藏匿贾府，嫁给宁国府贾蓉为妻。后来，秦氏又与公公贾珍产生私情，而其时废太子胤礽夺取皇位失败，于是派了张友士以看病下药为名，令其自尽。他指出《红楼梦》是以小说的形式，秘写了一段被湮没的历史，并借此呼吁建立“秦学”。

看了这些揭秘文章与专著后，我先是佩服揭秘者的勤奋与丰富的想象力。又觉得揭秘者把注意力集中在人物原型的考证上，而忽视了对文本的分析，甚至为了揭秘需要而曲解文本。我想，小说是文学中最大众化的读物，理应通俗易懂。即使作者运用了冷笔、峭笔、曲笔，有明写、暗写、不写之写，也不会成心将小说写成谜语或密码。退一步讲，假设果真如揭秘者所说，考证出了文本中所隐藏的史实和能够与文本相对应的历史人物，则是《红楼梦》的不幸。那就大大降低了《红楼梦》在文学中的地位，也容易让读者产生猎奇心理而忽视它丰厚的文化内涵与精湛的艺术描写。而且会使《红楼梦》研究越来越复杂，不但不能帮助读者阅读理解，反而会让读者越看疑问越多。俞平伯先生1986年一个发言说：“《红楼梦》研究应浅一些，你非问贾宝玉是谁？你非要找到大观园干吗？”我理解这句话是指现在的红学离文本太远了，俞先生在倡导回归文本。

所以这次讲秦可卿，一切从文本出发，只看小说中的描述。谈三点：第一，秦可卿之身世；第二，秦可卿之死；第三，秦可卿与贾宝玉之关系。

秦氏之身世

文本第八回交代：“她父亲秦业，现任营缮郎。年近七十，夫人早亡。因当年无儿女，便向养生堂抱了一个儿子并一个女儿。谁知儿子又死了。只剩女儿，小名唤可儿，长大时，生得形容袅娜，性格风流。因素与贾家有些瓜葛，故结了亲，许与贾蓉为妻。”揭秘者认为这段介绍文字纯属假语村言，在讲究门第的古代社会，贾府这样的高门大户怎会娶这样一个地位低下、家境贫寒人家的女儿呢？是作者有意隐瞒了她那高贵的出身。

可是我们从文本中看到贾府的媳妇们，除了王夫人、王熙凤出身于大户人家，其余的身世并不显赫。贾赦妻邢夫人、贾珍妻尤氏家境并不好。邢夫人的兄嫂、侄女，尤氏的老娘、两个妹妹都因生计艰难来投靠贾府。更为关键的是贾母的婚姻观是非常进步的，从不讲究门当户对。如第二十九回张道士给贾宝玉提亲，贾母说："不管她门第富贵……便是那家子穷，不过给他几两银子罢了。只是模样性格，难得好的。"类似的话贾母说过不止一次，是她的一贯主张。看到这儿，我们可知贾母聪明至极，观念先进。她明白门第、富贵是外在的、可变的，而一个人的模样、性格是难变的，是一个人最基本的条件，是本质的。由于贾母的影响，秦氏的婆婆尤氏也是这样的观念。第十回尤氏说道："再娶这么个模样、这么个性情的人，打着灯笼也没地方找去。"从文本中的描绘看，秦氏"生得袅娜纤巧，行事又温柔和平"，完全符合贾母的婚姻观念，因此是贾母重孙媳妇中"第一个得意之人"。

揭秘者又说了，秦氏如果真是个养生堂抱养的孤儿，娘家又没钱，"为何贾府上上下下都尊重她、喜欢她，甚至仰视她？"再加上秦氏临死托梦给凤姐说："常言月满则亏，水满则溢；又道是登高必跌重。如今我们家赫赫扬扬，已将百载，一日倘或乐极生悲，若应了那树倒猢狲散的俗语，岂不枉称了一世的诗书旧族了。"嘱托凤姐在祖坟多置田产、建家塾，给子孙后代留条退路。于是得出结论："如果不是一个有着丰富的政治经验，出身于一个非常高贵的家族的女性，是不可能想到这些的。她哪儿来的这些社会政治经验？"

我认为正是因为秦氏是孤儿，有在养生堂的生活经历，又抱养在寒门，是寒门长女，这种人生经历成就了秦氏的种种优点。她没有贵族出身的少妇、小姐们的骄娇二气，没有盛气凌人的优越感，她低调温和，慈老爱幼，怜贫惜贱。她由寒门上嫁到豪门，有一种幸运感、幸福感。她怀着感恩的心情要把所有的事情都做好，要把所有人都维护好。这种心态与袭人类似，袭人就是怀着一种幸运感在贾府一千个小心，一万个谨慎。过去评论者都说袭人奴性，那是用阶级分析的方法。其实作者在这里写的是人情与人性，人与人之间的感情回馈通常是对等的，知恩图报在任何一个时代都是一种美德。

遍观全书，不论是作者的叙述语言，还是书中人物的语言，如贾母、贾珍、尤氏、凤姐、宝玉以及贾府仆从老小对秦氏都是溢美之词，而无一贬词。至于秦氏托梦给凤姐所表现出的忧患意识，也是因为秦氏有在养生堂的生活经历，又长在寒门薄宦之家，她深知生活的艰难与人生的不易，她不是“安富尊荣坐享之人”。所以她比精明强干的王熙凤忧虑更多，想得更远。更能看出这个赫赫扬扬已历百载的名门望族所潜伏的危机，这让凤姐也十分敬畏。

小说中写秦氏与凤姐素来关系厚密，颇有些英雄相惜的意味。而秦氏的思维敏锐缜密，深谋远虑又远在凤姐之上。

换个角度说，如果废太子的女儿能够认识到“登高必跌重”，“荣辱自古周而复始”的道理，她那位废太子的亲爹就不会卷到争夺皇位的政治漩涡之中了。

所以《红楼梦》对秦氏都是正面描写，实在不需要过分解读。过分解读，就如医生对患者过分治疗一样，不但无益，反而有害。

秦氏之死

任何讨论秦氏的文章都必谈秦氏之死，文章颇多。主要有两种说法：一种是秦氏因与贾珍有私情，被丫鬟无意中发现羞愤自缢。另一种是既与贾珍有私情，更因为废太子在争夺皇位的斗争中失败，派张友士以诊病开药方为掩护，令其自尽。两种说法都可以找到很多论据。试着分析几个论据，看看这些论据能否支持这些论点。

第一，贾珍哭成泪人。秦氏死后贾珍当着众人哭成泪人，必欲尽其所有厚葬。说明二人必有私情，贾珍动了真感情。我却认为如此描写正说明二人无私情。如有则应当着众人收敛些，不敢张扬，以免露出马脚。公公与儿媳有私情不论古今，毕竟不是什么光彩的事。再说贾珍是个皮肤滥淫之人，对谁也不会有真感情。贾珍所以悲痛，是因为“谁不知道我这儿媳强过儿子十倍”，还因为宁府三代单传“如今又死了儿媳妇，长房内更是灭绝无人”，厚葬也是为了迎合贾母、凤姐等人对秦氏的感情。而尤氏犯病不能理事，也不是因为知道二人私情而赌气装病，而是让出舞台，让更重要的人物凤姐登场表演。这是凤姐办理的最大的事，也是最显才能的事，如此安排显然是服从于《红楼梦》的整体构思。当然秦氏之死还可以说有更深一层寓意，就是贾府衰亡的大预演。

第二，出殡路祭。至于为秦氏送殡与路祭的公侯王爷们，应是小说家言，为了铺排热闹，不必深究。试想，假如秦氏真是废太子之女，又因其父争夺皇位失败而自杀，公侯王爷们避之唯恐不及，谁还敢来凑这个热闹？

第三，焦大醉骂。焦大醉骂中的“爬灰的爬灰”被认为特指秦氏与贾珍的私情，也不能让人信服。焦大年事已高，耳聋眼花，整日酗酒、消息闭塞。如果焦大知道，宁府一定尽人皆知，若尽人皆知秦氏便不会因私情被丫鬟撞见而羞愤自缢。所以焦大醉骂只是发泄内心不满的一场痛骂，越骂火气越大，也就骂得越脏，而不是特指。

第四，第十三回回末脂评。脂砚斋在第十三回回末评道：“秦可卿淫丧天香楼，作者用史笔也。老朽因有‘魂托凤姐’、‘贾家后事’二件，嫡是安富尊荣坐享人能想得到处？……姑赦之。因命芹溪删去。”从现在的文本看，作者也听话，删了，读者看不到了，脂评的目的达到了。为何还要写这段评语？这不明明是要让读者知道吗？太自相矛盾了。我们都知道曹雪芹写《红楼梦》披阅十载，增删五次，而脂评也是一评再评，至“凡四阅校过”。这条评语很可能是早期的评语，定稿时应删掉的。由于现存抄本全部是过录本，很难分清评点的时间顺序，已有学者发文论述秦氏的形象经过作者改塑，因《红楼梦》尚未最后定稿，尚留有初稿的痕迹。既然是作者删掉了，为什么非要以删掉的内容为研究对象，而不研究现有的文字呢？

以上四个论据都不能证明秦氏是淫丧。那么，她究竟因何而死呢？

其实，《红楼梦》文本中对秦氏因病而死描述得很清晰，只是我们读《红楼梦》习惯于只往深处想，而忽略了文本中的描述。如第十回尤氏说秦氏“这些日子不知怎么的，经期两个多月没来。大夫瞧了又并不是喜。下半晌懒待动，话也懒待说，眼神发眩”。尤氏还考虑了秦氏的病因：“虽则见人有说有笑，会行事儿。他可心细，心又重，不拘听见了什么话都要度量个三日五夜才罢，这病就打这个秉性上头思虑出来的。”这期间不论尤氏、贾珍、贾蓉都在积极想办法为秦氏治病，请来了名医张友士，张友士诊断结论与尤氏的推测竟是不谋而合。

张友士诊断是“大奶奶是个心性高强，聪明不过的人。聪明忒过，则不如意事常有。不如意事常有，则思虑太过，此病是忧虑伤脾，肝木忒旺”。

第八回凤姐带宝玉去看秦氏，凤姐说：“怎么几日不见，就瘦的这么着了！”病情发展了。秦氏自己也知道日子不多了，就跟凤姐说道：“一家人长辈同辈之中，除了婶子倒不用说了，别人也从没有不疼我的，也无不和我好的。如今得了这个病，把我那要强的心一分也没有了。”此后凤姐不时过来探望。贾珍、尤氏、贾蓉好不焦心。贾母也异常关心，对凤姐说：“好个孩子，要是有原故，可不叫人疼死。”一边说一阵心酸。嘱咐凤姐常去瞧瞧，送些爱吃的东西。凤姐再一次去，看秦氏脸上身上的肉全瘦干了。并与尤氏商议准备后事，冲一冲秦氏的病。

从文本这些描述中，可知秦氏的病由轻到重，有一个逐渐发展的过程。从与秦氏接触最多的尤氏口里，从医生张友士的诊断里，从秦氏自己的话里，我们可以知道，秦氏这个人，聪明、要强、心又细、心思又重，忧虑过度，以致不治而亡。

那么秦可卿忧虑什么呢？是谁、是什么事让她忧虑呢？书中没写，给读者留下了较大的想象空间。

我的推想是，秦氏由寒门嫁入豪门，起初有一种幸运感，新鲜感，这时她的内心是快乐的、平和的。时间长了，由于她的聪明、敏感、要强和养生堂与寒门薄宦之家的生活经历，使她发现了这个富贵流传的诗书簪缨之家，竟是如此的腐朽不堪。爷爷贾敬“整日和道士胡羼，放任子孙”；公公贾珍“一味高乐不已，把个宁国府翻了个过”；丈夫贾蓉放荡不羁。整个宁府骄奢淫逸，都是安富尊荣坐享之人，不仅没有一个能人，也没有一个正经人。如此发展下去，必然是登高跌重，乐极生悲。她由最初的幸运感变为失落感，甚至绝望感。我们还可以推想以秦氏之聪明心细，她一定可以发现公公贾珍与丈夫贾蓉的淫行。从尤二姐、尤三姐的故事中，我们知道这父子二人的荒淫无耻已经到了无所顾忌的地步。但由于身世与性格的原因，她不可能像凤姐发现贾琏的淫行一样大吵大闹。她表面上虽然有说有笑，但内心的忧虑和痛苦无法排遣，而且越来越重。秦氏的忧虑是无药可治的，正如贾府的败亡不可挽救。这就是秦氏的死因。

秦氏与宝玉的关系

这要从第五回宝玉午睡说起。宝玉刚至秦氏房门，便有一股细细的甜香袭人而来，宝玉便觉眼饧骨软。向壁上看时，有唐伯虎画的《海棠春睡图》、秦太虚的对联，案上设着武则天镜室的宝镜，一边摆着飞燕立着舞过的金盘，盘内盛着安禄山掷伤了太真乳的木瓜……还有寿昌公主的榻，同昌公主的联珠帐。宝玉含笑连说“这里好”。秦氏笑道：“我这屋子大约神仙也可以住得了。”亲自展开西子浣过的纱衾，移了红娘抱过的鸳枕。

这段细腻而又夸张的卧室描写，引起研究者的极大兴趣。有人说这里写的是秦氏的淫荡，杨玉环、赵飞燕、西施、红娘都与淫荡或香艳的故事有关；有人认为这是在显示秦氏的皇家身份，皇家气派，又是女皇武则天，又是皇妃赵飞燕、杨玉环，还有两位公主的器物，都与皇室有关联。这两种分析也有些道理，因为《红楼梦》中的卧室描写多是为显示主人的身份和性格。如潇湘馆的竹子写黛玉的高洁，秋爽斋的书案写探春的气魄，蘅芜苑的白净写宝钗的冷艳。但这段描写不同，作者改变了叙事角度。从宝玉的视角出发，写的是宝玉进入秦氏卧室的所见所感：细细的甜香是宝玉的嗅觉，屋内的陈设是宝玉的视觉，秦氏的笑语是宝玉的听觉。这是一个正处在青春期的男孩，第一次进入一个比自己大几岁，已经结婚而且温柔漂亮的女性卧室的感受与联想。宝玉平时杂学旁收，爱看野史戏曲，知道武则天、杨玉环、《西厢记》、《浣纱记》里的风流故事。自然而然地产生联想，或者说半是联想半是幻觉。这里的所有描写都是宝玉主观视角的意象化描写，既符合宝玉当时的心理特征，又为宝玉梦中神游太虚幻境做了恰当的铺垫。而所有描写都与秦氏的品质和身份无关。更不是秦氏在引诱宝玉，这从秦氏刚说过的"他能有多大，就忌讳这个"可知。

宝玉在秦氏卧室做了一个梦，《红楼梦》中最长、内容最多、最为离奇、最为真实，又最能笼罩全书的一个大梦。

宝玉进屋已是眼饧骨软，躺在床上刚合眼，犹似秦氏在前，随着秦氏见到警幻仙姑，又随警幻仙姑进入太虚幻境。警幻仙姑对宝玉说：偶遇宁荣二公，剖腹深嘱，央求警幻仙姑将宝玉规引入正，以挽救家族运终数尽的命运。警幻仙姑不负宁荣二公之托，将宝玉引入太虚幻境，醉以灵酒，沁以仙茗，警以妙曲，而且将其妹乳名兼美，字可卿者许配宝玉，今夕良辰，即可成婚。宝玉就立刻与之成婚。

第二天宝玉与可卿携手出游至迷津，只听水响如雷，竟有许多夜叉海鬼将宝玉拖将下去，吓得宝玉汗下如雨，大喊"可卿救我"，梦醒了。

这个梦的真实精妙之处在于它符合人的入梦心理，中国有句老话"日有所思，夜有所梦"，《梦的解析》认为"每个梦的刺激均来自入睡前的经验"。梦中警幻安排宝玉结婚了，那女子"鲜艳妩媚有似宝钗，风流袅娜则又如黛玉"，乳名兼美，字可卿。我们都知道梦是人的潜意识反映，潜意识是人的原始欲望，在清醒状态时，意识压制着潜意识，在梦中潜意识则要冲破意识的压制。这里的所谓成婚，实际上是宝玉为自己性冲动的羞耻感、错罪感寻求掩饰。

宝玉的梦中情人兼有钗黛之美，所以叫兼美，字可卿。这是因为宝玉平时与钗黛接触最多，两个都爱，但又都有些缺憾。梦中情人则没有缺憾，她是钗、黛、秦氏三个女性重叠组合而成，是一个最完美、最理想的女性形象。

警幻仙姑让宝玉成婚的目的是让他领略仙闺幻境的风光尚然如此，何况尘世。而今以后，改悟前情，留意于孔孟之间，委身于经济之道。这是个以毒攻毒的教育方法，颇似让人先吸毒再戒毒，必然失败。宝玉“天分中生成一段痴情”，不仅没有改悟前情，反而在情上更执着了。

说到这里，我们可以试着解释秦氏的判词和曲子了。判词：“情天情海幻情身，情既相逢必主淫。漫言不肖皆荣出，造衅开端实在宁。”

第一句，秦氏是漫无边际的情凝聚而成的，是情的化身。

第二句，“情既相逢”必定是二人相逢，而另一个人也必须是情的化身，才称得上是两情相逢。现有的翻译注释者都认为，此诗第一句说秦氏淫荡；第二句说秦氏与贾珍的私情。其实情字在《红楼梦》中是褒义的，尊贵的。一部《红楼梦》“大旨谈情”，而贾珍是皮肤滥淫之人，根本不配情字。《红楼梦》的读者都知道，宝玉是情种、情痴，只有宝玉堪称情字。所以此句应指秦氏与宝玉的相逢，即宝玉在秦氏卧室午睡，梦中与之成婚之事。两情相逢必然产生淫，而淫在此应指意淫，亦是褒义。在宝玉梦中，警幻已明示宝玉乃“天下古今第一淫人”，并强调“淫虽一理，意则有别……恨不能尽天下美女供我一时之趣兴，此皆皮肤滥淫之蠢物耳”。“如尔，则天分中生成一段痴情，吾辈推之为意淫，意淫二字，惟心会而不可口传，可神通而不可语达”。我理解“意淫”指的是柏拉图式的精神相恋，相恋的两个人不是肌肤的相亲，而是心灵的相通，精神的相恋。这种相恋使人刻骨铭心，魂牵梦绕，是一种只有当事人可以体会，而无法对人言说的情感。

第五回末，宝玉在即将坠入迷津时大喊“可卿救我”，秦氏听到宝玉梦中唤自己的小名，纳闷“我的小名这里无人知道，他如何知道又在梦中喊出？”回末有一联“一场幽梦同谁近，千古情人独我痴”。此联以宝玉口吻说出，通过这场大梦，只有自己知道谁是最可亲近的人。我认为之所以写此联，是作者唯恐读者不解而特意点明二人是意淫的千古情人。而秦氏在听到宝玉呼救之前一直将他看作小孩子，听到“可卿救我”后，开始纳闷。秦氏心细、心又重，不拘听见什么都要度量三日五夜的，应该也包括这句话。秦氏究竟怎么想的，书中没写，我们也不去猜测。但可以肯定的是，宝玉从此以后便暗恋着秦氏。

如第十一回，宝玉随凤姐看望秦氏。进入秦氏的卧室，见到第一次来所见之物，自然想到了在此房间所做的大梦。正自出神，听到秦氏说自己“未必熬得过年去”，便“如万箭攒心，那眼泪不知不觉就流了下来”。

第十三回宝玉听到秦氏死讯，“只觉心中似戳了一刀的不忍，哇的一声，直奔出一口血来，急急到停灵之所痛哭一番”。

这些描述都表明了宝玉对梦中经历是那样刻骨铭心，难以忘怀。所以“情既相逢”应指宝玉与秦氏的相逢。

判词的第三句、第四句，笔锋突转，“漫言不肖皆荣出，造衅开端实在宁”，字面意思是不要把不能继承祖业的罪责都推给荣府的宝玉，家族衰亡是从宁府开始的。

理解这两句要结合作者生平及《红楼梦》的创作动机。作者生于繁华，终零落，晚年于穷困潦倒中回顾一生，反思家族衰亡的原因，怀着无材补天的深重悲哀。脂砚斋在“无材补天，幻形入世”下批道：“八字便是作者一生惭恨”。作者的创作动机是“自欲将锦衣纨绔之时，饫甘餍肥之日，背父兄教育之恩，负师友规谈之德，以至今日一技无成，半生潦倒之罪编述一集，以告知天下人”。这里分明有忏悔自责之意，可与此意相对应的有第三回描写宝玉的《西江月》词：“富贵不知乐业，贫穷难耐凄凉”，“于国于家无望”，也是忏悔自责之意。宝玉对家族衰亡应承担责任，但不是全部，宁府应承担更多的责任。

为什么宁府应承担更多呢？因为宁府最高辈分的贾敬、宁府当家人贾珍、宁府继承人贾蓉，三代无一正经之人。“造衅开端实在宁”，有谴责这祖孙三人的意思。

但这是秦氏的判词，不可能在后两句只说别人，而不说秦氏，这句诗更主要的意思是说秦氏。因为在宝玉心中秦氏是美的象征、情的化身，是警幻仙子规引宝玉入正的具体实施者，她不仅没有完成任务，反而使宝玉对情更为执着。而这个情却是错位的，注定不会有好结果。她让人迷恋又让人痛苦，正如太虚幻境宫门对联所写“厚地天高，堪叹古今情不尽；痴男怨女，可怜风月债难偿”。我以为此联可看作特指宝玉与秦氏二人的关系是情不尽、债难偿。当然此联还可笼罩全书，泛指《红楼梦》中所有之儿女，所有之情。如宝玉和黛玉、宝玉与宝钗、尤三姐与柳湘莲、司棋与潘又安，美好的事情总是好事多磨，究竟到头一梦，万境归空。

秦氏不仅没有完成将宝玉规引入正的任务，也没有完成为贾府子孙留条退路的任务。假如秦氏不是那么温柔美丽，假如宝玉没有进入卧室，假如没有与兼美成婚的美梦，宝玉一生的痛苦可能要少得多，贾府的结局也可能好得多。宝玉对秦氏又爱又怨。在愧则有余，悔又无益之大无可如何之日，既自责又责秦氏。而秦氏是宁府之人，所以才有“造衅开端实在宁”之句。

《红楼梦》十二支曲最后一支，是专写秦氏的。“画梁春尽落香尘。擅风情，秉月貌，便是败家的根本。箕裘颓堕皆从敬，家事消亡首罪宁。宿孽总因情。”

曲子与判词意思大体相同，只是更明白、更具体。“画梁春尽落香尘”是删而未净的痕迹。“擅风情，秉月貌，便是败家的根本”指宝玉之所以“于国于家无望”，就是因为秦氏太美了，太有风情了，太让人迷恋了，以致他一生沉溺于情，不能继承祖业。“箕裘颓堕”句，指从贾敬开始已经动摇了祖宗基业。“宿孽总因情”指前世的罪孽都是因情而生。这里所说的前世罪孽应指宝玉梦中成婚一事，那时的宝玉刚进入青春期，梦中经历纯粹是本我的表现。而作者写作时已到了人生晚境，年龄、阅历、处境，使他对本我的否定越来越强烈，罪错感也越来越强烈。回想起少年时那个难忘的梦境恍如隔世，似乎是前世的罪孽，命中注定，无可逃避，反思这个罪孽却是因情而生。

宝玉与秦氏的纠葛虽然所用文字不多，却很好地体现了《红楼梦》“因空见色，由色生情，传情入色，自色悟空”的整体叙事结构和全书的意蕴。宝玉进入卧室之前是空；进入秦氏卧室所见是色；梦中成婚，柔情缱绻是情；使对方受到感染是传。情是美好的，让人迷恋又让人痛苦，解脱之道是重回空境。

总之，我认为，秦氏孤儿出身，在寒门长大，心性高强，聪明不过，最受全家上下人等的喜欢。她最早看出这个百年望族必然衰亡的结局。她还是宝玉心中美的象征，情的化身，魂牵梦绕的意淫对象。她的去世喻示着《红楼梦》中美好的一切都必将逝去的悲剧结局。

旅人的遭遇与文学的“归来”

施战军

施战军

《人民文学》、*PATHLIGHT*（《人民文学》英文版）主编。曾任山东大学教授、山东大学文学院副院长，中国作家协会鲁迅文学院副院长。从事文学研究与评论20多年，曾担任茅盾文学奖、鲁迅文学奖、唐弢青年文学研究奖、新概念作文大赛等奖项的终评委。主要著作有《世纪末夜晚的手写》《碎时光》《爱与痛惜》《活文学之魅》《文心与史识的求证》等。

今天的话题是旅人的遭遇与文学的“归来”。我们可以从电影《归来》说起，因为《归来》是2014年文化的一个热点。就我个人来说，它的意义并非只是张艺谋的电影，意义在于中国的大导演又重新回到了以讲故事为审美的习惯。过去，商业大片压制了我们一段，历史、人性、内心等方面在电影里的表达已经渐渐减弱了，当然有些新导演、电影人做了很多努力，张艺谋回到这个故事片中来，值得肯定。

这部电影取名《归来》，把它放在大屏幕上，我觉得它回到了人生或者人的整个生命旅程非常重要的节点上或者说终结点上。为什么这么说呢？因为“归来”这个题目一直是文学创作的基本命题，在这个主题之下，每个人实际上都是生命中的过客，每个人都有自己的价值追求和生活、情感经历，而“归来”是这个经历或者经验的末端。这部电影在艺术或者哲学意义上的一种收获就是，它揭示了一种“归来”的不可能性，“归来”本来是大团圆，但是电影《归来》告诉我们，这只是表面形式上的。在电影的最后，你会看到，女儿和主人公的内心有隔膜。当两人终于可以相认、团圆的那个时候，两个人之间尤其是男女方之间已经无法认识、无法相聚、无法归来了。丈夫没法归来，妻子对他的认领也无法归来，电影最后就是，每个人举一个牌子，像接站那样。其实自我归来已经找不到方向了，这部电影有它的暗示性、深刻性。

“归来”是旅人经历当中的一个节点或者说一个终结点。在旅人序列，我们可以先梳理一下，比如，人生刚开始的时候，对未来就有了判断，就开始寻找，其间可能产生一种相遇，而中间必然地会有一些故事。可能是平平淡淡的、平和的、平稳的生活，但是更多的人，文学艺术所要描画的那个人，往往中间会有非常漫长的离散过程，这个离散其实是文学艺术要表现的主题当中永远的母题。比如中国人成为海外人士的时候，他们的文学作品里有一种母题叫“离散”，我们叫它“离散文学”。之后怎么办，又是漫长的等待，等待作为新一轮期盼归来。

古今中外，大师们不断在重复这样的命题。他们用不同的故事、不同的文体表达这样的主题。比如我国第一部诗歌总集《诗经》，里面遍布着这样的主题，作者们能不断地去阐释它，就因为它暗含着我们每个人都有可能和这个《诗经》之间产生感情的那种哲学经验。

现在有一本书叫《胡不归》，这几个字来自《诗经·邶风》，那首诗叫《式微》，“式微，式微！胡不归？微君之故，胡为乎中露？式微，式微！胡不归？微君之躬，胡为乎泥中？”说的是在家里待着的一个女人，期望着丈夫能够回家，而当时丈夫在为国家服劳役，这里面揭示了国家行为和个人生活之间产生的那种矛盾：天黑了你怎么还不回家？要不是为了国家的事，我为什么在露水中淋着，在泥里面站着。

《诗经》里第一首诗《关雎》也很类似：“关关雎鸠，在河之洲；窈窕淑女，君子好逑。”等等。

在这样的总结表述下，文学充满了人情的、人性的魅力。

文学实际上就是旅人的记述

不仅仅是诗歌、小说，民歌里关于“归来”“盼望”这样的题目也非常丰富，尤其是少数民族民歌。到边境地区去，会被他们感染，甚至不想回家。蒙古民歌可能会唱《鸿雁》《天边》这样的主题。内蒙古奈曼旗民间流传的一首科尔沁民歌《诺恩吉雅》，讲的就是叫诺恩吉雅的蒙古族姑娘远嫁他乡，她个人情感的变化。第一段就非常生动：“老哈河水，长又长，岸边的骏马，拖着缰。”这是一句写得非常好的诗！岸边的骏马拖着缰，那个骏马没人管了，也没人骑它了，它在思念着诺恩吉雅，那个马在溜达，缰绳拖在了地上。然后是“美丽的姑娘，诺恩吉雅，出嫁到遥远的地方”。他乡和归来之间有一种天然的联系，比如深圳就非常盛产这种母题，深圳的外来人口非常多，迁徙来的人占了多数，就特别容易产生这种对于家乡有感情的作品。从他乡来到这里，这里是新的家乡，新的家乡和自己的故乡之间建立了这样一种审美间距，有巨大的情感融合充斥在其中。

《归来》这部电影，我觉得它冥冥当中和一幅画有关系，这幅画今天到场来的各位可能也熟悉，就是俄国批判现实主义绘画大师列宾在19世纪后期用了四年时间创作的《意外归来》。内容是当年推翻沙皇统治的那批革命者，他们在坐过沙皇的牢刑满释放之后，回到了家乡。这幅画伟大的地方甚至不亚于我们刚才说的电影，甚至比电影更丰富。列宾这幅画的上面有许多人，一看画的就是一家人，这是一个中产阶级的知识分子家庭。俄国这个地方比较怪，你犯了政治罪，很少抄家，很少把你的家给毁掉，尤其是知识分子家庭，他们尊重知识分子。一个知识分子经过长期流放和苦役，回到了自己的家，家的墙上有两幅画，女佣把门打开，以疑惑的目光看着这穿着破衣、身材瘦削、形容枯槁但却神情坚毅的“不速之客”，他的出现使全家处于一片惊愕之中。近景一位躬腰、手扶沙发的老年妇女，这是他的母亲，她似乎不相信这位进来的“客人”真的是她的儿子。妻子惊愕地坐在钢琴旁，忘了应该站起来去拥抱她的丈夫。再往里是两个孩子，有两种解释，现在更多的人解释是，他们一个是弟弟，一个是妹妹，也有人说是他的儿子和女儿，他们对进来的不速之客都有些陌生。

故事究竟发生了什么我们不必去多想，但当事人肯定经历了巨大磨难，而这一家人都在家里等着他回来。这幅画的震撼力和电影《归来》不是一个方向，它的力量在骨肉亲情，最了不起、最有力量的、能够震撼人的实际上就是亲情。《归来》这部电影，我也有一点不太满足，实际上跟女儿的那种隔膜还可以再放大一点，这个片子关于亲情的表现很让人揪心，实际上亲情比母爱、父爱，具有更强大的感染力量。

说到列宾的《意外归来》，我把它和电影《归来》进行了一些对照，这幅画里面有一架钢琴，妻子就在钢琴边上坐着，而且钢琴上面还有鼓架、曲本，也就是说，他被逮捕或者劳教的过程中，实际上他家里的生活还在继续，甚至钢琴也还在弹。这幅画在世界范围内产生了非常大的影响，并非只是表现了一种苦难，对人来说，更多的是一种虐心折磨。文学作品需要什么呢？折磨不是目的，更多的是感染，让你向着美好、可靠的亲情靠近。

文学和人生之间难道有那么多的隔膜吗，没有。文学实际上就是“旅人之书”，就是一个旅人的记述。无论从空间看还是从时间上看，我们都处在一个茫茫的世界里，处在一段浩渺的时间里，你挡不过这种东西，人人处在这个当中，你很难完全按照自己设计的道路一步一步往前走。我们能够走下去的有把握的东西是什么？个人努力奋斗、多读点书是有用的，多做些好事情也是有用的，这是自己能够把握的，但好多东西无从把握。在无从把握的过程里面，世事和人的生活之间的矛盾就出现了，文学艺术往往就是抓住这些东西来做大文章。

旅人的步履取决于他内心的半径

19 世纪，人们通过对有把握的东西的记述和描绘展现出他们的那种才能，首先心中就有把握。托尔斯泰之后，现代主义开始展现，现代主义时期和传统的古典主义时期，对人生的看法有差别，文学技法也非常不一样，各种各样奇特的表述开始呈现。过去人们对情感、对人的叙述是有把握的，就像那幅画里，女仆抓住了把手，可以随时关门开门。即使你是一个流浪的、漂泊的人，但总有那么一束光牵引着你，心爱的人在那里等着你，过去有这样的把握。

到了现代主义时期，人找不到这样的把握，就是门上的把手丢了，开始慌乱了。现代主义文学演进到后来，从情感、人生把握的角度来看，它不再是一个由把手开门、关门的文学，它可以是找不到把手的一种挠墙的文学。从这个角度来分析，古典主义时期和现代主义时期这种区别，实际上就是在不同的时代或者不同的意识时期，旅人不同的遭遇。事实上，我们每个人这一辈子都会经历很多事情，有的人可能家里条件比较好，很顺畅地就生活下去了；有的人就磕磕绊绊地走过来，后来才踏上了一条自己认为理想的人生道路。而我们每个人自己的脚步、自己的方向取决于你内心的一个半径，旅人的步履取决于他内心的半径。这个半径并不是说你走了多远的半径，比如说：“我去了喜马拉雅山。”“我去过耶路撒冷。”

很多人走了很远的路，但他依然不是我们从文学艺术角度上来衡量的那个旅人，因为他走了再远的路，他的心还缩在非常狭小的区域里。这种人其实很多，比如他走了那么远的路，见了那么高的天、那么厚的地，见过各种各样的人物和事物，包括植物、动物，但是当他回到单位，他照样跟这个掐一下、跟那个掐一下，回到家里面照样跟家人斤斤计较。这样的旅人，他的整个人生之旅非常狭隘，因为他没有走出那个尺寸，没有走出这个区域。有的人可能这一辈子没有走多远，可能由于生理上的问题无法走出去，他甚至就待在自己的密室里，但是他心里面有广大的宇宙和世界，这样的作家其实有很多。

陀思妥耶夫斯基是这样，写出《追忆逝水年华》的普鲁斯特也是这样。普鲁斯特怕光，窗帘都不能打开，但是一种广大的思虑流淌在他的作品里。这种情况取决于作者内心的世界有多大。

在文学里面能够找到无数的故事

深圳从面积上看不大，但是它的吸纳力太强了，形形色色的人、各行各业的人、全国各地的人都往这里走。他们仅仅在这里找一个方寸之地立足吗？不是。吸纳力强，辐射力自然强，而且一个地方的包容力也很重要。

文学记述的就是这样一个人生之旅。在文学里面，我们能够找到无数的故事，在动荡的时空里，我们可以去寻找一种能够永恒的、对内心有用的方向。我们一直在探照，要给人温暖、给自己温暖，这是文学创作的独特性，即使你遭遇再多，但这是文学最重要的东西。

有人说，所有的文学其实是追忆。人的情感、人的遭遇、人的经验等都是在追忆当中完成的，即使那些写未来题材的作品也未尝不是他想象、知识、经验积累追忆生发出来的，往往是这样的。所以人生有一个往前延伸的过程，所有的力量来自于追忆，我们寻找那些遗落的好东西的过程中，如果放在文化分类的角度上，指的是人文文化。它和科技文化有很大的区别。科技文化是往前的，它不断寻找新的事物，它认为世界是不断进步的，要找到一种新的东西、新的元素、新的密码，让人类所有的事物都往前走。实际上科技主义的这种逻辑最后可能把人推到巨大的悬崖边。

而人文文化告诉我们，在这样不断疯狂往前走的过程中，其实遗落了很多我们应该去注意、去解释的东西。如情感问题，很多很可贵的古老的风俗、语言。文学所提示的就是那些东西还存在。

记录最值得留存的东西

20 世纪三四十年代，现代文学注重的一种科学逻辑是往前走的，因为五四时期提出了民主和科学的口号，要记述事实的变化。但有一批作家不按照这个逻辑走，比如沈从文。他写湘西，写那种几乎没有变动的、很慢的留存。他说，他要在那里面建一座希腊小庙，里面供奉人性。他写完全在自然状态下的乡民生活，从那里面发现了一种永恒之美；而同时代的作家，一般都在写抗日等，但那批人的作品却无法写到文学史里去。沈从文的这种选择是人文的一种选择。有一段时期，人们谴责沈从文，说他没有好好地尽作家的责任。沈从文自己的解释是，一个好作家就是写出好的作品留在历史上，能够留下来。事实证明，我们过了 80 年以后回头看，沈从文的作品确实是那个年代最值得留存的东西，他的职业伦理在那个地方守护得非常好，他就是以人文的角度去叙述、去追忆。

20 世纪 40 年代初期，湘西已经发生了很大的变化，人们过去的很多习惯已经完全变化了。本来很朴实的人，但现在这个人的兜里面插上了一支自来水笔，跟人交往的时候会显出现代人的那种派头，沈从文对此非常反感，因为淳朴的故乡正在消失。但是为什么还要写呢，他认定了，人类最良好的那些真实性曾经在那里存在过，这就是中国。当人们想象着东方、西方的时候，他想象的不是那种凌乱的城市公路、灯红酒绿，他耳边所听到的不是流行歌曲的旋律，他想象的文字、他描述的那种生活肯定是一派田园安静的生活。

对旅人与文化的关系，我们可以再举一个例子。“归来”的主题，或者经历磨难后期望着能够团聚的这样一个主题，其实很多大师有很多的描绘。比如苏联作家鲍里斯·帕斯捷尔纳克写的巨著《日瓦戈医生》，《日瓦戈医生》1965 年由大卫·利恩执导改编成了爱情史诗式的同名电影。

日瓦戈自小父母双亡（电影的序幕就是日瓦戈医生母亲的葬礼），只遗下一个巴拉拉卡琴。他妈妈非常希望他成为音乐家。但当他看到母亲去世的过程时，他看到了住宅外那个冻僵的树枝慢慢地摇晃然后敲打着上方的窗户，这时他内心就涌上了一种情绪，他拒绝成为母亲这样的艺术家。他看到了母亲那种不可救的样子，他要成为一名医生，但是他从事医生的那个历史节点却是战争时代，他就以军医的方式跟着军队走了。在小说里，他对做军医的过程有相当分量的描写，但是写得更多的是他的情感经历。

日瓦戈医生的未婚妻叫冬妮娅。这里面有一个段落写得非常美妙：他在火车站接到了自己的未婚妻，两个人拥抱以后，这时候冬妮娅突然奔向含着泪水的父亲，她父亲过去是一个庄园主。妈妈见到她也很高兴，女性的那种感性展现了出来，一圈转一圈地看她女儿，母亲的内心里面有一种喜悦、满足、安慰、骄傲，还有长辈人对自己儿女的一种讨好。一对年轻的恋人在前边走，冬妮娅从兜里拿出一张报纸给日瓦戈看，说这一版全部是诗人和诗作，日瓦戈就问她：“提到我没有？有没有我？”冬妮娅说：“当然有你，而且你是头条。”她爱日瓦戈，是因为他是了不起的诗人，有这样一个元素在里面。

小说里有一些片段我觉得比电影表现得充分。俄罗斯广袤的田野、大风、大雪、霜花还有音乐、火车、漫长的火车线等，都在这部小说的叙述里，人生和自然浑然一体，在小说里面就构成了旋律的各个音符。我们能感觉这部俄罗斯作品非常宏大又极其细微。诗人为了逃避缉拿或者追捕，回到了冬妮娅的故乡，那个地方好像能够躲开残酷的阶级斗争。他们唱俄罗斯著名的歌曲《卡林卡》，那一刻非常动人，由远及近的那样一个旋律，然后就非常急促地和大家一起群舞，极其欢快。在这个时候，远处是被燃烧的民房、树木，冒着黑烟，一个女人疯狂地往这边跑，抱着一个孩子，这个孩子其实已经死了。这个时候生活的阴影像铅一样重压在每个人的心里。

路上的描写是小说最动人的地方。日瓦戈医生和妻子冬妮娅坐在马车上。白桦林、白杨树在路边过去，然后是很清澈的天空，有点衰败的草原在路边闪过，马驹在后边跟着打着响亮的蹄声。导演充分地利用了这个场景，在马车快要到家的那一刹那，马就在后边，前边主人盼着到家的那种感觉，在经历了巨大的历史动荡之后，即将到达一种安稳的彼岸，你内心里面会不断地发颤，这样的东西实际上是最动人的。在小说《日瓦戈医生》里这样的素材有很多。

人只是万物当中的一种

文学作品其实存在一定的问题，比如我们要写一段历史时期如“文革”或者“反右”，那么这段对知识分子残害和迫害的历史，我们往往只注重血淋淋的或者高压状态下人性的那种承受、痛苦、折磨等，作家们最擅长写这些，描绘那种最痛苦的碾压。像《日瓦戈医生》，作者写这类主题，表达非常特别。有几个人能像日瓦戈这样惨？他被抓走直接做军医，他多想回家，但他回不了，不断地被折磨，最后在冻僵的情况下走到了拉娜家里，一进去，发现到处都是灰尘、都是冰雪，硕大的耗子从他身边跑过去，他整个脸都冻破了，他在镜子里面看见自己像魔鬼一样，那个背景那个时代和整个自然的气候和风物综合在一起，让我们看到了历史无情的风霜。文学创作里面那种丰富性在我们的作品里往往欠缺，作为旅人，应该给人一片天地，但我们还没有完全扩容起来。有时候，我们写到人世，写到人生，就会缺少自然这一部分，自然这一维度就会被忘掉。

实际上我们的古人从来都是和自然结合在一起，“人法地，地法天，天法道，道法自然”，庄子著名的“齐物论”从来没有割裂开天、地、人这种思维，后来儒家文化慢慢发达，慢慢演进，天人合一就变成了知行合一。中国作家笔下描写人内心的痛苦、肉体的痛苦，作品的感染力、渗透力对人内心的那种探照甚至是刺痛，为什么这种感觉现在不那么强了？原因很简单，就是我们过于注重了人本身的生活、人群的生活，我们忘记了人是在整个万物的这个体系下，人只是万物当中的一种。

旅人为所有的生灵而活

这一年来，意识的归来加进了生态文化、生态文明建设，我们终于“归来”了。环境破坏太严重，我们不得不把生态文化拿回来，但是我们的生态文学又如何呢？走了另一个极端，比如有的人在写这种深山老林的生活，写动物的种种，写它们的可爱等，但是作者的议论可能是，人其实不如哪个兽，不如狐狸、不如兔子。人现在走了另一个极端：把人过于贬低，我们确实曾经把人抬得过高。莎士比亚时代，说人是宇宙的精华、万物的灵感，置于所有生灵之上。后来我们渐渐地走了另一个极端，什么都比人强。其实人和万物之间应该是一种平衡关系、对等关系，要从这个角度上“归来”我们的思绪。

国外的有些作家诗人对这些方面非常敏感，奥地利人里尔克是比较穷困潦倒的诗人，他曾经给他的读者写了很多封信，详细地叙述了他的自然观点，以及自然和人之间不可分的观点。在他的眼里，人和自然之间没有过于分明的、二元对立的分法。中国人想到雪花，马上就会想到落到草原上、树木上、冒着炊烟的屋顶上、田野里，我们想象的全都是乡村文明的场景，好像雪根本不在下一样。但是里尔克在那么早就写“雪花上千次地落向一切大街”。

现在有大量“驴友”到自然中去拍照片，上传微信、上传微博，告诉大家去这里了、去那里了，然后写下很多很有意思的一些文字，其实更多的是一种“秀”，它和自然的那种韵味之间还存在一种差距。事实上，旅人分很多种，我们从他穿的鞋上就可以看出来。有的旅人到一个地方去，穿着锃亮的皮鞋、拎着包、拿着相机、带着电脑，下了飞机后有专车，他根本就不用多走，到了以后他看了当地很多的地方志，很多图片，根本不用到大山里面去，路途太辛苦了，然后回到家里面，回到自己的房间里写“文化大散文”。这是穿着皮鞋的旅者，这种人实际上根本就不接地气。

还有一种是穿着拖鞋的人，比如在微博上晒照片的那些人，他确实沿途拍了很多照片、发了很多感慨。他回来以后穿着睡衣、拖鞋、凉拖在家里整理，边整理边得意今天有多少人点赞。这种人很可贵也很可爱，但实际上和我说的那种旅人之间的关系不大。

更重要的一种人，他穿着普通的布鞋、草鞋甚至是光着脚。这种人在自己的乡土里扎得很深，他看到的是整个人类的命运，人类和万物之间那样的一种命运，像陈忠实，或者写《瓦尔登湖》的梭罗这一类人。他们是非常纯正的作家，有的是博物学家，但是在博物学研究的过程里面，他把自己的生命、感觉和审美的那种完美都融化到里面去了。包括托尔斯泰、屠格涅夫这样的作家，他们在写自然生活的过程中把人间的可爱和它们之间的那种对应性处理得非常好。旅人的生命不仅仅为自己活，也不仅仅为所谓的人类活，它为所有的生灵而活。

文学的境界是分层次的

文学的套路有很多，但是文学的格调、文学的境界实际上是分层次的。对精神裂变等有深入的挖掘，这是一种层次；现代以后，文学在挖深层次方面做了很多努力。实际上挖深是为了看透人心的奥秘，但是人总是要往上望，如果只是挖了一个深井，往上看天的时候只有井口大的天。这不够，我们还要知道天有多高，一个人是行走在天地之间的。我为什么一直赞赏古人呢？古人的境界所在是“山水之间”四个字，在“山水之间”里，天、地、人全都有了，人像一个连接体，也是一个吸收体，山水的灵韵在人身上不断地发生作用。

为什么我们把李白当作伟大的诗人来看待？李白的诗描绘了人类最基本的生活、最悠然的境界，他给我们树立了这样一个样本，当然这里有很多私人的牢骚等，也有他很多个人的抒发，但是李白基本上可以说从山水那里吸收了很多东西，包括田园之美。这些东西曾经非常自然地在内心里面存活着，但现代生活阻隔了这些东西。如果我们今天需要一种“归来”，我觉得更重要的“归来”是那种浑然一体的东西，能够真正地把山水、天地、人与万物之间的连接器找到，使其本身成为包含这些因素的一个生命体。这种生命体建立以后，中华民族文学的“自古有之、今日更盛”的一种景象或者气象，才能够真正复兴。

人类经历了两次世界大战，西方知识分子开始反思他们的科技文化带来的恶果，并在东方寻找一种能够补救西方文化弊端的东西，他们找到了泰戈尔。古老的文明所带来的这样的思潮事实上永远都是新思潮，因为人毕竟要和谐地在这个世界上活着。

当今，如果说从旅人那里能够感受到某种震撼、吸引我们的东西，就是因为从旅人的遭遇里面、从归来的主题里面，我们能找到些许把握，而我们看到的更多的艺术作品包括文学作品，如今所展现的主题并非如此。现在“归来”这样的主题已经成为稀罕的主题，人们更多地在写狐疑，在这种主题之下，展现的都是人生产生的疑问、怀疑甚至是颓丧的一种感受。

文学所面对的东西不仅仅是“真”

实际上，人总是要回归的，彼此之间建立这样的一种有把握的信任非常重要。如果仅仅在狐疑的层面去展现某种混乱的生活，这种展现往往能够看到人生现状的某种真相。但是文学所面对的东西不仅仅是“真”，它还有一个终极的指向，我们只是呈现了某个时代的精神状态或者大多数人的那种状态，它只是我们完成创作的一步，在这样的故事背后，应该隐含着某种指向和指望。文学需要人去感应，在这个文学里面、在它背后，我们感应到人的坚强、坚毅、信念。大师的文艺作品背后都有这么一种东西。

刚才说到《日瓦戈医生》，日瓦戈医生在寻找过程当中，一直等着心爱的人能够归来，后来他的妻子和他的岳父在苏联时期逃到了法国，但他不离开家乡。他弟弟在军队里做了高官，把他悄悄地接到了莫斯科，他在文化馆上班。有一天，他坐着电车在城里面转，突然发现路边穿着大衣的一个人在往前走，背影像极了他心爱的妈妈。他到下一站停下来，眼看着那个像妈妈的背影消失在一个拐弯处，他疯狂地越过铁轨去找。这时候他的心脏已经不行了，最后猝死在电车上。但是他的死不等于死灭，他让我们看到了对于爱不断追求的那个人，最后奔跑过去的身影。我们看到了一个能够坚持自己的认识和审美表达的诗人，他对于诗人本性、对于社会的赞赏非常顽固，谁都别想改变他做顺应的人，他做不到，他一直以这样的倔强在生活，他不是那种流亡的人。

《日瓦戈医生》的作者获得了诺贝尔文学奖。当诺贝尔委员会通知他领奖时，苏联政府给了他两个选择，如果还想留在苏联，你就不可以去。如果不想做苏联人了，不在这个国土上生活了，你可以去。他选择了留下来。

比较作家的作品我们就会发现，作品确实分层次。比如托尔斯泰的作品比屠格涅夫层次高一点，同时代的果戈理和契诃夫，两人的短篇小说都写得很棒，但是我们最后还会觉得契诃夫要稍微高一点。比较帕斯捷尔纳克和纳博科夫，纳博科夫关于小说的理论写得棒，但是作为作家来衡量，《日瓦戈医生》的作者、真正的诗人帕斯捷尔纳克作品的巨大感染力比纳博科夫还要高一筹。索尔仁尼琴的《红轮》的震撼力同样很大。在当今的世界文学和中国文学里，都有好的素材、好的作家、好的文本。在人类精神的演进中，在旅人的这些群落里面，文学依然是高大的，它不比电影矮，也不比其他门类矮。

比如世界的绘画，从传统的列宾式的绘画已经走向了当代艺术的时候，传统绘画的份额已经非常少，现在只有彼得堡一家艺术学院在培养这样的人才，他们成为奇缺珍品，但没有人说他们是低端的。

韩少功有一个观点我觉得非常好，他说："一个大师级的歌唱家会有很多专门的人士去研究他的唱腔、他的表情、他的每个动作，因为这是人类精神的一部分，它可以成为遗产甚至作为教材。"对于"鸟叔"，不可能有人把他当成艺术家来看待，他只是模仿者。我们应该意识到，当今的文学"鸟叔"太多了，能够向着杰作和经典努力的那种有恒心的作家今天不够多了。

很多人都愿意到深圳来看一看，有些人就居住在这里了，像邓一光、杨争光等优秀的作家。他们的生活经验、生命经验等确实给他们的创作奠定了某种底色。说一个人的境界有多高、他的世界有多大，我们未必是从他这辈子走了多少地方来衡量，更多的是他从人间看到了什么，是他从城市里、街道里看到了什么。我们现在写城市，但我们写城市主题的时候，看不到某种城市精神。巴尔扎克写巴黎生机勃勃，外省青年的理想是冲进巴黎这个城堡，要成为那里的主人，那就是巴黎的城市精神。他尽管写了很多异化的状况，人们对于金钱的追逐把亲情丢失了，但是那一代外省青年的精神力量他是肯定的。

我们今天写都市，就是写都市里人情冷漠、阶级之间的仇恨，城市里面动荡、没有安全感，在城市里面怀念乡村，这样的作家其实根本没有发现城市。我们每个人都在城市里面生活，如果我们生活里面没有暖意、没有某种依靠、没有某种信心，我们活不到现在，这些内容我们为什么不写？这方面的故事肯定有，只不过作家对这些东西缺少敏感，他对于异化的东西、异变的东西、对于人类精神的负面的东西写得太多，而对正面的爱的力量缺少表达。

旅人的记述，我觉得更多的是关照好人类生活的每个角落，不管是城市还是乡村、自然，不管在海边还是在大陆。文学的神奇在于，我们能够把我们的脚步延伸到任何一个地方去，在那里面看到人能活下去的力量、人和人之间能够相互取暖的可能性。

谢谢大家！

唐宋诗词与优雅的生活态度

宋秋敏

宋秋敏

东莞理工学院城市学院副教授，南京师范大学中国语言文学博士后流动站博士后；兼任中国词学会理事及中国韵文学会会员。长期致力于古典诗词在当代的现实意义与实用价值领域的研究。已出版学术专著《唐宋词与流行歌曲》和《唐宋词与流行文化》，发表专业论文70余篇。

在没有进入这个话题之前，我想请大家思考一个问题：活着，生活和生活艺术，它们各自的内涵是什么？每个人对这三种生活方式，或者说生活境界可能都有不同的理解。余华有一篇小说叫《活着》，写了一个人非常坎坷的、苦难的一生。我想，如果活着作为一种人生态度，是值得赞赏的，因为这是一种坚韧的、顽强不屈的精神。只要活着，一切都有希望。但是如果将“活着”作为一种生活方式，那就很糟糕了。作为一种个体生命的生存方式，“活着”的内容苍白而贫乏，有时甚至仅仅作为一个肉体的存在。那么生活呢？生活包含非常广泛的内容，比如个人生活、家庭生活、社会生活等。我们现在的大部分行为都属于生活，而大部分人的存在状态也都是生活。再来看生活艺术，或者说诗意的生活，或者优雅的生活，它包含哪些内容呢？林语堂先生曾经这样概括生活的艺术：旷怀达观、怡情遣兴的生活方式和高雅浪漫的东方情调相结合就是中国人的生活艺术。这也是大多数人追求的一种境界。与此相反，就是平凡、刻板而无聊的生活。今天我希望能够跟大家一起来分享一下唐宋诗词中所体现的优雅的生活态度。

唐代人和宋代人，在很多方面其实有很大不同，整个时代气质也大相径庭。我今天偏重讲宋代文人的生活，因为他们的生活更接近我们今天讲座的主题。英国著名历史学家汤因比说过，如果让我选择，我会选择回到中国的宋代去生活，因为宋代人在生活质量、生活内容上都达到了比较高的水平。著名小说家金庸也非常喜欢宋代，尤其向往宋代读书人的生活。

宋代读书人的生活到底有哪些特点呢？他们为什么能有如此优雅精致的生活？

宋代的既定国策为宋人的优雅生活提供了政策依据。宋代在开国之初就定下了享乐生活，或者说享受生活的基调。宋太祖赵匡胤建立宋朝的经历比较特殊，他本来是北周大将，后来发动了陈桥驿兵变，士兵把黄袍加在了他身上，推他做了皇帝。他做了皇帝之后，非常担心他手下的大臣效仿。有一次，他宴请手下武将，宴会期间突然唉声叹气，表情非常沉重。手下大将石守信等人就问他：“陛下为何如此忧心忡忡啊？”赵匡胤说：“如果有一天，有人把黄袍披在你们身上，你们怎么办？会不做这个皇帝吗？”石守信等人大惊，跪拜，向皇帝请教解决之法。赵匡胤说：“人生驹过隙尔，不如多积金、市田宅以遗子孙，歌儿舞女以终天年。君臣之间无所猜疑，不亦善乎。”意思就是，你们也不要带什么兵马打仗了，多给你们金钱，你们回去多买一些房产，给子孙留着，好好享受自己的人生就可以了。于是石守信等人第二天就把兵权交了出来。宋太祖赵匡胤赏赐了他们很多金银、房屋、舞女等，君臣相安无事。“杯酒释兵权”这件大事在一定程度上奠定了宋代人享乐生活的基调。

值得一提的是，因怕武将篡权，也是从开国之初，宋代就已经开始了优待文官的国策。宋代的科举取士相对公平，当时流行一句话：“朝为田舍郎，暮登天子堂。”原来地位身份低下的人，只要认真读书，求取功名后就可以做官，甚至做高官。正所谓“天子中英豪，文章教尔曹，万般皆下品，唯有读书高”。举例来说，宋代文官工资特别高，一个宰相年收入大约相当于现在的300万元人民币，还有其他的赏赐、福利。而明代同级别官员的收入，大概还不到宋人的1%，非常低。丰厚的收入为宋人的享乐生活提供了物质保障。

宋代经济非常发达，有学者统计，当时的国民生产总值大概占全世界的80%。而且宋代城市出现了很多历史上的第一。比如，从宋代开始，坊和市不分开了，改变了唐以来坊市分开的局面。坊原来是市民居住的地方，市是做买卖的地方。宋代做买卖的人可以四处摆摊，那时的城管也没有现在这么严。《清明上河图》里面有很多摊位，有的摆在桥上，有的离皇宫很近。再比如，唐代的城市里面有宵禁，到了一定时间不可以再做生意了，但是到了宋代，这个规定取消了。不仅白天可以做生意，还有夜市、早市，这就大大推动了城市经济的发展。为宋人的享乐生活提供了雄厚的社会经济基础。

发达的城市经济使得宋代城市人口众多。举例来说，北宋时期的开封大约有100万人。而同时代的伦敦城市人口只有1万人。城市里的设施非常发达，当时已经有专业消防队。城市的地下排水系统四通八达，这里甚至形成了一个独立的小社会，一些非主流人群，比如逃犯和一些为主流社会所不容的流亡人士就生活在其中。

宋代市民文化消费非常繁荣，出现了专门的娱乐场所，叫瓦肆，或者叫瓦子。北宋的汴京有很多瓦肆，最大的一间叫象棚，最多可以同时容纳1000人消费。南宋临安的娱乐场所，与北宋相比也毫不逊色。再比如，北宋汴京还出现了大量专门的酒楼饭馆。最大的一家酒楼叫矾楼，据说包间就有上百间，陪酒的女郎有几百人。宋代的城市规划和建设也达到了相当高的水平，北宋汴京的城市布局是，“大抵都城左近，皆是园圃，百里之内，并无闲地”。都城的附近都是园林，一座一座的园林。而到了春天，“次第春容满野，暖律暄晴，万花争出粉墙，细柳斜笼绮陌。香轮暖辗，芳草如茵，骏骑骄嘶，杏花如绣”，城里的人结伴出去踏青，人声鼎沸，热闹非凡。在这样的社会经济背景之下，宋人的享乐生活当然比其他朝代的档次更高，内容更丰富。

北宋读书人采取公私分明的双重生活态度。古代读书人在宋以前是非常累的，他们讲究“以天下兴亡为己任”，诗文中表现的也是这一类内容。宋代读书人是不是心中没有公事呢？不是，他们也非常有责任感，非常有担当。但在完成了公事之后，他们还希望有自己的私生活。据当时的笔记小说记载，官员早上外出办公，态度非常认真，但是到了晚上，他们就喝酒、听歌，有歌儿舞女相伴。而这种生活是统治阶级允许的，甚至是提倡的。这在他们的词作里面也有体现。著名的太平宰相晏殊说，“萧娘劝我金卮，殷勤更唱新词。暮去朝来即老，人生不饮何为？”意思是人生很快就过去了，为什么我们不能很好地享受生活呢？而宰相寇准说，“将相功名终若何，不堪急景似奔梭。人间万事何须问，且向樽前听艳歌！”所有的功名利禄，都是过眼烟云，都是浮云。什么是实在的呢？樽前听艳歌，享乐人生才是实实在在的。

宋代士大夫文人的私生活主要表现在两个方面，一是他们肯定物质享受和物质追求。在宋以前，儒家正统思想提倡的是一箪食一瓢饮，居陋巷。住吃简简单单，讲究精神生活的享乐。到了北宋，包括南宋，士大夫阶层的奢侈之风颇盛，对于物质的强烈追求和渴望也毫不掩饰。司马光曾经批评当时的这些人。他说，“宗戚贵臣之家，第宅园圃，服饰器用，往往穷天下之珍怪，极一时之鲜明。”说这些达官显贵，住的、吃的、用的，往往追求越贵越好，越极致越好，越奢侈越好。他们之间还互相攀比。寇准的生活非常奢侈。当时蜡烛是非常贵的奢侈品。寇准家一到晚上就灯火通明，不单单住宅里，连马厩、厕所都彻夜点着蜡烛。寇准本人并没有觉得任何不好。再比如太平宰相晏殊，他们家没有一日不宴请，客人来了怎么样呢？桌子一摆，一道道菜就上来了，水果、酒都上来。客人开始吃饭，歌妓上来唱歌，客人边听歌边写词，写了词又马上交由歌妓去唱。还比如，当时非常著名的两位士大夫宋庠、宋祁叫“大小宋”。小宋比较风流倜傥，写过名句“红杏枝头春意闹”。有一年过年，小宋在家里张灯结彩，大摆宴席，很多歌妓舞女现场献艺，场面非常奢华铺张。他哥哥大宋就批评他，你怎么可以这样奢侈浪费呢？你难道忘了当年我们吃菜粥的日子吗？小宋说，我们辛辛苦苦地读书，不就是为了今天享乐生活吗？当时著名的大奸臣蔡京家里请客，光是蟹黄包子一道点心，就花掉大概 100 户中产阶级一年的收入。

宋词中对文人私生活的表现，最主要的是爱情生活。宋人在恋爱生活里的悲欢离合不反映在他们的诗里，却常常出现在他们的词里。为什么宋代人的私生活，或者说他们的感情生活如此丰富呢？

这主要是由于宋代歌妓制度非常发达。宋代歌妓可以分为官妓、家妓和私妓。官妓就是公家的，包括中央和地方。她们负责官员之间迎来送往和一些政府活动。北宋时期的酒是专卖的，当政府开新酒的时候，为了广告宣传，也会派一些漂亮歌妓，边唱歌边表演招徕顾客。这些官妓不能够随便出去，也不能够随便从良，必须要官府批准，她们才能够脱离妓籍。家妓是达官显贵家里蓄养的歌妓，是他们的私有财产。当时很多著名文人家里面都有家妓，晏殊家里的家妓就非常多。据记载，当年晏殊非常喜欢一个家妓，他的好朋友张先每次到他家里来，他都让这个歌妓唱张先的词，有一段时间张先没去，再去的时候发现这位歌妓不见了，询问之下，晏殊怏怏不乐地说被夫人卖了。张先写了一首词，大意是人生苦短，如何如何。晏殊听了这首词以后，似有所悟，没多久又拿钱把这位歌妓给买回来了。当时著名文人苏轼家里也有歌妓。苏轼还曾经用家里的歌妓去换马。蓄养家妓在当时是非常普遍的现象。文人跟歌妓发生感情也非常普遍，大家都见怪不怪。

还有就是私妓。私妓又被称为市井妓，她们也分为不同的档次。据记载，东京汴梁，就是现在的开封，当时“鬻色者”也就是私妓，数以万户。不过她们很多卖艺不卖身。歌妓制度为男女之间的自由交往提供了更多机会，由此催生了文人的绵绵情思，而此类私情又往往在他们的词中表现出来。举几个例子。欧阳修是一个非常正直的人，他不单单是文坛领袖，在政治上也非常有作为，但是在私生活方面却饱受非议，有很多的桃色新闻。大家可能非常奇怪，在宋代这样一个大家公开蓄养歌妓的时代，为什么欧阳修会惹来这么多麻烦呢？这大概与他在词里大胆表现艳情有很大关系。比如他写这些歌妓的这种状态：“玉人共处双鸳枕，和娇困、睡朦胧。起来意懒含羞态，汗香融。素裙腰，映酥胸。”内容大胆香艳，因此他的政敌往往从私生活方面攻击他。

词也是文人和歌妓之间的媒介。宋代的所有歌者（唱词的）全部是女性，没有男歌者。对这些女性的要求是什么呢？年轻漂亮。因此，在大大小小的酒会、宴会上，年轻貌美的歌妓一边唱歌一边跳舞，在座的士大夫文人即兴填词。文人与歌妓之间存在一种交流，一种互动，这也往往是他们产生情感的机缘。

除了刚才所讲的世俗生活，宋代文人还有其他丰富的生活内容。在宋代，无论士大夫文人，还是普通老百姓，都特别喜欢游山玩水。因此山水，或者说旅游，是他们生活当中一项比较重要的内容。宋代文人对于自然山水的热情非常高。有个小故事：某个读书人非常穷，他就经常祈祷上苍，希望能够让他的生活好一点，终于有一天他感动了上苍，一个神仙下来问他，你到底想要什么呢？这个文人说，我希望能够衣食充足，一辈子游览于山水之间。神仙说，你要的这种生活是神仙的生活，我无法满足你，想要金银相对还容易些。这说明当时读书人对于逍遥于山水之间的生活是非常渴望的。

苏轼最终的人生目标，在他很多的作品中都有体现，就是在完成他的政治理想之后，能够逍遥于山水之间，跟他的弟弟做邻居一起隐居，他觉得此生足矣。

辛弃疾人生的前20年生活在北方金人占领区，后40年到了南宋。他做官的时间有20多年，贬官在农村闲居差不多又是20年。所以辛弃疾的作品里面有很多对田园风光的描写。他以一种审美的眼光去欣赏农村风光，乐在其中而浑然不觉。

除了游览山水、欣赏田园风光之外，当时士大夫文人的生活中，还有琴棋书画，有金石古玩，有品茶饮酒，有诗社集会等。喝酒是宋人生活的一项重要内容，当时人喝酒往往伴着歌舞或行酒令，比我们现在喝酒的内容更加丰富。茶道在宋代也非常盛行，不但有品茶，还有斗茶等。宋代已经出现品质非常好的茶，当时一块最贵的茶，价格跟同样大小的黄金价格差不多，像苏轼、黄庭坚等，都非常喜欢喝茶，他们的作品里有大量的写茶的诗或者词。

琴棋书画也是宋代文人生活的重要内容，当时很多文人精于棋道，比如司马光、秦桧等人。北宋有四大书法家，苏、黄、米、蔡，就是苏轼、黄庭坚、米芾、蔡京。大奸臣蔡京的书法写得非常好。蔡京当年上朝，有两个衙役对他不错，天气很热时给他扇扇子。有一天他心血来潮，让衙役把扇子拿来，在每个扇子上面写了一首诗。第二天，他再来上朝的时候，他发现这两个衙役从头到脚焕然一新。两个衙役说是把扇子卖了，发了一笔小财。扇子被谁买了呢？就是后来的皇帝宋徽宗。徽宗本人也是书法家，非常喜欢蔡京的字。他当了皇帝以后，蔡京当了他的宰相，有一次他对蔡京说，你当年写的那两个扇面，现在我都还留着。北宋有非常多的画家，苏轼的画也非常好。

不仅如此，还有非常直观的记载。南宋文人周密有一本笔记小说《武林旧事》，武林就是杭州的别称，记载了当时杭州人的生活，其中列举了一个达官显贵之家一年之内从一月到十二月的生活。我这里选了三月的活动。

“三月季春，生朝家宴，曲水修禊，花院观月季、花院观桃柳。寒食祭先扫松，清明踏青郊行”。三月里安排了很多次赏花活动。差不多每天都不得空闲。而在一年365天之中，这位达官显贵家里安排的活动有130多种，非常丰富多彩。

说到底，真正优雅的生活，并不完全在于内容的安排如何丰富多彩，更在于有善于发现美的眼睛和细细品味生活的内心。

有人总结，人活的是心态，而不是情绪。那么，良好的心态该如何修炼和养成呢？林语堂认为，闲适是中国人性灵的一种表现。闲，不仅仅指余暇时间，有时候我们休息，还是觉得自己非常忙，心特别乱，静不下来。所谓的闲指的是你的闲心和闲情。而适呢？指的就是顺其自然。在当时的文人生活里，从他们的作品里面，我们能够体会到他们的那种闲适和恬淡的心境。

比如北南宋之交的著名文人朱敦儒，他晚年写了很多自我开解的作品。早年朱敦儒放荡不羁，蔑视权贵，非常清高。但是晚年的时候，他为了自己孙子的前途，在秦桧手下做了一个小官，这成了他一生的污点，当时很多人批评讽刺他。在那种境况之下，他不断自我开解，例如那首著名的《西江月》："世事短如春梦，人情薄似秋云。不须计较苦劳心。万事原来有命。幸遇三杯酒好，况逢一朵花新。片时欢笑且相亲。明日阴晴未定。"人的一辈子就像春梦一样短暂，人情非常淡薄，所以不用去在意，很多事情本来就是命中注定的。现在幸亏有酒好喝，有花好看，能够笑就尽情地笑，能够喝酒就尽情地喝酒，能够享乐就尽情地享乐，因为我们谁也不知道明天会是如何。表面看起来很消极，但从积极的方面去理解，其中也包含着珍惜现在，享受当下的思想。如果我们能够珍惜每一天，过好每一天，人生就会变得不同。

再以苏轼为例。苏轼一辈子坎坷，他曾经被贬过三个地方，一个是湖北黄州，一个是广东惠州，还有一个是海南岛儋州。最开始的时候因为乌台诗案，他被贬到湖北黄州，这是他人生第一次遭遇重大挫折，那时候苏轼才40多岁，痛定思痛后，写下著名的《定风波·莫听穿林打叶声》："莫听穿林打叶声，何妨吟啸且徐行。竹杖芒鞋轻胜马，谁怕？一蓑烟雨任平生。料峭春风吹酒醒，微冷，山头斜照却相迎。回首向来萧瑟处，归去，也无风雨也无晴。”这首词有一篇小序，非常短。大概是说，他跟友人一起出游，雨具被人拿走了，朋友淋雨非常狼狈，他却浑然不觉并悠然自得，还写下“谁怕？一蓑烟雨任平生”“归去，也无风雨也无晴”这样洒脱的词句。人生的经历也莫不如此，当你走过了很多苦难、很多坎坷之后，回过去再看，其实不过尔尔。这不仅仅是苏轼对自己的勉励，更是对后人的一种激励。他在自勉的同时他勉，鼓励自己不断修炼内心，更加从容淡定地去面对人生的一切苦难。“文革”时期，据说这首词伴随很多老干部度过了他们最艰难的农村岁月。

苏轼还有一首非常励志的《定风波·常羡人间琢玉郎》。他有一个朋友叫王定国，当年也曾经被贬到岭南。王定国走的时候带了侍妾柔奴。几年以后再见面，苏轼非常惊讶地发现柔奴不但没有形容憔悴，反而更加年轻漂亮了。问到原因，柔奴回答：“此心安处，便是吾乡。”心安了，在哪里都一样。这正是苏轼追求的一种人生境界，他非常受感动，也深受启发，于是写下此作。

无论生活还是人生，都是一个不断完善的过程，归根结底，优雅的生活与外在的形式无关，它源于丰富而充盈的内心世界。不断提升自己，是优雅生活的良好开端。

好，今天的讲座就到这里，很高兴跟大家一起度过了一个美好的下午。

特区热土催生文学欢歌

——深圳文学多元共生的格局及其发展路向

张　军

张　军

笔名金呼哨。深圳市社会科学院文化研究所副所长，研究员。兼任深圳市华文文学学会会长，深圳市文学学会副会长，广东省作家协会会员。主要研究领域为中国当代文学（诗歌）等。发表文化（文学）论文和诗歌百余篇，出版诗集三种：《飘香的晨雾》《空门》《叙事英雄》；著有诗歌理论专著：《基础诗学》《中国当代诗潮：写作群体论》《方言的故乡》。

深圳当代文学是在改革开放中萌生、发展、壮大起来的。深圳当代文学是在改革开放中萌生、发展的，在全国文坛占据着重要位置。其中影视文学、小说、报告文学、散文、诗歌等各类文体创作取得了较大成就，形成了深圳文学多元共生的格局。为此，今天与诸位进行系统的探讨、讲解与思考。

深圳文学队伍的基本概况

但凡经济繁华之地，必是文化兴盛之邦。高度经济文明之地同样能产生优秀的文学作品，这已在古今中外的文化与文学发展中得到证实。深圳在全国的经济地位长年排行第 4 位，竞争力长期位居第一。深圳是改革开放 30 多年来中国当代史的生动缩影，拥有大量弥足珍贵的第一手题材，文艺创作资源得天独厚，其城市特质和文学个性日渐凸显，特区热土催生时代文学欢歌。深圳作家在历史的感召下，以改革开放历程的参与者和见证人的身份，饱含激情，浓墨重彩地以文字歌唱、用笔墨抒情。与之相伴相生的移民文学、新都市文学、白领文学、老板文学、打工文学、校园文学等，弘扬主旋律，提倡多样化、多元化。

深圳的生活形态是多元的。深圳的文学也是多元的。深圳是一个包容性很强的城市，这种包容性也成为深圳文学突出的特点。深圳的作家诗人，来自天南地北，不同的文化背景、不同的教育阅历、不同的人生经历，生长着完全不同的题材、风貌、内容的文学，深圳文学从“春秋”进入“战国时代”。

深圳作家群的形成和文学的发展、壮大在改革开放的历程中是有目共睹的。目前深圳市作家协会会员已发展到 1150 人，其中省级作协会员 300 人，国家级作协会员 100 人。深圳文学创作队伍的基本情况可归结为“三高一多”，即小说创作水平高、诗歌活动热情高、女作家比例高、作家圈子多。深圳的民间写作队伍正在不断壮大，多元创作格局已初步形成。深圳目前共有包括体制内作家、非体制内自由撰稿人、打工作家、校园作者在内的 15000 多人坚持长期写作，包括打工作者、网络作者以及散落在社会各个阶层的写作者，基本持续写作的作者，不低于 5 万人。经过长年累月的辛勤耕耘，深圳诞生了不少优秀作品。

深圳当代文学的发展与时俱进，具有创新和追求精神。从特区所担负的使命出发，文学创作融入了庞大的族群的生活和情感，反映了深圳30多年来的发展变化。30多年来，深圳作家出版了1000余部文学著作，每年出版的长篇小说十几部。

第九届（2009～2011）广东省鲁迅文学艺术奖（文学类）终评入选作品，2013年4月26日公布，深圳市报送的作品共获得5个奖项，继续延续过去各类评奖的优势，位列全省各地市之首。5部获奖作品分别是：杨争光的长篇小说《少年张冲六章》、杨黎光的长篇散文《我们为什么不快乐》、吴君的中短篇小说《十七英里》、萧相风的长篇散文《词典：南方工业生活》、于爱成的文学理论专著《新文学与旧传统》。广东省鲁迅文学艺术奖是广东省文艺类的综合性政府最高奖，获奖作品被认为代表了近年来广东省文艺创作的最高水平。

邓一光的长篇小说《我是我的神》获第二届中国出版政府奖图书奖，并被评选为第八届茅盾文学奖最后一轮的10部入围作品之一，2011年获“第三届中华优秀出版物奖”。2010年，杨争光的《少年张冲六章》获“第八届人民文学奖”长篇小说奖，并入选2010年深圳读书月“年度十大好书”、“2010年度中国小说排行榜”，还被《当代》长篇小说年度论坛评为“2010年度最佳长篇小说”；萧相风的《词典：南方工业生活》获“第八届人民文学奖”非虚构文学奖；李兰妮的《旷野无人》获第九届上海文学奖；吴君的《亲爱的深圳》获“中国小说双年奖”。由《北京文学》月刊社主办的“2011年中国当代文学最新作品排行榜”近日评出，上榜的中篇小说有深圳作家杨争光的《驴队来到奉先畤》，短篇小说有深圳作家吴君的《十七英里》。

深圳文学各类文体的创作成果

改革开放30多年来，深圳文学地图上，各类文体的创作成就有以下几点：歌曲开路，小说启幕，影视起舞，报告文学阔步，散文无数，诗歌朗读，评论应付。

1. 歌曲开路

改革开放30多年来，深圳一直走在时代前沿，不停地为时代发声，可以说是“领唱中国”，这是因为深圳本身就是改革开放的产物，这是因为深圳对文化一直以来的敬重。深圳从2009年开始，接连启动了音乐工程、影视工程、文学工程、美术工程，高度关注文艺精品的创作环境。

深圳歌舞厅文化发展得特别活跃，造就了流行音乐产生和流行的平台，引起了中央领导的关注。说是把歌舞厅拿到北京去演一场、到中南海给中央领导看一看。1989年深圳的歌舞厅第一次到中南海演出，结果中央领导看了以后都在那儿鼓掌。这是第一次也是最后一次，当时的粤语歌也通过深圳这个阶梯，从香港流进来了，一样风靡全国，都在那儿唱着粤语歌。从20世纪80年代开始，深圳的原创音乐如周峰的《夜色阑珊》等，开始全国流行。就在很短的时间内传唱大江南北，很多有志青年听着这首歌来到深圳这块热土。深圳的歌舞厅文化曾经名冠全国，率先成熟的市场环境锤炼出了一大批高素质的流行歌手，周峰、陈汝佳、陈明、戴军、李春波、黄格选等从深圳起家，相继从这里的小舞台走向全国的大舞台，这里诞生了中国流行音乐的第一代明星。从几年前唐磊的《丁香花》开始，这里又有无数歌手和创作人再度走向“星光大道”。

此后，紧扣时代脉搏的深圳歌曲逐渐迈向成熟。一大批擅长主旋律创作的词曲作家如蒋开儒、姚峰、唐跃生、田地、王佑贵等相继涌现，《春天的故事》《走进新时代》《又见西柏坡》《长大后我就成了你》《祝福祖国》《花季·雨季》《走向复兴》等传唱全国，深圳原创音乐的又一个繁荣时代从此开创。2014年9月13日，第十三届精神文明建设“五个一工程”评选在北京揭晓，咏诵中国梦的歌曲《放飞梦想》，和由深圳创作、经其他省市单位报送的歌曲《天耀中华》获得了中宣部“五个一工程”奖。

2. 小说启幕

从移民文学到打工文学到青春文学及青年作家群的形成，可以大致看到深圳新都市文学的发展历程。深圳文学不是一个地域性、题材性、圈子性概念。小说创作方面，刘西鸿的短篇小说《你不可改变我》，以“人应该展示并发挥自己的长处而及时发光”的宣言，表现出新移民全新的审美追求和价值观。南翔长期以来坚持以小说形式对知识分子题材的挖掘和对人文精神的执着探寻，从《博士点》《硕士点》到《前尘往事》《绿皮车》，延续了他一贯的思考。南翔的短篇小说《老桂家的鱼》获得第六届（2010～2013）鲁迅文学奖短篇小说提名奖。曹征路作为国内最坚决最具代表性的底层写作的作家，从《那儿》到《望苍茫》，坚持着他一贯的底层命运的考辨和追问。陈小澄（金涛）也发表了长篇三部曲。

近几年，在良好文学机制和氛围的推动下，深圳作家有多部优秀作品出版，“深圳短小说八大家”丛书，遴选出杨争光、邓一光、曹征路、盛可以、吴君、南翔等深圳本土实力作家的代表作品。他们是活跃于深圳当今文坛的骨干或新锐，他们的作品笔调、文锋、叙事风格各异，其作品是当今深圳原创文学水平较高的有力佐证。他们都持有都市式的写作思维，告别了打工文学时代的创作范式，不再简单感性地把城市化、都市化视为“伤感、残酷、无奈”的表象，而是更全面、理性、深刻地展示城市生活、都市生活的复杂性和多棱面。由于该丛书大部分是反映深圳生活的都市题材作品，代表了深圳文学在当代文学中的高度，推出后反响热烈。深圳市作协副主席丁力，是深圳写白领文学、老板文学的高产作家，2014 年他在《滇池》首期头条，发表两部短篇小说；在《安徽文学》第 8 期，头条发两部短篇小说；在《北京文学》第 10 期，发表中篇小说《股东》；在《清明》第 8 期，发表中篇小说《做人》，被《北京文学》转载。另外，2014 年 9 月，丁力又出版长篇小说《百年振能》。迄今为止，他已出版长篇小说 39 部，加上其他著作，总共出书 41 本，引人注目。

燕子的“红尘有道”系列七卷组合，我挑选了她的《局部爱情》

这部非虚构和虚构的作品集，进行阅读评论。

韦勒克·沃伦在欣赏莎士比亚的戏剧时说道："头脑最简单的人可以看到情节，较有思想的人可以看到性格和性格冲突，文学知识较丰富的人可以看到词语的表达方法，对音乐较敏感的人可以看到节奏，那些具有更高理解力和敏感性的听众则可以发现某种逐渐提示出来的内含的意义。"

较为厚重的《局部爱情》从形式上分为纪实、虚构两大类别，由四个篇章组成：写"相亲"的是采访篇；写婚姻的是实录篇；写情书的是口述篇；写社会、人际关系的是虚构篇。最后这个篇章是由四部中短篇小说组成，是这部集子的重中之重。

这里主要分析的是第四个篇章，虚构篇的四部小说。从这部《局部爱情》文学专著来看，是一个正金字塔的印象结构，第四篇章是这部专著的底座，厚实、凝重。下面就运用阅读现象学的文学批评方法来分析。

阅读现象学认为，没有阅读就不会有审美，也不会有审美的作者。冷静而又慎重地分析作品的内在结构和它的意向性，始终把作品与作者尤其是与读者联系起来，进行系统的、综合的同时又有侧重点的分析和阐释。

第一，回到文学自身，回到作品中去。按照胡塞尔还原论的理论："回到事物去"，借此来表明文学批评就是：文学要回到自身，应该"回到作品去"！很显然：小说不是传记、纪实文学，也不能用心理分析学、用社会－历史的批评方法来解读。在中篇小说《冲红灯危险》中更是如此，小说的主人公是一个男青年，入行不久的律师与作家的过往的职业不搭界，与小说的另一个第二主人公——金铃的身世与职业也相去更远。我很佩服燕子在写这部小说时对法律和审判程序的谙熟程度，相信她在写这部小说时做了许多功课，才游刃有余地、收放自如地再现了现实生活。然而，小说中的所有这些，都不是燕子本人的过往生活，这样我们就可以深入作品的内部，把握事物的本质，抵达作品意义的彼岸。

第二，回到作品的意义中去。杜夫海纳提出："作品永远有一种意义。作家说话是为了说出某些东西，作品的效能就在于它说的能力之中。如果说出来的东西不能用真和假的普通标准去衡量，那也无关紧要，作品的真理总是在意义的说明之中。因此，批评的基本任务似乎就在于解释这种意义。"

意义内在于感性形式之中。对《冲红灯危险》的阅读，可以通过我们的感性形式探求内在的意义。我们能清楚地归纳出读者和批评者对这种意义的共识：在法律的框架内，被告人金铃"是一个披着清纯外衣的恶魔"，是杀人凶手，应该受到法律的制裁；而高信戈，是被害人，要寻求法庭的唯一精神——公平和正义，生命付出的代价用法律来伸张，法律要做它该做的事。从现象学的感性形式来分析，主人公关可鸣毕竟是现实生活中的有丰富情感和人性的正直青年，在法律的栅栏之外，他有时也这样想：一些犯罪嫌疑人并非总是人类最丑恶的垃圾，甚至从某种角度上，罪犯有的还是清白无辜的人……佛曰，要行善；上帝曰，要宽恕。可是他认为，惩恶除奸才是最大的善。被害人有时也是大奸大恶。作为辩护人他致力于寻找事情的真相与本质，最后的结果是：法律做了它该做的事，伦理和道德的良知也找到了事件的真相与本质。

第三，回到事物的本源去。作品的意义并不全是作家赋予的，而主要是作家回答了大自然和生活中潜在的意义问题。大自然和生活中的意义是无穷无尽的，也许作家揭示了一种潜在的意义，一部作品只有当它本身富有启发性时，读者才会受启发。

中篇小说《一个白领一生中的 24 小时原生态》，浓缩书写了女主人公晓风一天的工作和生活状态，她在现实主义中过已有的生活，作为作家的燕子是在写现实主义已有的生活。客户陈萍根据自己的过往经验确定晓风为她的广告模特，引起了原来选定的女模特的嫉妒、失落、恨，引发了两人之间美与丑、善与恶的人性伦理的交锋，到最后晓风去意阑珊。作家燕子最后揭示的意义是多维度的，这种启发性的罗生门，会使"一千个读者产生一千个哈姆雷特"，"一千个读者心中有一千个林黛玉”。因为小说结局留有余味，使读者产生丰富的遐想空间。至此，批评家在说出作品给他的启发时，并不背叛作品；读者的想象也是一样，不会背叛小说的意义。

3. 影视起舞

影视文学在深圳已经是文化产业，是文学产业化的成功运作。在广东省第七届精神文明建设“五个一工程”奖中，16 部深圳文艺作品登上红榜，居全省各市之首，这股深圳旋风也令深圳精品创作引发了兄弟省市的关注和探讨。

2014 年 9 月 13 日，第 13 届精神文明建设“五个一工程”评选结果在北京揭晓，深圳市有 7 部文艺作品获得了“五个一工程”奖，它们分别是：票房近 2 亿元的电影《全民目击》；树立国产动画新标杆的《熊出没之夺宝熊兵》，突破 2.5 亿元票房；创下 2013 年 4 月央视一套开年以来黄金档最高收视纪录奇迹的电视剧《有你才幸福》；歌颂老一辈革命家的广播剧《疍家小渔村》。此外，由深圳创作、经其他省市单位报送的广播剧《我有一片阳光》也榜上有名。

故事片《全民目击》。影片借助检察官、律师、嫌疑犯以及大众媒体等多重视角，讲述企业家林泰为保护女儿顶包认罪的悬疑故事。通过检察官与律师对事实真相的执着探寻，表现了现实中情与法、人性中善与恶的碰撞与较量，反思了片面父爱与子女教育的现实问题，颂扬了对职业道德与法治理念的坚守精神。故事悬念重重，叙事手法老练，是一部将主旋律题材与刑侦悬疑风格完美结合的作品，填补了华语影坛此类型影片的空白。影片内地票房 1.836 亿元，荣获第五届英国万像国际华语电影节最佳影片、最佳男主角、最佳原创电影歌曲等奖项；荣获第一届伦敦国际华语电影节最佳导演、最佳原创剧本、最佳男主角等奖项；荣获北京第四届国际电影节新锐编剧焦点奖；荣获中国电影家协会“中国影协杯”优秀电影剧本奖。

电视连续剧《有你才幸福》。该剧讲述祺瑞年面临老房拆迁、黄昏恋被误解、子女围绕财产明争暗斗等诸多人生的矛盾和困境，最终用父爱感化家人实现家庭和谐美满的故事，揭示了拜金主义对亲情人伦的腐蚀和伤害，呼吁人们重新思考亲人的意义和幸福的含义。这是一部有人性温度、有揭示力度、有思辨深度的现实主义作品，着力用真诚、善良、希望和关爱来构建超越经济利益的价值观，成功地实现了用真善美的艺术感化观众，向社会传递正能量的美好愿望。2013年4月在中央电视台黄金档播出，CSM33城市收视率为2.31%，全年收视排名第二。

4. 报告文学阔步

报告文学方面。杨黎光的报告文学《没有家园的灵魂——王建业特大受贿案探微》，获首届鲁迅文学奖。杨黎光以细致入微的笔触，写主人公人性扭曲的过程及其情感世界和内心深处的搏斗，在伸张正义、鞭挞邪恶中让人们的灵魂受到震撼。2001年，杨黎光的中篇报告文学《生死一线——嫩江万名囚犯千里大营救》获第二届“鲁迅文学奖”，《瘟疫：人类的影子》也获鲁迅文学奖。杨黎光的长篇报告文学《打捞失落的岁月——死缓犯人曾莉华狱中自白》获得由中国报告文学学会所组织的中国报告文学首届正泰杯大奖。林雨纯、郭洪义的长篇报告文学《天地男儿》获中宣部“五个一工程”奖。1991年，倪元辂、陈秉安、胡戈、梁兆松的《深圳的斯芬克思之谜》获全国优秀报告文学奖。陈秉安的长篇报告文学《大逃港》举办了学术研讨会，长篇报告文学《世界的声音：ShenZhen》顺利出版。在深圳报告文学界，涂俏是一个绕不开的重要作家，她曾以对边缘人群的高难度采写报道为国内报告文学界所熟知。《袁庚传·改革现场》这部作品，是涂俏穷三年之功，追访156人，翻阅大量内部档案及私人日记，进行的抢救式记录，最后完成了对以袁庚为线索的深圳改革开放史的书写，其历史价值很大，对报告文学的创造性有贡献。维克多·雨果说，脚步不能到达的地方，眼光可以到达；眼光不能到达的地方，精神可以到达。

5. 散文无数

散文创作方面。李兰妮的长篇纪实散文《旷野无人》，于2008年初在《上海文学》“旷野心路”专栏共连载5期，通过对抑郁症的关注，探讨中国人的精神生存状态。《旷野无人》后由人民文学出版社出版。由中国人民大学出版社出版的段安平的散文集《如戏》，秦锦屏写的散文《女子女子你转过来》获“老舍散文奖”。“第七届深圳青年文学奖”获奖作家蓝予的散文集《转身回眸》，书写故乡、故乡的记忆，童年、童年的记忆，以亲朋好友为叙写对象，以亲情、友情为主线，以温情和温暖为主色调，贯穿着质朴而可贵的情愫，回荡着感恩和祝福的主题。作者的书写质朴、温馨、真诚、本色，触及的是个人经验范围内的文学命题，显现着作者的人生态度和人生境界。焦朝发的散文集最近出版。

深圳散文诗作家王长敏，2012 年出版散文集《独自幽雅》（河南文艺出版社），如《凝望一棵开花的树》《老屋如歌》《不老的村庄》，都是写作者青少年时期在中原乡村的生活。另外，她在各级报刊上发表散文、散文诗、诗歌、童话等作品 30 多万字。发表于《散文百家》2005 年第 3 期的《凝望一棵开花的树》运用象征手法。“一棵开花的树的精神”是一种纯洁、温暖、自由的精神，它是当今物欲横流的世界的灵魂，让每个迷失在都市生活中的人找到回家的路。

散文《守候村庄的麻雀》原载《意林·少年版》2013 年第 5 期，入选“人教版”语文五年级下册同步阅读。

6. 诗歌朗读

诗歌创作方面，朗读成为最热闹的景观。“朦胧诗”的早期成员徐敬亚与妻子王小妮从吉林省客居到深圳，1986 年，由安徽《诗歌报》和徐敬亚所任职的《深圳青年报》策划了一次“现代主义诗歌大展”，汇集了中国上千个民间诗歌团体的宣言和作品，向主流文学媒体的写作标准发起攻击，以此为标志，中国诗歌在亮出一个漂亮的民间姿态的同时，也从英雄主义的抒写转入日常经验的描绘。联合举办的诗歌大展上涌现出来一批具有反叛精神的新诗人，以于坚、韩东、杨黎、李亚伟为代表，也拉开了深圳当代文学发展的新篇章。

古体诗开始复兴。深圳诗词学会成立于 1990 年，在弘扬中国传统文学、活跃特区文化创作和增进海内外文化交流方面取得显著成绩，在海内外诗词界有一定影响。深圳诗词学会成立以来，以“继承和发扬中国古典诗词艺术的优秀传统”为宗旨，大力宣传诗词文化知识，积极开展诗词进校园工作，得到了社会各界的肯定和好评。由深圳诗词学会编的《深圳诗词作品选》，已由深圳报业集团出版社出版。

诗歌创作是深圳文学的先锋，自20世纪末以来，深圳作为中国先锋诗歌的窗口和基地，其创作已从价值确认、运思向度、修辞基础到诠释模式，都发生了很大变化。

三条线

原创/心庙（王小兴）

对于女人，
不可以欺骗，
这是底线。

对于钱财，
不能够过于贪婪，
那是红线。

而对于权势，
千万不能冒犯，
这可是高压线！

底线常被突破，
红线不断逾越，
触碰一下高压线，
心怀侥幸，祈求脱险。

初一过了，
十五自然会来。

荣获广东省鲁迅文学艺术奖（文学类）的诗集《刘虹的诗》，由自我步入现实，开辟出自己对宏大叙事、国家叙事的诗意思考的独特路径。刘虹从人性的立场出发，始终不渝地关注人在当下的存在方式，通过连续追问，层层剖析，书写一个理想主义者的灵魂。以深圳市华文文学学会及“深圳诗人之约”为平台，金呼哨、客人、夏子、远洋、江冠宇、心庙、老农、迎风、风飞沙（高海霞）、小羽、陈浩等开展诗歌朗诵活动。值得一提的是，“5·12”汶川地震后，深圳诗人也积极行动起来，加入写诗、读诗、诗集义卖的行列，仅用一个月时间，刘满衡、金呼哨、客人、夏子就编辑出版了《国殇：献给5·12汶川大地震蒙难者和英雄们的歌》，这一景观，令人感奋。

还有工薪阶层的谢湘南、阿翔、张绍民、陈鹏、李晃、柴画、蒋志武、胡雅玲、晋东南等，都写出不少诗歌佳作。以《手机》为题，诗人会有不同的感悟：

手机

金呼哨

静躺在茶几上的手机
不是内心简单的一块固体
它是一只小精灵
像热恋的人一样充满激情
体内流淌着生命的血液

我始终把她看成感情动物
在我莫名孤寂的日子里
为激活我生活热情的那个人

发出信息

恍惚一件事情的过程中
我记起她成熟的身姿
和茁壮成长起来的芳龄
她曾拨动我心灵的旋律

把心底抵挡不住的好奇发送出去
让记忆翻动岁月的电话本
让她海阔天空
去追寻我的足迹

放出去的是一只风筝
一份牵挂
捏在我手中的
是一个情感的遥控器

手机

风飞沙

手机响了　心跳加速
还没想好用怎样的声音
所以沉默

手机响了　再次窒息
是谁的语言穿出身体
忘了自己　所以，不停回味

终于，再没有了声音

每一个午夜梦回
手心里都是你
却再没有了消息

想象着开机后有你的短信
所以　开始学会关机
关机，开机，再关机

一直看见　另一端
你微蹙的眉，笨拙的手正映在屏幕上
所以我固执地盯着手机
直到流泪

由于近10年来中国乡村的“空心化”和乡村文明的崩溃，乡土文学正逐渐消失。都市化进程的过快发展让许多作家来不及反应，城市文学正处在过渡期。远洋的诗集《空心村》在这个大背景下去认识现在的社会。《空心村》收录了远洋近10年创作的关于故乡和母亲的诗篇。远洋的心一直与乡村血脉相连，作为从乡村走出来的诗人，对乡村生活有着刻骨铭心的体验和永难磨灭的记忆；对城市化进程中乡村因为急剧贫困化和边缘化而沦落到失语与病苦的状态，更是有着痛切的感受。母亲亡逝、老屋坍塌、乡亲离散、土地荒废、村庄空虚等残酷的现实，使他认识到作为中国人生活家园和精神家园的“乡土中国”的丧失和沦落、现代人的灵魂已“无家可归”，为此他吟唱一曲乡土中国的挽歌。

7. 深圳的打工文学勃兴深化

打工文学是深圳当代文学的新元素。20世纪80年代，中国南方掀起波澜壮阔的打工潮，“东西南北中，发财到广东”驱使3亿中国农民及小城镇青年背井离乡南下打工，“打工者”于是成为一个偌大醒目的身份符号。

自80年代中期以来，伴随市场经济发展，大批“外来工”涌入深圳，逐渐形成一个庞大的打工阶层，“打工文学”在深圳应运而生。打工群体中的一些文学爱好者拿起笔来，抒写自己的喜怒哀乐。“一早起床，两腿起飞，三洋打工，四海为家，五点下班，六步晕眩，七滴眼泪，八把鼻涕，九坐下去，十会死亡”，这首写在蛇口四海区三洋厂厕所里的“打工诗”，就是当时打工者生存状态的真实写照，可视为“打工文学”作品的雏形。可能受到这首古诗的启发：一去二三里，烟村四五家。亭台六七座，八九十枝花。

打工群体也有深圳民谣：

罗湖的美女，
福田的汉，
布吉街的痞子满街串。
南山的花，
西丽的草，
仙湖里的和尚满街跑。
华侨城的帅哥，
沙头角的狼，
皇岗到处是流氓。
老成都的饭，
彭年的床，
岗厦的女生吓死郎。
盐田的田，
大鹏湾的湾，
小梅沙的男女太疯癫。
南头关的痴，
梅林关的怨，
罗湖关的情侣香港转。
福永的夜色，

松岗的乱，
公明的女工没男伴。
西乡的土，
沙井的苦，
宝安的男人心里堵。
关内的偷，
关外的抢，
深圳的治安没法讲。

深圳是打工文学的重镇和策源地。深圳的打工文学是一个与中国改革开放“共名”的文学现象。打工文学表征着底层群体在我们这座城市的生存状态，一定程度上折射出当代中国在社会、文化转型期产生的某种精神现象和心灵矛盾，展示出中国城市化进程的轨迹以及城市打工群体复杂微妙的心路历程。打工文学给贫血的城市文学带来了生机和活力，从文化生态学的角度说，也给当代中国文坛增添了一个新品种。

如张伟明的《下一站》，林坚的《别人的城市》，安子的《青春驿站》等。不管是最初被命名为“打工文学”，还是后来被命名为“底层写作”，关注底层、关注中国当下发展中的社会现实始终是深圳文学的一个重要传统。虽则从审美现代性的立场而言，这类创作在艺术上有其自身的局限性，但它却以其伦理价值成为中国当代文学的重要构成部分。

深圳的打工文学题材上，大部分表现的是生活坎坷、思乡痛苦、打工无奈、人情冷漠，大多反映的是底层打工者恶劣的生存环境，压抑的情感历程。憎恶、呐喊、哭诉等消极悲观情绪充斥着各种诗歌文本。这些诗歌文本影响着挣扎在流水线上的千千万万外来工，形成“打工即痛苦，痛苦即打工”的思维定式。

深圳的打工诗歌以全新的生活经验，再现打工生活的酸甜苦辣，被压抑的欲望和梦想。打工诗歌首先呈现着一种“底层书写”的自由，传达底层打工者真正的不加伪饰的心声，朴素、真实、不虚伪，是一种原生态的人生场景，表达心声以及呼唤社会良知等。真正从底层的意义上关注打工阶层的生存状态，不同程度地为我们呈现了打工者精神生活和现实生活的状况。打工诗歌，实质上就是通过诗歌来表达社会民众的呼声，让地方政府聆听打工者的心声。打工诗歌在深圳已经不再是单纯的艺术创作，它已经构成我们建设和谐社会一支不可替代的力量和方式。它既有文学价值又有社会学的价值，社会学价值大于文学价值。打工文学还是应该回归文学本身。深圳有着那么多背井离乡满怀抱负的年轻写作者，他们正在这个特殊的时代，默默地为这座特殊的城市留下他们特殊的文学记忆。

政府、文联和全社会要积极扶持打工文学，积极培养打工作家，鼓励他们为外来工代言，进而实现外来工在物质、精神方面软、硬件环境的改善。从《大鹏湾》到《打工文学》周刊，以及“打工文学论坛”持续性举办和一系列作品的刊发、出版发行，“打工文学”已经逐步成为深圳的一个成熟的文学群体。陆续推出了张伟明、盛可以、王十月、戴斌、秦锦屏、曾楚桥、郭建勋、卫鸦、韩三省、叶耳等一大批打工文学作家。近年来，深圳在扶持打工文学方面颇有成绩。打工文学作品与作者所具有的丰富性与先锋性，已经构成了一个非常独特的绿色文化生态系统，具有很强的生命力，也有很高的政治价值、社会价值和人文价值。因此，我们有责任维护这个系统的原生态性、尖锐性与深刻性，这也是体现对外来工人文关怀、构建和谐社会的一个不可小觑的重要内容。

新生代的打工作家势头强劲，在《人民文学》等顶级刊物上也发表了大量作品。“第七届深圳青年文学奖”获奖打工作家毕亮的短篇小说《母子》敢于直面最残酷的人生，捕捉出人性中最让人痛心的细节，透过母子之间那种没有温暖的冲突关系，揭示普通民众生活的不幸以及心灵挣扎的苦痛，反映出当代生活中深刻的人性危机。小说虽然采用第一人称视角，但作家极力把自己的道德倾向隐得很深，让并不曲折的情节产生触目惊心的艺术效果。王十月《出租屋里的磨刀声》其实是一个“受害”—“逃离”的文本，磨刀人夫妇在深圳（城市）备受屈辱和苦难，最后选择了离开。

对深圳而言，30 年的改革开放，它在经济上已经远远超过了许多内地的大城市，但是在城市文化建构上，这个年轻的城市尚未形成如北京、上海和西安等城市那样独特的城市文化。这使它缺少了从文化上和心理上将大家凝聚起来的维系纽带。

打工文学展示了工业文明对农业文明、城市文化对乡村文化的吸引，两种文化形态的对撞、交融，以及置身其中的人的呐喊与彷徨，写出了社会文化转型期进城农民工的生态与心态。“打工文学”的一个突出特点是作者本人是打工的，他们对打工生活熟稔于心，素材丰富活泼，他们对这种情感有独到的体认，创作时信手拈来，无须为文造情去编排玲珑剔透、千回百转的故事。而且随着生活场景的转换，他们也在创造新的价值观念和生活方式。纵观这些作品，它们在真切地表现“精彩与无奈”中，体现了城市想象、身份认同以及性与政治的复杂感情等几个主题。

时至今日，打工文学逐步走向它的尾声。当然，这并不意味着它的消亡，只要伴随市场经济派生的“打工”现象依然存在，打工文学就有可能继续发展，在未来“打工一族”中仍有可能产生出代表自己时代的作家。我们不排除它可能转化到其他类型的写作中，以一种崭新的面貌出现。就是说，对打工生活资源的持续的开发在相当长的时间内还会是一个令人关注的领域。

深圳文学创作发展的成因和问题

深圳已经成为中国文化的一个大舞台和重要窗口，呈现出文学发展欣欣向荣的局面。在这些看得见的变化背后，是一股看不见的力量：深圳正以高度的文化自觉和文化自信推动文化自强。改革开放30 多年的文学创作成就，深圳作家创作勃兴及群体形成的原因，主要有几个方面。

第一，深圳有完备的文化政策支持和引导。这与市委市政府长期重视文艺创作、不懈抓精品创作的指导方针有关。从提出“文化立市”到建设“文化强市”，在10多年的历程中，深圳的文化建设始终彰显着创新的独特魅力，为文艺精品创作创造了良好的环境。2014年7部作品荣获中宣部“五个一工程”奖（5部作品由深圳市报送，2部作品为深圳人创作，由其他单位报送）。这是深圳这片文艺热土取得的骄人成果，是深圳宣传文化战线多年来唱响主旋律、打好主动仗的结晶。

第二，深圳30多年的改革开放实践成为文艺创作的精神财富、宝贵资源。深圳作为移民城市和改革开放之城，有独特的文化创作土壤，立足于这片土壤，可以创造出不一样的精彩；深圳30多年的改革开放历程为深圳的文艺创作提供了文学创作题材的富矿，深圳文艺创作者要深入挖掘，以与时俱进、喜闻乐见的形式走向中国的舞台、世界的舞台。多年来集聚了一大批文化精英和文化人才，汇聚成文化创作的巨大能量，经过多年的文化积累，深圳在文学、影视、动漫、音乐、舞台艺术等多个领域都展现出强大的能量。深圳的文化发展仍然可以走出自己的道路，发展出一套独特的模式。

第三，敢于创新是深圳文艺精品的标签。深圳形成了浓郁的创新文化氛围，深圳的各行各业都充满了创新氛围，激励着艺术家们别出心裁地创作出更新、更符合时代、更勇立潮头的精品力作。正因为深圳的文化建设注重创新内涵，所以这片土壤才孕育出争奇斗艳的文艺繁花。近年来，深圳涌现出大批文艺精品，并逐渐从精品发展到经典，这离不开深圳的创新精神。从歌曲到电视剧、电影再到动漫，深圳的文艺创作形态不断创新，引领行业的潮流。

第四，经济基础成为文艺繁荣的压舱石和孵化器。深圳民营经济发展迅速，体量很大，深圳有成熟的市场机制，科技发达且文化融合，把文化作为创意产业在这里得到了金融的支持。民营企业的发展，使企业家有回馈社会、感恩时代、提升精神生活的文化情怀，很多“大片”都是由民营资本提供支持的。

第五，深圳是一座有大爱有文学情怀的城市。深圳人热爱文学写作，这与城市移民性格、人口来源、人口结构、人口知识、人口心态有关。以年轻人为主体的人口结构，人数众多的白领阶层，个体心理寻求宣泄和慰藉的欲求，对新媒体手段使用的方便和快捷，以及文学写作资源的丰沛，个人生活体验的“震惊”感觉，文学功能的“灵验”效应等，都是深圳文学创作活跃的原因。深圳民间蕴藏着极大的创作人才和文学热情，民间创作力量的庞大和勃兴是非常突出的。

李敬泽分析说，深圳这批作家，他们绝大部分是从外地来到此地，深圳为他们提供了一种解脱：在这里，他们将获得新的身份，将改变自己的生活和命运，同时他们将参与创造历史。这个城市接纳了各种各样的人、各个地方的人，容纳了对生活、对世界的各种大胆想象，它向着繁多的可能性敞开。这是深圳的力量所在，这种力量一定会结出繁盛的文化果实。

李敬泽指出深圳对于作家的写作是有重大意义的。在这个地方，会更强烈、更尖锐地感受到这个时代经验的混杂、冲突，感受到时代对人的自我意识的考验。经验、身份、自我意识、对世界的想象都经受着急剧变化，不和谐、不统一，混杂、突兀，这些在深圳最集中、最富戏剧性地展现着。这对文学写作来说是一个宝贵的资源。

荣誉在前，仍需反思。深圳文学“水还是很浅，鱼也不大”，恒星少，流星多。虽然取得了一些成绩，但与深圳在全国的经济地位相比，深圳的文学界差距还比较大。深圳改革开放的历史确实是举世瞩目的，可惜文学艺术作品中反映得不够，除了一部《命运》电视剧外，还没有有影响的鸿篇巨制来深刻反映深圳改革开放的现实。

邓一光反思道：“有一个问题我至今没有想通，20 年前，中国的现代化尚在蹒跚挪步阶段，深圳作家诗人诸如刘西鸿、徐敬亚、王小妮等，他们就已经提供了内地文学中最早的现代化文学文本，可以说，那个时候内地文学，除了实验性先锋文学，大多还顽固地抵抗和排斥着现代性经验，大量提供着后乡村经验的文本。”20 年过去了，深圳作家开始保守，开始或继续书写乡村挽歌，发起对城市经验的海量攻击，以对抗城市文化和现代性经验，“这需要我们注意和反思”。

关于深圳当代文学的主要问题，可以用“四多四少”来概括。

第一，有文学理想的作家多，有创作底气的作家少。有些新人新作，求快求数量，缺少有质量的作品。深圳文学有一种急躁的情绪，总是想通过某些活动来出作品，但是作品的数量并不代表质量。经得起时间检验的作品不多，精品力作少。

第二，关注现实多，思考意义少。作品只是拘泥于个人命运的宣泄，没有站在大的背景下考虑整个社会的宏观意义。现实主义变成现象主义；即使真有现实主义，也没有批判现实主义，更没有浪漫主义。深圳人太忙，太现实，比杜甫还忙，生活现实的严峻性、压迫感，即使有主义，也不过是过往的革命现实主义和革命的浪漫主义相结合的创作方法。

第三，急功近利多，审美感悟少。在商业发达的深圳，人们的思维方式和行事风格都与市场挂钩，深圳是没有诗意的城市，不能在这里诗意地栖居。作家们对这个城市精神文化的探索，大多停留在物质层面，缺少对精神内核的探索。作家邓一光说，深圳作家，尤其是青年作家，有着强烈的“漂泊”感和“悬浮”性；异乡生活的内心焦虑、现代化生活的挤压、身份确认的恐慌、主流文化的寻找盲区和盲从，那种不确定性在这座城市的文学形态中表现得相当充分，是无法简单归类的，在出作品之前总是轰轰烈烈地造势，结果产生了一大批内容空洞、没有审美意义的作品。

第四，散兵游勇多，抱团取暖少。时代发展到今天，价值观念多元化，但没有一个统一的精神可以引导创作。深圳的诗人、作家好像每个人都有一个自己的世界，散兵游勇，团队意识差，每个人都自认为是一条好汉，交流碰撞、提高不够。他们不相像、有差异，这正反映了这座城市的内在特点。正如罗家英所说的：“如果每个人都觉得你是不可理喻的梵高，那你就应该拿出《向日葵》那样伟大的作品来。”

如何提高深圳文学的水准

中国有句老话“忠厚传家久，诗书继业长”。长期以打工文学作为地域标签的深圳文学能否转向，是否可以开始朝新城市文学，新移民文学，城乡心理结构的交叉性、边际性文学过渡，关系到深圳文学今后的走向。深圳长远的文学目标是，打造世界“文学之城”，努力追赶爱丁堡、墨尔本、爱荷华的脚步，争取被联合国教科文组织授予“文学之都”称号。

第一，把文学流派形成作为深圳学派建设的突破口。如何看待深圳学派与特区文学流派的关系，深圳学派一般理解为哲学社会科学，但也要包括文学艺术、创意、设计等。文学流派是文学发展过程中，一定历史时期内出现的一批作家，由于审美观点一致和创作风格类似，自觉或不自觉地形成的文学集团和派别，通常是有一定数量和代表人物的作家群。虽然深圳学派主要是指哲学社会科学方面，但是从广义来理解，也包括学术流派、艺术、文学。把深圳学派培育与特区文学观察作为一个命题来研究，是深圳学派能否见成效的突破口。

深圳是中国最具活力的新都市，拥有一个庞大、密集、活跃的作家群体，整体上讲，他们的诗作风格活泼灵动，大胆豪迈，细腻柔情，足以让人惊叹不已！巧妙的构思，生动的意象，形成他们卓尔不群、天籁独造的诗歌风格，昭示着作者对未来充满美好向往的情趣。这里的作家和写作者对文学的热情、文学创造力的旺盛、文学形态的丰富、文学生态的完善，在中国，你很难找到一个地方的青年作家们会如此不同，也许只有北京例外。这其实正是深圳和它的文学的优势，应该珍视这种差异性，不要强求一个概括、一种界定，或者一个什么旗号。相比国内的其他城市，深圳的文学力量现在还不能形成一个群体或地域特色，因此有必要探索站在更高的平台上以城市身份亮相，使深圳作家团队形成“文学深军”的群体。要凝聚文学力量，发挥群体优势，形成一个个文学群体、形成“文学深军”的方阵，才能在全国有一席之地，并逐步形成深圳这块文学沃土的文学群体和流派！

第二，逐步完善催生文学精品的体制与机制。一个城市文学精品生产的力度体现了这个城市文化的高度。改革创新是深圳的根、深圳的魂，也是深圳文艺事业蓬勃发展的关键所在。就作者而言，面对民众不断提升的文化需求，广大文艺工作者要继续发扬特区改革创新的精神，解放思想、与时俱进，增强原创能力，保持创作活力，继续以“五个一工程”为龙头，“文学工程”为先锋，打造精品力作。就政府而言，深圳在扶持文学精品的创作中，不论体制内外，不论投资主体，不论投资规模，在资金、政策上都应一视同仁，从项目规划、题材策划、资金保障和扶持措施，以及精品项目公开招标、文学家工作室建设等方面，逐步完善催生文学精品的体制与机制，做大做强“深圳创造”。不断推出的文学创作促进机制和扶持措施，将是深圳文学精品获得强有力发展的“助推器”。深圳市文联、作协要推出扶持作家创作的若干措施，创新体制，加大扶持力度；打造平台，提供交流；建设阵地，推出新人；提供培训，优化服务；出台政策，留住人才。尽快设立一个具有全国影响力的“深圳杯文学奖”，鼓励文学界的探索与创新，鼓励作家创作出更多的精品力作，更好地引领社会进步，让深圳文学“走出去”，把深圳作家的作品介绍到海外，让深圳文学不但在全国，还要在世界打响名号。

应该发挥文学自由表达的特性以及想象力超越现实困境的特性。尽快成立开放式文学艺术院，推行签约制、招标制、客座制、工作室制，打破体制外与体制内、户籍与非户籍界限，将打工作家群纳入深圳文学艺术院服务管理范畴。对优秀作家实行签约，提供必要的创作生活扶持。此外，对优秀的打工作家，可根据能力和意愿，聘到文学艺术院从事管理工作。

第三，增强作家的文化自觉意识。没人会把我们变得越来越好，时间也只是陪衬。支撑我们变得越来越好的是我们自己不断进阶的才华、修养、品行以及不断的反思和修正。文学对一个国家、一个社会、一个民族、一个人的影响是巨大的，超过了其他力量，而引领时代的先进文化对于社会的进步、民众的幸福、国家的安全都是至关重要的。在当代南粤文化版图中，深圳要以高屋建瓴的城市文化视野、敏锐果敢的时代触觉、海纳百川的文化气度、能量聚集的民间力量独树一帜。依靠作家的文化自觉，在文学繁荣发展中努力凸现出自己的特色、个性和魅力，完成自己的"审美转身"。当今深圳作为中国改革开放的窗口城市，无疑正处于一个八面来风、气势磅礴的历史时代。面对这样一个大事件、大变化、新问题不断出现的时代，我们的文学艺术要直面现实，着眼审美原则来考察，具有创作时代"大雅正声"的精神自觉和价值追求。从更高的文化自觉层面说，我们更需要呼唤那些反映深圳改革开放宏阔历程、千百万深圳人艰难拼搏和高远追求的"宏大叙事"。深圳作家还要追求德艺双馨，更好地弘扬文明风尚。树立德艺双馨形象，才能有文化自信，赢得尊重，才能在这片改革开放的热土上创作更多的力作，更好地引领社会进步，为深圳文学的大发展大繁荣做出新贡献。

第四，增强文学作品的原创力。原创能力是一个城市文化发展的核心竞争力。深圳市近几年始终不渝地在竭力提高原创精品的质量、数量，特别是那些代表深圳城市文化个性的文学原创作品，实现由"深圳制造"到"深圳创造"的转变，以进一步提升深圳的国际国内影响力。因此，有必要培养深圳的本土作家，培养青年作家梯队人才，建设"文学深军"品牌；与出版集团、报业集团、广电集团实施战略合作，为深圳文学的发展奠定开放式、多元化的基础。实际上，文学应当是有时效性和前沿性的，一部文学作品只有同时代现状相契合，它才能具备更强的生命力。新时代的城市文学，应该多关注城市热点，写城市的文学、都市的文学。从区域来分，罗湖的职场文学、商战文学、老板文学都有发展的可能性；南山有科技园，是高科技重地，可以发展新媒体文学；福田发展公共文化、学术等，以此形成深圳的文学生态系统。

第五，增强对火热的现实生活的感悟、抽象、概括能力。思想，决定了一个人作品的高度；情感，决定了一个人作品的深度；阅历，决定了一个人作品的宽度；而天赋，决定一个人作品的灵性。这四者的结合，就决定了一个人作品立意的四维，即意、情、境、语。改革开放 30 多年为深圳文学发展提供了充分的条件，而深圳文学也以丰硕的成果回馈给火热的改革开放年代。从散漫无序到逐渐自觉，从放逐意义到重建意义，深圳的现实主义文学创作达到“小我”与“大我”、叙事与意义之间新的和谐，呈现出新的生机活力，而生机活力的源头，毫无疑问地来自改革开放的伟大现实。大力弘扬改革创新精神，更好地推进文化创新，是深圳文艺事业蓬勃发展的关键所在。面对民众不断提升的文化需求，广大文艺工作者要继续发扬特区改革创新的精神，解放思想，与时俱进，保持创作活力。深圳作家要坚持艺术源于生活，将艺术更好地服务社会大众。只有深入社会生活的最基层，增强对现实生活的抽象概括能力，才能创作出富有生命力和感染力的作品，才能承担起引领社会进步的责任。深圳有底气有能力为作家们的静心创作创造条件，使作家们创作出群众满意和喜爱的文化精品，让人们从中获得美的享受和启迪，让文学成为深圳这个城市的骄傲。

第六，要注重对文学青年开展文学素质教育，进行系统的文学训练。

一是熟读经典名著。在通读的基础上，采取读书会、讨论会、交流会等形式，多读名著。有助于提高自身的文化素养，陶冶个人情操，开阔视野，提高写作能力，积累写作素材，学习写作方式。通过阅读一些名著，还可以了解不同国家的历史文化，地理环境，人情特点，让你在家中了解世界。如：《凡尔纳三部曲》《环游世界八十天》带领你环游世界。一些名著可以让你勤动脑，例如《福尔摩斯探案集》，让你在重重疑问中找寻答案。一些名著则会带给你真理，如哲学方面的名著。

二是必须遵循认可的文体规律，进行系统的文学训练。各种文学文体写作，都有内在的规律，这种文学素质教育，由市文联、作协组织，举办多种文体的采风、笔会、文学学习班、改稿会等，进行系统的文学训练。

写小说，就是摆故事；写散文，就是说心事；写论文，就是说观点；写诗歌，就是说点情事。

有人认为，写小说的人吹牛，写散文的人忧愁，写论文的人倔头，写诗歌的人风流。

以《筷子》为题，可以写有诗意的诗吗，湖北省著名诗人谢克强有一首微型诗：

筷子

谢克强

一对患难夫妻
尝遍生活的甜酸苦辣

小说的创作，要把握三要素：人物，情节，环境。与影视文学也有共同点。

人物。一部小说最主要的就是人物的塑造。一部好的小说，人物的主次分配起到了关键的作用，你可以使用多种人称进行描写，但是你要把人物控制得恰当合理，把人物展现得淋漓尽致，你就必须把人物刻画得深刻而有现实意义。

情节。小说最吸引人的，就是情节。百分之八九十的小说是靠好的情节来吸引读者的，这也是很多人想做却一直没有做好的部分，情节是整个故事的开头、过程、高潮、结尾。

环境。一部小说所产生的环境，在某种因素之下，是具有很大的意义和内涵的。一部小说的环境可分为内部环境和外部环境，小说所描写的内容所在的环境称为内部环境，是刻画所在外部环境的主题，也就是整部小说所起到的关键。

外部环境也就是小说之外的环境，与小说本身没有太大的关联，但小说所产生的环境也就是外部环境所施加的影响，才是外部环境突出的内容实质。

无论如何，人物、情节、环境三者都要统一地结合在一起，才能造就出一部有内涵的小说。

一个好的作家，不仅要在时间上花工夫，更要在生活中，在整个社会仔细观察，体验生活，发现生活，从生活中发掘素材，才能造就出一部属于自己的精彩小说。

《红楼梦》与中国饮食文化

张 惠

张 惠

北京大学文学博士，中国社会科学院文学研究所博士后；香港浸会大学中文系研究助理教授，香港中文大学《中国文化研究所学报》论文评审。曾为哈佛大学东亚文明系访问学者及台湾中研院文哲研究所访问学人。致力于中国古典小说与戏曲、中国近代文学及《红楼梦》等领域的研究与文化交流。已出版学术专著《红楼梦研究在美国》，发表论文30余篇，并承担各级学术研究课题10余项。

饮食文化不独中国有之，在法国普鲁斯特的《追忆似水年华》里，他因为吃了一口“玛德莱娜”小点心，几十年的记忆突然一下子全部浮现在脑海之中——“我觉得人生一世，荣辱得失都清淡如水，背时遭劫亦无甚大碍，所谓人生短促，不过是一时幻觉。”

食物中存在悲欢离合故事

在《红楼梦》之前，关于食物中的悲欢离合的故事比比皆是。比如，明代有位官员，一些坏人设计用轿子抬走了他的妻子，把她给卖掉了。后来这位官员来到其他地方做官，他的上司大宴宾客，这位官员吃了一碗清蒸甲鱼汤，突然放下筷子流下眼泪。这时上司就问他到底是怎么回事，他就说，我的妻子在世的时候，她也是这么做甲鱼的，她切块呢一定是四四方方的，然后甲鱼裙边的黑皮一定要去尽，现在我吃到的这一碗甲鱼汤，特别像我的亡妻所做，所以我就忍不住流泪了。他的上司听到这里，马上下令罢宴，偷偷地把他召入内宅，把他其中的一个小妾叫出来。这个官员一见大惊，原来她就是被坏人设计用轿子抬走的妻子。然后夫妻两个抱头痛哭，他的上司很善良，把这个小妾还给了他，说我也不知道她当时是被人卖来的，幸亏她在这里没有生孩子。如果不是这碗甲鱼汤，也许这个悲欢离合、破镜重圆的故事就无法达成。

还有，我们在食物中也可以看到人情世故。清代名著《歧路灯》里面，一位老教师在赴了一次宴席之后，提出了一个小小请求，提出把那个点心带回去给自己的小孩吃，当时主人答应了，但是等他走后，别人就开始取笑他。因为中国古代赴请宴饮是不能开口问东家带什么小东西给自己孩子的，这样被视为不懂得礼仪和规矩。因此，这些故事中的食物所体现出来的，不管是人情世故，还是悲欢离合，都是非常耐人寻味的。

还有一个好玩的事，如果我们真的到了国外，你会发现最爱国的不是你的中国心，是什么呢？

对，是你的中国胃。《红楼梦》里有一副非常著名的对联："世事洞明皆学问，人情练达即文章"。因此，《红楼梦》与中国饮食文化就不仅仅是什么东西好吃，也不仅仅是什么样的生活够奢侈，它里面关于人情世故与时、运、命、理的东西，它的背后的第二层人生也许更加耐人寻味。

《红楼梦》描写的食物有186种

通读《红楼梦》就会发现，其中描写的食物有186种，曹雪芹为读者提供了有关美食的全部细节，包括制作、形状、颜色、品类等，这186种食品，有的详写、有的略写，但总体来说品种繁多，令人目不暇接。

更加耐人寻味的是，在前八十回里面，不管什么人吃什么，还是什么人送什么吃的给别人，每一种食物的出现不仅非常美味，而且关系着不同角色的性情、利害、爱意、权力、身份、命运等。因为曹雪芹深知“你怎么吃决定你是什么人”的道理，所以《红楼梦》的饮食男女，体现世态、人情、生命的滋味。

首先我们可以看出，食物是一种地位的表现。比如贾母吃早饭的时候，看到早餐桌子上有鹿肉，就吩咐留着晚上给宝玉吃。王熙凤马上说，“还有呢”！这么一个简单的小例子，实际上蕴含了非常深刻的道理。首先，贾母在大观园中有“太上皇”的地位，干吗还要省吃俭用似的给自己的孙子留吃的呢？因为在中国古代，不管是庙堂还是家族之中，要维持自身的尊荣，在高位者不能直接开口要东西吃。所以，她才会让王熙凤留一些给自己的孙子吃，本来是孝敬我的，我自己不吃，留给我心爱的人，这总可以吧？当然我们知道王熙凤是什么样的人，她是荣宁两府的管家奶奶，这个稳固她在家仆中地位的好时机，她一定不会错过，故而她也是借花献佛，把这个鹿肉既孝敬了贾母，也留给了贾母最喜欢的孙子宝玉。我们知道，在中国古代周天子郊祭之后呢，给诸侯分配野味就是重要的政治仪式。而在这个小例子中，王熙凤有支配贾府野味的分配权力，也显示出了她独特的地位。

我们通读《红楼梦》，可以发现里面多次提到了吃鹿肉。那我问一下在座听众，鸡鸭鱼肉、牛羊肉这么多，为什么贾府的人如此喜欢吃鹿肉呢？

（听众：俸禄。）

俸禄。这位听众真是一语中的。我们看功名利禄，这个“禄”呢跟鹿肉的“鹿”同音，因此这是“讨口彩”的一种方式。其次是一种地位的表现，因为平民百姓根本吃不起同时也吃不到鹿肉啊。

贾府风俗正是清代风俗

在另一个小场景里，凤姐又殷勤地对待过谁呢？凤姐说：“哎呀，妈妈很嚼不动那个，不要硌了她的牙。”所以给她一个炖得烂烂的火腿炖肘子让她吃。你们绝对想不到王熙凤这是对谁如此表现。实际上，这是对一个仆人，也就是贾琏的奶妈。为什么王熙凤对贾琏的奶妈这么热情呢？

首先，根据贾府的风俗，服侍过老太太那些老辈的家人，实际上比年轻的主子还要体面。吃饭的时候，尤氏、凤姐儿这样的儿媳妇、孙媳妇不能坐下，她们要站着伺候。但是，那些服侍过老太太、太太的这些老妈妈们，她们可以坐在小凳子上。这也可以看出，《红楼梦》确实写的是一个大家族，不仅写他们吃了什么，关键从吃的方式上还可以看出他们的规矩所在。

贾府风俗也正是清代风俗的表现。《北京的满族》这本书里面写到，在清代府邸世家的主仆关系，不是简单的压迫和被压迫的关系，也不同于一般人家的主仆关系，他们相互之间因为有很多代了，有了相当深厚的感情，故而年轻的少主人，对老一辈仆人非常尊敬，甚至如果哪位奶娘伺候过的这个小孩将来有了出息，当了官，或者袭了爵位，第一件事就是迎养自己的奶娘，如果这个奶娘已经不在府里了，还要把她接回来奉养。

另外，吃什么食物是地位的表现。第六十一回里谈到宝钗喜欢吃的一道菜，宝钗拿了500钱让小厨房里的人买了原料给她做的，叫油盐炒枸杞芽儿。这是很重要的东西吗？实际上里面也有“讨口彩”的意思在。枸杞芽儿、枸杞子可是乾隆时期宫中后妃所食之物啊，看起来很平常的一个东西，实际上大有意味——我们不会忘记宝钗最早进京的目的，她可是为选妃来的。

其次，为什么要花500钱来买呢？她本来就是这府里的主子，她要吃什么菜给那个仆人说一声去做就是了，又为何还要额外花钱来买呢？而且油盐炒枸杞芽儿的原料可能只要几十个钱就可以了，为什么花这么多钱呢？因为宝钗跟凤姐一样，很会用美味去拉拢人心，但是这两个人的性格为人很不同。出钱让厨娘去买，就写出了宝钗的性情是不公器私用的。枸杞芽儿很便宜，十几二十个钱能买好多，但是她不能让人落了闲话，不能说她拿着公家的钱偷吃，对不对？所以，她才会故意拿出500钱买了这些东西。

但是，进一步而论，是不是宝钗还没有真正掌权才会这样呢？在实习期之内，当然要表现得特别公私分明。此外，我们想一想，宝钗是未出阁的小姐，而且贾府只是她的亲戚家对吗？可是她却能以这样的身份来替贾府管家，实际上这里已经透露出王夫人等人的倾向了，就是希望她能够成为将来的宝二奶奶。

食物不仅仅是美味而已

食物可不仅仅是美味而已，在不同人的手中，它甚至有不同的作用，甚至还能成为一种杀人手段。凤姐这么要强，还是有人打她的主意，这就是贾瑞。当贾瑞色迷迷地表现了他的色心之后，凤姐非常生气，就觉得哪里有这样“禽兽”的人呢？就准备设计去让他死在她的手里，后来果然如此。凤姐两次欺骗贾瑞要跟他相会，实际上却在寒冬腊月天把他关在一个死胡同里面，还命小丫鬟往他头上倒屎尿水。贾瑞又冻又饿，回家之后又被他的爷爷抓到，跪在风口里读书，这样他就得了重病。

得了重病之后，病得奄奄一息之时，大夫给他开了“独参汤”。他的家庭比较贫寒，哪里吃得起这么贵重的东西？于是向荣府里王夫人求助，王夫人不知道这其中的过节，就让王熙凤送人参给他。没想到凤姐只是将一些渣末泡须凑了几钱，命人送去。结果贾瑞一命呜呼。当然，他冻饿致病，还色心不改，甚至非要照风月宝鉴，可能也是原因之一。

当凤姐知道丈夫在外面养了一个“二奶”，非常生气，就设计把尤二姐带到大观园里，狠狠地收拾了她。她每天命人端给尤二姐的菜饭都是不堪之物，尤二姐根本就吃不下去，哪里经得起这般折磨？就越来越黄瘦，后来尤二姐的胎儿也被凤姐设计让胡太医“误用”虎狼药打下来了，尤二姐又生气、又伤心、又无奈，吞金自尽了。

宝钗曾经劝黛玉吃燕窝粥，因为她觉得黛玉吃饭吃得很少，医生的药又不见效，人参肉桂给黛玉开得太多了，却不知先以平肝健胃为要，肝火一平，不能克土，胃气无病，饮食就可以养人了。因此不如每日早起拿上等燕窝一两、冰糖五钱，用银铫子熬出粥来，若吃惯了，比药还强，最是滋阴补气的。宝姐姐这一番话，让林妹妹听起来备感温暖，林妹妹就跟宝姐姐坦白说，以前总以为你是一个坏人，现在才知道是我自己多心。只是我在贾府本来就是寄人篱下的，如果我还要吃什么燕窝粥，就算老太太、太太、凤姐姐这三个人没话说，那些底下的婆子丫头们，未免不嫌我太多事了。宝姐姐说，我明天回家去跟妈妈说，直接从我们家里拿一些冰糖燕窝粥来给你，这样既方便，又不惊师动众。

如果我们只停留在这里，这个画面就很温馨。如果我们进一层去分析这段对话，可看出，宝钗对黛玉成功地采用了心理战术。宝钗借黛玉病比往常略重且未见痊愈之机，先入为主说出药不见效医生不行（为后面换医换药作铺垫），又说黛玉“每年间闹一春一夏，又不老又不小，成什么？不是个常法”。这就给黛玉精神上以沉重的打击。一个病人常年吃药却被看作“总不见效”，心里什么滋味？特别是说自己“又不老又不小”这就直刺到黛玉的心病：一般老年人、小孩爱生病，而年轻人老这样“每年间闹一春一夏”，健康状况很糟，如此病怏怏的身体还想与宝玉结婚成家，这不是害宝玉么？黛玉的精神被宝钗压垮了，所以悲观地说道：“不中用。我知道我这样病是不能好的了。”

宝钗见几句话把黛玉打垮了，马上话锋一转，就像一个高明的医生一样，给黛玉讲医理，讲辨证施治，并批驳以前的医生人参肉桂用多了，与其温热不如滋阴补气等，貌似精通医道入情入理，然后诸药不用，独向黛玉开出“比药还强”的良方——燕窝！这无疑是给黛玉打了一支强心针，黛玉犹如生命垂危中抓着了一根稻草！感激之情溢于言表，把心肺都掏出来感谢宝钗还不够，还向宝钗尽情倾诉往日对她的成见和自己在贾府中的艰难处境，并透露出了不好奢望贾府每日给一两燕窝的意思。宝钗揣摸透了黛玉寄人篱下的那种心理，燕窝比银子还值钱，又要天天吃，贾府就算同意，其审批程序是少不了的，岂不让人嫌多事，而自己直接给黛玉，减少了诸多麻烦，又不“惊师动众”，黛玉岂有不受之理？——俗话说“情场如战场”，有的时候演绎出来的故事比战场上还要惨烈。宝钗下午去看黛玉，对黛玉说：“明天与妈妈说了”，结果没等“明天”，当天晚上燕窝就送来了。给人的感觉就像早就准备好了一样。而更让人不解的是宝钗纵使懂得一点医理，难道连看病处方的规矩都一点不懂？黛玉的病，是虚症还是实症？是寒是热？是上焦还是下焦有病，是经络之病还是脏腑之病等，这是需要把脉看舌苔等望闻问切，一步步来诊断的！说换个好医生，最后连医生也没换，宝钗自己当起医生来了，既不闻又不问，既不评脉也不诊断表里阴阳，就燕窝啦？

这个时候林黛玉和薛宝钗到底谁能成为宝二奶奶，这个斗争已经非常明显化了。

最后，我们来看看林黛玉吃了燕窝粥之后的身体状况。黛玉第四十五回开始服宝钗的燕窝，到第四十九回，宝玉对黛玉说：“你瞧瞧，今年比旧年越发瘦了。”黛玉道：“近来我只觉心酸，眼泪却象比旧年少些的，心里只管酸痛，眼泪却不多。”黛玉此时正与宝玉相爱，处于最好的顺利稳定时期，怎么会老觉“心酸”“酸痛”？应该是幸福还幸福不过来呢，这正常么？照宝钗的说法，燕窝是养阴补气的，养阴就会生津，生津眼泪怎么反倒少了呢？我们不能说这个燕窝粥真的就是有毒，但我们从《红楼梦》的蛛丝马迹中可以看到，宝姐姐在送了林黛玉燕窝粥之后，尤其是薛姨妈在照顾林黛玉吃了一个月的燕窝粥之后，林黛玉的身体越来越差了，她的命运也基本上可以显现了。林黛玉吃了这么多生津的燕窝粥感觉眼泪越来越少了。再加上林黛玉气血不足，睡眠上又出了严重问题，就算宝玉不娶宝钗，她也是一步步黄泉路近了。

食物的多样特征

我们知道王国维将“悲剧”分为三种。

第一种，是“由极恶之人极其所有之能力以交构之者”。就像秦桧，他恨岳飞，千方百计把他整死。

第二种，就是由“盲目的运命”造成的，就像俄狄浦斯，他生来人家就说他要杀父娶母，然后离开自己的王国流浪他乡，最后还是阴错阳差依旧还是杀父娶母，这是“盲目的运命”，他天生就是这么倒霉。

第三种，就是“由于剧中之人物之位置及关系而不得不然者，非必有蛇蝎之性质与意外之变故也，但由普通之人物、普通之境遇逼之，不得不如是。彼等明知其害，交施之而交受之，各加以力而各不任其咎”。即由生活本身造成的。也就是由剧中的人物位置及关系而不得不然。王国维认为这是最大的悲剧。也就是说，宝钗不一定是坏人，问题是她处在这个位置之上，可能就不得不顺情势。

食物毕竟也是爱意的载体。像《红楼梦》第七十五回，贾母命令把自己吃的红稻米粥还有这个鸡髓笋、风腌果子狸派给她喜欢的人去吃，其实就是三个人：凤姐、林妹妹、宝玉。

宝玉既然这么喜欢林妹妹，他肯定要送给她一些很贵重的东西吧。实际上并非如此，宝玉很喜欢送别人吃的东西，比如送探春新鲜荔枝，送湘云桂花糖蒸新栗粉糕，又送红菱、芡实鸡头。但他从来没有送给林黛玉任何吃的东西。这是因为，曹雪芹写出了宝玉和黛玉感情的非红尘性，他们的爱不是物质的，是精神的。

食物又是命运的象征。宝玉曾经给晴雯留了豆腐皮包子，这种包子在清朝长期是一种贡品，很讲究，在清代是给皇上吃的。因此宝玉自己舍不得吃，给晴雯吃。后来晴雯怎么样了呢？她被王夫人怀疑是“狐狸精”，被赶出了大观园，最后顶着一个“狐狸精”的虚名含恨地去世了。这个时候宝玉才动了疑心，为什么只赶走了晴雯，我们私下里说的那些顽话夫人怎么都知道了？

宝玉当时留给晴雯一些豆腐皮包子，晴雯并没有吃到，宝玉的奶妈把这个豆腐皮包子拿走了。这也许暗示，晴雯无福消受宝玉的好意，就像之前他给她留的豆腐皮包子她吃不到嘴里一样，日后宝玉也保不了她的红颜薄命，宝玉非常喜欢晴雯，但是最后还是不得不任由王夫人把她赶出了大观园，然后她含恨地死去了。

晴雯和茶之间错综复杂的关系，进一步揭开了《红楼梦》深邃文化的面纱之一角。在《红楼梦》中三次表现了晴雯与三种不同的茶的关系，这不仅缩结起了全书的结构，更体现了作者在构思上的体大思精。

在晴雯出场和谢幕之时，茶都或隐或显地伴随在她周围。这些描写，在结构上，是一种照应笔法，也是千红一“哭”由隐到显的层层推进；在象征上，是一种“颠倒”，是理想世界走向幻灭的缩影。晴雯与茶的精心结撰，也是曹雪芹十年辛苦不寻常的精益求精。

和《红楼梦》中其他人物不同，在晴雯出场和谢幕之时，茶都或隐或显地伴随在她周围，这并不是一种偶然的现象，相反，茶是晴雯本人从风流灵巧到毁谤寿夭命运的写照。晴雯初次出场是在第八回，伴随她的是一种罕见的茶——枫露茶；这种茶据宝玉说“是三四次后才出色的”，而且为此茶宝玉还大动干戈，摔了杯子，骂了茜雪，还扬言要回了贾母，撵了自己的乳母。可见这种罕见的枫露茶的设置，是衬托了晴雯的娇宠地位。

也正像“三四次后才出色的”枫露茶一样，晴雯在《红楼梦》中，逐渐显露出是宝玉心上第一等女孩儿的地位。她撒娇地抱怨说，为把宝玉写的字贴在门斗上，手都冻僵了。宝玉赶紧携了晴雯的手替她焐着，抬头同看贴在门斗上的字。这举动显得极为亲昵，反映出宝玉对这个丫鬟的疼爱。对晴雯，宝玉没有什么做主子的架子。他可以和穿着紧身小衣的晴雯在床上互相胳肢，可以任意让晴雯拿硬话顶撞而不生气。相反，要是晴雯生了气，他会低声下气，百般逗哄，甚至撕扇子作千金一笑。晴雯的地位渐至和“副小姐”相侔，故而差不多在《红楼梦》一书的中段，也是晴雯短暂一生的中段，茶再次出现并对晴雯形成了暗喻。那是在第五十一回，在怡红院中，门上吊着毡帘，晴雯只在熏笼上围坐，让麝月服侍着她漱口、吃上好细茶。

接着是急转直下的落差，第七十七回因王善保家的进谗言，勾起了王夫人回忆起晴雯削肩膀水蛇腰“妖精似的”长相，以及“正在那里骂小丫头”的掐尖要强、尖酸刻薄的个性，挑动了王夫人一直以来对“好好的宝玉”“被这蹄子勾引坏了”的担忧，导致了病重的晴雯被撵出大观园，回到哥嫂家中，无人照料，草帘蓬户，在外间房内趴着，睡在一领芦席上。再一次，茶又悄然登场。晴雯因渴了半日请宝玉代为递茶，宝玉看时，虽有个黑沙吊子，却不像个茶壶。只得桌上去拿了一个碗，也甚大甚粗，不像个茶碗，未到手内，先就闻得油膻之气。所谓的茶是绛红的，也太不像茶，并无清香，且无茶味，只一味苦涩，略有茶意而已。以至于东观阁本特意点出——“怡红院无此茶”。

曹雪芹特别善于借昨是今非的巨大反差三致意焉，书中第十九回写袭人母兄急忙为宝玉另齐齐整整摆上一桌子果品来，袭人却见总无可吃之物，脂砚斋夹批道：“以此一句留与下部后数十回‘寒冬噎酸虀，雪夜围破毡’等处对看”；第二十六回写到“只见凤尾森森，龙吟细细”时，甲戌、庚辰、戚序、蒙府等本都有双行夹批曰：“与后文‘落叶萧萧，寒烟漠漠’一对，可伤可叹！”但是今本与脂砚斋所见之本不同，因此难以领略到曹雪芹所希望给予读者的审美震撼。然而在晴雯与茶的关系上，在相信同出一人之手的前八十回中，出现了同样的却更强烈的对比。第五十一回和第七十七回，晴雯曾两次吃茶，但地点、铺卧、茶具却有天壤之别。第五十一回是在怡红院中，门上吊着毡帘，晴雯围坐在熏笼上，让麝月服侍着她漱口吃茶。第七十七回是在表哥多浑虫家里，门上挂着草帘，晴雯睡在芦席土炕上，将并无清香，且无茶味，只一味苦涩，略有茶意的茶当作甘露一般灌下。饱饫烹宰的金屋宠婢最后沦落到饥餍糟糠，犹如一盆才透出嫩剑的兰花，送在猪圈里，又是何等凄凉的对照。最后在第七十八回绾结了晴雯的死，宝玉祭奠晴雯时，所备祭物之一又回到最初的“枫露之茗”，达到一种“人面不知何处去，桃花依旧笑春风”的凄怆之美。

然而，《红楼梦》如果这样描写晴雯与茶仅仅只为对比和照应，那还是太轻看了它的价值。庚辰本评《红楼梦》说：

《石头记》用截法、岔法、突然法、伏线法、由近渐远法、将繁改简法、重作轻抹法、虚敲实应法种种诸法，总在人意料之外，且不曾见一丝牵强，所谓“信手拈来无不是”是也。

《红楼梦》在结构上的匠心独具、浑然一体之处，正可以晴雯与茶的关系见之。晴雯是第五回宝玉在太虚幻境中所看到的第一个人的终身，说她“霁月难逢，彩云易散”。紧接着，警幻仙子让小丫鬟捧上了出在放春山遣香洞，又以仙花灵叶上所带之宿露而烹就的仙茶——千红一窟（哭）。如果将其定义为晴雯与茶的首度结缘，当为不诬。幻境中所饮之茶为“千红一窟（哭）”，众美之眼泪，而千红一哭者，岂非血泪乎？

转思第八回“枫露茶”，为枫露点茶的简称。枫露制法，取香枫之嫩叶，入甑蒸之，滴取其露。清顾仲（生卒年不详）《养小录·诸花露》载：“仿烧酒锡甑、木桶减小样，制一具，蒸诸香露。凡诸花及诸叶香者，俱可蒸露。入汤代茶，种种益人，入酒增味，调汁制饵，无所不宜。”将枫露点入茶汤中，即成枫露茶。枫者何色？第四十六回提到枫树时，庚辰本曾双行夹批道：“千霞万锦绛雪红霜”；露者何形？圆润如珠，晶莹如泪。如果脂砚斋指出“绛珠”实为“血泪”之寓，那么，细思“枫露”亦非“血泪”乎？

再看第七十七回晴雯临死之前喝的粗茶，“绛红的，也太不成茶。……并无清香，且无茶味，只一味苦涩，略有茶意而已”。“绛红的”、“并无清香，且无茶味，只一味苦涩”的，又非血泪乎？

这三种茶概括了晴雯的一生，书中曾经交代过晴雯的来历，从“当日系赖大家用银子买的”，“进来时，也不记得家乡父母”这些信息判断，晴雯也很可能是被人贩子拐卖或者和家乡父母失散而被卖。如同“千红一窟（哭）”一样，最初就带有悲剧的出身。

但是晴雯被卖入贾府，侍奉老太太，最终给了宝玉并随之进入大观园，暂时过上了可意的生活。怡红院主人贾宝玉不但饮食上劳己心，而且心理上顺其意，晴雯还可以指挥比自己低一等的丫鬟服其劳，几乎可以说是心满意足，再无别项可生贪求之心。一如受宝玉青睐备受珍视的“枫露茶”。

然而最终她因被疑是勾引宝玉的狐狸精而被撵出大观园。由于晴雯不知家乡父母，只有姑舅哥哥这一门亲戚，所以出来就在他家。她的哥嫂是何人呢？一个是“一味死吃酒”的多浑虫，一个是和贾琏鬼混过并且“恣情纵欲，满宅内便延揽英雄，收纳材俊”的灯姑娘。心比天高的晴雯最终沦落到这样一个肮脏下贱的去处并香消玉殒，又正暗合了粗茶的无香和苦涩。

因此，这三种茶相互之间有着隐含的联系。“千红一窟”是仙界中的茶，“枫露茶”是大观园这个理想世界的茶，而最后这个不知名的粗茶则是大观园之外现实世界中肮脏之处的茶。“千红一窟”和“三四次后才出色的”枫露茶，都寓了一个“红”字，而最后这个不知名的粗茶则明指是“绛红的”。“千红一窟”据宝玉品来，“清香异味，纯美非常”；枫露茶虽然没有明写其味，但出在怡红院，又是宝玉特别留心之物，应该也是一种色香味上等的好茶。唯独这个粗茶，色泽难看，口感粗劣，似乎与“千红一窟”和“枫露茶”放在一起都是一种亵渎。然而，这个“绛红的”，“并无清香，且无茶味，只一味苦涩，略有茶意而已”的粗茶，毋宁说才是真正的“千红一窟”。“清香异味，纯美非常”的“千红一窟”只是变相，绛红和苦涩才是由女儿血泪凝成的茶的正色和正味。

这三种茶又不仅仅是晴雯的一生，也是众美悲惨命运的缩影。金陵诸钗都隶属于“薄命司”，先天就伏下了不幸的种子。而在下世为人之际，几乎无一例外都成了大观园的居民，园内花招绣带，柳拂香风，或读书，或写字，或弹琴下棋，作画吟诗，以至描鸾刺凤，斗草簪花，低吟浅唱，拆字猜枚，无所不至，有一段十分惬意的日子。

然而不可避免的是，“堪怜咏絮才”的黛玉“玉带林中挂”；“可叹停机德”的宝钗“金簪雪里埋”；绮罗丛中霁月光风的史湘云“湘江水逝楚云飞”；精明强干总揽大权的王熙凤“哭向金陵事更哀”；贵为王妃的元春痰疾而薨，“虎兕相逢大梦归”；精于理家“才自精明志自高”的探春远嫁，“千里东风一梦遥”；温柔沉默的“金闺花柳质”迎春惨死，“一载赴黄粱”；“气质美如兰，才华馥比仙”的妙玉被劫，“终陷淖泥中”；擅于丹青的绣户侯门女惜春出家，“独卧青灯古佛旁”；克己守节教子成名的李纨“枉与他人作笑谈”，哪一个逃过了剧烈颠倒的悲惨命运？因此，再倒回去反思，“千红一窟”——“枫露茶”——粗茶，岂非正是千红一“哭”由隐到显的层层推进？而这斑斑血泪、玉殒香消的由隐到显，岂非也正是所有大观园群芳悲剧命运的一个象征？

贾府真是要走到尽头了

食物实际上也是《红楼梦》的一个结局。《红楼梦》的结局是抄家。《红楼梦》真的只有抄家这一种结局吗？可能我们从食物中也能够一探究竟。

首先我们来看，当刘姥姥进大观园的时候，有一次吃了个螃蟹宴，刘姥姥算了一笔账，说这样的螃蟹今年就值五分一斤，这个十斤五钱，五五二两五，三五一十五，搭上酒菜，一共20多两银子。然后自己发了一番感叹，说“这一顿饭钱够我们庄户人家过一年了”。

接着我们看《红楼梦》中非常著名的茄鲞。茄鲞被认为是《红楼梦》中做得最精细的一道菜。当刘姥姥在大观园中吃饭的时候，贾母就让王熙凤来喂刘姥姥，尝一尝我们这儿的茄子。这个刘姥姥吃了一口后很惊讶，说不要哄我了，茄子跑出这个味儿来了！那我们庄稼人都不种粮食，我们都种茄子好了。那别人就说，这是茄子，不骗你。刘姥姥很惊讶呀，真是茄子？你再喂我一口，姑奶奶这一次我好好地尝一尝。刘姥姥细嚼了半天，还是摸不着头脑，然后就说，哎呀，实在太好吃了。王熙凤就告诉她这道菜怎么做，书里面就提供了烦琐的制作茄鲞的过程。刘姥姥听了，我的佛祖！就吃了一点茄子，得用十几只鸡来配它，怪不得这个味儿！

我们再谈另外一个情节。柳家人送来了一个小盒子，装的是一碗虾丸鸡皮汤、一碗酒酿清蒸鸭子、一碟腌的胭脂鹅脯，还有一碟四个奶油松瓤卷酥，并且还有一大碗热腾腾、碧莹莹的绿畦香稻粳米饭。大家猜猜，这个四菜一汤做给谁吃的？其实是给里面的一个小戏子芳官吃的。但这个芳官打开来一看说："油腻腻的，谁吃这些东西。"我们想一下，古代戏子的地位很低，贾府里面有多少人啊？你就是贾府里面的一个小戏子！一顿饭就要四菜一汤，其他人吃什么？想想她们过的是什么奢侈日子，对不对？

《红楼梦》可能以什么结局来收尾呢？其实《红楼梦》的开头已经预示了，"外架子虽未尽倒，内囊子却也上来了。"

贾府到贾宝玉这里已经几代了？大家猜一下，五代了。非常正确。古人说过"富不过三代"。他们家最初是包衣奴才，因为立了军功所以封了爵，到他父亲这一代，贾政是次子，本来不应该有爵，因为皇上额外施恩，召见了他们家，也让他袭了一个爵位。到宝玉这一代，该接班了，但这个袭爵到父亲那儿就没有了，宝玉作为贵族子弟肯定不能去经商，只剩下军功还有中举这两条路，太平盛世立不了军功，只有读书中举这条路了。我们知道，宝玉不喜欢中举，天天就喜欢玩，最终谁来帮你去支撑整个家族？故而呢，这也可能是贾府的结局，也就是"坐吃山空"的这样一个局面。一顿饭花掉庄户人家过一年的钱，吃一口茄子要十几只鸡来配，最不入流的小戏子一顿饭也要四菜一汤。大家都这么奢侈、浪费，贾府真是要走到尽头了。所以这有可能是贾府的结局之一，就是不抄家，也可能坐吃山空，渐渐枯干。

贾府中什么食物最让人难忘？

实际上，这跟《红楼梦》也有异曲同工之处。据考证，曹雪芹应该在13岁的时候遭遇了抄家，他有可能赶上一段繁华的岁月，故而我们在《红楼梦》里可以看到186种品目繁多的、令人齿颊留香的饮食。这些都是他经历过的，是他非常难忘的。

《红楼梦》是久远的、200多年前的一场繁华之梦，但那只是曹雪芹的梦，那个梦已经醒了，而我们的梦还要继续。在当今的社会里和自己最重要的人去度过人生中的难忘岁月，才会让你在回首往事的时候觉得并没有虚度生命中最美好的时光。——希望大家在欢笑中珍惜，不要在流泪中怀念。

我今天的讲座就到这里，谢谢大家！

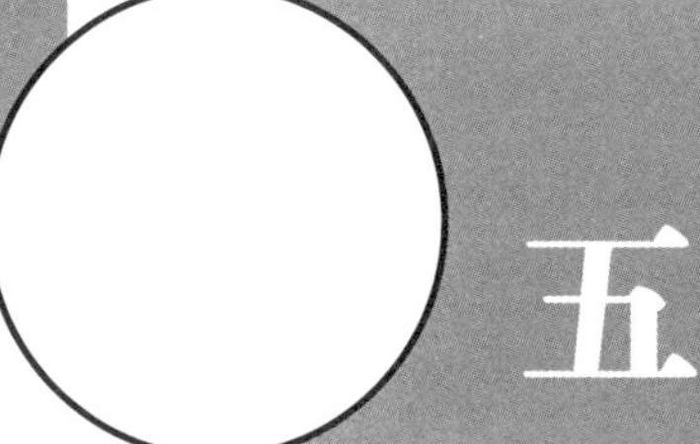

环保·社会

怀公益之心　走自然之道

廖晓义

廖晓义

北京地球村环境教育中心创办人。曾任四川大学哲学系教师、中国社会科学院研究人员、美国北卡罗来纳州立大学国际环境政治专业访问学者、中央电视台《环保时刻》专栏独立制片人、第29届奥林匹克运动会组织委员会环境顾问。自1990年以来拍摄了100多部环境影视片，发表了上百万字的文章。先后荣获国际环境大奖“苏菲奖”、“2006绿色中国年度人物”、“克林顿基金会全球公民奖”和联合国妇女署与网易联合颁发的“2012女性传媒大奖年度女性榜样奖”等多项大奖。2009年被美国《时代》杂志评为“绿色英雄”。

我曾经是四川大学哲学系的老师，23岁走上大学讲台，教了5年课以后，在广州读研究生，1983～1986年在广东度过了难忘的3

年。后来我如愿以偿在中国社会科学院做了五年的研究人员。又出国做访问学者，2005 年回到北京。我创办了北京地球村环境教育中心。选择创办这样一个机构非常艰难。环保到底是什么？如果我把它理解成就是政府的政策，就是环保部门的事情，就是政府的行动，我就不会选择创办这个机构。

在国外期间，我参加过一些民间活动，接触了很多民间环保人士。不管是发达国家，还是巴西、印度这样的发展中国家，公民在推动政策、在监督企业行为等方面起了特别重大的作用。当我在那些场合出现的时候，几乎所有人都认为我是韩国人，或者日本人。为什么呢？他们认为中国什么都是由政府安排的，这个看法刺激了我。中国有“天人合一”的文化，有“以天下为己任”的中国精神，怎么到了今天，我们被国际社会这么误解呢？说明我们民间的行动还不够。我想，作为一个中国人我就来试一下改变这种现状。

不懂民间组织，我就学。树立了信念后，我们通过微笑行动，给自己和世界证明，什么是中国精神，什么是中国人的生活。五年以后，我非常荣幸地走上了苏菲奖的领奖台，当时我觉得我代表的是一个民族，脚下是中国人的土地。作为一名普通的中国人能够得到国际的注目，我感觉很欣慰，我尽了普通中国公民的一份责任。

我们最初在城市做绿色社区，倡导绿色生活，推动绿色传媒。2000 年以后，我自己的人生和我们组织的行动有了一个转型，或者说深化。我们转向国学了。情况是这样的，我领苏菲奖的时候，当时颁奖方从北京专门请了京剧班子唱京剧。我当时还咬牙买了一套深色西服、西裙上去领奖，其实和现场很不协调，关键是苏菲基金会的人，最希望我讲讲中国文化。除了我这张中国人的脸，我对中国的国学知道多少呢？虽然作为中国人的血脉，中华民族几千年下来肯定有它的坚持，有它的生存方式，但对我们来说是一个密码。此后，我决定转型。当时那些外国人对我们说，给我们说点“阴”和“阳”好吗。我觉得我得好好学习传统文化。

苏菲奖对我的人生，对我在农村的行为方式有比较大的影响。我们一直在寻找中国式环保制度，寻找中国精神如何能够为今天的世界发现中医药方。我们的变化可能要从这个地方开始。

其实每个生活在现代社会的人，在资本的盛宴和狂欢的背后，我们有一种不安，有一种危机感。什么样的危机？一是天人分离造成的心灵危机。信仰丢失了，人心没有安放之处了。二是物我分离造成的生态危机，自然不再是我们的母体，而是消耗自然资源的地方。三是义利分离造成的经济危机。经济危机是怎么来的，只认钱不讲义啊。现在出现这么多经济上的乱象，本质上也是丢掉了义利相合的精神和文化。做生意跟做人一样，首先讲的是良心。义利分离之后，自然会造成经济危机。四是个群分离造成的社会危机。中国文化是以家庭为根本的文化，家族、家乡、家国，但是这个共同体在很大程度上解体了。五是身心分离造成的生命危机。

现代社会信息很发达，西方社会问题也很多。我走了 20 多个国家，拍了 10 多个国家的环保片子，他们也有危机感。每个人都强调个人利益，再这么走下去怎么办？9 月 10 日是世界卫生组织确定的“世界预防自杀日”。现在自杀的、抑郁的、自闭的人很多，各种各样的疾病也很折磨人。拥有这么多财富，我们是不是幸福了？寻找幸福是全球的问题，是人类的问题。现代文明让我们消耗了这么多的地球资源，多少年不可再生的石油烧了，把河流堵上了建各种大坝，我们得到了什么？应不应该反思我们文明的走向，应不应该反思构成现代文明的生活方式？在这些年里，我们一直在寻找的中国话语就是“乐和”。

“乐和”是什么呢？就是“乐道尚和”。天地人和，乐在其中。共同体是道，道可道非常道。中华民族是唯道是从的民族，是以道德存在为生命哲学和性命之旅的民族。而道德就是和，天地融合。唯和，尚和就是德。

“乐和”也可以理解为中国人道德文明的现代表达。在这样的生活方式里，要解决什么问题呢？就是解决前面五个方面分裂的问题。分久必合，我们要寻找一个和谐的路径。这个“和”包括物我相和、个群相和、义利相和、身心相和、心脑相和五个层次。当我们寻找这种和的时候，我们其实也在寻找一种能力。讲正能量，这个能量是什么呢？其实能量也分为物能、体能和心能。现在的环境问题，我认为本质上是对环境不负责任的生活方式造成的。当然这种方式最早是从西方传过来的，西方现在也遇到很多问题，尽管他们把各种各样的污染物转移到了发展中国家，以消耗整个地球资源来维护它的文明。但是前面说的五大分离，他们仍然没有解决，很多人很痛苦。

这种生活方式，根本上是因为我们的价值方式或者思维方式引起的。什么样的思维方式呢？就是对人的无限欲望没有节制。而且西方人鼓励通过这种欲望来驱动消费这样的一种价值导向，建立现在这个文明。其结果必然造成人的无限欲望和有限的自然资源之间的矛盾。人的欲望正像猛兽一样，地球上的自然资源还能消耗多久？

当然，灭人欲很过分，人欲你没法灭。但是人欲可以保留，可以节制，可以引导人们减少对于物质能源过多的、无节制的消耗。那怎么办呢？要去发现作为健康来源的体能，以及作为幸福来源的心灵的能量，这个心能和体能其实从某种意义上真比物质值钱。

道理很简单，当你气息奄奄快要告别人世的时候，拥有再多的财富有什么价值呢？当你心理郁闷要自杀的时候，再多的财富不也只是数字吗？每个人对于心灵的渴求，以及对健康的渴望，这才是人之本质。

我们最初搞环保的时候，首先致力于节约资源减少污染。比如提倡环保选购，绿色消费，循环回收。为了保护野生动物，我们不吃野生动物，不用野生动物制品等。我们学习西方环保人士的做法，包括他们很好的经验，如环境执法、环境技术等。但是西方也有很大的问题，特别是在美国，生活方式不作为环保的主要议题，他们可以拼命地消耗资源，反正天是蓝的，水是清的就行。这肯定是不够的。

我在德国曾经遇到一个小姑娘。她自称是百分之百的环保主义者。她特别注重回收，但为了获得这样的成绩，她需要消耗多少时间、资源来做这件事情呢？即使是回收也要花不少自然资源啊。还有，她有多少时间关注自己的身体，她还有多少时间同父母、情人、朋友吃饭聊天，去表达一下她的爱？这种焦虑基础之上的环保主义，我当时很不以为然。

我们应该注重什么？中国式的生活方式是什么呢？我曾经遇到一个业余歌唱家，他常常在广场上高歌，满脸喜悦，我觉得他消耗的资源少，还能从唱歌中得到乐趣，他的生活方式非常环保。我终于发现国学可以给我们带来新生命的理解，带来新的生活方式。比如儒家讲天和人的关系比较重要。道家主要讲人和自然的关系，佛家讲人心，中医讲人生，还有琴棋书画，人居诗意。其实古老的生活方式在今天给了我们一种新的习惯，能够帮助我们来实现三个方面正能量的和谐。

要选择这样的生活方式，就要回到我们的主题：走自然之道。你走自然之道路，你和万物有了感情，你看到水就像你的血液，你看到小鸟就像你的朋友，你看到大树就像你的腿，如果你对万物有情，你肯定因此获得幸福感。

说到空调，其实夏天出点汗挺好的。我也怕热，但家里用的是电扇，从节能上讲，电扇比空调减少耗能80%以上。另外，在夏天出汗，等于做自然的桑拿啊。如果皮肤总是处于恒温状态下，不会呼吸，最后皮肤可能会僵化。顺应自然的事情有很多，比如多用你的脚，可以积蓄很多能量。

我现在60岁，但没有任何慢性病，虽然面目沧桑，或者苍老，但是我身体很好。10年前，我的“三高”“四高”很严重，还有家传的肾病、胆结石等。当我回归国学之后，我做公益、学习国学，还有乡村实验，这三个宝贝让我找到走自然之道的生活方式，所以病不上身。

我们既然在寻找，在倡导，自己就要身体力行，人活几十年，意义是什么呢？这个事让我感到很困惑，我要寻找活着的意义是什么，直到我做公益，我觉得好幸福。

公益是什么呢？公益是人通过实践公益实现生命的回报。我们享受这么多的东西，社会给了我们这么多，你只索取不回报吗？你通过鼻子呼吸还一进一出呢。公益就是一种回报。从一个非常可怜狭小的课题，公益能够帮你提升到一个共同体的高度。这个共同体里有你的列祖列宗，有你的山川万物，有这么多的人群，有这么多的幸福。你只要做一点点就得到回报了。我经常跟大家说，公益不是牺牲，也不是分享，公益只是回报而已。我所有做的事情，不足以回报我得到的万一，不能回报天地父母，这个民族给我的一切。

做中国人很幸福。传统文化教我们生活，教我们健康，教我们快乐，但是人生犹如小船之双桨，一个是公益之心，一个是自然之道。我怎么会搞上了公益？而且做的是环保，是因为这个行业给了我方向，公益让我跳出自我，环保让我回归自然。我找到了我在这个世界上活着的理由。我因此而安心。

和谐的生活方式一定要体现在我们整体的生活方式里，如，乐和治理，乐和生计，乐和养生，乐和礼仪，以及乐和人居。人像一个胎儿，社会就是一个胎盘，自然大地是你的母体，你用两条脐带和万物、和自然保持关系。你必须要处理好上面五个关系才会幸福，实现五个方面的和谐才有幸福，所以“乐和”也可以理解为天人合一的五个层面，即个群相和、义利相和、身心相和、心脑相和及物我相和这五个方面的和谐。

我在四川、重庆、湖南、浙江做过一些公益试点，协助政府做社会治理创新，帮助政府建立互助会。这个互助会是全然的自治组织，管理小区所有的公共事务，比如垃圾处理等。参加的人是最可贵的、最本土的、最可持续的、最真诚的志愿者。做公益其实很简单，就是从社区做起，为大家服务，扬善抑恶。

有人说家风不好是因为世风不好，我们可以把自己的家庭先弄好，但是我们更应该把小区的风气搞好，这样既可以改善我们的家风，又可以建设好我们的世风。

世界上的事分公事和私事。而公事又分大公事和小公事，那么大公事由政府做，小公事可以由我们小区的互助会来做。中华民族从来就是一个天下兴亡匹夫有责的民族，如果没有个人的担当和责任，中华民族也难以有发展机会。

所谓三事分流，首先是在组织结构上建立责任模式，改革利益机制，实现利益共享。如果没有社会，我们怎么去检测环境质量，监督环境执法，参与生态建设，选择绿色生活呢？如果没有社会，我们怎么来完成对于不良行为的监督和抑制呢？又怎么让我们的向上之心，这种公共精神成为一种风气呢？社会要有组织结构的完善，要有责任模式的构建，要有利益机制的认同。生活的内涵包括自立、互助、公益这样的精神。

我们在圆一个梦，社会共治，经济共赢，生命共惜，价值共识，环境共存。中国梦不是美国梦。美国梦就是个人能够最大限度地发财致富，而中国梦是中国人共同体的梦，是中国精神的梦，是共同创造社会共同体生命，包括经济共同体、生命共同体、价值共同体和环境生态共同体的梦。只有实现了这样的梦，创造了这样的共同体，我们才有真正的安全，我们才有活力，才有健康，才有幸福。当公共安全受到威胁的时候，不仅要靠政府的法律制度、警察系统来解决，其实更基础的是我们要构建一个公共安全体系的社会系统，这个系统就从我们小区开始。

我来读一段歌谣，这么多年，一些乐和的理念，环保的理念，健康的理念，我们把它做成了歌谣，叫《社区乐和谣》。这个歌谣可以打快板，今天没有快板我就不打了。我在这里就读一下。乐和礼仪，乐和生计，乐和治理，乐和养生，以及乐和人居，我们把生活方式的这五个方面编了一个歌谣。“习祖训，尊圣贤，祖先仁脉世代传；读经典，开智慧，自立自强天地间；养正气，知羞耻，勇于担当不怕难；能静心，不浮躁，修身养性顺自然；尚节俭，不贪婪，敬天惜物守家园！”前面讲修身，下面再讲我们齐家：“儿女孝，父母慈，上慈下孝亲情绵；行为敬，言语谦，互敬互爱真情燃；勤学习，勤实践，天道酬勤长才干；行笃敬，言忠信，诚实守信不食言；尚清廉，不贪婪，家务有序家教严！”

我们走出家门，参与社区公共事务，就要有公共精神。我们可以这样来表达社区公益：乐和人居，叫“乐和居，靠爱心，珍爱自然敬自然；环保站，监测点，环境质量人人管；环境法，人知悉，执法督法不手软；绿点子，多分享，环境政策勤建言；节用水，成习惯，减少污染护河川；惜土地，保土质，土地污染须管严；种花草，植树林，房前门后是花园；节能卡，很重要，绿色照明节约电；冬二〇，夏二六，节用空调省能源；骑单车，坐公交，少用私车少污染；轻鸣笛，不喧闹，噪声污染要控严；不乱吐，不乱扔，有人监督有人管；厨余物，做堆肥，养殖蚯蚓减污染；干垃圾，分出来，定时送到回收站；老传统，新时尚，垃圾分类变资源！”

还有，我们提倡乐和消费方式：“乐和标，来把关，责任消费要领先；不奢华，不浪费，适度消费尚勤俭；勤督查，勤检点，健康消费记心间；认绿标，问物源，品质消费保安全；化学品，多检点，化工污染多防范；比文化，比品位，人文消费很超前；少上网，多读书，少看电视多练拳；重复用，多次使，循环消费省资源；用手绢，减纸巾，手绢绣字把情牵；挎布包，挎菜篮，白色污染能减免；月饼盒，成灾难，过度包装不购买；野生物，要珍惜，野生动物不上餐；打包族，底朝天，点餐适度要节俭；顺地理，顺天时，顺季消费不逆反；小集贸，要扶植，本土消费显特色；社区厨，接菜园，城乡统筹餐桌见；回乡野，爱乡游，村社一家展笑颜！”

实现乐和人生和乐和社区的理想最终是为了什么呢？“树公心，同参与，社会共治天下安；认公道，同大爱，价值共识天下明；持公正，同富裕，经济共赢天下宁；遵公德，同环保，环境共存天下秀；做公益，同呼吸，生命共惜天下亲！”

最后，我讲一下生态民居和再生垃圾分类。分类生活多样性，水源保护，土壤保护，其实讲的是乐和人居。党政主导，民间社会，讲的是乐和治理。生态旅游，生态农业，循环工业，创意手工业，养老养生产业，讲的是乐和生计。专业医护人员，卫生站，还有中医文化，家庭责任，讲的是乐和养生。而这个树公心，凭良心，存真心，育慧心，养爱心，讲的是乐和礼仪。

一花五蕊酿芬芳，扎根沃土根茎壮。叶茂花艳众人养，招蜂引蝶天下香。谨以此花献给各位。

香港环保与垃圾处理

邱荣光

邱荣光

香港大埔区议会委任议员，平和基金主席，香港环保协进会主席。先后在GEC阿尔斯道和香港电灯公司就职。2007年荣获行政长官社区服务奖。

今天跟大家说一下香港废物的处理方法。我们会通过一些组织，给政府提供一些意见，有一些组织还是比较有影响力的。比如香港环境咨询委员会下面有一个废物管理小组，通过这个组织我们就会提供一些意见，推动政府多干一些工作，香港这种顾问组织不少。

香港的废物主要有三类：第一，我们家庭里面，还有工商业产生的废物；第二，建筑废料，污水产生很多污泥，我们叫sludge，这个数量也不少；第三，其他废物，比如医疗废物、放射性的废物等。

主要的处理方法是填埋，现在我们有三个堆填区，分布在香港东面、北面和西面。香港小区收的垃圾都先运到一个废物转运站，再把整个垃圾放进一个很大的货柜里面，然后通过水、陆路运输这些垃圾到堆填区。有些医疗废物以及一些特别的废物，咱们就采用焚烧的方式处理。

香港的废物管理主要面对两个问题，第一，废物量多，香港每个人每天产生的废物量差不多是 1.36 公斤，比东京、首尔、台北多；第二，我们的废物主要是塑料、纸张和厨余。现在我们要解决的问题挺急，每天要填埋的废物差不多有四个游泳池那么大的地方。还有都市的固体废物大概每天几千吨，建筑废物 3000 吨，其他废物 1000 吨。这是每天产生的废物，现在全部是依靠堆埋处理。虽然香港能够回收利用的废物占到 48%，其余部分还是要拿去堆埋。相对其他地方来说，日本大部分垃圾焚烧掉了，只有 21% 的比例回收再用。还有新加坡，他们大部分都拿去焚烧了，回收再用的也有 48%。在香港，我们大部分依赖堆埋，太满了就要再找地方。

尽量减少需要处理的垃圾

对未来我们有一个蓝图，第一，是要考虑尽量避免产生垃圾；第二，是重新利用；第三，是回收废物，循环使用；第四，是多使用替代物；目标是尽量减少需要处理的垃圾。

我们希望在 10 年内减少 40% 的垃圾总量，在政府方面蓝图当然不容易实现。那么采取了什么方法呢？

第一，就是垃圾征费，就是按垃圾量来收费。这个不容易推行，现在香港在做试点，我们要看市民的反应，看他们会不会尽量回收垃圾，如果这样垃圾就会相对减少。我们这样做也是参考外地的经验，比如台北在 2000 年开始收垃圾费，人均垃圾由 1.3 公斤减少到 0.5 公斤，这个减少是很厉害的，可见收费的功效是显著的。就是说收费对老百姓作用最大，他们知道扔垃圾就要付费，他们就会主动多干一些回收工作，这样就减少了垃圾。

韩国也是一样。1995 年，韩国开始实行垃圾收费之后，垃圾量减少了。香港的废物量一直没有什么减少，所以我们准备推行垃圾收费，就是希望在源头减少垃圾量。不过，在香港做这件事情需要时间，有很多程序要走，我们也要做很多计算工作，老百姓的反应会怎么样也还不知道，所以我们现在就先做试点，在不同的地方试试，看看市民反应。

第二，我们从吃的方面下手，不是叫市民不要吃东西，是鼓励他们吃多少买多少。现在我们很容易买很多东西，放在冰箱里过期了，就丢了它，造成浪费，也产生了垃圾。

另外一个方法我们叫生产者再补给，就是生产公司要负责收回他们的废旧产品，包括回收塑料瓶、塑料袋。我们在 2009 年就开始做这个工作，塑料袋每个卖 5 毛钱，要求大型超市收钱，很多地方是不用收的，试试老百姓可不可以接受这种做法。塑料袋收费之后，超市派发的塑料袋减少了 9 成，对于整个香港的影响，对堆填区的影响非常大。

还有，我们在电器方面计划将来也要收费了。比如你买的洗衣机、冰箱用旧了、坏掉了，你要先付 50 元或者 100 元钱，将旧电器拆开回收专用，这个我们计划要做。现在在外国一些地方，他们的冰箱、电视机、空调机，都要先付费处理废旧物。

还有一个非常大的垃圾来源，就是玻璃瓶。以前玻璃瓶用完之后，有人来收，收了之后再盛载别的东西去卖。但是现在的玻璃瓶都是丢到堆填区就完了，堆填区的压力非常大。现在我们也在跟生产玻璃瓶的公司谈，要他们负责回收玻璃瓶。

还有很多其他供需品也可以回收，比如我们在 2005 年开始回收废电池，已经回收了 280 吨的废电池；还有电脑，回收了 74000 多台，我们也回收光管、小电器。

回收的玻璃瓶可以做什么呢？一些公园的地面可以用玻璃瓶做的砖头来铺底。现在香港政府有很多项目，我们鼓励政府工程多用玻璃做的砖，我们叫绿色采购。

另外，我们计划在每个小区建设一个环保站，但不是什么东西都收，只收一些其他人不收的东西，如胶瓶、电器、玻璃瓶等。这个环保站由政府出钱建造，之后叫团体投标来运作这个环保站，包括教育、宣传等。香港沙田有这样一个环保站，香港东区也有。这些环保站的作用不仅在回收方面做工作，也做很多教育工作。过去很多市民说我肯定配合环保，但我的东西不知道拿去哪里，不方便嘛，现在各区都设有环保站，你再没有借口不做这些环保工作了。

还有其他废物要处理，比如污泥。香港还将建设一个污泥处理厂，每天大概可以处理 300 吨污泥。

政府有这么多的计划要做，民间团体可以做什么呢？我所在的香港环保协进会成立于 1997 年，下面有 5 个环保教育中心，下面通过播放视频介绍我们做的环保工作。（观看视频）

环保团体怎么运作

香港的九龙、尖沙咀，甚至香港岛，过去有一段时间空气质量太差了，提升了大家对环境的关注，后来经过我们的不断努力，环境确实改善了。

2004 年我们成立了一个蝴蝶保育区，香港大概有 240 种蝴蝶，我们这个保育区就超过 200 种。我们欢迎大家来这里跟我们的蝴蝶拍照。保育区如今很受游客欢迎，这个地方大概有 2 万平方米，管理这个地方也不容易。每年差不多有 100 个团队来参观，香港有 7 所大学会安排学生来这里学习蝴蝶保育、生态管理等。

我们的第二个教育中心就是大埔地质教育中心，这里也成为世界级的地质公园。全世界只有 100 个世界级地质公园，香港这么小的地方也有一个世界级的地质公园，真的是个荣誉。

我们是从什么时候开始关注环保工作的呢？2000 年中秋节过后了没有多久，我们就做清洁工作，我们先到公园清理垃圾，中秋节很多人玩灯笼点蜡烛，产生很多蜡油，我们去铲掉它，一个早上我们就收了200袋垃圾，数量不少。不久我们又回收丢弃的旧衣服，收了干什么呢？把它们再做成一些手帕等。还有，我们收到很多女性的鞋子，有人穿过一次就不要了，那么我们收的时候，这种鞋子我们就会运到其他有需要的地方，比如巴基斯坦、非洲，他们会需要这些东西。

我们这个环保团体不营利，也不赚钱。大家会问，这个团体怎么运作？我们就是利用很多废旧物品制作一部分产品出卖，当然政府对一些回收项目也需要支持。

在香港，学校里的学生通常吃供应的盒饭，但很多饭菜吃不了，他们不吃就扔了，这种浪费我们调查过，挺厉害的。我们鼓励学校自己盖厨房，他们自己来煮饭，学生吃多少就给多少，不要给他们太多，要求他们拿了之后不可以剩，一定要全吃光，大大减少了厨余。

中环、湾仔、尖沙咀等地方都有非常多的酒吧，夜生活非常热闹，消费者产生的玻璃瓶非常多。政府支援民间团体回收玻璃瓶，之后去做玻璃砖头，这有助于解决部分玻璃瓶的堆埋问题。

不同的废旧物品回收之后会做出不同的东西来，已经出版了这种书籍指导民众，香港图书馆和每个学校都有出借，教材也会指导老师怎么在课堂里面跟学生说，怎么让不同的东西成为有用的物品。不仅仅出版物，还有视频影像等介绍怎么回收及利用废旧物品。

现在大家很喜欢网购，在网上买东西挺方便。但是我们买东西太容易了，可能买太多了，很多东西本来还可以用的，我们也把它丢掉，而去买新的。我们做环保工作，会鼓励大家减少不必要的消费，当然最重要的还是改变人的消费心理，如果你的消费模式不变，你不断地消费，产生的垃圾一定会越来越多。拿中国来说，我们传统上提倡节俭，省钱。但是美国文化就完全不同，美国鼓励消费文化，他们认为经济活动越多，钱就会越来越多，但是制造的废物同样增加得很厉害。人怎么看这个地球，生活模式是怎么样的，肯定影响人的整个生活、整个社会。

我们还有一个回收中心引进了一些外国科技，这个机器我们叫reverse vending machine，你去买饮品喝的时候，这个机器可以回收塑料瓶，还有一个作用，这个机器可以给你一些奖赏，它会先吐出一张纸条，你拿这张纸条买另一种饮品的时候，可以当钱用。我们从加拿大采购了 10 多部来香港试用，效果还不错。

我们也主动去百货公司宣传环保，他们很欢迎我们，有些商店会设置塑料回收中心，老百姓来的时候，放下一个塑料瓶，我们就替他们记录下来，累积到差不多 10 公斤，他们就可以换一瓶食用油，或者是米、日用品。我们在一个地方运作了 3 年，每个月原来预计收到大概 2 吨塑料，但我们后来收到 36 吨，成绩非常好。为什么收到这么多呢？因为老百姓真的非常支持环保，有很多朋友拿来放下就走了，什么分数什么物品也不要，就是支持环保工作。

从长远来说，也许 5 年之后，一些人会变得积极自觉地回收，不需要什么鼓励，这是他们应该承担的责任。但是现在这个时期，我们不妨给他们一些鼓励，让他们多做一些。

这些塑料会压成一个个大大的砖头，一个砖头大概 200 公斤重，全部运到哪里呢？就运到我们叫下游的地方：香港环保园。工作人员会把你的胶瓶洗干净，然后切碎，变成小粒一样的原材料，卖到不同的地方去，卖到中国内地、欧洲、东南亚等。这种物质还可以制作一些衣服，挺不错的。

改变观念非常重要

香港产生的废物每天 9000 吨，其中厨余占了 3000 吨，丢弃的废旧物品也有 3000 吨。如果我们解决了厨余问题，香港 1/3 的垃圾就解决了。处理这个问题需要多方面的关系，首先，就是要改变观念，你要吃多少就买多少，不要多买，不要贪便宜，吃多少就买多少，在源头上就减少了废物。

桌子上的东西全吃完当然最好，但是也有一些吃不完了，丢到什么地方去了？有一个方法就是堆肥，目前一台堆肥机可以回收大概 100 公斤厨余，大概是 100 个家庭的厨余，21 天之后，这些堆肥可以用作肥料，拿去种菜也可以。其实这种机器也处理不了多少问题，我们就是让老百姓知道，他们制造的厨余，我们还需要找一台机器帮他们消化，其实制造堆肥出来，非常浪费电力，如果没有厨余，我们根本不需要这些东西。

香港 3000 吨厨余怎么处理？第一个方法就是减少购物，第二个就是现在建设一个大型堆肥厂，每天处理 300 吨厨余，还计划通过其他不同的方法来处理厨余。我们出了一本书，鼓励人们一起做回收活动，一起来减废，因为这个减废工作不是政府一家可以做的，一定要老百姓参与才可以成功。这里我要引用两句话，就是“常善救物，故无弃物”，这两句话出自 2000 多年前老子的《道德经》。《道德经》里面有很多环保思想，中国古人真的非常有智慧，每件物品都有它的价值，总有一天有用，随便丢弃就是浪费资源，令地球越来越脏，环保压力也越来越大了。

非常欢迎大家来香港参观我们的环保协进会，包括下面的 5 个教育中心，我们的专门网站上也有我们的电邮地址，欢迎你们拍下来，写下来，向我们提问题，或者是合作。谢谢各位！

养老新政与个人养老保险规划

刘玲玲

刘玲玲

清华大学经济管理学院经济系教授，主要研究领域为中国公共财政、税法和税制、宏观经济、农村经济与财政政策、转型经济与现代化理论、经济博弈论与财政体制的设计。发表的论文和专著有《分税制下财政体制改革与地方财力变化》《建立我国财政收入能力测算体系》《人民主权——财政体制设计的逻辑起点》《中国公共财政》等。

美国养老金体系成三大支柱

关于养老保险，政府已经谋划了 20 多年，走到今天我们把它叫养老新政时代的开始。我们比较了很多国家，结果发现美国形成三个支柱制度的办法，可以满足不同社会成员多个方面的养老需求，我们现在希望也像美国这样，每个人能有一个或几个养老金账户。

第一，美国政府强制执行的社会保障计划，类似中国目前社会统筹加个人账户制度（只是美国在这个制度里没有个人账户，全部是统筹的），工厂招收工人必须强制上养老保险，每个人只要工作就要参加养老保险，它覆盖了全美国绝大多数就业人口，给他们提供基本退休生活保障。

第二，由政府或者雇主出资，带有福利色彩的养老金计划，其中联邦政府为约300万文职人员和约300万军职人员提供各类养老金计划；大约七成的企业和非营利组织雇主给雇员提供各类养老金计划；各州和地方政府和联邦政府也设有各自的养老金计划，覆盖了50个州及地方政府，约有九成的地方政府提供养老金福利。1974年美国政府就鼓励搞了这么一套制度，并配合个人所得税延迟纳税的优惠政策。如果你希望晚年活得更从容一点，更宽裕一点，你可以参加职业养老保险计划。

在雇主出资的私人养老金计划中，20世纪70年代以前，美国的私人养老金计划以给付固定型（Defined Benefit，简称DB）计划为主（特点是个人不缴费，只由单位缴费，离职不能带走）。20世纪80年代以来，缴费固定型（Defined Contribution，简称DC）养老金计划（特点是个人和单位都缴费，离职可以随迁）迅速发展，目前在美国两种模式并重。其中，401K养老金计划就是非常流行的缴费固定型养老金计划，2011年大约六成的美国退休家庭都有401K养老金账户。

第三，个人自行管理的养老金账户，它是由个人自愿参与、联邦政府提供税收优惠而发起的补充养老金计划，例如流行的鲁斯（Roth）个人退休养老金计划，与我们个人在保险公司买储蓄类保险相似。这个制度在美国是怎么办的？它要给大家优惠，比如先不要交个人所得税，你一年拿出3000美元来，投资到保险公司，一直到60岁，等收回养老金时再交税，这样每个月你交的税比较少。美国中等收入的家庭，比如说年薪 4 万多美元的人，差不多一生一个人有三个账户，就比较有保障。中国中等收入的家庭将会逐渐增多，是不是可以参考这样的计划，大家再活得快乐一点？也许 2015 年我们会修改个人所得税法律，就是像美国一样搞延迟纳税的计划。

中国建立基本养老保险制度的经过

中国养老保险制度的建立有一个过程，开始我们没有经验。在计划经济时代，住房、养老都是企业包了。咱们一开始的思路错在哪，就是政企不分，让企业做政府该做的事，养老保险让企业承担。结果有的企业亏损了，有的企业赢利了，像集体企业大规模地倒闭，员工将来怎么办？就没有着落，所以必须变成由政府来统一设立养老保险制度。

我们国家的社会养老开始于 1997 年 7 月 16 日，国家正式出台法规决定在中国建立社会统筹和个人账户相结合的基本养老保险制度。国际劳工组织要求各国政府建立普遍的基本养老保险制度，但按照国际劳工组织的要求，基本养老保险制度里面要包含遗属、残障的保险等内容，我们是无法达标的。美国 1935 年立法规定所有工作的人必须参加养老保险时，也不是一下子能够满足国际劳工组织的那几条要求的。开始的时候，美国也是规定你参加工作交养老金，但你的太太不工作，她是拿不到养老保险的。直到 1939 年，美国才规定，一个全职太太，只要先生参加养老保险计划，最少要有 10 年的缴费（这是遗属获得补贴的基本条件）才能在法定退休年龄后领取退休金，他太太一生没有工作也拿一份养老金。到 1959 年，家里有残疾的孩子，还有 18 岁以下没有长大的孩子，也加进来可以享受养老金的补贴。

所以，按照国际劳工组织设定的基本养老保险制度，中国政府是做不到的。那全职太太们，一生没有参加过工作的怎么办呢？李克强总理讲到社会保障包，或者社会安全网，意思就是我们另外再搞一个补充的制度，即从税收里拿钱，实施老年救助制度，这个制度给付的水平就很低了。例如在农村，60 岁的老人，一个月先给 50 元，富裕一点可以给到 80 元，以后不断地调整。中国人多，家大，底子又薄，我们还无法跟发达国家去比。政府全力以赴搞好我们的基本养老保险制度就很不容易了。

美国如何经营养老账户

作为美国第一支柱的养老保险制度实行现收现付制，即这一代人工作交的养老保险，养上一代人。这一代老了，由下一代人工作交养老保险来养。1935 年美国设计养老制度的时候，美国人平均寿命不到 60 岁（1900 年的时候只有 47.5 岁），美国当时规定 15.02% 的缴费比例，企业交一半，个人交一半，这是怎么算出来的？就是设计每个人 60 岁退休，最多活到 70 岁，余命 10 年。如果大家多活了 10 年怎么办？这就是今天这个制度的麻烦。老人多了，不仅高龄化，年轻人少了，还少子化，现收现付缺口就大了。

现在美国这个养老账户只结余 1 万亿美元，小布什打伊拉克还借了不少钱，很多美国老人担心钱不够，随着“婴儿潮”一代逐渐进入退休高峰期，加上人均寿命延长，美国养老金体系面临的资金压力增大。那怎么办呢？他们有三个办法。

第一，提高缴费率。克林顿总统下台前就测算过，如果到 2037 年缺口补不上，企业应交 15%，个人工资交 15%，光养老保险这一项就交到了 30% 的税率了。这意味着美国老板雇不起工人了，养一个工人太贵了。就会导致你的产业换地方到别的国家办企业，自己的工人怎么就业，是不是很大的难题？

第二，降低给付标准。本来老了每月给 3000 美元，再过一段时间，给 2300 美元，不断地给大家减少养老金。你说这样做老人会不会造反？

美国经济比较好的时候，1992 年，克林顿时代，经济年增长百分之五点几，大家不断涨工资，趁着美国人都开心的时候，克林顿总统修改了法律，一个家庭两个人的年退休金如果超过了2.3万美元，多的部分就征个人所得税。老百姓当时没什么感觉，实际上总统是算计着口袋里的养老钱不够了。

第三，延长退休时间。美国法定退休年龄目前已经提高到67岁（但可以提前退休也可以延迟退休，64岁提前退休只能领取退休金的80%，65岁退休领取86.33%，66岁退休领取93.66%，67岁退休可以领取全额退休金）。再过几年，决策者们正谋划到69岁退休。所以，中国在设计养老保险制度的时候，必须充分借鉴发达国家的经验。

1974年，美国通过了《员工退休所得保障法》，这是401K计划的雏形。1978年，美国《国内税收法》新增第401条K项条款，鼓励企业为高管设立专门的401K账户，为其积累养老金。1979年，该法律正式实施，1981年颁布了实施规则，并经过美国国税局的裁定，将覆盖范围扩大到一般劳动者。雇主和个人两边缴费，但账户里面的钱最高不得超过3万美元。政府不对DC计划投资提供担保，但税收方面政府给予延迟纳税的优惠。

美国大量的养老金计划投资于股票、债券、货币市场、房地产等领域，养老金、共同基金和保险基金已经成为美国资本市场上的三大主要机构投资者。成熟的养老金体系和广阔的投资渠道加大了金融市场的深度，这种机制化的储蓄模式也可以提高企业和金融机构在危机期间的融资能力和抗风险能力，也有助于美国吸引中长期投资和促进经济增长。

美国搞了401K计划，它是美国的一种由雇员、雇主共同缴费建立起来的完全积累式的企业补充养老保险制度。这个计划对我们有很多启发。

养老保险制度也在发生变化

在城镇化和老龄化的背景下，养老保险制度也在发生变化。国务院 2014 年 2 月印发了《关于建立统一的城乡居民基本养老保险制度的意见》，人社部、财政部也印发了《城乡养老保险制度衔接暂行办法》（以下简称《暂行办法》）。2014 年 7 月 1 日起，各地陆续实施《暂行办法》。

这届政府的养老新政是怎样的呢？就是刚才讲的三条，我们每一条都要做，国际上有很多值得借鉴的经验供我们参考。

第一，1997 年 7 月 16 日，中国实施职工养老保险，不包括事业单位职员和公务员，他们实际上享受着由国家预算支付的养老金。职工养老保险就是过去我们交给企业做的，现在变成地方政府来管理。当时企业管理时问题很多，有欠缴，有亏损，管理混乱。朱镕基总理下了很大的决心，先把历史欠账填上，然后开始缴费，这个制度就是社会统筹加个人账户制。社会统筹，企业要缴职工平均工资的 20%，个人先交 4%，每 2 年提高 1 个百分点，最终交到 8%。个人缴费，制度规定是用于积累。由于这些年个人账户并没有做实，形成“空账”运行状态。

这次的养老新政会通过制度安排最终解决这些问题。李克强总理承诺给大家的，一是基础养老金全国统筹，就是说无论你在哪里退休，只要你参加了这个制度，养老金中这部分的钱通过全国统筹来满足给付；二是个人账户的钱怎么办呢？李克强总理承诺完善个人账户制度，健全多缴多得激励机制，确保参保人权益。我想国家会在比较合适的时机逐渐把个人账户的钱给大家做实。

第二，事业单位、公务员参加统一的养老保险制度问题，就是大家说的养老金并轨问题。我想并轨要经历一个过程。就是不要太偏激，公务员也是一群人，也有自己的老婆孩子，有家庭。养老金少 100 元钱，对老人来说多重要啊，可能一篮子鸡蛋就没了。所以政府在推进并轨时，一定要考虑参加这个制度前后福利的平衡，尽量保持原有的利益基本不变。

第三，适当降低社会保险费率问题。我们的政府已经看明白，欧洲也罢，美国也罢，它的制度 100 多年下来麻烦很大，中国怎么办，这么庞大的人口，这么多人要就业，中国的企业家全跑了咱们怎么就业啊，因为中国的企业现在交五险一金，我们已经交到职工平均工资的45%，甚至到50%了。中国企业如果承担不起了，养不起工人，我们去非洲好不好，我们去柬埔寨好不好，那怎么办呢?

智利政府规定，1983年1月1日后参加工作的，企业不交养老保险金，政府从银行扣员工10%的工资，安排18家私人养老公司看住你的钱，这些钱不许破产，每年必须保本，还有2%的最低收益率，多的钱放回补充账户。法律规定男人65岁退休，女人60岁退休。

1997年的时候，我们就曾经想，“80后”、“90后”能不能实行完全的个人账户制度，企业不缴费了。现在看没有可能性，那怎么办呢?本届政府想适当地把企业的缴费率逐渐降下来，比如从现在的20%，逐渐降，直到多少年以后，这个部分企业就可以不缴费了。如果减轻了企业负担，把企业留下来，年轻人的就业就有了着落。这是我们这一代人的想法。

第四，大家担心自己老的时候，政府是否有财力足额给大家发放养老金。比如个人账户能否做实，养老金缺口是否能填补上。我想有几个渠道来筹集资金，一是随着中国资本市场的发展，中国金融改革的推进，无论是股份、债券或者其他的投资，我们会做得比较稳，逐渐做实个人账户，并能获得稳定的回报。二是国有企业到2020年，税后利润要上交30%给公共财政，补充养老金缺口，包括对低收入家庭的补贴。三是加强社会保险基金投资管理和监督，推进基金市场化、多元化投资运营。2001年，我们成立了全国社会保障基金理事会，全国社会保障基金是中央政府集中的社会保障资金，是国家重要的战略储备，主要用于弥补今后人口老龄化高峰时期的社会保障需要。全国社会保障基金的来源主要包括：中央财政预算拨款；国有股减持或转持划入资金或股权资产；经国务院批准的以其他方式筹集的资金；投资收益等。目前有接近1万亿元了，以保证不会出现养老金的偿付危机。

李克强总理说我们这届政府要做一个负责任的政府，尽管我们口袋里的钱比较少，我们还是想要搞一个完整的社会保障预算。

首先是第一支柱的养老保险制度。只要你参加了养老保险制度，无论是企业、事业单位还是政府机构，政府要承诺解决安全给付大家养老金问题；另外我们还希望再搞一个补充的制度，就像20世纪60年代美国肯尼迪总统设立的救济金制度。如果你没有工作，也不参加养老保险，你永远睡在马路上，那肯定造反啦，所以肯尼迪总统搞了一个账户。钱从哪里来？就是向富人征重税，“劫富济贫”。这就是今天在美国社会看到的穷人每个月排队领取救助金的制度。这个制度是社会的减震器。所以中国在未来，我们也要搞一个这样的账户，搞一个补充的制度来帮助最穷的人，包括那些沿街乞讨的人，来维持社会的和谐发展。

还有很多改革措施需要政策配套

搞合理的养老新政需要配套政策。我们的居民家庭会有一个预算，多少钱用于养老，多少钱用于医疗等。

未来本届政府还有很多改革需要政策配套。比如金融市场的改革，重点是两块，一块是银行主导的货币市场改革，一块是股市、债市主导的资本市场改革，当然还包括保险市场和其他改革。

关于债券市场。除了大企业发债，银行可以发债，中小企业为什么不可以发债？是否可以发“垃圾债”？万一投资失败了，债转股，企业还不上债，股权就变成人家的了。

中国的保险市场。我们这一代人会慢慢变老，许多人也会慢慢变富裕了，你家里有个字画，或者有个罐子，放家里不踏实，就需要去买保险了。再比如随着法治社会建设，法律条款摞起来会比人高，打官司就会很容易很普遍。所以，任何一个单位，你总要给所有中层干部买保险吧，因为你事先无法知道一年要打多少次官司，要理赔多少钱。所以就必须买保险，即责任险。打官司败诉了，保险公司来理赔。同时，每件事要做决策，都要请教法律顾问，学法律的人该有的忙了。

商业医疗保险市场也会有一个很大的发展机会。现在武汉、上海搞了国际医疗中心，设 VIP 房间，可以提供多元化的医疗服务。相反，公立医院则会全部取消 VIP 房间，以体现公平。如果这样，商业医疗保险、健康险就会有吸引力，可以满足大家对各种各样不同医疗服务的需求。

此外，我们试点的巨灾险，就会改变原有的救灾模式。比如四川地震房子塌了，从中央到地方，我们政府给水泥、钢筋盖个房子。每家相当于给 2 万元。如果政府利用每年预算里的应灾拨备钱买巨灾险，巨灾险是面向全世界发售的，保险公司的理赔能力极大地增强了。如果是房子塌了，给的就不是 2 万元，而是 80 万元。

中国人救灾，从封建时代开始，从中央到地方，救灾款总是一级级划拨到灾区，最后到灾民手里。经过层层“雁过拔毛”和“跑冒滴漏”，灾民手里的救灾款所剩无几了。救灾完了，一堆人进了监狱，我们能不能换个规矩啊？世界上许多国家都用巨灾险来解决问题，我们为什么就不能换换规矩呢？培养一个干部不容易，能有一些好的制度保护一下吗？又会使保险市场发展起来。

本届政府还想搞一个住宅银行。中国人民银行先拨付了一定的资本金，凭着国家开发银行的信用在银行间市场发行债券来筹备资金，用以支持地方政府搞“棚户区”改造和建立保障性住房体系。如果政府在房地产市场上把底兜住，再通过开征房产税来遏制房地产市场的过度投资和投机，通过住宅市场的细分，就会使“以房养老”、住房“倒按揭”等养老形式有更大的市场，风险溢价和资产评估更为规范，人们选择养老的形式也会更多样。

我简单介绍了中国的养老新政和未来中国的投资环境。我想，随着经济发展和百姓生活逐渐富裕，西方称作“中产阶级”的家庭就会多起来。大家的投资理念也会更稳健和成熟。每个家庭都要有一个中长期的预算安排，充分考虑养老、教育、医疗的多种模式选择，使我们的生活更从容一些，晚年更有保证，家庭抗风险的能力更强一些。时间关系我这部分就讲这么多。谢谢大家！

一流法治城市建设

——“法治中国”的深圳实践

黎　军

黎　军

北京大学法学博士，中国社会科学院法学博士后，法学教授。现任深圳大学副校长，民革深圳市委副主委，市政协常委。曾任深圳市政府法制办副主任。长期从事行政法研究与实践，主持和参与国家、省部级等各级课题10余项，在《中国法学》等权威期刊发表论文40余篇，出版个人专著两部，获深圳市第四届哲学社会科学优秀成果新人著作奖等奖项。

我们生活当中的时时刻刻也好、大大小小的事也好，都可以归结到法治这个词上来。今天我们讲法治还是得高大上一点，从比较历史讲起。

同大家交流的主要是三个部分，第一，是通过几个故事，跟大家来分享法治到底是什么。

第二，我们建设法治国家，中国在法治之路上经历了怎么样的一个历程。

第三，深圳在推进法治一流城市建设方面有哪些想法？有哪些方案？

法治的内涵

在希腊神话当中有一个正义女神，叫作忒弥斯（Themis），她穿着白袍，左手握着一个天平，右手拿的是一把宝剑，她的眼睛还被蒙着。为什么这个形象代表着正义女神？我们可以把它来解读一下。

天平代表了一个核心词——公平，只有两边平等了，这个天平才能够正常。

右手这个宝剑是什么呢？如果仅仅有这个天平没有宝剑，公平是无法实现的，是虚弱的，如果只有宝剑没有公平，那么只有暴力存在。

为什么蒙着眼睛呢？

古希腊神话故事传说，在天庭里面众神失和就相互打架，谁来仲裁呢？如果仲裁者比较年轻气盛，有可能受到女神美貌的诱惑，如果仲裁者老于世故，那么他就可能畏惧某个天神的权势，而不敢公平处理纠纷。于是正义女神就把眼睛一蒙站起来说，我来仲裁，大家都同意了，为什么呢？她把眼睛蒙上之后，她既不至于受到美貌的诱惑，也不至于受到权势的威胁，她只能用心来裁判。

亚里士多德对法治下过一个非常经典的定义，就是两句话："法治应当包含两重含义，一是已经成立的法律获得了普遍遵从。二是已经制定的法律应该是良好的法律。"这是法治最根本的两层含义。

我们还有一个概念叫作"恶法非法"，最典型的是二战时期德国的法律。在国际法庭审判的时候有一个经典结论就是"恶法非法"，尽管制定了法律，但是它本身是恶法，那么执行它也是非法的行为，这才是真正的法治。

与法治对应的概念是人治。今天时间有限，希望大家记住，“在专制的国家国王就是法律，在民主的国家法律就是国王。”这句话很经典地体现了人治和法治的区别。

我还想从这么一个案例来谈对于法治的理解。

1994 年，美式橄榄球前运动员辛普森（O. J. Simpson）杀妻一案成为当时美国最为轰动的事件。当时绝大部分美国人认为，这个辛普森杀了他的妻子，但是在这个案件侦破的过程当中，最后在庭审当中出现了一些问题，比如他球鞋上的血迹是一个人去取证的，而且取证完了之后没有进行妥善保存，这个很重要的证据最后没有得到法庭的认可，陪审团认定他犯罪不成立。

美国法律中有一条著名的证据规则：“面条里只能有一只臭虫。”这是一个形象的比喻：任何人发现自己的面条碗里有一只臭虫时，他绝不会再去寻找第二只，而是径直倒掉整碗面条。一个案子也是，只要这个案子里面有一个证据有问题，这个案子整个就不能定了，我们叫疑罪从无，所以这个案子最后陪审团认定他无罪。

开完这个庭之后，克林顿召开了一个新闻发布会，记者问总统，你对这个无罪宣判有什么样的评论？克林顿用三句话回答了这个问题，这三句话非常经典，这三句话是什么呢？

第一句话，“我跟各位一样在 10 分钟之前看到新闻转播才知道辛普森被宣告无罪”。第一句话背后的含义是什么呢？这个案子确实是，就是说纯粹是一个司法独立来审判的案子，公权力没有介入。

第二句话是什么呢？克林顿说，“我深表震惊”。我们知道，克林顿是非常著名的律师，在美国 50 多万名律师里面曾经排名进过前 100 名，可能他内心判断这个案子肯定有问题。

但是他第三句话又回来了，他说，“法庭已经做出了判决，作为美国总统我要呼吁全美国人民跟我做一件事，就是尊重法庭的判决。”从这个角度来讲，即使作为总统也没有办法以个人名义来否决这样的判决。

还有一个案例我简单提一下：米兰达规则。这段话在美国警察的名片反面都会印上去，可能怕他背不全。这段话是什么呢？“你有权保持沉默。如果你不保持沉默，那么你所说的一切都能够用来在法庭上作为控告你的证据。你有权在受审时请律师在一旁咨询。如果你付不起律师费的话，法庭会为你免费提供律师。你是否完全了解你的上述权利？”这个权利是对人权的保障。米兰达于1963年因涉嫌对一名18岁的菲尼克斯女性居民抢劫、绑架和强奸而被菲尼克斯警察逮捕。由于警察事先没有给他说这一段话，以致整个证据都被推翻了，当然最后的结果他还是被判了罪，因为有另外的证人出现，但是这个案例树立了米兰达规则，体现了对人权的保障。

在世界银行的一个财富报告里，甚至把法治指数跟经济发展指数挂钩，说法治指数如果能够提高1个百分点，那么低收入国家就可以增长110亿美元，而中等收入国家也可以增加480亿美元。这段话印证了我们在开场时提到的一个问题，法治可能给我们的生活设置了很多要求、规范，可能在你的感觉里会限制我们的行为，影响我们的效率，但实质上当它以一个可预期的、诚信的社会体制作为保障的时候，我们的很多活动都会更加顺畅地来进行，我们的经济发展也才会更快。

法治建设在中国

第二个方面呢，我想谈一下法治中国这个概念的提出。

中国的法治之路实际上不长。新中国成立之前，毛泽东曾经专门咨询过著名民主人士黄炎培，怎么样才能够顺利地治理我们的国家？黄炎培说，历代王朝都脱离不了一个兴衰存亡的周期，你怎么跳出这个周期律？毛泽东回答说，“我已经找到了跳出周期律的法宝，一个是民主，一个是法治。”但是随后的历史我就不细讲了，一直到1978年，法治在中国还是一片空白。在1978年之前，我们国家真正的法律只有两部，一个是《宪法》，一个是《婚姻法》，两部法律一个是治大家的，一个是治小家的。

十一届三中全会召开前夕，邓小平提出了非常著名的法制建设十六字方针，就是“有法可依，有法必依，执法必严，违法必究”，在十一届三中全会之后，法制建设可以说进入了快车道。

1997 年，十五大期间，中央明确提出了“依法治国，建设社会主义法治国家”这个概念，我们可以比较一下，在十一届三中全会的时候，我们讲的是法制，我们叫刀制，1997 年的这个宪法文本里，已经改成了治理的治，我们叫水治。尽管只有一字之别，但实际上它的内涵有很大的区别，制度的“制”，它只是要求有一个法律制度，有一个制度规范，至于这个制度规范是约束谁的？本身的水平如何？还没有提到议事日程；而水治，它更强调的是对公权力的约束和制约，一字之别，它的水平应该说进行了一个跨越。

到 2007 年，党的十七大又专门提出来要全面落实“依法行政，依法治国”的基本方略，加快落实建设社会主义法治国家。2011 年是中国社会主义法律体系基本形成的年份，全国人大常委会委员长吴邦国曾经在全国人大会上专门宣布，社会主义法律体系基本形成，基本上搭建成了社会主义法律体系的框架。到 2011 年，有法可依这项工作可以说基本完成了。

2012 年，十八大正式提出了法治是治国理政的基本方式。

2013 年，在中央政法工作会议上，习近平总书记正式提出了一个词——法治中国。法治中国的提出，应该讲更为全面地概括了作为国家对于法治的基本需求，它包括了立法、执法、司法、守法，但我们讲法治国家、法治政府其实还有一个缺位，或者大家还没有引起重视的，就是法治社会建设，即全民怎么样守法的问题。法治中国概念的提出，更加全面地总结了法治应该具备的一些要素。十八届三中全会上提出来的关于推进法治中国建设的这一段，后面谈到要坚持法治国家、法治政府和法治社会的一体化建设。什么叫一体化建设？一是对公权力进行约束、规范，二对社会加强法治约束。

法治中国这个概念的提出，带来了法治的新的十六字方针。接下来的问题是怎么样做到科学立法，新的十六字方针比旧的十六字方针，它的要求是一种上升、是一种跨越。

现在中央领导层对于法治确实是越来越重视，曾经有人开玩笑说，现在习近平总书记是清华大学法学博士，李克强是北京大学法学硕士，最高人民法院的周强院长是西南政法大学法学博士，最高人民检察院检察长曹建民是华东政法大学法学博士，学法律的人占全了。之前的中国领导人更多的是学理工科出身的。对我们的法治建设，我感觉这也代表了希望。

从这些年中央政治局集体学习的题目和主讲老师以及他的课程内容次数的安排，可以看得出来，中央领导人在集体学习的过程当中，法律占了很大的比例，这也从一个侧面反映出法治在我们国家的受重视程度。

深圳法治实践的过程

深圳法治实践在全国来讲比较领先，怎么讲？1983 年，全国第一家律师事务所在蛇口成立，就是蛇口律师事务所。到 1993 年，第一家合伙制的律师事务所，就是脱离了国有体制出来的律师事务所也在深圳创办。更重要的里程碑意义是在 1992 年，深圳获得了经济特区立法授权，这对深圳的发展来讲是至关重要的。

20 世纪 90 年代初，深圳制定了一批在全国领先的法律规范。这些规范大多借鉴了新加坡、香港的法治理念。到目前为止，全国层面的很多立法都是从深圳探索起步的，甚至有很多借鉴了深圳的相关立法来形成全国性的立法。为了充分发挥特区立法权的作用，1993 年，深圳从全国引进了 100 名法律干部，现在深圳市人大、法院、政法委、司法局等，这些部门里的核心人物很多都是这一批引进来的。

1999 年，深圳市委做出了“关于加强依法治市工作，加快社会主义法治城市建设”的决定，提出“建设社会主义法治城市”。2000 年，由于《立法法》的通过，深圳又获得了较大市的立法权授权。

深圳市人大通过的法律条文，如果叫深圳经济特区什么条例，如道路安全管理条例，它就是利用特区立法权来制定的；如果是深圳市什么条例，就是利用较大市的立法权来做的。这两个立法权有什么区别呢？如果是经济特区立法权，这个立法可以突破全国的法律规定，最典型的是《深圳特区交通管理处罚条例》，全国对闯红灯的处罚好像是50元吧？但深圳的交通处罚条例，就规定罚款200元、500元，当时就有很大的争议。我记得深圳市法制办有位同志专门写了一篇文章澄清，我们用的是特区立法权，可以根据特区实际情况突破上位法的规定，实际上特区立法权对深圳发展至关重要，给深圳突破一些制度约束创造了条件、奠定了基础。

2008年，我们又跟国务院法制办签订了法治政府建设指标体系，就是我们前面讲到依法行政的要求。2012年我们获得了第二届法治政府奖，就是因为这个指标体系获得的奖励。

2009年，深圳通过综合配套改革总体方案，深圳有一个区被评为法治建设的模范区。

2011年，深圳正式提出了建设一流法治城市的目标。2013年，专门出台了一流法治城市建设的工作方案。当然这个一流法治城市建设呢，大家还是有一些争议。怎么界定一流法治城市？对一个城市的法治要求、法治水平，我们希望能够体现最理想的状态。当时省里给我们提出一个要求，就是深圳不能同国内其他城市比，应该冲着香港、新加坡这样先进的地区来相比，相提并论，定位比较高。

从2007年、2009年到2011年、2013年，市委市政府文件都把法治作为深圳城市的标签、名片，为什么单单把法治放到这么高的位置？

第一，跟深圳本身的条件密切相关。深圳的经济条件比较好，市场经济发展在全国引领前锋。90年代初，我们为股份公司立法，为上市主体立法等。当时的深圳出台了一批为经济建设保驾护航的法律，使得经济得到了飞速的发展。反过来，经济发展到一定阶段之后，它对法治提出了更高的要求。像80年代初，香港人来深圳投资，

第一句话就问你们有没有法律保障？我这个资产安全吗？我投资这个行业、这个产业、这个领域、做这个事情，是不是可预期的？能够顺利地、正常地有回报吗？前提条件就是要有稳定的制度保障，你不能说今天依法收税，明天又来收各种各样的费了，香港人来投资，最重要的是有没有法律保障。法律共同体其实不仅仅是法律人，经济人、理性的人第一个问题都会考虑合不合法，因为什么呢？合法就是可预期、有保障的，不合法是处于一种不稳定、不安全的状态。所以经济发展对法治的需求是很明显的。市场经济就是法治经济，深圳经济发展快，我们的法治建设的基础就比较好。

第二，深圳的社会条件比较好。市里有一位领导说过："有一些事情在别的地方发生了很普通，可能会引起一点点波折，但这个事一旦在深圳发生了，那就是轩然大波。"

举个例子。广州举办亚运会的时候，搞了一个买刀实名制，后来深圳办"大运会"的时候也出了一个类似的实名制，但是受到社会非常强烈的反对。一些政府部门就很委屈，说别的地方都是这么干的，我们也是为了安全才这么干的，为什么人家能够平稳过渡，我们就不行呢？我们且不讲它合不合法，它肯定有一些法治上的问题。深圳的社会条件不一样啊！我感觉深圳市民的维权意识、法治意识、权利意识，明显地高于其他很多城市，它倒逼着你这个城市必须要往法治之路上去发展，否则你没办法使这个社会能够平稳过渡。

第三，深圳毗邻香港，更多地受到国际先进的法治理念的冲击，跟国际接轨，可以学到更多先进的法治经验。国家非常重视深圳的法治建设，国务院法制办专门跟深圳市政府签订了法治合作的协议。

2013年出台的关于建设一流法治城市的实施方案，它的目标就是依法执政水平明显增强，立法质量显著提高，法治政府建设更见成效，司法公信力进一步提升，全民的法治意识和市民的法律素养普遍提高，这是我们的一流法治城市建设的总体目标。下面我讲怎么样建设深圳的法治城市时就会围绕这几个目标来展开。

如何建设法治城市

我们应该怎么样去建设法治城市？这有四个方面的要求。

第一，科学立法。涉及立法过程和立法内容，它是不是合理的，是不是科学的，是不是充分听取了民意？现在有一些立法确实可操作性很差，有一些立法甚至本身是不合理的，有一些没有办法操作，如《老年人权益保障法》有一条规定就是，子女必须在一定时间内得回家去看看父母，这条规定意图非常好，但是用立法这种方式来实现这个要求是否可行？

第二，严格执法。这个执法是指政府执法，也就是行政执法，广义的执法既包括行政机关的执法，又包括司法机关的司法执法。

数据表明，我国法律法规80%以上是由国家行政机关来执行的，实际上公务员有80%是行政机关的人员，如果这两个80%都能够实现法治，法治中国的目标就实现了一大半了。司法毕竟只有一小部分人会涉及，真正进入司法环节的只有极少数人。而政府的行政管理无所不在，从摇篮到坟墓，实际上从一个人出生之前就开始了，拿准生证啊，甚至死亡了首先要去办死亡证明，到派出所注销户口等。你的生活当中无时无刻不在跟行政机关打交道，在跟行政管理的法律规范打交道。如果能够做到严格执法，大部分人就可以体会到法治的力量了。

现在行政执法里面也存在这样那样的问题，很多时候，守法成本高而违法成本低。这个企业为什么一定冒着风险去干一些违法的事情呢？比如我们经常说黑心豆腐、黑心棉、含瘦肉精的猪肉等，为什么这些事情层出不穷？就是因为我们的查处力度、查处面没有到位，很多违法人获得了丰厚的利润。任何人都会做比较，会选择对他有利的，守法成本高而违法成本低，就会带来一个导向。

运动式的执法也会形成一个导向，还有就是选择性的执法等，可能存在着各种各样的问题也会影响到法治城市的建设。

第三，公正司法。培根说：“一次不公的司法判断将会污染河流的源头。”南京的彭宇案大家都知道，判这个案的法官现在调离位置了，他的判决书上有这么一句话，“如果被告（彭宇）是见义勇为，更符合实际的做法应该是，去抓住撞倒原告的人，而不仅仅是好心地相扶。如果被告是做好事，根据社会情理，在原告的家人到达之后，完全可以自行离开，但是被告没有做出此等选择，其行为显然与情理相悖。”大家能理解是什么意思吗？就是你做好事，你可以把他扶起来，你可以去抓那个撞的人，你可以等他儿子来了说清楚，你就可以走了，你没必要陪着他一起到医院去，甚至垫付医药费，你做这些事肯定是你心虚了，这是法官的判断。正因为法官在他的判决书里面有这么一段话，在社会上引起了轩然大波，一个案子可能会对整个社会风气、整个法治建设带来致命的伤害，它的导向性非常明显。

做到司法公正，实际上司法公开是最有效的手段，它甚至比我前面讲的这个正义女神手上拿的这个宝剑还有用。只要公开了，司法文书在网上都能查得到，我相信任何法官都不敢肆意而为，因为它一直挂到网上，随时都有人去研究它、随时都有人去看到它。有一句名言叫作——阳光是最好的防腐剂。什么东西坏了，晒一晒就消毒了，公开是最好的消毒剂。

第四，全民守法。法治城市建设最核心的，也是我们目前工作的重点，就是全民守法。

我们不要把守法当作包袱、束缚，守法是让我们迈向更自由的国度必经的渠道。作为社会来讲，如果人人都生活在自由的社会，它就不是自由社会了，因为你的没有边界的自由会侵犯到其他人的权利和自由，反过来也同样，对方的没有边际的自由也会侵犯到你的自由。只有大家在普遍遵守规则的前提下，我们才能够真正达到自由的状态，这是全民守法。从我们身边小事来看，比如《特区控烟条例》我们修订了，使它可以落地，同时我们加大了宣传的力度和执法度。

《特区控烟条例》正式实施后，首个集中处罚日出现在 2014 年 3 月 8 日，当天开出了 37 张个人罚单，罚了 1800 多元。现在烟民不敢随时随地抽烟了，我想这就是我们生活当中的法律。另外还有醉驾、酒驾。醉驾、酒驾被纳入犯罪的范围之后，违法驾驶行为明显下降了很多，实际上严格执行规范还是有一定效果的。其他包括机动车礼让行人、垃圾分类、救助人权益保护规定等。

从法治中国走向深圳的法治建设，在法治文明的建设之路上，每个市民都责无旁贷，希望我们能够在这条路上共勉。

谢谢各位！

城市公共空间与市民生活

刘　珩　冯果川

刘　珩

美国哈佛大学设计院研究生院博士，美国加州大学伯克利分校建筑学硕士，上海同济大学建筑学硕士。香港南沙原创建筑工作室创建人，主持建筑师；香港中文大学建筑学院兼职副教授。第十四届威尼斯双年展香港馆的联合策展人。

冯果川

深圳筑博设计股份有限公司首席建筑师。曾获第二届中国建筑传媒奖青年建筑师奖入围奖、CIHAF 2007年度中国最具影响力设计师、深圳市勘察设计行业十佳青年建筑师。代表作品：南方科技大学校园规划、新疆艺术中心、南宁规划展览馆、深圳泰然大厦等。

刘　珩：我今天主要谈一下城市建筑的人文历史厚度。这个题目我思考了很多年，特别是来到深圳以后。

深圳是一座只用了30年就建立起来的新城，而欧洲的很多城市，是建立在一代又一代之上，用几千年叠加起来的，所以城市从建筑空间到人文价值都有很重的厚度。前几天，我刚从以色列和保加利亚回来，这两个国家对我来说会感觉非常沉重。比如以色列，不同的宗教几千年来集中在这个国家，他们国家面对的历史应该通过什么方式去解读？他们的城市公共空间，有的展示的是一种废墟，承载的是整个国家、整个文化的一种厚度、一种沉淀，他们会把这种残缺的美，或者历史的价值原封不动地摆在我们城市的公共空间里面。

这张照片是我在保加利亚拍的（保加利亚城市中心广场，见图1），这个场景我挺感动。欧洲对于历史是非常尊重的，过去的历史是了解现在生活的重要基础，所以他们自觉地把历史作为当代城市生活的必要承载与连续保存下来，这样一来过去就跟当代人的生活息息相关。

图1　保加利亚城市中心广场

在古希腊文化里，城市这个概念其实就是指公共空间。如果大家去理解，它承载了很多的日常生活，而且还会有很多的故事性，像西班牙、罗马，所有的浪漫故事都在这些城市的公共空间里面产生。这张罗马的照片及电影《罗马假日》的剧照很典型、很甜蜜，大家可以看到，这种家庭的温馨、这种偶遇、这种美好的记忆都是在这种城市公共空间里面产生以及延续的（电影《罗马假日》的场景及罗马的公共空间，见图2、图3）。

图2　电影《罗马假日》的剧照

几百年以来，人文主义的色彩一直贯穿于欧洲城市公共空间的设计中。有个很出名的哲学家叫瓦尔特·本雅明（Walter Benjamin）。他认为古代欧洲的城市空间非常适合慢行人，他可以边散步、边观看、边思考，很悠闲。他可以把城市当作自己的家，城市对他而言，就是车站、商店、购物街等日常空间，在这些空间里像在家里一样安

图3　罗马西班牙广场

然自得。人和城市在这种空间里产生了一种融洽的气氛，一种温暖的家的感觉。

工业革命之后，我们发明了很多交通工具，像汽车、飞机，这些在某种意义上代表了一个社会先进的生产力，催生了现代城市。100多年前，著名的现代主义大师勒·柯布西耶（Le Corbusier）所想象的未来城市情景，这个方案就叫作“光明城市”。这个“光明城市”强调以交通、效率为主导的城市规划。在这个规划里面，城市功能包括CBD、办公和商业区、居住区等，考虑到工业肯定产生污染，所以就把工业区摆在有一定距离的地方，因此现代主义的规划一方面以交通为主导，非常高效，同时强调城市非常独立的功能。当然，这种规划理念，最早来自于对未来城市的想象，其实也有很多批判的声音（勒·柯布西耶与他的“光明城市”，见图4）。

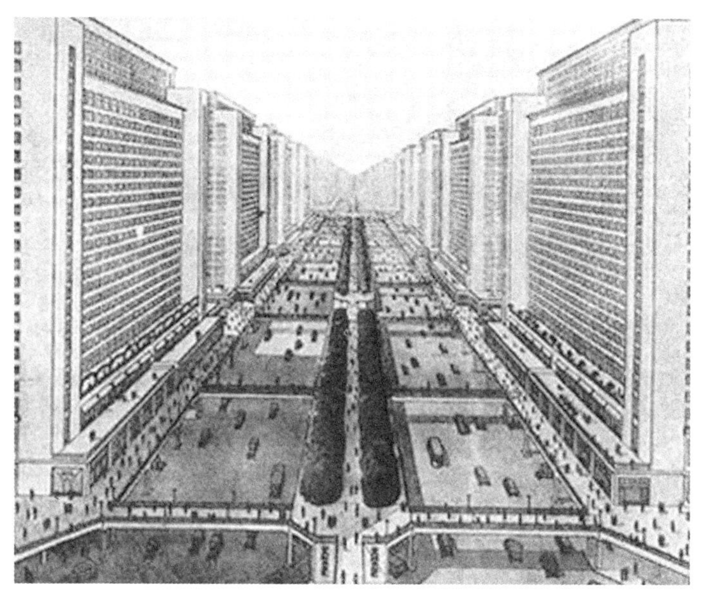

图4　勒·柯布西耶的光明城市方案

我不知道大家是否看过电影《红色沙漠》，这部电影对人与空间的陌生感提出了一种反思，反映出人和工业之间弱势与强势的关系。在这种生活场景下，人与生活之间其实存在隔阂，由此产生了所谓“空间”，以及所谓的玻璃幕墙。随着工业化时代的汽车幕墙等技术带来的高效和现代感，也出现了很多以前没有出现过的负面的东西，如城市的拥挤和堵塞、自然环境恶化，等等。

这些意大利和法国20世纪60年代拍的片子，在某种意义上极端地反映了那个时代所设计的这种“光明城市”里，人与城市以及空间之间的陌生感，而不是亲近感。在某种意义上，当时所倡导的现实主义规划，其实就是反工业社会的某些理念，是希望能够在现代主义的规划里面让出阳光、空气，每一个劳动者都有自己生活的空间，强调了一种技术优势，有车有自由。但是这种所谓的进步或者生活方式，导致了人与人之间的隔阂，这是现实主义规划所带来的另外的一个极端（电影《游戏时间》和电影《红色沙漠》，见图5、图6）。

图5　电影《游戏时间》剧照

图6　电影《红色沙漠》剧照

两种模式，一个是文艺复兴时期对于城市公共空间的设计，另外一个是现代主义大师的规划，这就产生了对比：我们对城市公共空间的认知到底有没有共识？我们也许可以用技术解决城市人多、车多的问题，但是我们还缺什么东西？一个有效率的城市，能够给我们带来美好或者幸福的生活，还是带来一些偶遇的惊喜，或者只是为了满足我们日常工作、生活的基本需要，而没有更多精神上的追求？这些东西时常会把我们带到现实空间中去。

以深圳为例，从3万人的城市发展到1200万人，在30年的发展过程中产生了大量建筑物，而且人口、建筑物还呈不断增长的趋势。

深圳这样一个城市，像一张白纸，没有厚度。可以重新按照现代主义的规划建立，从工业厂房发展到CBD这样高大上的场所。我们设计出来的城市公共空间中有像深圳华强北这样聚集人气的空间，在有意或无意中，生活的元素进入这些被设计出来的城市空间中。

深圳改革开放30年，通过超级规划所引领出来的城市空间，可能会读出橙色的部分是商业空间，黄色的部分是我们的居住区，然后绿地部分是我们的公园，这种规划存在一种割裂。比如说商业区的人要通过快速交通才可以回到自己的家里（深圳市民广场，深南大道，见图7、图8）。

图7　深圳市民广场

图8　深圳的深南大道

而在欧洲文艺复兴时期的城市，在同一个区域的规划里，可能遭遇到更多不同的情况。这种现象引起我们的思考，在快速发展的时代，资本不断积累，我们的生活质量与追求比以前更好，在快速城市化的过程中，建筑师起了很大作用。在某种意义上，有积极作用，也可能有一些负面作用。是建筑师帮助资本创造了很多代表未来的建筑物，但建筑师没有创造一个合理或者说公平的生活方式，这种情况值得我们思考。我们应该回归到什么样的城市空间，大家才能在其中和谐相融？或者如何构建有幸福感的空间？像《清明上河图》这样的情景，很多生活其实就是在室外空间产生的。

《雅典学院》是拉斐尔壁画中最优秀的作品。画中古希腊最著名的哲学家、文学家、艺术家、数学家、建筑师聚于一堂，整个画面洋溢着深厚的学术研究和自由辩论的气息。在这里，不仅消化了城市日常生活中的空间，也有了精神上的承载。所以西方人，我觉得特别是古希腊人对于城市公共空间的理解，是不仅包括我们所设计出来的公园、城市广场或者说有一些所谓的市政公建，

在很多意义上他们已经把室内外空间集合在一块儿了。（拉斐尔《雅典学院》，见图9）

图9　《雅典学院》壁画

在18世纪中期，有一位建筑师专门画了这样的一幅地图，就是这幅罗马 Nolli Map（见图10），我个人也非常喜欢这幅地图。我想很多人去过罗马，这里是万神庙，从地图的黑色白色关系来看，黑色的是建筑，白色的是街道或者广场。因为万神庙室内是空的，所以在地图里，它是被黑框框了一下的白色，这样一来，这个庙也成为城市公共空间的一部分。与此意义相同的还有大教堂、市政厅和开放的花园等，这些都属于城市的公共空间。它们都是罗马城市的一些公共空间，不仅是市场性的公共空间，更是精神上的公共空间，更重要的是这些地图上的白色部分都开放给了市民，大家都可以去享用。虽然只是一张地图，但从中我们可以体会到很多不同的空间层次。在我想象的城市空间里面，深圳其实也应该画这种地图指导未来的城市公共空间规划。

我自己是搞建筑设计的，从最小尺度到中尺度、大尺度以及超大尺度，我尝试做了不少公共空间装置和建筑设计，希望能把城市性以

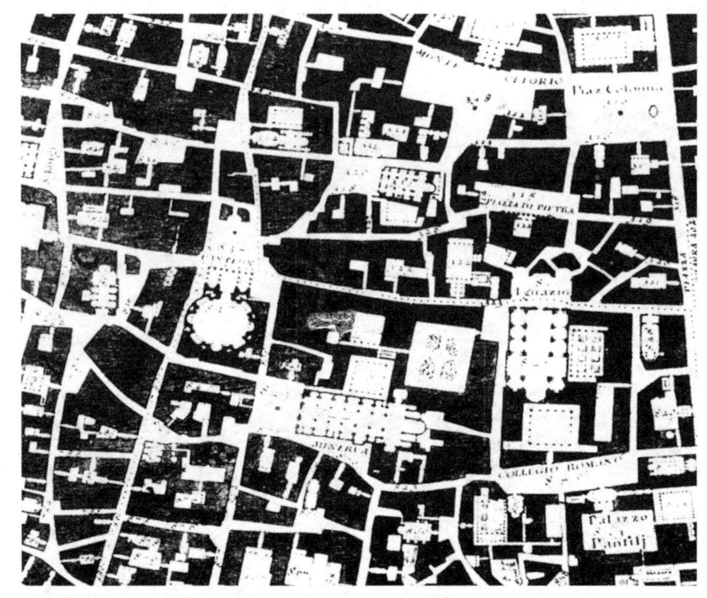

图 10　罗马 Nolli Map

及城市的公共性带入我的作品里，甚至我们的城市规划跟城市建筑里。

在 2006 年第一届深圳双年展、2007 年第二届深圳双年展期间，我曾经针对超大尺度的市民中心广场试图设计一个超大的游泳池，供市民夏天享用。希望在深圳的城市规划中，在原来带“北方”特点建立起来的建构体系上，纳入南方更加生活化的语境里，通过一些生活设置的点缀弱化市民中心广场这个庞然大物，我提出的观念就叫“凉茶城市”，希望在市民中心摆放的这个游泳池，帮助大家冷却、降温，把南方的这种凉茶城市的概念带入深圳的环境。（2007 年第二届深圳双年展作品《凉茶城市》，见图 11）

2013 年，我们也做过一个空间环境装置，叫“软硬兼施”，试图沟通个人空间跟城市外围空间。当时我做了 12 个柜子，这 12 个柜子可以同时打开，主要是方便市民同这个城市空间的积极互动。这个方案特别讨孩子们的喜欢，这个临时装置放在大广场上，吸引了很多孩子来这里玩，而且每个门都可以开启，你在这里可能有很多偶遇，在

图 11　2007 年第二届深圳双年展作品《凉茶城市》

你打开门前不知道对方是谁。我们希望能够用一些比较灵动的设计观念去打破一个设计出来的公共空间的一些特定意义，这是我们希望能够探讨的内容。（“软硬兼施”装置，见图 12、图 13）

我刚才说了现代主义的城市规划，在空地上建房子，或者说分区，必然涉及很多所谓退让红线的要求。建筑红线一般是指用地的边界线，也就是红线范围内都归土地使用者，但是规划局在验线的过程中又会有其他要求，比如建筑的主要通道口需与红线有退让距离，建筑外轮廓线退让红线距离等。比如深南大道退让红线是 100 米，在土地资源奇缺的情况下，我们考虑这个红线也许可以还原原来的一种生活方式。

在上海张江的一个科技园项目里，我们利用它退让的 20 几米的红线，把原来的农民再召集回来，让他们重新在这个区域养羊、养猪，以及种菜，这个项目蛮成功。原居民。也就是从前的农民可以继

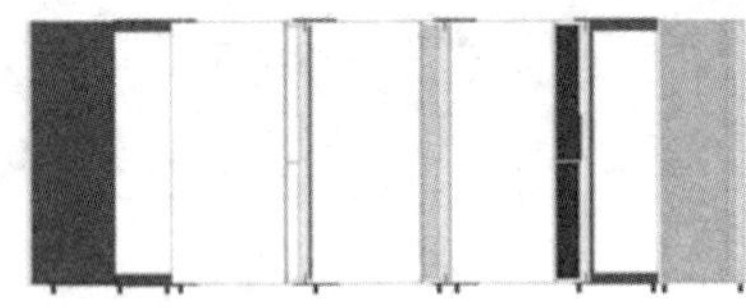

图12　“软硬兼施”装置（一）

图13　“软硬兼施”装置（二）

续利用退让红线生产他们所需要的农作物，同时也可以同科技园区新一代人积极互动，这个项目是非常有意思的一个社会实践。（上海张江—刘珩建筑装置《红线》，见图 14、图 15、图 16）

图 14　上海张江科技园建筑装置《红线》

我们曾经投标南山区美术馆，在这里我们也尝试打破刚才所说的边界。现在的规划，文化区是文化区，商业区是商业区，居住区是居住区，人家到这个建筑里面只做一件事，比如到图书馆可能只看书。如果我们提供了一个好的公共空间，可能很多浪漫的故事就会在这里发生，或者你想不到的事情就会在这里发生，真的很美好。

在南山区美术馆，我们尽量把社区概念引入高大上的美术馆，一般人到美术馆就是为了看展览，我们希望还能够吸引一些人，比如不知道怎么花时间的人，或者我们说的所谓的漫游者，当他们经过这个美术馆的时候，他能够驻留一会儿，他在这里不一定有很想看的东西，也许是为了一个漂亮女孩、一个帅哥，他愿意来到这个美术馆走走，我们希望把这个美术馆变成一个街道。

图15 养羊（一）

我们把这个线性模型做成了一个空间，漫游者在这里散步，他平时可能走400多米，一旦进到美术馆就会变成了1.5公里。他在锻炼的同时，又欣赏到了很多平时看不到的风景。我们就希望南山区美术馆能够成为一个文化容器。这个美术馆确实不是单一的美术馆，它也是社区文化中心、社区交往中心。

南山区美术馆的设计方案（见图17），虽然我们没有中标，但是我们很希望对这个项目的思考能够继续，这种概念能够延续下去，打破规划的边界，使社区的日常生活与特定的、设计的功能能够混在一起，让这种公共的社会基础设施拥有生活感和开放性。

广东时代美术馆是我们设计的，其实我们在这个项目里也遭遇到城市化里面一些典型问题。譬如，当下地产商都在考虑如何把文化建

图 16　养羊（二）

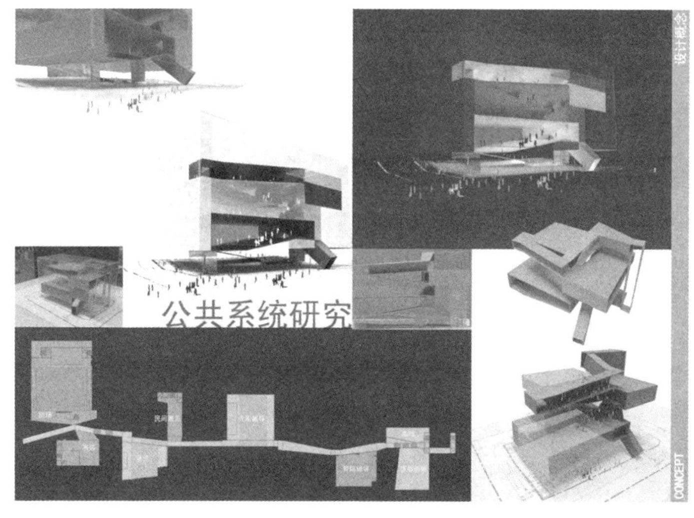

图 17　南山区美术馆的设计投标方案

筑与高尚小区捆绑，通过建设一个高大上项目提升所在楼盘的价值。我们当时有这样一个考虑，这个省级美术馆不必给人家高大上的感觉，不应该鼓励市民以仰视的观念进入这个美术馆。当社区居民上下班经过这个空间时，如果他觉得这里有艺术家，这个事情很有趣，他愿意参与，这个艺术空间的设计就成功了。我们更希望把这个美术馆变成一个小区居民能够积极参与的日常美术馆，能够成为这个社区人们日常生活的一部分。

一个城市当然需要市民中心，也需要市级的、省级的规划馆、艺术馆、儿童少年宫，但是这些建筑在社区里面，我们是不是能够不要设计得这么高大上？我们是不是可以让它们更加平民化一点？我们的策略就是，把一个3000平方米的省级美术馆，同社区已有的住宅融合在一起，成为这个住宅小区的一部分，对于我来说，对于一个建筑来说，是很大的转变。（广东时代美术馆，见图18、图19、图20）

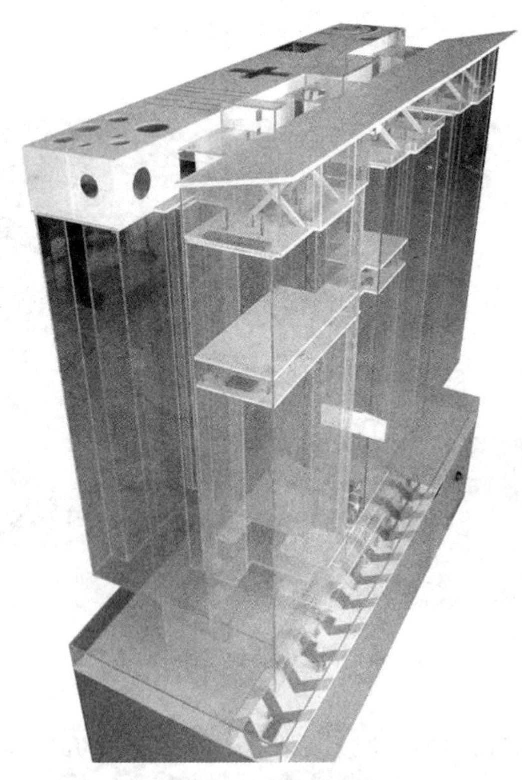

图18　广东时代美术馆（一）

图 19　广东时代美术馆（二）

在这个时代，土地资源非常稀缺，但公共文化设施很重要，应该怎么做？应该占用更多的土地还是能够利用现成的一些东西，通过转变观念，城市的公共文化设施其实可以直接承接到我们的社区里，而且为社区的人们每天所享用。

从 2007 年开始，我们就开始尝试创新这个项目。上面白色部分是美术馆，灰色部分是小区住宅，这个项目是 2010 年完成的，现在每两个月这里都会有一个大型的国际展览，但同时，社区居民也会在这里展览他们孩子的作品。由于这个美术馆吸引了很多文艺青年，他们愿意来这里买房子，喜欢参与这个社区美术馆的活动。这就可以形成良好的互动，就是说，日常生活已经不仅仅是柴米油盐，这里也是能够提升自己生活价值的活动场所，人们每天上下班路过这里，在精神上自然受到一些熏陶。一举多得。

观念上有突破，但我们可能会遇到很多行政上的障碍，反对这种观念突破，因为把公共设施同居住区结合，你要挑战消防，挑战出入口，以及居民骚扰问题等。比如我们只有一个电梯，所以每次一开幕，人群都会挤在电梯里面，大家不得不去使用消防电梯，中间又发生了很多故事，因为开幕太吵了，遭到了居民投诉，但最后问题都迎刃而解了。大家都觉得有这样的美术馆比没有还是好很多，即使有一点被骚扰，这种骚扰还是积极的、正能量的东西。

图 20　广州时代美术馆完工后的 19 层展览空间

最后讲一下我们 2013 年双年展的一个项目，也延续了建筑公共性的问题。我们在改造一个玻璃厂（见图 21、图 22、图 23）时，我们遇到了拆还是不拆的矛盾，我们尝试在尽量满足不同利益诉求的同时，也给建筑保留一个城市必需的公共空间。我们认为任何一个好的设计，都不能只满足一种人的要求，在首先满足它作为城市公共性的一些要求的同时，也能够满足甲方、乙方甚至多方的诉求，这种作品才是经得起时间的考验、有力度的作品。在这个作品里面，我们充分地挖掘潜力，积极引入公共空间功能，增加了 600 平方米的公共面积，方便了城市居民。这个建筑虽然很小，但很多市民愿意来这里，特别是很多年轻人晚上骑单车来这里玩。

城市公共空间的核心其实还是人的问题，因为公共空间毕竟是为人所服务的。为什么我们要把人文价值提高到一个绝对的位置上去思

图 21

图 22

图 23

考？因为人首先就应该是生活的人，还得是有精神追求的人，问题是我们的城市能否提供与这种精神追求相匹配的公共空间？而不仅仅是一种生活或者说是一个被设计过度的公共空间，这是我们所要探讨的问题。建筑师总是要提供一些精神上的东西，一点附加值，我希望未来能够继续延续这种价值观，为深圳市民提供更多的良好的精神与生活的空间。谢谢大家！

冯果川：公共空间的质量好坏就像一棵树，不能仅仅从树本身的状态来判断，还要看一下这棵树所生长的土壤。在讨论深圳公共空间之前，我们要先看看它所依赖的环境。我们会发现这个社会对公共空间的认知跟它原本的含义发生了偏离，导致公共空间处于一种病态。所以我们需要追本溯源，追问什么是公共空间的本意呢？

在哲学家的讨论中，特别是从汉娜·阿伦特到哈贝马斯所形成的公共领域（public sphere）的概念直接影响着我们关于公共空间的定义。公共空间并不是指我们平时生活中的广场、公园这样的一些建筑性或者是景观性的空间，它其实更多是关于言论，关于个体讨论问题的一个概念，其实就是一个能让每个人自由发言、阐述自己的观点而不被威胁的场所。

这样的一种空间可以发生在广场上，聊天、辩论，但是很多时候并不是在广场上，可能在酒吧、咖啡馆，在报纸杂志上，这是哈贝马斯对公共领域的理解。由此可见，为什么要有公共空间？其实是为了让人们的个性在社会中充分被表达被发展，人们恰恰是在社会中、在公共空间中才能完成对自我的塑造。

公共空间帮助每个个体，既能抒发自己的一些感想，同时也帮助他在跟别人的对话中寻找自我，在对话中寻找对他人的一种认知，通过这样的互动，使自己成长，成为一个独立个体，这才是公共空间的意义。我们说做一个公共空间实际上是为了让人能够利用这个公共空间，成为一个有自我意志的人。

对公共空间的认知存在三个误区

第一个误区是计划经济思维。我国在管理上有点家长制的传统，一个“大家长”呵护着一群不懂事的孩子，“家长”担心孩子们会摔跤，担心这儿担心那儿，1949 年以来这样的一种思维我们称之为计划经济。计划经济有一种焦虑：如果生活没有计划，市民怎么生活得好呢？如果我们不关心他们的衣食起居，他们怎么可以照顾好自己呢？我们作为建筑师会怎么样呢？在设计城市的时候，我们会去参考一本书，这本书叫《国家设计规范》。这本规范里就讲，当一个城市人均占有土地 75 平方米，这个人需要 5 平方米绿地，但这件事的合理性何在呢？其实没有人说得清楚，但是这么一个神奇的思维，竟然会告诉你：一个理想的社会，城市里人均需要 75 平方米土地，其中分配 5 平方米做绿地，这个人就会活得很快乐，这就是一个计划思维。

在我童年时代，有粮票、布票、糖票、肉票，似乎是在当时的生产力水平下使我们过得最幸福。可是谁来证明这些指标的分配是最科学、合理、公平和有效的呢？没有人做得到。但是导致了一些城市仍然可以看到计划经济城市规划的思维遗迹。

第二个误区，就是集体主义思想。在集体主义思想下没有公共空间，只有集体空间。集体空间中的所有人都是整齐划一的思想和行为，没有个性没有个人的存在。如今这种集体主义思维已经离我们远去了。

第三个误区是把公共空间的营造搞成形象工程。这种景观往往都是一些大广场、大马路、大公共建筑，这个广场非常大，人很难在上面找到属于自己的位置，因为没有什么可以依靠的、躲避的这些角落，人完全暴露在炎炎烈日之下，而且你发现这个广场的形状的设计不是考虑每一个个体生活上的需要。

以上就是我们讨论的三个关于公共空间的误区。通过这个讨论我们可以了解公共空间在国内语境中的错位。

比较伦敦市政厅

接下来我们看一下这张图，这是伦敦市政厅（见图24）。

图24　伦敦市政厅

看上去非主流。首先它是歪的，看上去蛮不庄严，用专业术语讲，叫作波普建筑。艺术里面有波普艺术，就是比较轻松一点、随便一点，跟市民打成一片。为什么说它是一个波普建筑？首先在颜色上很调皮，有红色、黄色、蓝色，不像一个很严肃的建筑物，然后有一条很浪漫的曲线，叫作大鹏展翅。

你要体验一下波普建筑的调皮，还可以看一下深圳地王大厦。深圳地王大厦也用了黄色、红色、蓝色、白色，都是一些纯色，然后故意把一个楼的部分翻一下，然后有一个倾斜的红色方块儿嵌在里面，很调皮的小动作，这是波普建筑的特点。

伦敦的市政厅是游客都可以走进去参观的。市政厅中央是一个巨大的螺旋楼梯，里面站满了观光者，政府开会是向市民开放的，周围的墙全是玻璃的，可以隔着玻璃观察工作人员如何办公，不开会时，这个空间是开放给市民参观的。

公共空间如何更贴近人

深圳还有一些重要的公共空间，比如音乐厅、图书馆，都是非常好的。深圳图书馆里面巨大的公共空间很壮丽，很漂亮，在国内图书馆里面都是可圈可点，看书累的时候可以趴在那里休息，这个公共空间做得好，人们在这里休息，说明他很放松。

深圳市民很喜爱的一个市中心的公共空间是市民中心北侧诗、书、礼、仪这4个广场（见图25），特别是靠近图书馆和音乐厅这侧的两个。

市民在使用的时候都充分地发挥了空间潜力，一些人在这里演出，很具有包容性，能够跟那些很有趣的爵士乐安排在一起演出，这是深圳令人敬佩的地方，我觉得这是让深圳人值得骄傲的一个城市公共空间。

在深圳还有一些很华丽的公共空间，这些地方确实实现了很多公共空间的用途，比如很多人在周末的时候都会去逛街，比如去万象城、京基KK MALL（见图26）等。

从个人进入的角度来讲，这些空间还算不错，但进去以后可以发现，很多人没有办法停留，因为没有坐凳，从这点上讲，它仍然没有一些开放的、没有任何阻力的街道更让人觉得亲切。

图 25　深圳市民中心广场

图 26　京基 KK MALL 内部

不被大家关注的深圳城中村

最后，回到看上去不那么高大上的一个公共空间类型，就是深圳的城中村。深圳的城中村现在越来越少了，而且深圳城中村不被大家关注，其实它是一种匿名的公共空间，大家记不住它的名字，记不住这个角落，它也是正在消逝的公共空间。以龙岗老镇为例，这里有上百年的建筑，也有不到 10 年、2 年的建筑，在这里面看到的多样性无可替代，因为时间带给你真实的多样性。

这是另外一个城中村（见图 27），这里有很多的商业活动，生活非常方便。

图 27　深圳城中村（一）

现在城中村（见图 28）的孩子们在树上玩耍。

这些城中村应该何去何从？是不是必须拆掉盖成高楼大厦，有没有可能不拆掉它，而是使这个村子变得更有意思、更干净、更卫生，然后变成可持续的一个社区。

我们的城市不缺大的公共空间，缺的是考虑到具体的群体、个人的利益与感受的公共空间。这个公共空间应该基于一种感受来建设，设计的起点是个体的需求，应该促进多样性的公共空间，营造出来的公共空间不是要让大家变得整齐划一，而应该鼓励、包容一种多样性。

应该营造一种生活氛围，以这样的一些标准来重新看待深圳的公共空间才会更有意义。

图 28　深圳城中村（二）

六

历史·传统文化

盛唐气象与“中国梦”

沈金浩

沈金浩

深圳大学文学院党委书记、教授，香港浸会大学访问教授，中国明代文学学会理事。出版专著《中国文学与中国文化》，在《中国社会科学》《文艺研究》等刊物发表论文60多篇。曾获“深圳市第五届哲学社会科学优秀成果一等奖”、“全国师范教育曾宪梓奖”、“深圳大学优秀学者”等多项荣誉。

今天很高兴来跟大家交流一下有关盛唐气象与“中国梦”这个话题。

为什么讲这个题目呢？主要也是为了让传统文化跟我们对当下形势的思考结合得更紧一些。习近平接任总书记，提出中华民族伟大复兴的“中国梦”。“中国梦”成为全世界关注的话题，但是在“中国梦”的前面有中华民族伟大复兴八个字，为什么叫复兴而不是叫振兴？我的理解就是，我们的祖上曾经为中华民族创造过无限的荣光，其中以汉唐盛世为代表，唐诗正是盛唐形象优美的表达，所以拿盛唐的诗歌和当下的“中国梦”做一个有机的结合，我想也许有它的思考空间。

唐朝在鼎盛时代非常强大，有很高的国际地位。强盛表现在哪儿呢？

一是疆域辽阔。唐朝南北间距离比现在还要长，现在的蒙古也在唐朝的势力范围内，有诗为证，王维写的诗中有“萧关逢候骑，都护在燕然”，燕然在哪儿呢？就是现在的蒙古人民共和国的杭爱山，唐朝都护在那个地方庆功，威力远播。西边已经出了现在的新疆范围。李白五六岁以前就住在那个地方，叫碎叶城，此城现在吉尔吉斯斯坦境内，后来李白才回到四川。唐朝的势力范围向西一直到帕米尔高原。东边，打败了高句丽，朝鲜半岛也在唐朝控制之下。南边一直到现在越南中北部，我们知道有个大书法家叫褚遂良，他曾经被贬任为爱州刺史，爱州在现在越南北部清化一带。“初唐四杰”之一的王勃死在什么地方呢？就死在南边的海里，因为他的父亲在越南的北方做官，他去看他的父亲，回来的路上掉到海里了。

青藏高原虽然不在唐朝直接管辖之下，但当时有个吐蕃国，唐朝跟它和亲了，关系还不错，当然时不时地有磕磕碰碰，有冲突。吉林、黑龙江都在唐朝管辖下。古代没有飞机、没有火车、没有汽车，唐朝管那么大片地方真不容易，靠的是强大的国威，没有强大的国威，天高皇帝远谁理你，动不动就叛乱了。正是由于它有崇高的威望，所以周边小国对唐朝是既爱又怕，依附于它。

二是人口猛增。唐太宗贞观之年，刚经历隋末唐初的战乱，才300万户，到盛唐时期，人口约900万户，有5000多万人，可见从贞观到盛唐，开元、天宝年间人口猛增，一定程度上反映了国力上升，如果没有经济改善，农业进步，养活不了这么多人。

三是经济繁荣。根据历史记载，盛唐时期尤其是开元时期，仓库里的钱多到绳子烂掉，粮食有很多坏掉，仓库里放不下。

杜甫有过这样的诗来记述：“忆昔开元全盛日，小邑犹藏万家室。稻米流脂粟米白，公私仓廪俱丰实。九州道路无豺虎，远行不劳吉日出。齐纨鲁缟车班班，男耕女桑不相失。”我们看前面这部分，开元全盛的时候，小邑犹有万家室，在古代这是很繁盛的景象，一个县里能有上万户人就很好了。“稻米流脂粟米白”，粟米本来黄一些，它能白说明它很精细，质量很高，流脂就是油乎乎的，诗人夸张一点。公家仓私人米囤都丰实。“九州道路无豺虎”，路上没有强盗。“远行不劳吉日出”，出远门不需要找个黄道吉日算一卦。山东那一带的丝织品一车一车地往各地贩卖，男耕女织都各尽其业。杜甫的诗形象地反映了盛唐时期经济繁荣。

四是交通发达。连新疆这样遥远的地方，唐朝人也经常去。王维诗《送元二使安西》虽然有一点点感伤，“劝君更进一杯酒，西出阳关无故人”。但恰恰也从另外一个方面说明，尽管出了阳关没故人，一个人也敢去，这条路很通畅。

五是思想宽松。皇帝开明，相对来说允许大家表达意见，鼓励臣子们劝诫，对国政提出批评建议，整个思想就宽松了。宗教也是三教并存，儒释道在唐朝都有它活跃的空间。

著名诗人王维信佛，人称他为“诗佛”。杜甫信奉儒家思想，被叫“诗圣”，李白受道家思想影响较多，被称为“诗仙”。这三大诗人恰恰就反映了当时活跃、宽容的思想如何影响了文艺创作。后来白居易干脆儒释道集于一身。人们对各种现象的宽容度比较高，思想宽松，人才辈出。

唐朝有一个很好的人才选拔制度，有各种名目的开科取士，主要有考诗歌的进士考试，还有其他的策论考试，叫你写某个问题的对策等。多种多样的考试名目使得大量的中小地主阶级的子弟能够往上流动。官僚队伍里经常补充新鲜血液，此前南北朝时期的门阀制度，好多世袭贵族不干事也能做大官。唐朝不少官员来自基层，比较熟悉社会状况，对唐朝的治理很有帮助，人才辈出。为什么唐朝有那么多诗人，因为朝廷经常考诗歌，低层民众可以往上流动。

六是文化兴盛。唐朝创造了中国诗歌顶峰时期的辉煌景象。散文也很出色，还有所谓古文运动。唐朝的音乐跟六朝相比应该说取得了极大的突破和发展，它得益于中外交流，得益于汉族和少数民族的交流。当时外来音乐给本土音乐注入了新鲜的血液，使得唐朝音乐空前繁荣，产生许多大型乐舞，如霓裳羽衣舞。北方的少数民族很会跳舞，使得唐朝舞蹈很活跃，比如安禄山是个大胖子，史料记载，他胖到肚子能碰到膝盖，大腹垂膝。但他跳舞是一等高手，他跳的胡旋舞可以转得很快很快，呼呼生风。杨贵妃为什么三千宠爱在一身呢？她精通音乐，舞跳得特别好，会打马球，又善解唐明皇之意，艺术天分高，两个人在艺术方面也有充分的交流，相得益彰。唐朝的雕塑也很好，现在看到的唐三彩，空前绝后。

七是国威显赫。由于国力强盛，四面八方的小国、少数民族纷纷来唐朝取经或者做生意，日本派了遣唐使到唐朝来学习，还有高句丽灭亡之前的政权、越南那一带的政权也来朝拜唐朝。越南是在宋朝时期独立的。西边伊朗一带的商人也到长安来做生意，京城里面的胡人（西域人和西北少数民族人）非常多。

八是中外交流非常发达。唐贞观元年，玄奘前往印度去取经。能够前往印度去取经，说明当时国威赫赫。唐朝是东方最大的国家，也是当时世界上最强盛的国家。

九是国都宏壮。长安、洛阳都建设得非常好，我这里有个地图，这个图当然是现代人根据唐朝人想象描绘的，唐朝大明宫肯定比现在北京的故宫要宏壮，唐朝的很多诗人看到国都都非常激动。

骆宾王的诗说，“山河千里国，城阙九重门。不睹皇居壮，安知天子尊。”没看见皇帝所住的地方，怎么知道天子的尊贵呢。他看见皇帝住的地方惊呆了。

卢照邻的诗：“梁家画阁天中起，汉帝金茎云外直。”虽然诗中说的是东汉的外戚梁冀、西汉的汉武帝，但这是假托，真正说的就是唐朝的那些高大建筑。

李白的古风诗里面说：“一百四十年，国容何赫然。隐隐五凤楼，峨峨横三川。”一百四十年是什么意思呢？唐朝在公元618年建立，到140年以后就是公元758年，这里是泛指，说的是天宝强盛时期。三川就是泾水、渭水、汭水，或者是洛阳的黄河、洛水、伊水，洛阳附近和城内的三条河。“斗鸡金宫里，蹴鞠瑶台边”。当时唐朝已经有很多人在瑶台边就是宫殿的旁边踢足球了，唐朝人斗鸡还斗出了科技，他们有一种创造发明，怎么斗鸡呢？如果想要自家的鸡赢，一是在自家鸡的脚上装一个铁爪子。另一个就是在自家鸡的头上涂一点用狐狸油熬出来的油膏。对方那个鸡如果没有训练过，一闻到那个气味就晕，当然就输了。

从贞观到开元、天宝前期这一段是盛唐时期，盛唐之盛，至少包含了以上这些方面的非同一般的繁荣景象。

什么叫气象？气象这个词是中国古代诗歌理论中的一个术语，比如说唐朝的诗里面本身也有气象这样的词，像“日出气象分，始知江湖阔”。太阳照过以后的景象呈现了，叫日出气象分，感受到江湖的阔大。还有高适的诗，也有“气象”这个词，这个气象主要指的是自然景象。盛唐气象更多的属于一种比较壮美的，带有人文内涵的景象。

高适的《信安王幕府诗》说：“四郊增气象，万里绝风烟。关塞鸿勋著，京华甲第全。”说的就是城市周围景象越来越繁盛，所以叫“四郊增气象”。

诗歌理论里的气象，我们直截了当地说就是含有气的景象，气就是气势、气质、气度、气概。

唐朝人用气象这个词，它更多地用于一些比较正面的说法，往往背后的意思就是气象比较阔大，这种用法相对多一些。

如何理解盛唐气象这个词？北京大学以前的一个教授林庚先生曾经做过这么一个概括说，盛唐气象所指的是诗歌中蓬勃的景象，这蓬勃不只由于它发展的盛况，更重要的乃是一种蓬勃的思想感情所形成的时代性格。盛唐气象因此是盛唐时代精神面貌的反映。

盛唐气象有些什么具体表现呢？我提炼了八条，以后大家在读唐诗的时候可以体会一下是不是有道理。

第一，雍整高华的帝京气象。唐朝人很为首都长安自豪，经常在诗里面歌颂长安，长安使得所有会聚到京城的文人士大夫心情激动，激发了他们奋发向上的强烈的建功立业的愿望，所以唐朝人写了不少反映帝京气象的雍整高华的诗。比如很出名的王维写的一首诗《和贾至舍人早朝大明宫之作》，严格来讲，它不是写于盛唐，而是写于安史之乱平定以后，唐肃宗回到了长安，大赦天下，唐朝又恢复了生机。这首诗写这个时候一个早朝的活动，但是这并不影响它是反映盛唐帝京气象的代表作。

这个诗的内容："绛帻鸡人报晓筹，尚衣方进翠云裘。九天阊阖开宫殿，万国衣冠拜冕旒。日色才临仙掌动，香烟欲傍衮龙浮。朝罢须裁五色诏，佩声归到凤池头。"这里边最激动人心的就是三四两句："九天阊阖开宫殿，万国衣冠拜冕旒。"太令人振奋和向往了。"九天阊阖开宫殿"，说的是唐朝的宫殿非常巍峨，高入云天。"万国衣冠拜冕旒"，这是多么高的国际地位啊，很多外国的官员来朝拜我们的皇帝，冕旒就是皇帝头上戴的帽子，万国衣冠都来了，可见唐朝的国际地位是多么高。

从社会情况来看，杜甫的诗反映出社会的繁华景象，前面说的这些诗，像高适、李白、卢照邻的诗都可以看到长安的景象，让来到长安看见壮美建筑的人都非常激动。

在贾至的原作里面也有这样的描绘："银烛朝天紫陌长，禁城春色晓苍苍。"紫陌就是京城的大道，唐朝的长安规划非常好，非常整齐，到现在你到西安去看老城，它还是横平竖直，当然现在西安已经被我们近几十年来改得乱七八糟了，但唐朝的西安像一个棋盘，完全横平竖直，显示出一种整齐的、庄严的景象。

第二，强盛有力的国家自信。因为国力强盛了，从国家到文人都充满自信，有一种因国家而带来的自豪感和自信感，唐诗里面可以感受到这样的气概："秦时明月汉时关，万里长征人未还。但使龙城飞将在，不教胡马度阴山。"这个作品当然可以理解为诗人期待像汉朝的李广这样的龙城飞将，这样的飞将军。但是你完全可以读出唐朝人的那种气概，在表达空间的用词方面，他用的是万里长征，很有力量的感觉。也可以理解为只要我们的良将在边塞，就可以让胡马不能翻越阴山。

还有王昌龄的诗：“大漠风尘日色昏，红旗半卷出辕门。前军夜战洮河北，已报生擒吐谷浑。”边疆的条件恶劣，大漠风尘日色昏，唐朝军队士气很高昂，风吹着红旗都卷起来了，但是他们依然士气高昂地出去了，前面已经激战，而且报来的消息是已经把胡人的首领吐谷浑抓获。

这些写战争的诗都显示了国家的自信。战争结束，王维的诗里就显示了胜利以后的安宁平和：“单车欲问边，属国过居延。征蓬出汉塞，归雁入胡天。大漠孤烟直，长河落日圆。萧关逢候骑，都护在燕然。”单车就是一辆车，他作为“中央慰问团团长”去慰问边疆打了胜仗的战士，他要突出轻车简从，不需要太多人保护，所以他说“单车欲问边，属国过居延”，他说我们的附属国已经过了居延，言下之意就是我们的疆域比汉朝还要辽阔。

第三，盛唐诗里面有生机勃勃的自然生命。自然景象怎么写跟人的心态很有关系。你心情不好的时候，“感时花溅泪，恨别鸟惊心”。“感时花溅泪”有两解，一解是我看见花我掉泪，因为我有感于时局的动荡。另一个解释就是这个花也在流泪，是一种文艺写法。

在表达自然生命的时候，盛唐时代的诗写出了它的勃勃生机。杜审言是杜甫的祖父，这个人很会吹大牛，但是很有诗才，他说：“独有宦游人，偏惊物候新。”他本来是在表达一种宦游的感伤，为了一个官位而离乡背井这就是宦游。物候新就是春天来了，自然景物所表现出来的景象。“云霞出海曙，梅柳渡江春”。这两句很精彩，海上太阳升起的时候一片云霞，你想想看多么美。春天在哪里显现呢？我们小时候的歌说，“春天在哪里？春天在小朋友的眼睛里。”“梅柳渡江春”，就是春天在哪里呢？春天渡过了江，到了江北的梅柳上。春天是会渡江的，这样美好的景象是大自然里面充满勃勃生机的景象，这正是盛唐人的精神风貌，不经意地表现了诗人对自然的歌咏。

王湾的《次北固山下》有两个句子，“海日生残夜，江春入旧年”。这是很讨人喜欢的两句诗。唐朝宰相张说特别喜欢这两句，他把这首诗亲手写了放在自己的政事堂，就是办公室，告诉人家说，你看看，写诗就要写这样的诗。为什么“海日生残夜，江春入旧年”被称道呢？因为它表现了大自然的勃勃生机。啥叫“海日生残夜”？就是显示这个海日好像不等夜晚过去，它就着急地冒出来了，其实我们知道黑夜和白天的交替，它是一个自然消长的过程，当太阳升起，自然夜就退出，暗和亮，那不就是一种自然的消和长吗？可是“海日生残夜”呢，它给人的感觉就是残夜还在，但是海日着急，先要来了。“江春入旧年”，年关还没有过，春天的气息已经来了，表示时间、自然都有一种积极的进取状态，这两句诗，张说宰相很喜欢。

在中国诗歌史上，这样的作品也就唐朝有，显示了大自然的勃勃生机。

晚唐就不同了，同样感受自然景象，同样是早上，前面说“海日生残夜，江春入旧年”。晚唐呢，温庭筠说：“晨起动征铎，客行悲故乡。鸡声茅店月，人迹板桥霜。”这两句也是名句，“鸡声茅店月，人迹板桥霜”，弯弯的月亮挂在天边，传出来一两声鸡鸣。这个早行人走在板桥上，霜上留下了他的脚印。从这个小景象中，我们可以感受到晚唐人那种低落的心理状态。所以不同时代就有不同的体现时代精神的诗。

大家喜欢李商隐的诗《乐游原》：“夕阳无限好，只是近黄昏。”这两句好在哪里呢？如果这两句写在盛唐，他可能不受重视。这个时代唐朝在没落，所以“夕阳无限好，只是近黄昏”，可以看作是晚唐时代社会景象的形象表达。“山雨欲来风满楼”，为什么能成为名句？因为许浑写出了中唐到晚唐之交的转折期，唐朝在衰落，所以“山雨欲来风满楼”，也是一个时代的浓缩。最近几十年的诗，人们最熟悉的就是顾城的“黑夜给了我黑色的眼睛　我却用它来寻找光明”。为什么这两句出名？因为从“文革”结束到改革开放这段时间里，它凝结了“文革”留下的黑色的精神种子，最终凝结成一个黑色的结晶，所以这两句诗很讨人喜欢。

现在的人又喜欢海子的另外一首诗《面朝大海，春暖花开》。它显示了改革开放以来，不断向好的社会景象，不断提振的活力，所以它的乐观开朗给了我们一种激励。从艺术上来讲，这两句诗有问题，面朝大海、春暖花开不符合我们传统作诗法，古人不把鲜花跟大海结合，因为海的盐分太大，海风太大，所以鲜花这样娇嫩的东西在海边的生存比较成问题。而且春天跟海的关系也小，因为海太大。为什么古人老说江春入旧年，他为什么不说海春入旧年呢？海跟鲜花的组合是不理想的，但是海子这个诗里面所包含的精神有意思，所以大家喜欢这两句，给人一种乐观开朗的感觉。

第四，建功立业的文人志向。总的来说，唐朝人才可以流动，所以激发了文人建功立业的志向，出现了许多名句，杜甫的“会当凌绝顶，一览众山小”。这样的句子为什么不出在别的朝代呢？为什么出在盛唐啊？就是盛唐人有这么一个心胸。孟浩然说“欲济无舟楫，端居耻圣明”，我想过这个湖，但是我没有船，没有船桨，啥意思？我想当官可是没人帮我，“端居耻圣明”，我稳稳地坐在这里，而现在是一个圣明的时代，我为我的失业下岗感到可耻，我是一个待业文人，本来我想为国家做事，结果我还没机会。他跟张九龄宰相说，能不能给我个官做做？

杨炯的《从军行》说“宁为百夫长，胜作一书生”。当时的人慷慨从军，不想待在书斋里面吭哧吭哧地做点学问，写点文章，他们很想去建功立业，所以“宁为百夫长，胜作一书生”。很有建功立业的气概。这种心态一直影响到中唐，连身体很差的李贺也受影响，李贺27岁就去世了，身体很糟糕，可是盛唐的精神感染了他，他就写了这样的诗：“男儿何不带吴钩，收取关山五十州。请君暂上凌烟阁，若个书生万户侯？”所以盛唐人有一种建功立业的豪迈气概。

第五，洒脱浪漫的文人情怀。盛唐人浪漫洒脱，喝酒喝法都不一样，我们看盛唐诗有酒神精神，有浪漫气息，像李白的诗：“五陵年少金市东，银鞍白马度春风。落花踏尽游何处，笑入胡姬酒肆中。”可以想象一下，唐朝长安有很多金发碧眼的胡人，他们开了不少酒店。游春游完以后到哪去呢？“笑入胡姬酒肆中”。胡姬酒肆就是外国人或者少数民族人开的酒店，到那种酒店里面开开心心地去痛饮。从中可以感受到唐朝京城的国际化程度，也可以感受到他们那种轻松浪漫的心态。

李白还有一首诗《月下独酌》，“花间一壶酒，独酌无相亲。举杯邀明月，对影成三人”。花中间一壶酒，他在里面独酌无相亲。怎么办呢？举杯邀明月，我跟月亮对话。这种作品看着可能不符合真实生活，哪个人那么傻，举杯邀明月呢，但是艺术可以不完全跟生活一致，它反映了一种心境，当你看到他举杯邀明月的时候，当你看到他花间一壶酒的时候，你不觉得很美好吗？是非常超离现实的一种浪漫情怀。所以盛唐人能够写得出这种诗来，表明这个时代的积极精神。研究人的活法，中国汉朝以前的人活得比较有元气，明清人就高度世故，同样讲做人道理的那些著作言论，明清的就充满世故，而先秦的人元气淋漓，像荆轲这样的人，明清就很难产生。下雪，岑参的诗居然说：“北风卷地白草折，胡天八月即飞雪。”胡天八月就是农历八月，胡天八月即飞雪，当然让人感到很突然，也是很难受。但是他居然会想出：“忽如一夜春风来，千树万树梨花开。”这个浪漫的比喻，需要盛唐人的心境，就是你没有那种心境你不会那么想，从来没有人会把雪比作千树万树梨花开，把恶劣的环境写成了一个浪漫的景象，这个需要特殊的心境来支撑。

第六，热烈深挚的亲朋情谊。盛唐诗中的亲朋情谊也与他们的酒一样浓烈。高适有一首《别董大》，有人说董大是有名的音乐家，不管他是什么人，至少高适跟他说，“莫愁前路无知己，天下谁人不识君”。这是一种让人提振精神的语言。

王维的“独在异乡为异客，每逢佳节倍思亲”。这样精美的句子也是盛唐人提炼出来的，虽然有点感伤，但是也可以看到他的这种热烈的心境，他自己一个人在异乡为异客，年纪轻轻就从山西跑到长安，所以“每逢佳节倍思亲”。送别总是会感伤一些，可是盛唐人送别的时候说：“故人西辞黄鹤楼，烟花三月下扬州。”看到烟花三月下扬州这一句，你就会觉得这是一个美丽的春天。古人说什么样的生活是快乐的？“腰缠十万贯，骑鹤下扬州”。烟花三月下扬州虽然没有腰缠十万贯，可是景象多么美。因此送别也充满一种开朗的心境。后面说“孤帆远影碧空尽，惟见长江天际流”。这两句写送别把深厚的感情寄寓明丽的景象中间，“孤帆远影碧空尽”，碧空我们现在很难看到了。古人说碧空下一个孤帆远去，在长江江面上一直远去。“惟见长江天际流”，我看着你的船一直远去，一直看到看不见，说明这种送别很深情，可是这种深情却隐含在这么一个景象里，让我们感觉到，他看到的画面不是那么哀伤的，但是这种不哀伤同时不损伤他们很深的感情，要不是感情很深，也不会看着朋友的船一直看到看不见。这是一个奇妙的组合，它需要盛唐时代的精神才能孕育出这样的送别句子来。

还有这样的句子：“风吹柳花满店香，吴姬压酒劝客尝。”看过杨柳的人知道，柳花哪有香？但是被他这么一写我们觉得也挺好玩，尽管柳花不香，但是风吹柳花满店香，挺美好的，然后喝酒，送别，吴姬压酒，“压酒”就是说这个酒做好了，装在一个袋子里把它压出来。“吴姬压酒劝客尝”，虽然没说吴姬漂亮，我们一定会想象她是挺漂亮的姑娘，然后她在不断地给你劝酒。后面说，“金陵子弟来相送，欲行不行各尽觞。请君试问东流水，别意与之谁短长？”写得落落大方，很随意，这样的送别既有深刻的友谊，同时它通过运用一种积极的笔调描写的环境来写出虽然依依不舍，但是我们并不悲愁。

第七，明净开朗的山水境界。同样写山水，盛唐时候写山水写得非常大气，比如李白的《渡荆门送别》，从四川来到湖北了，他这样写，“山随平野尽，江入大荒流”。非常的阔大，后来发生了安史之乱，杜甫也写那一段江，有点变化了，“星垂平野阔，月涌大江流”。有一种寂寞，略带一点紧张。盛唐跟中唐发生了一些变化。像王维的《山居秋暝》，典型的山水佳作，“空山新雨后，天气晚来秋。明月松间照，清泉石上流。竹喧归浣女，莲动下渔舟。随意春芳歇，王孙自可留”。多么明净的、安宁的山水景象。有光、有色、有声，有高处，有低处，有山，有水，有静，有动，第二联10个字，里面包含了那么多东西。为什么傍晚的时候竹林那边还有浣女归来，因为社会安宁，女子在那里洗了衣服，在那边一边聊天一边走回来了。莲动下渔舟，尽管天都要黑了，可是渔舟照样不怕，他下去打鱼或采莲去了，自然景象非常美，而人文景象祥和，安宁，像我这样的王孙，我愿意待在这个地方。山水在盛唐人的笔下显得明净、安宁或者是壮美。像李白的《梦游天姥吟留别》之类的都是非常壮美的诗篇。写庐山，“日照香炉生紫烟，遥看瀑布挂前川。飞流直下三千尺，疑是银河落九天。”去过庐山的人都知道，哪有飞流直下三千尺的？但是我们都愿意接受他这么描写，因为我们无论是看过没看过，都觉得这个挺美好的。这就是盛唐诗人笔下的山水，壮美明净。

第八，华丽忧伤的生命咏叹。人的一生过得太快了，汉朝人的古诗词里面说，“思君令人老，岁月忽已晚。弃捐勿复道，努力加餐饭”。我想你想得人都老了，时间又过得那么快，一年又快过去了，我也没办法，我还是自己多吃点饭吧。“人生寄一世，奄忽若飙尘”。像风吹灰尘过得快，那怎么办？我赶快去占领一个好位置，不要过苦日子了，赶快抓住机会去获得地位，去获得钱财，及时行乐吧。

另外一首《回车驾言迈》说，“所遇无故物，焉得不速老”。什么东西都在变，我怎么会不感到生命的快老呢？“人生非金石，岂能长寿考？”人不是金石，怎么能够长寿呢？我很快就会物化，会死的，所以我赶快争取出名吧。

在乱世，人们在感受到生命的短暂以后就会出现非常焦虑的愁苦的状态。甚至王羲之这样的贵族写的《兰亭序》里面都会有这样的说法，“死生亦大矣，岂不痛哉！”人都要死，这真是让人痛苦。他为什么搞兰亭聚会呢，就是因为他说大家都要死，正好他那天聚集了41位官员文人在兰亭这个地方，说我们一起作诗吧，于是作了这首诗，然后名字都写上，留下来。人要死的，但是这个句子还会留下去，让我们永垂不朽。这是一种对生命短暂的感伤。

中国文学里面一直有这种人生苦短的感伤，唐朝人也感伤，可是唐朝人的感伤就是一种华丽忧伤的生命咏叹，像张若虚的《春江花月夜》，是典型的华丽的生命咏叹。我们听过琵琶曲《春江花月夜》，觉得很美，它的意境与诗词《春江花月夜》有共通之处，我们可以看到同样是写生命的感伤，《春江花月夜》写的是那样的华美：“春江潮水连海平，海上明月共潮生。滟滟随波千万里，何处春江无月明！江流宛转绕芳甸，月照花林皆似霰。空里流霜不觉飞，汀上白沙看不见。江天一色无纤尘，皎皎空中孤月轮。江畔何人初见月，江月何年初照人？人生代代无穷已，江月年年只相似。不知江月待何人？但见长江送流水。白云一片去悠悠，青枫浦上不胜愁。谁家今夜扁舟子？何处相思明月楼？可怜楼上月徘徊，应照离人妆镜台。玉户帘中卷不去，捣衣砧上拂还来。此时相望不相闻，愿逐月华流照君。鸿雁长飞光不度，鱼龙潜跃水成文。昨夜闲潭梦落花，可怜春半不还家。江水流春去欲尽，江潭落月复西斜。斜月沉沉藏海雾，碣石潇湘无限路。不知乘月几人归，落月摇情满江树。”

我们读一遍就可以感受到这是一首很华美的诗，但是这首诗的内核是什么呢？是生命的感伤，它通过景、情、理的结合来表达这么几个内容，一个是春江花月夜的美景；一个是宇宙永恒，人生短暂；一个是青春苦短，青春离别的感伤之情。但我们读这个作品的时候，挺容易被它的美妙的景象所迷惑，它以丰富华美的形象来寄寓这么一种生命的喟叹，生命的感伤，这么一个作品里面，把宇宙永恒和人生短暂、青春离别的感伤之情和春江花月夜的美景，做了浑然天成的完美结合，这只有盛唐人做得到，其他任何朝代都做不到这样的浑然天成。

这是第八个方面。可以提炼的还有很多，我们举其要者，可以看到盛唐气象至少在这八个方面展现出它的特色，这是属于盛唐人的气象，也是值得中国文学史上骄傲的一个板块和段落。

盛唐气象与“中国梦”是什么关系呢？我们的目标是建立富强、

民主、文明、和谐的社会主义国家，具体来讲，希望到2049年实现中华民族的伟大复兴。我们一心一意发展经济，现在我们的GDP是美国的一半，以中国的发展空间和人口而言，再过十几年，GDP超过美国完全可以期待。如果中国人均GDP到美国的1/3，中国的经济实力就和美国一样，如果人均GDP能够到美国的一半，我们就把它远远地超过了。经济方面，伟大复兴如果以GDP居世界第一为标志，这是很可以指望的。政治上，我们要建设富强、民主、文明、和谐的社会主义国家，怎么样提高国民素质，还有很多的工作要做，但只要我们国家一心一意地改进，也是可以指望的。另外，我们还要建设生态美好的强国，这一点就跟盛唐气象很有关系，现在环境污染那么严重，GDP再高，也产生不了盛唐人的心境，所以生态文明这一块要大力发展。

中华民族的伟大复兴如果和盛唐精神真正相通了，刚才我说的盛唐气象的8个方面，也会在我们今天的伟大复兴中体现出来，那我们就真正实现伟大复兴了。

《菜根谭》与现代生活

黄家章

黄家章

哲学博士，广西社科院研究员，兼任中山大学中外管理研究中心特约研究员。已出版《印光思想、净土信仰与终极关怀》《人世成败与〈菜根谭〉》《为人处世与〈菜根谭〉》等专著。曾在《人民日报》《中国哲学史研究》《孔子研究》等报纸、期刊发表论文逾百篇。

我今天要跟大家探讨的主题是《〈菜根谭〉与现代生活》。对于《菜根谭》，在座的很多听众应该不陌生，现在到各地的书店，到网上书店搜一搜，我们都能看到不同出版社出的各种版本的《菜根谭》。《菜根谭》是一部经典，我们今天一起交流的主题，是《菜根谭》与我们现代生活的多种关系，我想从一些具体的方面做一些阐述，其中结合了我自己这些年的一些认知、感悟，希望能引起诸位的阅读兴趣、感悟和思考。

首先我介绍一下《菜根谭》。《菜根谭》是明朝洪应明所写，洪应明大概生活在明朝神宗万历中期，在1596年前后，他具体出生在哪一年，在哪一年去世的，我们现在已经查不到相应的历史记载。关于洪应明，现存的文献记之甚少。

《菜根谭》的书名，来源于宋朝汪信民的一句话："咬得菜根（断），则百事可做。"这句话是以菜根来比喻人生的根本，"谭"相当于我们今天"谈话"的"谈"，所以，《菜根谭》的意思就是人生根本哲理的漫谈。万物生长不离其根，千百种蔬菜的种类与滋味，都是由菜根萌生出来的，《菜根谭》强调的是根，是根本之谈。

说到菜根，我们可以问这样一个问题，古代的蔬菜跟今天的蔬菜有什么区别？如果我们真能进入时光隧道，穿越回到几百年前的时空，一把今天的蔬菜，一把400多年前的蔬菜，同样的新鲜，同时摆在我们的眼前，二选一，估计我们很多人都会选择那把400多年前的蔬菜。理由很简单，这可是一把没有经受过化肥与农药洗礼的蔬菜，是一把承载着田园牧歌时代气息的蔬菜，吃起来放心，想起来舒心。

回到现实，我们自然是没有机会再吃400多年前的那把蔬菜，但我们依然有机会读《菜根谭》，这意味着古代的智慧，古代的精神，我们还是可以接受、可以继承下来的。《菜根谭》作为一部中国传统文化的经典，表达了作者独特的世界观尤其是人生观，是一种不可重复的文化创造，它触及了我们精神生活与世俗生活的诸多问题，并提供了答案，其中的一些更具有深刻的震撼力和持续的影响力，具有持续、开放、超越和多元化的特征。经典是可以穿越历史长河的作品，具有超越时代、超越朝代的特征，《菜根谭》作为经典，跟《论语》《道德经》《庄子》《孙子兵法》等这些中国古代智慧经典一样，每个年代都有印刷，有再版，使我们能够很容易就读到。

《菜根谭》有什么内容呢？古人有这样一个评语：其间有持身语，有涉世语，有隐逸语，有显达语，有迁善语，有介节语，有仁语，有义语，有禅语，有趣语，有学道语，有见道语。可见《菜根谭》的内容相当丰富，可以教我们为人处世，教我们适当地隐逸，可以让我们学习怎么求上进显达，怎么从善如流，教我们学习仁，也学习义，而且还有禅语，有一些很有趣的话语等等。古人还进一步评价《菜根谭》：可以补过，可以进德，且近于律，亦近于道矣。也就是可以让我们改正错误弥补过失，让我们接受道德和法律的约束，同时《菜根谭》的不少内容本身就是得道的一种反映。

《菜根谭》是融合儒家、佛家、道家观念的思想全书

《菜根谭》是一部把儒家、佛家、道家融合为一体的思想全书。主要以中国禅宗与心学思想为核心，糅合了儒家的入世中庸观、道家的清静无为观和佛家的超脱出世观，关注我们个人处世的成败与进退，力求在入世与出世的抉择中把握合乎情理的平衡，因此《菜根谭》被我们当作宝贝书。

《菜根谭》有什么功效呢？古人这样概括说：急功近名者服之，可当清凉散；萎靡不振者服之，可当益智膏。也就是说，太急功近利的人应该读一读《菜根谭》，可以把它当作一味清凉散；整天萎靡不振者应该读一读《菜根谭》，可以把它当作一副益智膏，有利于拓宽我们的心胸，提升我们的毅力，有助于我们做事做得更完善，活得更完美。穿越百年的历史风雨，在中国人的精神生活里，《菜根谭》有着不可忽视的地位与作用，前人用20个字做了归纳：心安茅屋稳，性定菜根香；世事静方见，人情淡始长。这20个字很好地概括、归纳了《菜根谭》的功效。咬得菜根断，则百事可做，一粒米能够养百千万种人，百千万种人可以做百千万种事，不同的人有不同的生态，不同的人有不同的选择，人类社会因此而丰富多彩、千姿百态。有人是处江湖之远，有人是居庙堂之高，农民是锄禾日当午，学者是江湖夜雨十年灯，有年轻的考生连夜赶赴考场，有老龄的人辞官归故里……主角不同，人生的场景也有所不同。有一点相同处是，如果我们更多地知道菜根一样的人生根本，我们做事就会更得心应手，更能

左右逢源，无论我们从事哪一行业，行行都可以出状元。

《菜根谭》有什么写作特色？我用四句话来概括，《菜根谭》有对联一样的工整；诗词一样的合韵；歌赋一样的雅美；警句一样的睿智。随便举一些《菜根谭》的语句，就可以看到这些特点，《菜根谭》里有这样一些句子，第一句：宠辱不惊，闲看庭前花开花落；去留无意，漫随天外云卷云舒。另外一句：文章做到极处，无有他奇，只是恰好；人品做到极处，无有他异，只是本然。第三句：从静中观物动，向闲处看人忙，才得超尘脱俗的趣味；遇忙处会偷闲，处闹中能取静，便是安身立命的工夫。这些语句既雅美又睿智，很有思想的感染力，能够打动我们的人心。

《菜根谭》的内容丰富

《菜根谭》的结构，具体分为五个部分372条，其中修省篇31条，应酬篇50条，评议篇47条，闲适篇44条，概论200条。

著名哲学家冯友兰先生认为不同的人生，按境界来分类，有四种境界：自然境界、功利境界、道德境界和天地境界。在这四种境界中，以天地境界为最高境界，把这四种境界看作是可以一级一级地递进往上拓展的，作为最高境界的天地境界，可以兼容其他境界。按这个思路，可以说《菜根谭》的文句与文意，就包括了相应的这四种人生境界与风光。

《菜根谭》的内容丰富，在今天这短短时间里，我不可能讲完，我只能选一些要点跟大家作交流。

《菜根谭》论文章与人品

《菜根谭》有这么一段话："文章做到极处，无有他奇，只是恰好；人品做到极处，无有他异，只是本然。"

先说第一句，它回答了这样一个问题：文章如何才能够做得恰好？按照《菜根谭》的思想，成功的文章，不是通过堆砌奇文异字来取得的，而是通过内容的充实和字句的协调来达成的，说到底，就是整篇文章的各方面要恰到好处，有一种浑然一体的整体感，才算是一篇好文章。要达到这样一种目标，当然要通过具体的写作来实现，落实在写作各个方面，其中的要点之一，就是不要乱用比喻，要避免那种华丽文字的堆砌。仅就文章运用形容词这点来看，老舍先生就主张在文章中不要运用过多的华丽的形容词，提倡一种天然清新而又自然贴切的文风，以免使文章失去淳朴的魅力，以免给人一种华而不实、浮浅卖弄之感，避免文章成为形容词的汇编，要力求做到不因词害意，保证文章有着充实、平和的内容。这样做，这并不是我们在写文章的时候就不要讲究写作艺术的技巧，而是要注重在写文章的时候，不要挖空心思地去追求和卖弄那些多余的华而不实的文字，而要通过平淡的文风来追求成熟而又绚丽的效果。

对此，可讲一个故事来说明。明朝时，有个人十分看重他自己养的宠物猫，见到人就夸这猫不是一般的猫，它是“虎猫”。人们听闻后，张三说：老虎虽然很凶猛，但是绝没有龙的神奇灵异，我建议叫它“龙猫”吧。李四接着建议：龙是比老虎神奇，但龙要飞腾上天，就必须靠云来托举它，可见云要比龙更高一等，我建议它叫“云猫”。王五则不以为然：云雾虽然能遮天盖日，但是只要风一刮来，云很快就被吹散了，我看叫“风猫”更好。陈六听后，脱口而出：大风虽能猛烈地刮，但如果我用墙来挡住它，风怎么能跟墙相提并论呢？所以，还是叫它“墙猫”吧，一堵墙要比风更厉害。梁七沉吟半晌，建议说：墙虽坚固，但只要老鼠在墙上打洞，这墙迟早就会倾塌下来。墙怎么比得上老鼠厉害呢？所以叫“鼠猫”为好。如此这样一番比喻来再比喻去，“虎猫”最后被比喻成了“鼠猫”。最后，一个饱经沧桑的老人对此评论说：猫就是猫，用老鼠来形容猫，有必要吗？猫就是猫，猫有它的本来面目，人们外加多少看似威猛的其他名词来形容这只猫，实质却始终是空洞的、多余的，不仅不必要，而且应该不要，猫就是猫，称呼上也要减负。

再说第二句，“人品做到极处，无有他异，只是本然。”这里所说的本然人品，是率真、纯真和本真的人品，这样一种人品，不违反个人的自然本性，不被各种外在的规则所禁锢，也不会被各种外在的功利目标所扭曲，是发自内心而又顺其本性自然而然地表现出来的，不矫揉造作，不扭扭捏捏。比如，李逵就是李逵，不可能像林妹妹那样焚诗稿，因情而伤去吐血。林妹妹呢？她也没必要学李逵那样挥舞着一把大板斧去打家劫舍，没必要去冲锋陷阵，不会大块肉大碗酒的海饮喝高去。每个人都有天然的本性，我们要顺着自己天然的本性去发挥、去发展，力求使我们每个人的每一次发展符合自己的本性。

屈原、端午节与我们的身心自在

屈原、端午节和我们的身心自在，这个话题源自《菜根谭》里的这么一段话：“有浮云富贵之风，而不必岩栖穴处；无膏肓泉石之癖，而常自醉酒耽诗。竞逐听人而不嫌尽醉，恬淡适己而不夸独醒。此释氏所谓不为法缠，不为空缠，身心两自在者。”

这里面有一句关键的话，就是“恬淡适己而不夸独醒”，不点名地说到了屈原。

我们首先回顾一下屈原的历史定位。众所周知，屈原的道行高洁，是楚国的忠臣，中国历史上最伟大的浪漫主义诗人之一，古代浪漫主义诗歌的奠基者。再议论一下屈原的短处，他一辈子最想成为一个伟大的政治家，他为什么做不到呢？因为伟大的政治家应该有高瞻远瞩的智慧、审时度势的机智，有容人的度量，有团结人和用人的策略和技巧，从而增强而不是削弱自己所归属的政治团体的凝聚力。但屈原恰恰没有这些智慧、度量与才能，他很高傲，多愁善感，好独来独往，好作惊世骇俗之语。我们读读屈原的历史资料，看到的是他经常宣称整个世界都混浊不堪，所有的人都醉得昏昏沉沉，唯有屈原自己才是清白的，唯有屈原自己才是对楚王忠贞不贰的，等等。他这样一些疏狂意识与意气化的语言表述，使他逐渐失去了与楚国君臣上下关系进行良性沟通的思想前提，也失去了能够团结共事的人脉关系基础。他的政治头脑中，甚至缺乏一种求大同、存小异的意识，虽然他对于楚国前途有很多的思考，但是楚国历史的发展方向跟屈原所设想的方向，事实上是完全背道而驰的。因此，屈原屡屡失落、愤怒和忧郁，最后走上了他的末路，在汨罗江跳水自杀了。

在《菜根谭》的作者看来，屈原自认只有自己才是最清醒的这样一种判断与认识，并不恰当。确实，屈原坚持了原则，他不是一个随波逐流的人，更不是一个同流合污的人，但他缺乏一个政治家必须具有的包容、灵活与变通，因此，楚国的前途和他想象的蓝图，就有着比鸿沟更宽广的相当大的距离。《菜根谭》对屈原的这项认识与判断，不是孤例，鲁迅先生在《言论自由的界限》一文中，就曾经把曹雪芹笔下的焦大比喻为“贾府的屈原”。这不是在贬低屈原，也不是在抬高焦大，而是指出在愚忠、自认唯我独醒等方面，屈原和焦大并没有本质的区别。当然，焦大也不是屈原，鲁迅说，假如焦大“能做文章，我想，恐怕也会有一篇《离骚》之类”。换言之，屈原的《离骚》，不外是因自己的愚忠不被楚王赏识所发的文字性诗歌化的高级牢骚罢了。这就是鲁迅一针见血的评论。

《菜根谭》写于明朝，当时，佛教已经大规模传入中国，并已经实现了中国化。在认知与修持中如何达致身心自在的问题上，佛教智慧直接拓展了国人的思路。其中之一，就是《菜根谭》在不点名地评论屈原时倡导的：“有浮云富贵之风，而不必岩栖穴处；无膏肓泉石之癖，而常自醉酒耽诗。竞逐听人而不嫌尽醉，恬淡适己而不夸独醒。此释氏所谓不为法缠，不为空缠，身心两自在者。”一个智慧的人活在这个世界上，是不会自以为是地认为全世界的人都是昏醉的，不会自以为是地认为全世界的人都是不清醒的，也不会自认只有自己才是清醒的，因为这个说法既不是事实，也不恰当。智慧的人能做到“不为法缠，不为空缠”，简单用五个字来表述，就是：不固执，放下。因为不固执，就可以见贤思齐、从善如流；因为放下，就能卸下身心的负担尤其是心理上的重负，从而做到身心两自在，成为一个真正的自由人。

据说与屈原相关的每年一度的端午节，能给我们从另一角度提供很好的启示。一直流行的一种说法是，我们每年在端午节赛龙舟，就是为了纪念屈原。赛龙舟是一种什么样的场景呢？很多人分为不同的团队，一个团队上一条龙舟，很多条龙舟都处在同一条起跑线上，起跑枪一响，龙舟上的人都奋力划船往前冲。只要在一条龙舟上，不论是划船的还是擂鼓助威的，大家都要同心协力，大家都在同舟共济，大家都想在竞赛中胜出，都在一条船上，何须分谁醉谁醒？终于，有一条龙舟率先冲过了终点，其他龙舟也陆续到达。拿到冠军又如何呢？扛回了奖品与奖杯，然后，大缸酒加大块肉，大家一醉方休，乐饮！别的几十条船拿不到冠军，但是没关系，回去后继续操练，来年端午节，哪条船都有机会成为冠军，所以，占大多数的输家也不必难受，筹划来年再赛，才是正道。这只不过是一场游戏，年年有端午，年年都有夺冠的机会。如此一来，赢家欣然，输家坦然……

在这里，我们能够很明显地看到，端午节上的赛龙舟活动，在仪式的实质上，以纪念屈原的名义而行，却从根子上矫正了屈原的褊狭。屈原是特立独行的人，赛龙舟却是一种团队的活动，而且是在阳光下、在水上展开的一种很激烈的博弈性运动，甚至可以理解为是一种比较好的锻炼身体的方式。这种运动代表着活力，表现出团结争上游的蓬勃生机，拒绝了绝望，也拒绝了抑郁症，端午节所蕴含的民间智慧，就以这样一种热闹、合作、充满希望的社群运动方式，弥补了屈原的那种历史性的、深刻的个体孤寂与绝望，屈原与赛龙舟的意蕴得以互补，达到了另一种和解意味十足的周全，表达出了一种更高的智慧眼界。

我们生活在现代，更应该用现代的意识来看待历史与历史人物。屈原的独立人格，自由精神、诗意文字和作为士大夫知识分子所特有的良知，值得我们仰慕，这其中蕴涵着维系人类精神历史的命脉。同时，我们应该告别屈原个人的那些过分狭隘、自恋的心结，告别屈原那种不可救药的个体绝望情绪。古今中外，何时何地没有小人？你即使立志做个君子，也免不了人前人后有是非。为了小人，为了口舌是非，就像屈原那样投江自杀，很不值得。一个人要成长为一个成功者，尤其是成长为一个好的政治家，仅有高智商是不够的，还要有高情商，以一种海阔天空的胸怀来容人容己，容纳百川大海容纳全世界，这一点很重要。

比较屈原和孔子

2014 年端午节时，网上流传着这么一个段子：

——感谢屈原先生用生命为我们换来了一天假期！放假是很好很好很好很好的纪念方式，我们还想以同样的方式纪念：孔子、孟子、庄子、韩非子、曹操、刘备、孙权、诸葛亮、李白、杜甫、苏轼、白居易、刘邦、项羽、康熙、雍正、乾隆、袁世凯、孙中山等 365 位历史名人。

端午节是公众假日，我们当然不可能因为纪念 365 位历史名人就获得 365 天的公众假日，这个段子是在开玩笑，作为一种幽默，我们不妨一笑了之。

承接这个段子，我想借此机会，把屈原和孔子做一个简单的比较。我认为，历史地看，孔子的精神价值不在屈原之下，孔诞节的意义不在端午节之下。为什么这么说呢？孔子生活在春秋时期，屈原生活在战国时期，孔子比屈原出生得更早。我们再回顾一下孔子的精神世界，孔子的精神世界有山有水，所谓仁者乐山智者乐水，他不仅关注他的祖国即鲁国，他还有登泰山而小天下的眼界，他走出了鲁国去周游列国，大力推销自家的理想与学说；他的心中还有一片广阔的海，他曾经说，道不行，他就乘一个小船到海上去流浪，所谓“道不行，乘桴浮于海”，他的天地也因此而海阔天空。在政治上，虽知其不可为而为之，他的政治理想与实践虽然屡遭挫折，他的人生虽然历经了无数次大大小小的绝望，在最失落的时候，他甚至在自己的学生面前，以我就是一条“丧家犬”来嘲讽自己。但是他始终没有抑郁，他更没有去自杀，政界上混不开，他就开学堂来教育弟子，终成为万世师表。他历经苦难，还坚韧地活到了七十二岁，活出了七十岁随心所欲又不逾矩的近乎圆满的境界。显然，孔子因为他的理想、坚持与灵活变通，更值得我们学习。

今天，端午节因屈原而成为公众假日，历史因孔子而设的孔诞节却还依然在公众假日的名单之外。比较一下端午节和孔诞节，端午节更热闹，毕竟有锣鼓喧天热闹非凡的赛龙舟；而从智慧的境界和人生的门道来看，孔诞节更应值得我们重视。按我个人的认识来判断，未来中国社会发展了，孔诞节迟早成为公众的法定节假日，希望这一天早日到来。

平常心是道

《菜根谭》不乏论道之语，其中一语是：“事业文章，随意销毁，而精神万古如新；功名富贵，逐世转移，而气节千载一时。群信不以彼易此也。”这里说的是道德境界。冯友兰先生指出，人类社会中有道德境界的人，自觉这个社会是一个整体，自己是这个整体的一部分，他就为社会的利益做各种事，如儒家所说，做事是为了“正其义不谋其利”，从而成为真正有道德的人，所做的事都是符合严格的道德意义的道德行为，都有道德的意义。

《菜根谭》提倡以一种道眼即道的视野来观看天地万物，有这么一句话：“天地中万物，人伦中万情，世界中万事，以俗眼观，纷纷各异；以道眼观，种种是常。何须分别？何须取舍？”这句话的大致意思，是说：用世俗之眼看来，世界天地之间有万千物体，人伦世故有万千风情，人际世界有万千人事，众多纷纷，各不相同；而在智慧的道眼看来，这些万千物体、万千风情与万千人事，却是异路同归、异曲同调的。

那么，什么是道？

答案之一：平常心是道。

中国禅宗史上有这么一个很有名的故事，赵州禅师问南泉禅师什么是道？南泉禅师回答是："平常心是道。"对"平常心是道"，马祖道一禅师曾这么阐述："道不用修，但莫染污。但有生死心造作趣向，皆是染污。若欲直会其道，平常心是道。何谓平常心？无造作，无是非，无取舍，无凡圣。"这就是平常心。用我们今天的话来理解，所谓的平常心，就是处变不惊的泰然自若之心；是不因荣辱升降而妄生喜忧的恒常之心；是数十年恒如一日地恪守信念又踏实劳作的平和之心；是能涵天容地的宽厚大度之心；是处世做事能自然而然之心；是消除了畏惧的自信之心；是告别了浮躁紧迫的从容之心；是可以恒久地领受心境安然宁静的返璞归真之心。以这样的平常心观世间看似不平常的万千事，则事事平常。

禅宗大师们对于"平常心是道"，还有一些更具体的阐述。比如历史上有源律师曾向大珠慧海禅师请教：和尚修道，还用功否？大珠慧海禅师答：用功。有源律师问：如何用功？大珠慧海禅师答：饥来吃饭，困来即眠。对此，有源律师就有点不太理解，再问：一切人都是这样啊，这个跟禅师用功相同吗？同老师您的用功一样嘛？大珠慧海禅师答：不同。有源律师问：为什么不同？大珠慧海禅师答：他吃饭时不肯吃饭，百种思索；困时不肯睡觉，千般计较。所以不同也。

由此故事可见，平常心是道，说起来很简单，就是肚子饿了去吃饭，困了就去睡觉，该做什么事就做什么事，该工作就工作，该休闲就休闲，就这么简单。

平常心简单，但不是人人都有，更不是时时都有，否则，药厂就不用生产安眠药了。人生修炼，最难能可贵的就是平常心，平常心实在是不平常。你我她他作为一个独立的生命体，即使有很多的钱，有很好的房子，哪怕是拥有广厦千万间，拥有很多很多好吃的东西，但是我们每个人在睡觉的时候，需要的只是一张床，白天正常吃饭的时候，吃的也是三顿饭，每一天都是我们一生写照的一部分，人又何须百般计较？自然而然就好。

人活世间，我们还要学会处理好挫折和平顺的关系。我们每个人的人生，都免不了遇到种种的不如意，南宋诗人方岳说：不如意事常八九，可与语人无二三。说的是他自己在生活与事业上碰到的不如意的事，在十件事里面，就有八九件；可以称心对亲朋好友讲的如意事，在十件事里面，不会超过二三件。民国元老于右任老先生，经历了人生的不少磨难，却能够活到85岁的高寿，这跟他自己能淡泊宁静、荣辱自安是分不开的。他的高寿养生之道，就是悬挂在他家客厅中的一副对联，上联是“不思八九”，下联是“常想一二”，横批两个字“如意”。我们的人生要不断地成熟，在境界上要不断地更上一层楼，关键一点，就是记住并落实这五个字：平常心是道。

如何才能把握“道”

我们如何才能把握“道”？这是一项技术活。老子在《道德经》里说：“为学日益，为道日损。”为学是用脑子去学知识，学而后知自己的不足。为道则是用心去领悟形而上学，我们越接近道，就会越谦虚、越安宁，也越平和。为道不是具体知识直接的累积相加，却是知识上的减负，为道可以提升我们的精神境界，我们在面对尤其是解决问题时能够柳暗花明、豁然开朗。

为学和为道的路径是不同的，为学用的是加法，为道用的则是减法。在对象上，为学的对象是知识，而知识像罐头，有保质期，时光流逝、知识老化是必然的；为道的对象是智慧，有简洁澄明的特色，时光流逝，智慧的亮色却会与日俱增，可以跨时代跨地域，即使是隔朝隔代、身处天南海北但同有灵犀的不同心灵，也会引起思考、引发共鸣乃至催生觉悟。您我她他在昨天或今天读《论语》，读《道德经》，读《六祖坛经》，读《菜根谭》等经典，为什么我们会有共鸣呢？为什么我们今天拿出休息时间，会聚到这里来研讨《菜根谭》呢？理由很简单，因为这些经典里有道，有可以滋养我们心灵的智慧，这很关键。道与智慧，是简洁却又恒久的。南宋著名思想家陆九渊有这么两句诗："易简功夫终久大，支离事业竟浮沉。"对此就做了很好的归纳。

古人说过，《菜根谭》一书中，有见道语。比如《菜根谭》里有这样一句话："人心有部真文章，都被残编断简封固了；有部真鼓吹，都被妖歌艳舞湮没了。学者须扫除外物直觅本来，才有个真受用。"这段话，相通于老子在《道德经》里面说的："五色，令人目盲；五音，令人耳聋；五味，令人口爽。"老子的智慧世界里，感悟到的是大象无形，大音希声。具体到我们个人，如果过分地执着于五色（红、黄、蓝、白、黑色）世界，五色所构成的光色污染就可以迷乱我们的眼睛，令人迷失了心灵的家园，而心灵的失明会使人真正迷茫；如果过分地执着于外在的声音，忽略了心灵的呼唤，那么，五音（宫、商、角、徵、羽音）所构成的噪声污染就可以混乱我们的听觉，导致心灵的失聪，人就难免寂寞孤独；如果执着于五味（酸、甜、苦、辣、咸味），贪求口福，仅求满足口感的需要，心灵也就无缘于那清雅又韵味无穷的大道……也就是说，如果我们过分执着于有色的世界、有音的世界、有味的世界，只是一味追求感官的满足，会不利于我们精神的成长。所以，《菜根谭》就提倡学者要把握我的本心即"吾心"，扫除外物的种种束缚，把握本心，保有一份平常心，人生才有可能圆满。在这样的一个过程中，为学是广求知识，为道是深刻地感悟智慧，学问与智慧，分别根植在为学与为道之中，为学是起步，为道是归宿，这也是一种我们无限地接近智慧的进程。

《菜根谭》的天下境界

南宋心学大师陆九渊曾经提出一个历史上著名的话题："吾心即宇宙，宇宙即吾心。"在这里，"吾心"，说的不仅是你我她他都具有的拳头般大的生理意义上的心，更是我们作为主体可以自主的精神意志。何谓“宇宙”？战国末期的思想家尸佼有这么一个定义：“天地四方曰宇，往古来今曰宙。”“宇”说的是上下四方的空间，“宙”说的是古往今来的时间。就涵容而言，“吾心”可以包容宇宙，心的容量巨大，从包容度上言，智慧的“吾心”可以“触”及宇宙的边缘，可以通过联想来连接古今；从速度上言，思维的“吾心”可以超越光速，我们的思维可以相当地快捷地进入宽广无垠的宇宙世界。所以，佛教历史上有“一念三千”说，意思里就包含了“吾心”的这种可媲美宇宙的宽广的涵容度。

就境界的追求而论，这种“吾心即宇宙”的观念，可以成就为我们作为个体生命所能追求到的天地境界，冯友兰先生对此，有这样的论述：“最后，一个人可能了解到超乎社会整体之上，还有一个更大的整体，即宇宙。他不仅是社会的一员，同时还是宇宙的一员。他是社会组织的公民，同时还是孟子所说的‘天民’。有这种觉解，他就为宇宙的利益而做各种事。他了解他所做的事的意义，自觉地正在做他所做的事。这种觉解为他构成了最高的人生境界，就是我所说的天地境界。”冯先生还具体指出，道德境界有道德价值，天地境界有超道德价值。

从天地境界看战争与和平

天地境界似乎玄妙，但却可以活化在我们的思想言行之中。比如我们从天地境界来看待与反思人间的战争与和平。《菜根谭》有这么一段话：权贵龙骧，英雄虎战，以冷眼视之，如蝇聚膻，如蚁竞血；是非蜂起，得失猬兴，以冷情当之，如冶化金，如汤消雪。意思是说，如果我们用一种天地境界来看待战争，以冷静之慧眼看人世间的各种争争斗斗，看到的是在千年的历史长河中，权贵们为城头变幻的大王旗、英雄豪杰们为名誉地位而鏖战不休，不过就是一群因膻气而聚集的苍蝇，一群因抢食而竞斗的蚂蚁；世间的各种是是非非如蜜蜂群飞，各种得失如刺猬硬刺般竖立起来，如果我们以冷静之情感来看待，就可以像大熔炉那样熔化真金，像滚烫的热水那样可以消融冰雪。

回顾历史，我们可以发现，中国作为历史悠久与人口众多的国度，历史上战争次数繁多。按照《中国历代战争史》的统计，自黄帝打败蚩尤的涿鹿之战开始，到八国联军侵入北京的4600年中，总共有500多场会战。或者说，在中华文明4600年的历史里，不到10年就有一场会战，堪称人类历史上战争次数最多，战争残酷度最惨烈的国度，十室九空、饿殍满地、灾民大迁移乃至千里无人烟等历史场面，在我们的历史记忆中，不胜枚举。世界最早的军事经典巨著《孙子兵法》就诞生在我们的祖国，而且是诞生在2500多年前。回顾历史，众多战争曾经引致大范围饥荒与大毁灭，战死过百万人乃至千万人的战斗或战役，在我们的历史上都有过。战争作为绵延不断的最大人祸，直接导致了中华文明的早熟而不成熟，以致在诸多方面，我们现在还要摸着石头过河。

春秋无义战

2000多年前，孟子在总结春秋时期那么多的战争时，就已经指出：春秋无义战。说的是在春秋时期，鲁国、齐国、秦国、楚国等国彼此之间发生的那么多战争，没有一场是义战。推而言之，中国历史上的众多战争，反复重演的大多是城头变幻大王旗、成王败寇的那一套历史轮回戏，缺乏如抗日战争、诺曼底战役所占据的那种道义高峰，孟子说“春秋无义战”，是一针见血的真知灼见。

根据孟子、《菜根谭》的有关思想，我们不难理解战争是人类历史上最大的人祸。我们在看《清明上河图》时，可以看到该图描绘了宋徽宗时期首都汴京（今河南开封）的繁华。画面中，郊区、城内汴河两岸的建筑与民生历历在目，有人流，有物流，资本流与信息流也在无形地流淌着，供求、价格和竞争等市场经济诸要素尽蕴其中，市场经济在那个时候已经萌生了，当时的农民、商人或者是官员，他们都在勤劳地工作着。这正是伟大的司马迁在《史记》里早就道出的“天下熙熙皆为利来，天下攘攘皆为利往”，人们为了利益蜂拥而至中心城市，然后又各奔东西，共同创造了宋朝的繁荣。但是，很可惜的是，《清明上河图》中的那些曾有的真实繁华，只是瞬间与短暂的景象，不能长久地延续到今天。战火、朝代变迁、所有权制度的无序切换等非个人努力所可以逆转的宏大历史因素，令历代先人们不断努力创造的财富文明，较之人命更加朝不保夕，类似北宋的繁华也只能留在纸上。

安格斯·麦迪森提供的世界经济千年统计数据显示，北宋经济在当时的全球范围内，是位居前列的。以1990年国际元作为计算标准，在公元1000年的时候，北宋人均GDP为450国际元，西欧人均GDP为400国际元。1950年，中国大陆为439国际元，西欧则为4579国际元，我们已经落后到了不到西欧的1/10。改革开放之后，历经20多年的和平发展，2000年，中国大陆人均GDP是3583国际元，西欧为19256国际元。由此可见我们祖先曾有的高峰荣耀与低谷的失落。

中国古代历史在展开政治和军事博弈时，延续的多是一种中国象棋的思维，你死我活、成王败寇是主调，类似项羽与刘邦、宋朝与元朝之争……有英雄怒发冲冠拔剑而起的传奇与精彩，就难免有苍生百姓的十年苦乃至百年劫，历史上诸多悲惨尤其是最悲惨的境遇，不是天灾而是人祸带来的。

正因为中国历史上的战争众多，我们的祖先们对于和平，就有着一种强烈的向往和追求，古语有说：宁做太平犬，不做离乱人；还有说：烽火连三月，家书抵万金；等等。这些都是我们历史记忆中最值得珍惜的部分。根据孔子、孟子等先贤和《菜根谭》等经典的思想，我们始终要清醒地认识到，和平难能可贵，对于历史遗留的问题，我们首先需要厘清真相，然后进一步求得和解。古代圣贤有说：“仇必和而解”，仇恨是不能够通过战争来消解的，问题一定是在和平、和缓的状态下才能最终解决。

不战而屈人之兵是最优选

有一点必须要强调，就是在任何时候，我们的备战都是为了止战。孙子说“不战而屈人之兵”，这始终是我们的最优选、最上选，在核战争将没有最终赢家的现代，尤其如此。前事不忘，后事之师，在面临着和平与战争的抉择时，做出战争的决定是容易的，即使只会逞匹夫之勇的项羽之辈，一冲动就连脑袋也不须拍，打就打；缔造和平，则需要智慧者有更强的毅力、更多的智慧与更持久的坚韧与坚持，包括必要的韬光养晦。

只有在和平的环境中，我们才能够进一步搞好建设，赢得更多的发展时间与空间。古人说，创业难，守业更难。中华五千年重建设之文明与重毁灭之非文明的博弈史表明，勤劳智慧的先人们创造像《清明上河图》那样繁华的伟业难，守护并不断拓展这种繁华的伟业就更难，最难的是如何通过不断的和平发展来持续不断地保有这种文明，从而为民众带来更多的幸福感，而不是相反。

今天我们已经创造的繁荣要能够延续下去，更上一层楼地发扬光大，很关键的一点，就是离不开和平的大环境。在过去百年的历史坐标里看邓小平的思想，其最大的亮点在哪里呢？我看是四个字：和平发展。有和平才可能有发展，今天中国的崛起，是一种和平的崛起。我们要把握未来中国的前途，就应该更多地学习并习惯用理性的围棋思维来取代以往的象棋思维。什么是围棋思维？下围棋的人都知道，下围棋不是黑棋把白棋完全灭掉，也不是白棋把黑棋完全灭掉，围棋的胜负，仅在于多一点实地与少一点实地的区别，不是如象棋那样，要把对方完全消灭掉或是将对方的主帅灭掉。我们应该避免折腾，以更理性的围棋思维作为博弈思维，那么，从我们先人到我们再到我们子孙的数十代人对民安民富国强的千年梦想，或就可望实现。在和平发展中，我们才可能做到像张载所说的：“为天地立心，为生民立命，为往圣继绝学，为万世开太平。”回顾历史，在难忘的20世纪里，历经第一次和第二次世界大战后，我们终于迎来了难能可贵的和平发展年代，1978 年的改革开放使我们迈上了一条真正的康庄大道，这条道路，我们应该坚持不懈地走下去，才可能更多地提高我们的幸福感。

因时间关系，今天我就先讲到这里。谢谢大家！

禅宗文化与企业管理

黄永健

黄永健

深圳大学艺术设计学院教授、硕士生导师，文化产业研究院研究员，教育培训部主任；兼任中国作家协会会员、南山区文艺评论家协会主席及深圳文艺批评家协会理事。已出版《深圳文化产业行业发展报告》《凝神注思——批评与探索的轨迹》《中外散文诗比较研究》等6部专著，发表学术论文40余篇。

今天我谈两个话题，一是禅宗文化，禅宗智慧。另外一个是企业管理，中间的连接就是如何把禅宗的智慧跟现代企业管理理念进行对接，也是抛砖引玉。

我今天讲的是禅宗智慧，大标题是禅宗文化。当然文化的概念远大于智慧。文化是一个结构，按照马克思的说法，它有底层、中层、上层之分。按照几何的结构来讲，它是同心圆结构，无论如何，文化能讲清楚。文化可以划分为物质和精神。有人说，在物质和精神之间，还有社会制度、风俗习惯。按这种说法，文化分为四个板块：物质、精神、制度、风俗习惯。当然还有五分法、六分法等。不管是什么分法，文化最金贵的果实是精神文化。今天讲的禅宗文化，就是人类文化里面的中国文化，或者中华文化里面的传统文化。

中国传统文化号称儒释道三教合一。释教也叫佛教。汉传佛教有十大宗派。信众最多的是禅宗和净土宗，深圳弘法寺就是禅宗寺庙，本焕大师是临济宗（禅宗南宗五个主要流派之一）第44代传人，现在的法师是第45代。禅宗离我们不远，为什么呢？深圳人最大的香火道场就是弘法寺，弘法寺就是禅宗之临济宗寺庙。还有一半老百姓信仰净土宗。特别是在家修行的居士，一些人禅净双修，就是禅宗和净土宗同时修炼。其他宗派还有密宗、天台宗、华严宗、三论宗、成实宗、俱舍宗、律宗、法相宗。一般老百姓最关心的，或者跟生活关系最密切的就是禅宗和净土宗。讲禅宗，必须提到一个经典，叫《五灯会元》。《五灯会元》是宋朝释普济将《景德传灯录》等五种重要灯录汇集删减而成的，共二十卷。我称它为史论合一的专著，你想了解禅宗，必须看这本书。

《五灯会元》和汉语成语有很多关系，如敲骨吸髓；好事不出门，恶事行千里；女大十八变；等等，都来自《五灯会元》，其中有大量的禅宗传道故事。它是禅宗的宝库，也是我们进入禅宗的必须通过的桥梁。

中国人接受禅宗的过程，可以分成两个阶段，我把它分为原始禅宗和中国禅宗。原始禅宗有一个很重要的典故，叫释迦拈花，迦叶微笑。《五灯会元·七佛·释迦牟尼佛》写道：世尊在灵山会上，拈花示众，是时众皆默然，唯迦叶尊者破颜微笑。世尊拈花，迦叶尊者一笑。这一笑便笑出了整个清明的世界，一直传到了今天，依然还是让人心动而神往。唯迦叶尊者破颜微笑，破颜什么呢？开花一笑。这时候世尊和迦叶形成一个什么呢？我们叫微妙法门，不立文字，教外别传，这样一个特别的教派叫禅宗，也叫心宗。今天大家看到我画的这幅画，荷花是特意画上去的，我们看这朵荷花，中间有个什么呢？正在含苞欲放的花朵，它象征着我们人的什么呢？心。这种心教，叫以心传心，不立文字。在灵山会上，释迦拈花，迦叶微笑。他们两个达成了最伟大的秘密，一直到目前为止我们没有办法用文字说明这个秘密，这个秘密一直存在到今天，而且在我看来它要永恒地存在下去。

不管从禅宗入手，还是从律宗入手，最后的修行都是为了求得智慧，也就是我们说的求得觉悟。弘一法师在圆寂的时候已经得道，所以他临走的时候非常安详。在座的各位朋友，根据自己的根基、兴趣、志向，我们可以选择不同的法门。但是万法归一，目标是求得彻底的觉悟，了却生死大事。特别是在生与死的几十年过程中，怎么活得更加快乐、自在，而且不断进取，心灵圆满，这个才是最重要的。

中国禅宗传法的领袖，他们分别是一祖达摩，二祖慧可，三祖僧璨，四祖道信，五祖弘忍，六祖慧能。

慧能大师为什么很牛

我们在广东能跟慧能大师结缘，接地气。慧能大师有一本《六祖坛经》，如果你们想学佛，就要看《六祖坛经》：第一是行由品，讲慧能大师的生平；第二是般若品，讲智慧；第三是疑问品；第四是定慧品；第五是坐禅品；第六是忏悔品；第七是机缘品；第八是顿渐品；第九是护法品；第十是付嘱品。如果你们想了解禅宗的话，这本书是非常重要的参考。

不管是原始禅宗还是中国化的禅宗，讲的都是顿悟的学问。我们每天念经，像达摩一样面壁十年，每天都要在庙里坐禅，这叫渐悟。什么是顿悟呢？是相对于渐悟来说，是慧能大师发明的。在中国文化里由慧能大师确立的修行方法叫顿悟。什么是顿悟呢？慧能在《坛经·付嘱品》里面说，“兀兀不修善”，什么意思？学佛的人不修善，这不是奇怪吗？“腾腾不造恶”，他又不修善，又不造恶。他干吗？他让我们打破正常的二分法思维。所谓二分法思维，即不是好就是坏，不是黑就是白，不是善就是恶。要打破这个思维，反思它讲什么道理。“寂寂断见闻，荡荡心无著”。这四句话实在是说尽修行人的本色，是我们应当要学的。“荡荡心无著”就是诚敬之心，心中坦然、平等、清净、慈悲。“寂寂”是安静的意思。“断见闻”，就是在一切见闻中，心是清净的，不染着，这样才能把一切事情看得清清楚楚。在一切见闻中，不生分别、不生执着；今人所谓是客观地看，实际上客观还落后于意识；这是完全离心的意识，心地才能真正达到平等、清净、慈悲。这是大师最后的教诲。

我们讲禅宗的时候，有人跟我说，为什么世道人心比较复杂，因为我们不能去修善去做好事，去积德，也不能使自己静下来好好学学经典。我当时说不，我要说的禅宗不是这个意思。不是我们什么都做善事。

禅宗非常重要的讲究是平常心是道。什么是平常心？平常心就是把善和恶这两个对立的概念放下，按照自己的真心做事。明代大师王阳明把它发明为另外一个词，叫“良知良觉”。平常心这个良知，在慧能大师的学生马祖道一的语录里面，讲的是“平常心是道”。何为平常心？无造作，无是非，无取舍，无断常，无凡无圣。只今行住坐卧应机接物，尽是道。这个宗派在慧能大师转化之后，实际上跟原始禅宗很不一样。

慧能大师为什么很牛？因为他根据中国人的民族特点，把儒家学说和道家学说融合到禅宗理念里去了。慧能大师说，学佛修佛不一定要去弘法寺，或者去凤凰山。佛教可以从山里转到市民的生活里。什么是平常心？平常心既可以在寺庙里面求得，也可以来自于日常生活的行、住、坐、卧。修佛不一定要出家，在日常生活里面也可以修佛。慧能大师还有一句话，叫“烦恼是菩提，菩提是烦恼”。这句话当年也在佛教经典里面讲，不过慧能大师讲得非常清楚。就是日常生活里面我们有很多烦恼，但不要认为这个烦恼跟佛法离得很远，揭开烦恼的面纱，悟到烦恼真正的源头其实是我们的心。出家人没有烦恼，因为他的尘缘很少。谁最有烦恼？深圳人最有烦恼。最没有烦恼的地方可能就是边远地方的牧民。

有烦恼怎么办？不要怕，烦恼就是菩提，但是从烦恼到菩提需要我们有顿悟的过程。

在日常生活当中学佛

“佛在世间觅”，我们学佛可以在日常生活当中学。“不离世间法”，就是求佛修道不要离开人世。“离世觅菩提”，如果我们离开七情六欲，到深山老林里面求法也可以，但这是很笨的方法。慧能大师讲这句话，不仅是对出家人，也是对我们平常人说的。最后一句话，“犹如觅兔角”。你们看到兔子有没有长角？没有啊。慧能大师通过这样的转换，使不读书不识字的老百姓有一个很好的适应性，我们不一定要到庙里面读那么多佛经。实际上慧能大师本身是樵夫，他不识字。但慧能大师是伟大的觉悟者，也是伟大的教化者。

《五灯会元》谈到了转念之间摆脱烦恼的办法。为什么潮州人生意做得这么好，而且很有智慧？我觉得跟他们的茶道有关系。在禅茶融合的过程当中，我们放弃了很多烦恼，甚至在这个过程中我们产生了转念。佛说，一念成佛，一念成魔。就是在转念的时候，当我们放下一切烦恼的时候，我们的心灵顿觉的时候就可以发现很多秘密，也就是智慧。佛教里面的智慧绝不是损人利己的智慧。草船借箭，把箭借过来把敌人杀掉，这是诸葛亮的智慧。佛教所说的是善知识，它绝不是鬼点子。佛教的智慧是从人本身良知里面出来的点子，这个点子是众生利益，对宇宙，对社会的众生，包括对自己都有益。

潮汕商人在喝茶的过程当中，放下尘缘，顿明心扉，所觉悟出来的这些点子，是善的知识，还是鬼点子？可能在两者之间。禅宗的话，跟我们日常生活对应的很重要的一块，就是让我们放下。我为什么这样讲？因为我们在星期天还是这样的，大家都是杂务缠身，俗务缠身，但我们来到这个地方就是要放下。

禅宗智慧的具体含义非常多，等下我们讲企业管理的时候，会讲到禅宗智慧在日常生活当中受用的一些东西。就是要我们不要死读书，不要只是烧香拜佛，关键要明白佛所说的道理。我们可以在日常生活里修佛，按求善知识的路径去做。我今天讲的智慧绝对不是鬼点子，它是善的知识。以前我们说知识就是力量，但这个力量反过来可以杀人。佛教所说的善知识也产生一种力量，但这个力量不是用来杀人的，它是利益宇宙一切众生。我们今天讲的知识是善知识，只有把知识上升到善的层面，再与企业文化对接，它才有更高的视野。

企业家与禅宗智慧

谈到企业管理，任何企业都有龙头老大，大股东说话算数。企业管理管来管去，首先企业家本人最重要，你自己管不好怎么管好员工？因此我说，企业家是企业的脑袋，企业家是企业的思想和灵魂。

很多成功的企业家，在他们创业的阶段，或者是在事业面临严重考验的过程中，他们都自觉或不自觉地与禅宗智慧发生关联。比如乔布斯，他的自传曾经风靡深圳大学。因为深圳大学也出了中国的乔布斯——马化腾。当年乔布斯工作吊儿郎当，但他遇到了几个贵人。第一个贵人，就是阿塔里电子有限公司首席工程师奥尔康，当时乔布斯是毛头小伙子，很多人看不起他，但奥尔康看中了他内在的想象能力。奥尔康决定让乔布斯去印度。乔布斯不愿意接受约束，他又极力想搞清楚这个近乎疯狂世界的本来面目，同时又想解决自己长期无法解决的疑问，因此博大精深的佛法对他有着巨大的吸引力。在里德学院学习宗教神学时，乔布斯就被佛教中的禅语吸引住了。这个禅宗中心是由一个研习禅宗的日本僧人千野创办的，乔布斯和好友科特经常去拜访他，坐在一起喝茶。对乔布斯来说，禅是能满足他内心需求的一种良好指导。对世界、人生进行了透彻分析的佛法，深刻地影响着乔布斯对人生真谛的探索。大企业家为什么最后能够这样从容地解脱自己，把自己的财富布施出去？实际上他们自觉不自觉地得到了禅宗的启示，他们用自己内在的良知，和佛家所说的智慧吻合了。

华人首富李嘉诚先生经商非常成功。李嘉诚经常公开声称自己是学佛之人。很多潮汕商人在自己的办公室旁边有一个佛堂，李嘉诚也被称为李居士。他的母亲庄碧琴从小就教育孩子，善恶有报，慈悲为怀，李嘉诚自己也用这些原则教育孩子。他的老婆庄月明同样信奉佛教，身后葬礼均依佛制办理。李嘉诚把自己1/3的财产投入慈善基金，他说这个慈善事业就好像是他的第三个儿子。

下面我们讲一下史玉柱。史玉柱在珠海建的巨人大厦停工以后，他到西藏得到谁的启示？他在书里面没有讲，但从此他的巨人品牌又活了。史玉柱有一个著名的广告标语，“今年过年不送礼，要送就送脑白金”。他为了求得这句广告标语，把几十个人的团队关到江苏农村的小屋子里，每天在那边苦思冥想，最后得到了这样一句话。这句话怎么样呢？脑白金这样很虚的东西，现在竟然做得这么大。史玉柱在他的书里面讲到了民营企业的13种死法。第一种，不正当竞争；第二种，碰到恶意的“消费者”；第三种，媒体的围剿；第四种，媒体对产品的不客观报道；第五种，主管部门把企业搞死；第六种，法律制度上的弹性；第七种，被骗；第八种，“红眼病”的威胁；第九种，黑社会的敲诈；第十种，得罪某手中有权力的官员；第十一种，得罪了某一恶势力；第十二种，遭遇造假；第十三种，企业家的自身安全问题。

史玉柱讲的这13种死法，我想跟任何做生意的人都有关系。我认为在这方面，佛教的智慧，特别是佛教的管理理念，给我们提供了一些新的启示。大家知道布施吗？布施有很多种方式，第一种方式是什么呢？是财布施。第二种布施是法布施，它是智慧、聪明、才艺的布施，包括的范围非常广泛。第三种布施是什么呢？是无畏布施，它可以使人健康长寿。

传播正能量就是法布施

禅宗实际上是法布施，就是传播正能量。

什么叫传播正能量？传播正能量就是法布施，不过是换了一种说法而已。至于财布施，你们在座的企业家都可以做到。当你的钱多到你自己这一辈子，五辈子，一百辈子花不了的时候，干什么？你吃一顿饭花了100万元，这就是佛家说的作恶。你可以做到财布施，可以把部分财产捐出去。法布施就是传播正能量，用思想影响别人。

佛教里面有一部《般若波罗蜜多心经》。般若是智慧，波罗蜜多是度到彼岸。它又简称《般若心经》或《心经》，是般若经系列中一部言简义丰、博大精深、提纲挈领、极为重要的经典，为大乘佛教出家人及在家佛教徒日常吟诵的佛经。虽然佛教说众生平等，但绝对不会说人的智慧平等，前世的造化绝对不是这样的，因为我们前世的造化不是一世，它是累世，很多世，肯定不一样。

禅宗这么虚幻缥缈，这么抽象，这么心灵化，怎么跟企业管理有关系呢？我认为其实是有关系的。

今天所说的管理无非分三个层面。一是经验管理。很多小老板创业一开始都是经验管理，还有很多传统的家族企业，它们偏向于经验管理。二是科学管理，这是目前最流行的管理，以深圳的华为和富士康为典型。我把它称为外在管理，拿一套外在的东西来约束行为的主体，但没有触及每个人的心灵。从经验管理到科学管理是一个进步，但是谁也不敢说今天的富士康管理，特别是华为管理是理想模式。

华为很多人在拼命地干，但很多人干了一段时间就跳槽了，不愿意在那里干了，因为管得太严了。也就是说，工作的快乐和生活的快乐不能打成一片。它是一种科学管理，必然造成人内在的心灵和制度之间的紧张关系。第三种叫文化管理，也叫企业文化管理。从管理的趋势上看，科学管理必然过渡到文化管理。

文化管理跟禅宗有什么关系呢？禅宗就是一种文化。所谓的禅宗文化管理就是以禅宗文化为基础，强调人的能动作用，强调团队精神和情感管理。管理的重点在于人的思想和观念。

禅宗与企业管理如何对接

禅宗文化管理，也就是对人的心灵和情感的管理，与企业的科学管理的对接理念有这么几个。

第一，企业的导向。企业要树立一个伟大的目标，也就是佛家所说的，共渡彼岸。《心经》里面最后一句话，翻译成现代汉语就是渡到那彼岸，共渡彼岸。儒家非常讲究入世，我们在世的时候求得功名利禄，在儒家看来，这就是成功。现在很多老板炫富，必然引起仇富，现在富人和穷人之间存在很大的问题。

企业的根本宗旨和目标，构成了员工奋斗的共同理想和愿景。但企业不能仅仅追求盈利，一定要超越利润，特别是超越个人的自我实现，甚至超越企业的自我实现。要把企业的存在放在整个人类的存在角度看，企业只不过是一个渺小的实体。它存在的目的，就是给每个员工和高管，包括老板本人造福。同时也为宇宙，为众生，为国家，为民族造福。这叫共渡彼岸。

我们共同的理念就是共渡彼岸，有了这样一个理念，企业不管做大做小，或者企业在转制的过程中遇到问题，每个人都能够用坦然的心态看待它。这是我的看法。

第二，企业离不开激励。企业都有一整套激励制度。但是激励容易引起人与人之间的恩怨。怎么样用智慧化解它？佛家有一种智慧叫随喜功德。也就是说，激励可以是物质的，也可以是精神的，以不伤害企业员工的感情为前提。

第三，凝聚能量。我给它起了一个名字叫大乘菩萨行。企业应能够团结员工的心，使他深切感到这个事业值得追求。企业如同一艘大船，大乘就是什么呢？我们一起坐在一艘航空母舰里，企业家就是船长，员工就是船员，各司其职，共同把这艘航船推向前进。老板如果没有大乘菩萨行的心态，企业很难做大。

佛家讲勇猛精进，因为在修炼的过程中，会出现很多内在的身体上的、情绪上的、精神上的变化，非常折磨人。修行的人必须不怕艰难，勇猛精进。有时候会产生一些幻觉，怎么克服这个幻觉？需要我们发扬勇猛精进的精神。佛教所说的勇猛精进，虽然用于精神修炼，但企业员工可以用这种精神求得自身的福利，实现企业利润最大化。

第四，资源整合。我把它起名叫“无缘大慈，同体大悲”。什么是整合呢？就是说企业要整合内部资源，也要整合外部资源，要整合上下级的资源，整合员工之间的资源，还要整合家庭资源。很多企业不能整合家庭资源。在这方面韩国和日本的企业就做得很好。现在很多企业利用周末时间，把员工的老婆孩子接到企业搞活动，把员工和家庭的能量结合在一起，这就是整合。为什么这样做呢？男员工在企业工作，但他不是一个人，他获得的薪水要养活家里的老婆孩子。我们是同体的，要有大的慈悲心。

第五，企业品牌要做大。企业要做大做强，必然做大品牌。品牌的背后就是文化。现在很多企业挖空心思做品牌、做广告，使它的企业的名气扩大，扩大以后给产品增加很多附加值。但是品牌背后最后的根基还是你起心动念的东西，比如企业产品做得很好，但中间老板起恶意了，想掺水了，就是起心动坏念了。那就会出很大的麻烦。

讲到禅宗智慧，我们不必都到寺庙修炼，或者是出家当尼姑、和尚。在日常生活里，每个善男信女都可以行方便法门，修无上佛道。我推荐两本书，它们是对我产生过正面作用的经典。第一本是《心经》，第二本是《金刚经》。书里面有完整的故事，如果有兴趣的话大家可以看一下。

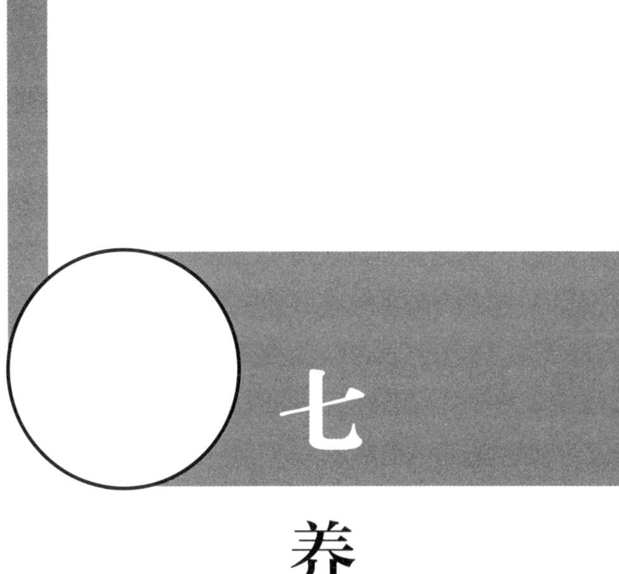

七

养生

生活与健康

许四虎

许四虎

医学博士，深圳市卫生和人口计划生育委员会副主任。兼任广东省政协委员、深圳市政协常委、深圳市政协科教卫体委员会副主任等社会职务。在《中华医院管理杂志》等杂志发表论文10余篇。

生活与健康，说起来简单，但是做起来很复杂。生活与健康确实有密不可分的关系，如何处理好它，更好地去生活，去拥有健康，这是现代人愿意追求的一件事情。我想从这个角度跟大家分享我在这方面的认识和体会。

卫生制度的选择非常重要

我们先看这个图表（略）。我在这里把5个国家和1个地区的收入，就是它们的 GDP、人均 GDP、卫生支出和人均期望寿命做了比较。中国内地人均 GDP 5400 美元，美国是 4.8 万美元，日本 4.5 万美元，法国、德国也是 4 万美元，中国香港 3.4 万美元。卫生支出里面，中国占 GDP 的比重是 4.6%，美国是 16.2%，日本是 8.3%，法国是 11.7%，德国是 11.3%，中国香港是 9.2%。在期望寿命里面，大家可以看到，中国内地 73.5 岁，美国 78.5 岁，日本 80 岁，法国 81 岁，德国 80 岁，中国香港 82 岁。

从中可以看出什么问题呢？中国跟国外比较的时候，随着 GDP 的增加特别是卫生支出的增加，人的期望寿命在增加，中国是 73.5 岁，其他发达国家以及香港地区，人均期望寿命高出我们很多，美国高出了 5 岁。

但是在跟发达国家进行比较的时候，我们也发现，美国的卫生支出比例很高，但是期望寿命只有 78.5 岁。而像日本、法国、德国和香港地区，它们的卫生支出比例并不高，但期望寿命却比较高。我们从这个数据中发现什么问题呢？就是在这些国家和地区，期望寿命并没有随着卫生支出的增加而增加。

问题在哪儿呢？美国科技发达，它所坚持的是以市场为导向的这样一个保障体系，卫生支出比例非常高，而像日本、法国、德国，卫生支出比例并不高，却达到了较高的人均期望寿命。在一个期望寿命中，卫生制度非常重要，并不受支出多少钱的影响。

美国把钱都投放在哪儿去了呢？它把钱基本上花在了治疗疾病这个阶段上。实际上，在人的整个生命过程中，预防疾病比治疗疾病更重要，同时支出也更少。我想我这个表达能够给大家这样的一些提示。

习惯、性格等因素影响健康

是什么决定了我们的健康，决定了我们的这种期望寿命呢？中国巴马人的寿命都很长，巴马被称为“长寿之乡”。当然在全国各地也有一些“长寿之乡”。在这些具体案例中，巴马人普遍寿命高。首先，那里生活节奏慢，再一个他们的生活比较适度，不过量，处事方式是泰然的。生活又常常是粗茶淡饭，还有当地良好的生活环境。从巴马人这种寿命中，或者从中国一些长寿人的生活中，往往可以得到这些信息，在生活中不能太着急，肝火太旺会影响我们的身体健康，也会影响我们的期望寿命，所以我们要慢一点，各个方面处事要适当，这跟中国传统的“儒家哲学”比较接近。由此来说，我觉得生活决定了我们的健康，所以我就选了这个题目：生活与健康。

既然生活决定我们的健康，那么，有哪些决定因素呢？主要包括习惯、性格、胃肠，甚至于体态等。比如说有些人喜欢熬夜，有些人喜欢加班。还有，血型决定性格，不同的性格可能和健康也有关系。对生活的态度，有的人比较急性，有的人缓慢、柔和。这些因素确实影响了我们的健康。

身体、心理要适应社会

根据世界卫生组织提出来的健康概念，健康不仅仅是没有疾病或虚弱，也包括个人身体、心理和社会适应的完好状态。目前我们对健康的理解，就一定要包括：身体要好，心理要健康，还有对社会良好的适应状态。一些人在生活中，身体很好，但是他跟社会的协调不那么好。在融入社会、参与社会的过程中，这也不行，那也不行，这就不健康。

身体健康就是体格要健壮，各个器官功能要良好。不能说某个器官处于低下状态，或者处于功能的边缘状态。

心理健康就是能够正确地去评价自己，能够很好地去应对生活，处理生活中的各种压力，能正常工作，为社会做出自己的贡献。

在工作和生活中，难免会碰到一些困难、挫折，但是你碰到了就觉得生存压力太大，心烦意乱，逃避这些东西，没办法去处理，这也是健康出了问题。现在人面临的这种社会问题非常多。有找工作、找对象、收入多少等大因素，还有同学之间、家庭之间、人和人之间的意见不一致等小因素，容易发生心理问题。个人要学会怎么妥善地去处理这种压力，应对生活中碰到的各种困难、困扰和挫折，当然这些事情是比较小一些的，我们还会碰到一些大的困难和挫折，包括人际调适。

健康还包括第三个因素，是一种社会适应的完好状态，这个是指自我调节，能够保持个人和环境、社会及在人际交往中的均衡与协调。每个人不是独立的，我们属于社会，就需要面对社会中的各种事情。碰到一些比较不高兴的、有压力的事情，我们能不能够很好地去处理它？有些人觉得困难很常见，人生就是要面对困难困苦，这个困难走过去了，还有下一个困难在等着我，反正就是这样。需要正确地认识到人生就是这样面对困难去前进。我们遇到这些困难，要学会去处理去解决它，办法总是比困难多。

我们在社会生活中要保持跟社会关系、人际关系等各种环境领域的均衡与协调。不能让社会把你排除掉，你也不能和社会、环境处在隔离状态。要处于一种相互均衡的状态，你不能跟它发生猛烈的对抗和冲击。否则，你很辛苦，社会也很辛苦，别人也很辛苦。所以我们说这三个方面的因素构成了健康的完整概括。

健康的生活方式涉及多方面

怎么去构建一个健康的生活方式呢？我认为重点有这样几个方面，包括合理膳食、适量运动、戒烟限酒、心理平衡，还有足够的睡眠。我从这五个方面进行简要的分析和探讨。

“民以食为天”。肚子饿得厉害的时候，人容易发火。火不能积聚，吃点东西在心里比较安定。吃饭很重要，但是怎么吃很有讲究。合理膳食就是指能够提供全面、均衡、营养的膳食。这里面包括了食物的多样性，这样才能够满足人体的各种营养和需求。

怎么能够吃得更合理、更合适，这是我们主要的追求。

吃的过程中我们要有选择性。要吃出健康、吃出科学、吃出营养，甚至我们说还要吃出合理。比如一些野生动物，我劝大家不要吃。它也是生活圈中的生命，没必要为了我们自己去吃这些。

在合理膳食方面，怎么吃是合理的？有人提出了一个食物金字塔。即主食要占一部分，水果占一部分，还有鱼肉蛋奶占一部分，还有一些调料也要占一部分。比较合理的搭配就是，往往主食占40%，水果蔬菜占30%，再有其他的再搭配。在主食里面，适当搭配点杂粮比较好。为什么要吃一些杂粮呢？在消化过程中，吃得粗糙点对胃肠有好处。我们经常强调，人要吃一点像纤维素这样的食品，可以使肠胃运作得更好一些。在搭配的时候，吃得太精细，反而对胃肠不太好。这就是“种瓜得瓜，种豆得豆”，吃多了要胖，胖就会引起一系列的麻烦。当然，怎么去节制食量，节制饮食，需要现代人面对，现代人超重的很多，就是吃得好、吃得多造成的。

解决了吃什么，还得解决怎么吃。要确定适合自己的食量。个子高肯定要吃得多一点，对不对？能量消耗、运动消耗跟自己的这种身体适应能力要相一致，要适合自己的食量。

三餐分配要合理。早餐要吃饱，中午要吃好，晚上要吃少，往往这样讲。早上吃饱了，上午干活就好了，中午吃好了下午干得有劲，晚上吃了以后就是睡在床上了，吃的东西在胃里，如果在床上动，还会影响食物在胃肠里面的运动。

“饭后百步走，能活九十九”，等于说吃完饭以后，适当的运动是好的。三餐分配要合理。在吃的过程中偏少也很重要，人饿个两天基本没有问题。在古代，饿个四五天也没有问题。从来没有听说哪个人饿出什么病来。当然过去营养太缺乏了，吃得太少了，确实有人饿得出事。但是现在就不会这样，不会饿几天饿出个什么问题来。能够喝点水就行了，如果喝点奶会更好，基本生理消耗就这个水平。在吃的过程中，还要保持正常体重。

现代人已经把一日三餐这个规律打破了，有些人一日两餐，一天吃很少，特别是上了年纪的这个群体，好多人一日两餐足够了。

怎么吃有讲究。具有良好的生活习惯是保持我们健康的很重要的基础性因素。不要吃得太辣；不要狼吞虎咽，食物要有一个充分的、被咀嚼的过程。你把一整块食物放到胃里面去，这个食物没有充分地被咀嚼，人的胃液在消化时会有问题。胃器官的功能会受到损害。我们说要吃得慢，吃得好。有些人一个馒头两三口就吃完了，一碗饭两三分钟就吃完了，但是你那个消化系统不会那么快就适应，所以我们要慢吃，减少对胃黏膜的刺激。

吃饭要有节奏，不要暴饮暴食。要养成有规律的、有节奏的饮食习惯。为什么早上、中午要吃饭呢？还是有道理的。对个人来说，你长期以来养成一个习惯也行。一定要有规律，不能今天这样子，明天那样子，身体受不住，胃也被打乱了，从而不能有规律地去分泌胃液，对自己不好。

饮食要干净。多吃蔬菜和水果。还要新鲜。新鲜食物含有的营养成分会更多一些，因为一些营养成分很容易被破坏。另外，要吃得清淡。少食肥的、甘的、厚的、腻的、辛辣的，有些人辣的吃得很厉害，长期养成这个习惯，也行，但是太辣使他的胃可能受不住。还不要吃过甜、过咸、过浓、过冷、过热、过酸、辛辣的食物，这些对我们的消化系统、我们的胃都不好。所以要少食这些饮食，要多吃中性食物。

过量运动也不是很合适

另外我要谈运动。为了健康，我们要适度地运动，但过量也不是很合适，就是运动方式和运动量要跟个人的身体状况结合起来，个人能够适应，很舒服，做完运动不是很疲劳。

运动跟健康的关系，更多的是带来一种愉悦和享受，这是运动对健康的推动，并不是器官功能好而带来的愉悦享受。爱跑步没错，说明你的器官很好。但是器官只是个零件，跟汽车轮胎一样，用得多，肯定会磨损得很厉害，对吧？有些人在年轻的时候跑得多、用得多，年龄大了走不动了，很忧心。相反年轻的时候跑得少，运动少，那个腿反而好用。假设你那个关节，生下来之后，能够转 10 万圈，好，年轻的时候转了 9.9 万圈，年老的时候就剩下那么 1000 圈；如果年轻的时候只转了五六万圈，年老时腿脚就好用。运动要和个人情况相适合。

运动带来的愉悦是什么？快乐啊。哪有看到一个运动的人愁眉苦脸、哭哭啼啼地去跑步、搞运动的？没有。运动的人都是快乐的人，或者说他那一刻的心情是快乐的。对吧？所以这是人的特性，可以促进肾上腺的分泌，也能够快乐。

运动也有金字塔式。日常运动就包括走路、爬楼梯、骑车、做家务、购物等。这些运动比较适中，这是第一层。

第二层叫伸展运动，包括瑜伽、拉筋运动、柔软体操等。

第三层叫有氧运动、休闲运动，每天要一次，强度属于中等偏高，包括慢跑、游泳、登山、舞蹈、健身操等。

第四层是肌肉运动，这要隔天一次。因为肌肉运动强度比较大，包括重量的训练、仰卧起坐、俯卧撑和哑铃运动。

第五层是静态运动，这个要适量限制。主要是看电视、打游戏。坐着也叫运动吗？也是运动。不同的运动会遇到这些事情，你要是看电视、打游戏时间长了，肯定会肩膀疼、腰疼、颈椎疼，这些要限制。

有些人提出一个观念，我跟大家介绍一下。有人说，人不要轻易去放弃做两件事情。第一，不要放弃读书，因为读书可以舒散我们的筋骨；第二，不要放弃运动，运动可以增加健康。围绕这么几个运动的性质，大家根据自己的情况适量选择。

运动也有其他要求、原则。主要包括四个原则。

第一，安全性原则。任何事情都有两方面，包括运动。比如有人玩单双杠，还没上去就掉下来了，最后骨折了，不能走了。脱离了安全，这个运动就没有价值。

第二，循序渐进原则。从简单到复杂，因为人体的关节、组织也有一个活动期，可以由易到难，运动负荷由小到大逐渐增加。每次运动，应该遵循这个规律。我们在做渐进性运动的时候要适量，如果一下子复杂，身体适应不过来，可能造成肌肉损伤、关节损伤、骨骼损伤。

第三，适量运动原则。要根据自己的身体情况来确定运动量，比如每周3~5次，每次30分钟。或者在床上做仰卧起坐也行。

第四，持之以恒原则。

下面谈戒烟和限酒。戒烟越早越好，任何时候戒烟都对身体有好处。根据自己的身体状况，饮酒可以适量。确实酒也会增加一些疾病风险。酒喝多了，容易导致交通事故或暴力。

吸烟的危害是显而易见的。医学证明，吸烟对人体的伤害很多，吸烟增加了冠心病急性发作的机会和中风的风险，增加了慢性支气管炎和肺气肿的发生。

深圳市人大发布了《控烟条例》，规定在公共场合不能吸烟。一般人不愿意让人在公共场合抽烟。如果抽烟，要懂得一些基本的礼节、素养、规则。

戒烟的方法有很多，主要靠个人，也可以使用烟的替代品。有些人戒烟比较容易，有些人戒烟就比较困难，会出现一些这样那样的症状。

第四个方面，有关心理平衡问题。现在竞争压力大，如何让自己能够适应社会，心理平衡非常重要。心理平衡指什么？就是能够应对日常生活压力，有效率地学习和工作，对家庭、社会有所贡献的良好状态。

我是什么人？能干什么？干得好吗？对自己要有一个认识，不要一看到别人赚了那么多钱，以为我也能赚那么多钱，我只不过是没到那个位置上。要给自己一个合适的评价。你可以瞄准一个生活目标去努力，如果实现不了，你自己要有精神上、心理上控制的余力。

我们要从容、善行，要有善念，要做善的行动，这对我们的身体有好处。

保持心理健康的方法，包括开朗、豁达。怎么才能够实现得了呢？有人说，当你装得下世界，这个世界才会包容你。要有很开朗的、豁达的生活状态。

再一个是，制定一个力所能及的目标，调适对社会和他人的期望值。有些人经常发火，我对他那么好，他为什么对我这样呢？应该让自己去适应别人，别让别人去适应自己。

建立良好的人际关系非常重要。你的人际关系很好，你在其中工作和生活都很愉快，能过得不急不躁。培养健康的生活习惯、兴趣爱好，有自己的生活爱好，能够让自己的紧张心情放松下来。写写字、弹弹琴、画画都可以，让自己参加社会活动。

再有就是要认识突发事件带来的心理变化，寻求心理支持和救助。比如汶川大地震，好多相关人士的心理阴影消去不了。我们在生活中每天都会碰到一些事情、发生一些问题。对一些突发事件在心理上的变化要有一些认识，事情出现以后，要认识到对心理形成挫折和打击是正常的，你要慢慢地适应。

睡眠对人太重要了

我们要习惯做善事、有善念，这些很重要。这样会使我们变得更加宽容、善良，充满感恩之心，也让我们很快乐。大家都注意到，做义工的那些人很高兴，没有什么愁虑。第一，自由职业；第二，不求回报。每个人在生活中，如果有时间去做义工，自己的心灵可更健康。

要有足够的睡眠，睡眠对人太重要了。经常睡不好，心里焦虑，容易发火。

什么属于好的睡眠呢？要有好的睡眠习惯，要找到你觉得安全的、舒适的、安静的环境。这个环境里不能有噪声，要把灯光调成暗一点的。建立有规律的作息时间。

我这个人很怪，晚上 11 点前我入睡效果最好，中间醒一次上洗手间，或者说不上，接下来睡，早晨6点钟醒了。如果晚上12点还没有睡，我就睡不好了，有时候头很疼，按摩它，甚至睡得更不好。所以我的最佳入睡时间是在晚上11点前后。下午2点后不要喝咖啡和茶，特别是不要喝咖啡。

有关睡眠问题的深层次原因，为什么睡不好？涉及创伤因素、沉淀因素和延续因素。所谓创伤因素，就是过去发生了创伤事件，我们对睡眠采取了不正确的方法，造成失眠，也包括家庭遗传。

所谓沉淀因素，日常生活中干扰睡眠的问题很多，比如说生个小孩或者生活压力很大等。

还有一些疾病因素。因为有了疾病以后，你的担心会比较多。这个疾病带来的睡眠的、心理的变化很多，现代疾病不是单纯的一个疾病因素，特别是躯体疾病，多少影响到心理。有些人出现疾病以后，睡不好，几天就瘦了，一看就不是那个病造成的，而是他的心理压力太大。

还有一些延续性因素。即维持或加重你睡眠问题的信仰或生活方式。包括把不睡眠作为一种生活方式，午睡时间过长。有规律的睡眠很重要，不要试图去熬夜，否则再纠正很难。

还有睡眠的深层次问题。一定要优先考虑好睡眠。首先身体需要睡眠，对我来说，睡眠有时候不够，我一定要睡到那个时间，睡不好的话我难受，脑袋里面很倦，什么也干不好。身体需要睡眠，才能维持高效运转，使我们的身体产生活力。几周时间就可以形成一个生物钟，养成很好的睡眠习惯，持之以恒就可以了。如果你有睡眠问题，可以找睡眠专家聊一聊。心理专家也行，医院有专门管睡眠的医生，有问题要经常去求助。睡眠问题是比吃饭还重要的问题。

体重问题也很重要。国际上往往通过体重指数来衡量个人体重。正常成年人的体重指数应该在18.5~23.9千克/平方米。即身高的平方，再去除体重。如果在24~27千克/平方米那就超重了。这是国际上公认的数据。体重超重会带来很多问题，如糖尿病、高血压、冠心病、中风、癌症等。而这些疾病是影响人们长寿、预期寿命最重要的因素。怎么管控这些不利因素？通过控制体重，能够改变糖尿病、高血压、冠心病、癌症等疾病，所以体重也是很重要的因素。

有些人通过运动控制体重。我建议，控制体重一定要少吃东西，或者不吃饭，这样控制体重更好。运动很辛苦，减肥，减肥完了后，肚子饿了，一会儿又吃很多，形成这样的一个恶性循环，通过饮食控制来减肥，效果很好。实在不行饿两天。前两天我回去了，看到我侄子很胖，我以前还讲过太胖了要减肥，之后他连续饿了 4 天，减了 6 公斤，我说饿得难受不难受，他又不说出来，一会儿饿了要吃，饿了几天以后他吃了，没问题。少吃是减肥的最好办法。

控制情绪，养成良好习惯

下面把一些常见的疾病跟大家交流一下。

这些疾病都是我们在中老年以后这个阶段的。怎么能够早期发现癌症呢？早发现、早诊断、早治疗，效果好。有规律的体检很重要，同时要学会观察，如果发现一些异常肿块，感觉异常等，都是一些疾病的关键因素。要学会去观察自己的身体，怎么去处理，进行一些诊断和处理。

谈到冠心病，要学会预防，比如起居有常，早睡早起，避免熬夜，还要睡前不看恐怖的惊险小说，生活不要暴怒、惊恐，不要过度思考，也要控制好饮食。冠心病不仅是吃出来的，和你的心态也有关系。良好的心态可以使你的血管紧张度降低，良好的饮食也是这样。

饮食我们怎么吃？清淡、易消化、少油腻、少脂肪，多吃蔬菜水果，少吃多餐，晚餐要少吃，这是我们要注意的问题。抽烟喝酒是造成冠心病特别是心肌梗死、中风的重要因素。所以要戒烟。酒呢，如果少量喝一点可以，促进血液流通。但是喝多了会增加心脏负担。还有劳逸结合，避免过量的体力劳动，避免突然用力，特别是饱餐后不宜过量运动，适量就可以了，体育锻炼也要量力而行。

高血压也是常见疾病。冠心病在中老年人以上发病率在 20% 左右，糖尿病发病的一般是40%～50%，所以预防高血压就在于要少吃咸食，我们推荐成年人每天食盐摄入量要少于5克，血压偏高的要低于3克，还要少吃动物脂肪，要多吃点蔬菜、水果。

在生活中衣裤、领带不要过紧，弯腰不要过度，不要突然改变体位，因为高血压的人体位会影响血压变化，身体受不住，血压血管反应能力在降低。年轻的时候，一下子站起来没问题，他们的血管收缩能力很好。但年龄大了，起来要慢一点，起来快的话血压就上去了。那么还要定期测量血压，按时服用降压药，不可随意停止或增加剂量。因为高血压是慢性病，要长期吃药。它就是能使这种血管保持一种舒适状态，如果高血压已经到了后期，吃了药效果也不好。高血压的预防还要通过控制情绪来养成良好的习惯。

现在我们有一个很不好的习惯，感冒了、头疼了就要吃抗生素。“是药三分毒”，一定要相信这句话。药除了含有治疗作用以外，还有好多副作用，记得要少吃药。比如头疼感冒，不吃药能顶两天，过去就没事了，出现一些并发症很痛的时候再吃。我们国家抗生素的使用率很高，我们要把它降下来。一定要在医生的指导下很好地去使用抗生素。滥用抗生素，就是指不规范地使用、在不必要的情况下使用，超时使用，或者用量很多。抗生素危害一是耐药性，还有菌群失调，不良反应和副作用，甚至也会导致人体丧失免疫能力。

少打吊针和输液。身体本来有一个自我愈合的过程。要更好地去尊重自己身体的愈合能力和身体的纠错能力。像高血压，通过改变你的生活习惯，可能会使血压能够低一些，但是目前还没涉及这些。一般常见病，如感冒、头疼等，睡眠好、多喝点水，或者是改变生活习惯，就可以调整过来。

今天结合我的认识和看法，跟大家分享我的一些健康理念。谢谢大家！

生活中医

李　平

李　平

北京中医药大学博士生导师，主任医师，教授，安徽省立医院中医科、中医肿瘤科行政主任，卫生部国家临床重点专科（中西医结合肿瘤专科）、国家中医药管理局重点学科带头人。安徽省首届“江淮名医”，中华中医药学会肿瘤分会常务委员、安徽省中医药学会肿瘤专业委员会主任委员、安徽省中西医结合学会肿瘤专业委员会副主任委员。参加编写4部专著，获得“全国中医药科学普及金话筒奖”。

中医就在我们身边

讲到中医必然讲西医，社会舆论中的确存在中医和西医之争。我们用什么方法去看待这些争论？这和我们的中医、和我们的文化有关。

西方哲学认为认识的辩证过程是从实践开始，到认识，再实践，再认识，是一个螺旋上升的过程。

中国文化中关于“认知”也有四个阶段，这一点，从甲骨文的象形文字可见一斑。

，即“比”。古人认识某个事物或者现象首先来源于比较。通过两两比较，产生认知，认识到哪些是正常的、有利的。并在认识正常的基础上，发现太过或不及的异常变化。做到“以常衡变”。

，即“从”。在认识过程中总有一些先知先觉的人，把认识得到的经验总结归纳，形成一定的理论。其他人或者后辈们跟着这些先知先觉的人学习，一个人跟在另一个人后面学习，叫“从”。这是认识的第二阶段，跟从学习阶段。

，即“北”。在一个人跟着另一个人学习的过程中，跟从学习的人慢慢地发现有些理论前人总结得不对，或者不符合实际，于是就产生困惑，不想再跟从下去。“北”不仅可以表方位，还可以表示“困惑”，人们常说的一句口头禅“找不着北了”，就表示对某个事物或现象很困惑。这属于认识的第三个阶段。

，即“化”。当跟从学习的人产生困惑时该怎么办呢？象形文字的“化”表示两个人，一人在上，一人在下，暗指每个人都有长处和短处。而“化”的本义是指稻谷成熟时灌浆长成阶段。这就教导我们在认识的第四阶段遇到困惑时要完整地看待长处和短处，应该吸收他人有用的东西为我所用。

这样看来，西方哲学的认识论与2000多年前中国古代“认知观”是不谋而合的。

《黄帝内经》奠定了中医的形成。在这之前，中医一直存在，但是没有人系统地整理它，到了西汉时期，一些知识渊博、先知先觉的人在一起，把当时中国人认识自然、认识疾病的观念收集起来，形成了这本书，叫作《黄帝内经》。在不同的朝代，《黄帝内经》都在不停地发展，我们都是受益者，同时我们也是传承者。

中医就在我们身边，中医思想无处不在。了解一些中医的知识后你就会发现，我们不但享受了生活，还享受了这个生活背后的文化。比如我们大家去看病，大家天天写这个“病”字，这个方块字里面有什么内涵呢？它其实包含了我们古人认知的思想，同样也包含了中医学思想。这个“病”是由“丙”和一个“疒”字头组成的，中国文字是象形字，那这个“病”字的象形意义是什么呢？“疒”字头是两个凳子铺一块板，上面躺一个人，古人通过这种方式告诉我们一张床上面有个人始终躺着，就表示这个人的状态需要躺着，表明这个人没有活力了，生病了。这仅仅是象形，不足以反映中国人的智慧，最关键的是在这个字中间告知我们这个人得了什么病。我们了解到，甲乙丙丁戊己庚辛壬癸，这个丙对应的是阳气，在五行中对应火，古人告诉我们，这人躺在床上需要休息了，因为阳气不足，火不足，也就是得了内科病，阳气不足。

所谓疾病，“疾”也是需要躺在床上的，但是它的病因是什么呢？“疾”里面是一个“矢”字，这是一个“矛”的形状，古代经常发生战争，被人捅了一下受了伤。所以“疾病”一个反映的是外科病，一个是内科病。

还有一种皮肤病叫“疥疮”，古人并不知道疥疮真正的病因是什么，那么古人是如何描述的呢？是因为一种疥虫在体内巡行的路线就像这个形状，它爬行的路线就是“介”，因此古人认为疥疮是由疥虫所致，所以创建了“疥疮”的“疥”。同样的，我们今天都怕肿瘤，谈癌色变，“癌”是什么呢？古人也告知了我们同样需要躺在床上，这个“癌”里面是一个“品”字，它就描述了菜花状外形的一个疾病。古人认识到肿瘤的时候，外形呈菜花状、质地如“山”中岩石一般坚硬的疾病那就叫“癌”。通过中国文字，可以看到古人已经告知了我们很多知识。

这就是中国文化，这就是中医思想，只是我们身在其中，不识庐山真面目罢了。

人的身体健康需要平衡

习近平主席说："中医药是打开中华文明宝库的钥匙。"这是习主席的原话，中医并不远，就在我们身边。中医如同一把钥匙，这把钥匙最精髓的内容是什么？两个观点，一个是平衡观，一个是整体观。平衡观就是讲阴阳要平衡、动静要平衡、供补要平衡、相生相克要平衡。整体观就是天人合一的思想，认为人是一个整体，人不是独立分割的，人不是简单地由细胞叠加起来的东西，人就是一个整体，人和自然是一个整体，人和社会是一个整体。这两个方面是精髓。

健康是一种平衡状态，人要想健康，首先需要阴阳平衡。所谓阴阳平衡，中医讲究"阳在外，阴在内"，但二者不是孤立的，作为一个平衡体，阴阳相互依存，"阳在外，阴之使也"。以家庭为例，夫妻双方男同志主外，但是男同志在外面代表了这个女同志的形象，如果男同志出去时衣服穿得很整洁，别人一看就会觉得他的爱人挺贤惠，出门的时候把老公的衣服整理得挺好、身体保养得挺好，"阳在外"反映了女同志的形象。而男同志在外赚钱回家以后交给专门管账的人，这就是"阴在内，阳之守也"，所以男同志回家把存款交给女同志这是应该的，这样才能做到阴阳平衡，这是维持家庭和睦的简单方法。但如果"阴阳离决"，即阴阳相互依存的关系破裂，就会造成"精气乃绝"。反映在身体上，就会生病；反映在家庭上，就会出现不和睦。所以，"女汉子"们应该温柔内敛一些，男人们应该少些大男子主义，多做做家务，这样家庭就会更加和睦。所以说疾病就是人自身与外界不平衡的结果，这里的人体自身是指人的先天禀赋及精神情绪，外界则包括自然环境、生活方式等。

那么西医是怎么认识疾病的呢？它认为当机体的致病因素和防病因素处于失衡状态时，人体就会发病。它的表述和中医是一样的，二者在疾病的认识上是高度统一的。因此，中西医不冲突。

人是万物之灵，除了具有生物学特征之外，还有精神意识层面。西医认为，健康的定义不仅仅是指身体健康，还包括心理健康。《黄帝内经》曰："形与神俱，而尽终其天年，度百岁乃去。"意思是只有形体和心神共存、协调，才能健康长寿，否则"神行相离，行尸而已"。因此，人要想健康，不仅需要强健体魄，还要"养心神"、"调情志"，使我们的精神恬适安宁、思想闲静淡泊、内心清静无欲。只有神和形合一，二者平衡，才能真正健康。我们身边不乏有些人形体很瘦弱但却没有疾病，而有的人物质生活丰富却疾病缠身。为什么呢？形体瘦弱的人，可能他生性乐观，精神矍铄，内心充实，"形与神俱"，故而健康；而物质生活丰富的人，可能精神生活空虚，形和神不统一，因而疾病缠身。

常言道"生命在于运动"。于是许多追求健康的人就以此为信条整天在运动，但是却发现这种运动并没有给我们带来健康。比如，许多职业运动员的身体并不健康。为什么呢？那是因为我们往往忽略了另外一句话"健康在于静养"。在运动锻炼时一定要动静相宜，保持动静平衡。

这就告诫我们每天锻炼的时候要注意一个"度"，不要过度。有人说"冬练三九，夏练三伏"，那么热的天、那么冷的天坚持出去锻炼，其实这是不宜的。有些关节炎患者就不宜过度运动。听人说爬山好就天天去爬山，没想到爬回来骨关节炎更严重了。这就是没有把握好"度"。

"生命在于运动，健康在于静养，气血在于流动"。我们每个人都要调节好一个动和一个静的关系，把握好"度"。老子《道德经》第五十章中说："人之生生，动皆之死地，亦十有三。夫何故？以其生生之厚。"即告诉人们，照顾生命，不易过度（营养过度、休养过度、锻炼过度、用药过度、关注过度等等）。物无美恶，过则为害。当然这不是中国人所特有的，西方人讲究运动，但欧洲人写过一本书叫作《懒惰的快乐》。人适当地静下来反思，练练瑜伽，对健康有益。中西医并不是对立的，动静的平衡也是平衡的一部分。

当我们生了疾病必须到医院治疗，是不是一定要治疗到底呢？“宜将剩勇追穷寇，不可沽名学霸王”，从战争角度可能是对的，但是对疾病来讲不一定对。比如，肿瘤是人体元气异常化生形成瘤毒，在体内长了一个瘤子。现有的治疗方式是猛打猛杀，手术、放疗、化疗，等等。最后把肿瘤彻底打完，但是人的生命也没了。所以我们应用中医的平衡观，治疗的时候讲究一种平衡，讲究“攻”和“补”的平衡。这个补就包括我们的食疗。《素问》云：“大毒治病，十去其六；常毒治病，十去其七；小毒治病，十去其八；无毒治病，十去其九。谷肉果菜，食养尽之，无使过之，伤其正也。”意思是说，用猛烈的毒药治病，到病去六分的时候，就要停止使用；普通的毒药治病，到病去其七；轻微的毒药治病，到病去其八；无毒性的药物治病，才能用到病去其九，然后再以“谷肉果菜”的饮食疗法，以清除病后余邪，使机体完全恢复健康。总的来说，在治疗上不宜过分依靠药物，因为太过了，便要伤及正气的。因此，古人在讲究平衡的时候除了药以外，还重养，广东地区特别重视食疗，这就是“攻”和“补”的平衡。

保持健康、保持长寿是如此之简单，怎么简单呢？看两个字，第一个字是“天”，“人”上面加两横，中国人认为想长寿活到100岁将尽其“天年”，怎么能够活到100岁？讲究平衡两个字，一个人只要掌握了平衡就能尽天年。如果人没有掌握平衡，在通往天年的路上早死了叫作“夭”。我们想讲的学问，两个字就解释了。所以掌握住阴阳平衡、形神平衡，才能做到真正的健康。

中国人创造了五行思想

中医的精髓不仅仅是平衡，还讲究整体。中医认为人是一个整体，不是独立于世上的一个简单的人。人是自然中的一个物种，自然是一个整体，万物皆生于春、长于夏、收于秋、藏于冬，人的生长规律和自然是一体的，人也是生、长、壮、老、已。人生的春天就是他的年轻时代，万物生长；长于夏，即成年阶段；到了中年，壮实；老年的时候逐渐走向封藏。

自然有日落日出，人也是一样。一日复一日，一生复一生。有人讲怎么可以一生复一生呢？自然可以循环，人能不能循环？人也在循环，人死掉了怎么循环呢？其实你的精神、你的物质依然存在，这就是你的子女，他秉承着你的基因依然在循环着。中国人讲究传代，你的资产交给你的小孩，为什么？因为他禀赋着你的秉性、你的性格，包括你的一些疾病基因。这些都随着子女一代一代传下去，和天地万物一样不停地循环着。昨天的早晨和今天的早晨看起来和明天的早晨差不多，其实不一样，但是它有一些共性。人跟万物是一体的，人的生理运行规律和自然运行规律是一样的，知道了这一点就能够理解我下面讲的话。

为什么说人和自然是一个整体？他们之间是怎么沟通的呢？中国人创造了五行思想，认为天地万物都是由五种基本元素组成的，是五种基本元素把天地万物融合在一起，像经纬一样把天地万物都串在一起，使天、地、人合为一体，天人合一，里面的核心是五行。这五种基本元素就是木、火、土、金、水。而西方人认为世界是四行，认为整个世界是由四种基本物质组成的，其中缺了一个金，由此可知中西方的认知方法是一样的，中西医不冲突。

中国人认为天地万物由五种基本元素组成，因此我们身体中的五脏六腑、情智以及食物的味道、居住的方位和地理环境等，种种的东西都可以归纳在五行之中。每一行都有共性。比如说木，具有生发、条达的特性，这和万物生长的春天相对应。《黄帝内经·素问·四气调神大论》曰："春三月，此谓发陈，天地俱生，万物以荣，夜卧早起，广步于庭，被发缓形，以使志生，生而勿杀，予而勿夺，赏而勿罚，此春气之应，养生之道也。逆之则伤肝，夏为寒变，奉长者少。"意思是春季的三个月谓之发陈，是推陈出新、生命萌发的时令。天地自然都富有生气，万物显得欣欣向荣。此时，人们应该入夜即睡眠，早些起身，披散开头发，解开衣带，使形体舒缓，放宽步子，在庭院中漫步，使精神愉悦，胸怀开畅，保持万物的生机。不要滥兴杀伐，多施与，少敛夺，多奖励，少惩罚，这是适应春季的时令，保养生发之气的方法。如果违逆了春生之气，便会损伤肝脏，使提供给夏长之气的条件不足，到夏季就会发生寒性病变，之所以如此，是由于春天生机不旺，以致供给身体在夏天生长时所需的正气缺少的缘故。那么对于人而言什么阶段是青春阶段呢？就是小孩成长的阶段，在这个阶段家长要鼓励他，不要惩罚他，要促进孩子的生长。

金元四大家之一朱丹溪所著的《格致余论》谓："主闭藏者肾也，司疏泄者肝也。"肝主疏泄是指肝脏具有疏通、舒畅、条达以保持全身气机疏通畅达，通而不滞，散而不郁的作用。肝主疏泄是保证机体多种生理功能正常发挥的重要条件。在春季人体肝气就要宣发出来，使胸怀开畅，不宜生气，生气会使情绪压抑，而春天万物都能生长，长期压抑必然产生许多疾病，所以在春天的时候千万不能忧愁，在年轻的阶段更不能忧愁，如果孩子从很小的时候就处于忧愁之中，那么就会对他的身体健康产生不利影响。

同样的，我们吃的东西酸，这个酸和我们的肝脏有关系吗？因为酸和肝脏是同一行，"酸入肝"，它们有共性。当我们喝酒喝多了以后喝点醋。当我们的肝脏不好的时候，医生告诉我们要经常吃绿色蔬菜，经常补一点维生素C，这都是酸的。经常吃一些酸的食品，这些东西和肝脏是同一体。

在情绪方面，"肝在志为怒"，不要过度发怒，因为怒会影响肝脏，中医就是这样利用五行把人体和自然联系起来。

讲到唱歌，不同的歌曲对人体脏器的影响不一样，不同的歌曲能够调养我们的五脏。但如果选择不当，我们的五脏之气就可能受到损伤。

同样的还有颜色、季节。比如肝脏不好的人，有精神类疾病的人，他在什么季节最要注意呢？答案是春天。春天来了我们要注意肝硬化等肝脏疾病和精神类疾病。俗语说"菜花黄疯子忙"，春天一来，有精神疾病的人就开始精神错乱了，因为这个季节和他生理上所对应的脏器重叠。

中国人通过五行来认识这个世界，同一行之间相互影响，五行之间也存在着关系，这种关系相生相克，既可以相互支撑，也可以相互制约。

比如说火，火能够生土，土能够生金，金能够生水，水能生木，木能生火，圆圈的外围是相生的关系。那么里面是相互制约的关系，天地宇宙间的五种事物，五种基本属性的事物能够相互制约，比如火能够克金，金能够克木，木能够克土，土可以克水，水又反过来克火。这个看起来有点悬，其实这种关系就在我们的身边。

明太祖朱元璋不读书但很有文化，他尊重中国传统文化，他给他的子女起名字都是用相生的关系。朱元璋的第四子是明成祖朱棣，木生火，他的儿子取名朱高炽，火生土，他的孙子取名朱瞻基。朱家创造了大明王朝，日月为明，整个国家的属性是火，到了明末，有个人就想推翻他，这个人就是努尔哈赤，定都盛京（今沈阳），他的国家叫什么？叫清，是带水的，他运用五行相克的关系，喷水把明朝这把火给灭了。

还有，贾宝玉和林黛玉凄美的爱情故事也让我们感慨不已。林黛玉的前世是绛珠仙草，属性是木，贾宝玉前世是神瑛石（神瑛侍者），属性是金。但金木相克，因此，曹雪芹在一开始就奠定了两人的悲剧爱情基调。

现如今，许多年轻人结合时，家人也会“合八字”，看是否有相生相克的关系，为未来的婚姻生活占卜问卦，虽说有一些迷信色彩，但细想之下，也不无道理。

养生就是要适应四时

前面我们强调只有“形与神俱”，才能“度百岁乃去”。那么，我们怎么养生？简言之，养生分为养形体和养心神两部分。养形体以外防为主。外防，指对外环境要适应自然四时的变化，避免邪气侵袭，即“虚邪贼风，避之有时”；养心神以内调为主，要内调情志，调整生活的饮食起居，即“恬淡虚无，真气从之”、“精神内守”、“美其食，任其服，乐其俗，高下不相慕”等。外防和内调是养生的基本要求与原则，如果能坚持实行养生之道，就能达到形与神俱、尽其天年的目的。

那么，我们该怎样做才能算是适应四时呢？

春天主生发，万物欣欣向荣，应该入夜即睡眠，早些起身，适当运动锻炼，春天想睡觉就不是健康的生活方式。如果春天养生不当，到了夏季就容易发生寒性病变，因为春天生机不旺，会导致供给身体在夏天生长时所需的正气缺少。

夏天主生长，生长的东西都在夏天，夏季气候炎热，因此，夏天还主火、主红色。而中国人认为红色的东西喜庆，因此，中国的喜事都以红色表示。夏天的时候虽然气候炎热，但是我们不能厌恶这种炎热天气，更不能过度贪凉，要适当出汗，使毛孔疏泄、腠理宣通。如果夏天整天在空调房子里待着，就不能适应四时，这就是不健康的生活方式，就会损伤心气，秋季容易出现疟疾类疾病，因为夏天长养之气不足，导致秋天收获时的正气缺乏。

秋天是收获的季节，万物成熟，不再生长，天气转凉，秋风劲急，一派萧瑟肃杀之象。因此，秋天代表的颜色是白色，中国人的白色是指不好的事情。过去司法判一个人杀头都放到了秋天，以表示我们国家做一切事情都是和自然相适应的，叫秋后问斩，所以五行在生活中随时能见到。到了秋季，应该早睡早起，使情志安定平静，用以缓冲深秋的肃杀之气对人的影响；收敛此前向外宣散的神气，以使人体能适应秋气并达到相互平衡；不要让情志向外泄，用以使肺气保持清肃。这才是顺应秋气、养护人体收敛机能的法则。违背了这一法则，就会伤害肺气，到了冬天还会由生完谷不化的飧泄。究其原因，是由于身体的收敛机能在秋天未能得到应有的养护，以致供给冬天的闭藏之力少而不足的缘故。

而冬天万物封藏，气候寒冷，水面结冰，大地冻裂，所以人不要扰动阳气，要早睡晚起，一定需要等到日光出现再起床；使情志就像军队埋伏、就像鱼鸟深藏、就像人有隐私、就像心有所获等一样；还要远离严寒之地，靠近温暖之所，不要让肤腠开启出汗而使阳气大量丧失。这乃是顺应冬气、养护人体闭藏机能的法则。违背这一法则，就会伤害肾气，到了春天还会导致四肢痿弱逆冷的病症。究其原因，是由于身体的闭藏机能在冬天未能得到应有的养护，以致供给春天时焕发生机的能量少而不足的缘故。因此，“冬练三九”是错误的，尤其是老人到了冬天应该在家里面“猫”着。但是很多人都出去锻炼去了，许多心脑血管意外就在这个时候发生了。

以上就是春养生气、夏养长气、秋养收气、冬养藏气的顺应四时的养生方法。

五行在生活中随处可见，那么，吃喝拉撒跟五行能有关系吗？答案是肯定的。我们知道古人把一昼夜划分为十二个时辰，十二个时辰用十二地支的名字命名，每天的半夜十一点至子夜一点为子时，其余类推。十二个时辰与五行有对应关系。而这些时辰的五行分别为：子—水、丑—土、寅—木、卯—木、辰—土、巳—火、午—火、未—土、申—金、酉—金、戌—土、亥—水。由此可知，夜间一点到三点属土，早上七点到九点属土，中午十一点到下午一点属土，晚上七点到九点属土，土有四个时辰，什么意思？《素问·太阴阳明论》说：“脾者土也，治中央，常以四时长四脏，各十八日寄治，不得独主于时也。”表明四时之中皆有土气，而脾不独主一时。人体生命活动的维持，依赖脾胃所化生的水谷精微和津液的充养，“脾为后天之本”，只有脾气的运化功能正常，才能四脏得养，机能发挥正常，人体康健，不易生病，有病也易于康复。五行运行其中，脾胃功能旺盛的时候就是胃酸分泌比较多的时候。早上七点到九点，中午十一点到下午一点，晚上七点到九点，这三个时间段是我们吃饭的时间，所以，饮食要有时有节。马上就有人问了，脾胃功能在另外一个时间段也比较旺，就是夜里面一点到三点，消化性溃疡的人就深有体会。消化性溃疡就是胃酸分泌过多，把我们的胃或十二指肠黏膜给破坏了，所以它表现为在进餐后或者进餐时疼痛，或夜间痛，因为消化液分泌多，所以夜里想吃东西，这提示胃可能是有病了。一年有四个季节，从一年的节律来看，什么时候进补最好？中国人习惯冬令进补，为什么选择冬至？因为冬至属土，是人体脾胃功能旺盛的时候，这时候进补就可起到事半功倍的效果。

怎么调我们的情绪

调摄情志是养生保健的重要内容。怎么调我们的情绪？人有七种情绪：喜怒忧思悲恐惊。人遇到不同的事物内心必然产生一种情绪，所以有情绪是正常的，只是我们不要把这种情绪表现得太过，或者不及，否则对我们的身心健康不利。

什么叫喜？愿望实现，这种内心高兴的感受就是欢喜。人怎么让自己幸福起来？愿望被实现。这就要求我们把大愿望分解成小的愿望，每个愿望实现的时候都会产生欢乐的感觉。如果你的人生目标太大，都要当厅长、省委书记，要中500万元，你人生唯一的愿望永远得不到实现，这个人就永远没办法幸福。怎么化解工作中的压力？就是要分解成很小的目标。比如说你要买房，可以有一个计划，你逐渐地去实现。当你满足一个小计划，内心一个小愿望被实现产生的感觉就是一种欢乐。所以人的愿望不要过大，适可而止。伴随着愿望实现就产生欢乐，那么这种欢乐有什么好处呢？它能够养我们的心气，使我们的心气调，心神安。

生活中的愿望不一定个个能实现，压力一旦被释放，产生的内心感受也是欢乐。所以适当的时候我们的生活要有一定的紧张度，没有一定的紧张度你会感觉到非常累，生活没有目标，因为你失去了让自己被满足、欢乐的源泉，影响我们的心气。

如果过度的欢喜或者无所事事没有这种满足感，可能导致我们的心气变弱，甚至出现一些精神症状。《儒林外史》谈到范进这个人，爱读书，一直希望能考取功名，但是一直未能如愿，可是他不放弃，屡败屡战，不停地在考，考了好几年，终于考取了举人，大喜过望，其结果是什么呢？喜伤心，新官人疯了。为什么会疯呢？因为过喜的情绪会影响我们的情智。过度的喜就会伤心。

一个人愿望受阻，内心产生的这种感觉叫什么呢？叫作怒，或者说行为受挫叫作怒。比如岳飞的愿望屡屡受挫，内心就产生这种感觉。这在《满江红》里面得到了抒发，怒发冲冠啊，从另一个角度也表明了中医里怒对人体的影响。“怒则气上”，“大怒则形气绝，而血菀于上，使人薄厥”，怒的时候人体的气血往上走，人体中的阳气，还可因为大怒而运行紊乱。阳气过分上逆，使形体正常的协调关系遭到破坏，血液就会随着阳气上逆而郁淤头部，从而使人发生昏厥。所以高血压病人千万不能大怒，大怒会使血压升高，容易引起中风、头痛、昏厥、吐血等疾病，严重者还可能因暴怒而断送性命。

有些时候，你没有表达出来，并不表示你不怒。林冲很有本领，当上了教头，武艺高强、任劳任怨，所有的战役都有林冲。他善于约束情绪，当他听到有人调戏他老婆的时候，他发誓要把此人杀掉。但当他发现这个人是太尉高俅的儿子，硬把这口气憋回去了，行为受挫，这种感觉叫怒。《水浒传》第99回讲，林冲后来得了中风，就是高血压意外，半年就死了。所以这种过度压抑自己的情绪是不宜的，对高血压病人尤其不好。要善于表达感情，不要过度压抑，更不要生闷气。

还有一种情绪叫忧。忧是什么呢？是对所面临的问题的解决看不到头绪。长期处于这种忧虑之下，渐渐就表现为另外一种状态——悲。失去所爱之人和物，那种感觉就是悲。悲和忧伤肺，影响我们的气血，过度忧伤对我们的肺不好。

悲和忧会影响我们的肺脏，失去心爱之物要坦然对之。我们最心爱的是什么？是健康。有人患病之后失去了健康，就陷入了忧和悲之中，如果一直悲下去，对自己非常不好。古人讲过：“悲者病不可以治。”如果一个人悲病不好治，对医生来说这个病治不好，所以通过药治之前把心治好，努力地去适应疾病并战胜它。

生活中还有另外一种情绪，就是老想着这个问题怎么解决，但是又解决不了，就处于钻牛角尖的这个状态，我们称之为过度的思虑。有些女同志就担心爱人单位上还有几个年轻的女孩子长得挺漂亮的，担心但又不能讲，讲了就显得没有气度。许多中年女性有“信心危机”，过度的思虑使我们的心血凝固在肌体的某个部位，肝气不舒，很容易引发健康问题。思虑伤脾，表现出来就是不想吃饭。我们引用一句诗：衣带渐宽终不悔，为伊消得人憔悴。女同志的自信非常重要！

还有一种情绪叫恐。恐是什么？遇到危机但无力应对而害怕的状态。遇到了危险但没有办法应对，比如梦见了车祸，一辆疾驰的车子开过来，本来要闪开，但是突然发现脚迈不动了，车子要撞来，一惊醒了，这种感觉就是恐。惊和恐都会伤及我们的肾。老年人受惊吓回家以后发现内衣潮掉了，这就是恐对我们的影响。

还有就是惊。比如突然有一天孩子的电话打来了，结果一个陌生人开腔问，你是某某的母亲吗？你小孩刚刚遇到车祸了，马上要做手术，你赶快把钱打来。做母亲的突然遭受意外，惊则气乱，导致气血变化，使我们的意识产生紊乱，可能马上按照那个卡把钱打过去，打完了以后才意识到被人骗了。骗子就是利用人遭受意料之外的事情会造成判断力下降，才打这个时间差。所以我们每个人当遭受到意料之外的事情的时候，首先要把自己的心神稳一稳。

情绪对健康有很大影响。情绪是人体产生的正常的内心感受，一定要正常地表达情绪，不要让情绪泛滥，过度的情绪表达会对我们的身体造成危害。

调节情绪的方式有哪些呢？主要有休闲、倾诉、抚摸、运动等。

劳累和环境会影响人的情绪。过度劳累的时候人就容易生气，因此，适当的休闲娱乐很有必要，是紧张繁忙工作中的调味剂；人是有情感的，一定要学会互相倾诉，但要注意方式方法；人与人之间的肢体接触是调节情绪的一个方法，比如一个温暖的拥抱，一个柔情的抚摸，不要以为抚摸只是对小孩子，抚摸也是中年男女的事情。当你的爱人遇到委屈的时候你抚摸她，她能感受到你的温柔；思虑使气血结在一起，而运动使气血流畅起来。有烦心事想不开的时候，出去运动一下，出出汗，睡一觉，烦恼就抛到九霄云外。

此外，要学会换位思考。好多事情换一个角度看，结局就截然不同。比如一个老太太有两个儿子，一个儿子是卖伞的，另外一个是染布的。下雨的时候这个老太太担心染布的没法染布，天晴的时候担心卖雨伞的卖不掉。为什么不能换位思考呢？如果你整天觉得工作很累，报酬不高，该怎么办呢？我们内心一定要从容起来。对待工作不要抱怨，不要应付，应该发自内心地喜爱，并在工作中实现自己的人生价值，这样，我们才会以乐观积极的心态迎接美好的未来！

如何做好健康管理

董卫欣

董卫欣

深圳市孙逸仙心血管医院重症医学科主任，国家一级营养师，广东省健康教育专家委员会资深专家，广东省健康管理专业委员会委员，深圳市重症医学专业委员会委员，深圳市健康教育讲师团首席专家，深圳市红十字会肿瘤康复专家，深圳市委党校健康讲师，深圳市校长培训中心健康讲师，深圳市公务员系统健康讲师，深圳市经理学院健康讲师，华南师范大学高级管理培训中心健康讲师。

古今中外，健康长寿是每一个人的梦想，是每个人一生的追求。

毛主席说过一句话——身体是革命的本钱。现在，身体就是我们养家糊口、享受生活最大的本钱。但是现实很残酷。很多人因为下面三大原因离开了人世，排在第一位的是心脑血管疾病，第二位是癌症，第三位是事故伤害。

心脏病最典型的症状

现代社会，很多人谈癌色变。实际上在我们周边的朋友当中，突然走掉的常常是因为心脑血管疾病。根据专业统计，100 个人死亡当中 35 个人死于心脑血管疾病，而癌症只有 26 个人。所以，心脑血管疾病已经是人类的“头号杀手”。

什么是心脑血管疾病呢？就是心脏的血管出问题了，我们称之为“心脏病”。在医学书上，我们又把“心脏病”称为冠心病，因为供应心脏的血管长得像公鸡的冠状一样，冠心病包括心绞痛、心肌梗死。脑血管出问题，我们称之为“脑中风”，包括脑梗死、脑出血。2011 年，我们统计，每年我们国家猝死，也就是在 24 小时之内死亡的，大概 55 万人；2012 年是 60 万人；2013 年是 65 万人。

得了心脏病，有什么症状呢？第一，最典型的症状就是胸前区疼痛、胸闷。胸前区在哪里？这是我们今天讲课的第一个核心内容，如何熟悉自己心脏的位置？举起右手，沿着这个胸骨往下滑，滑到皮骨头线偏左两个横指的地方你按下去，假如这个心脏“怦怦”地在跳动，那证明你这个人还存在。

第二，假如胸口有时候像压了一块石头似的闷痛，我们称之为心绞痛，这是心脏病最典型的症状。

第三，心悸，自己感觉到心脏在跳动。正常的心脏跳动是“咚嗒咚嗒”，假如你的心脏跳动是“咚嗒嗒”，就叫早搏，自己感觉到心脏跳动，叫“心悸”。

第四，气短。你如果走楼梯，能够从一楼走到三楼一口气走上去，那就没问题。假如只爬了两三个台阶你就觉得气喘吁吁，气不够用，我们叫作气短。

第五，一般人晚上睡觉的时候一个枕头就够，但心脏病病人有可能要两三个枕头，甚至把床抬高到 45 度，稍微低一点他就觉得气不够用、呼吸困难。

第六，四肢浮肿。这说明心脏功能有问题，这也是心脏病的典型症状。

对于心脏病患者，大家要记住一句口号，叫作“时间就是生机，时间就是生命”。当你出现胸口像压上一块石头一样闷痛的时候，一定要在6个小时之内到各大医院的心内科去就诊，这非常重要。在6个小时之内去，如果发现心脏哪个通道堵住了，放个支架，把这个血管打通，心脏的细胞就不会坏死。很多人为什么会猝死？就是因为超过6个小时甚至24个小时才到医院里去就诊，整个心脏可能都变黑了。

脑中风的症状

脑中风的第一个症状：头晕、头痛。平时你头有点晕、头有一点痛，或者你突然觉得头很晕、头很痛，就要赶快到医院里就诊。

第二，剧烈呕吐。平常我们得了胃肠炎，会在洗手盆里呕吐。那脑中风的呕吐呢，吐3～5米，像打开水龙头后水喷出来一样，叫“喷射性”的呕吐，像涌泉一样一口口地涌出来，当出现这种呕吐，九成以上是脑中风了。

第三，半身麻木。假如哪天你走路的时候感觉到地板像踩在棉花上软绵绵，特别是家里老人家告诉你，今天怎么踩地板像踩在棉花上软绵绵的，你要高度警惕他是不是脑中风了。

第四，如果大面积地脑中风，对称的肢体就会出现无力。如果你右侧大面积脑中风，左边的手脚无力。

第五，家里老人家动不动就流口水，你要高度怀疑他是不是脑中风。

第六，失语，也就是说不出话。在脑血管病里面大家要记住，一定要在6个小时内就到各大医院的神经内科去就诊，因为在6个小时之内这条血管堵住了，到医院里给你打一针，或者医生发现你脑出血，及时采取了应对措施，那这个病人就得救了。假如你超过6个小时再到医院去，那脑细胞就会出现坏死，常常出现偏瘫或者半身不遂。所以大家要记住，心脑血管疾病一定要在6个小时之内到医院里去及时治疗。

坚持及时体检

什么是癌症？癌症是正常细胞的形态、结构、功能异常引起的疾病。

组成我们人体最基本的单位是细胞。当细胞出现问题，这个病就非常严重了。

癌症有什么特点？

第一，癌细胞形态怪异，在电子显微镜下看，三角形、四角形、五角形等什么形状都有。

第二，变成“超生游击队”，一变二、二变四、四变八。

第三，癌细胞容易发生转移。如果得了肿瘤，胸科医生会安排先查CT，再做肝脏B超。因为要看肺癌有没有转移到脑、有没有转移到肝脏，发现有转移的癌症，都是晚期癌症。

什么叫健康管理？就是每个人至少一年给自己一次体检，并且体检的时候一定要看体内有没有癌细胞。很多人都是病情到了晚期才到医院去检查，我们国家发现的癌症大约60%都是晚期癌症，治疗效果就很差，导致很多人人财两空。

因为我们的健康管理做得不好，现在心脑血管疾病患者很多，冠心病人有800多万，每年新增150万人；脑中风有700多万人，每年新增200万人。特别是深圳高血压病人非常多，根据最近的统计数字，深圳高血压病人至少150万人。成年人每个月一定要给自己量一次血压，看自己高不高，一高了赶快到医院去就诊。很多高血压病人没有症状，最终有症状的常常是因为脑出血或者脑中风再到医院里去，很可惜。

2014年，中国癌症病人有1300多万，每年新增350万人。2012

年新增 250 万人，今年新增 350 万人，为什么一年多了 100 万人？主要跟下面三大因素有关系：第一，空气污染；第二，二手烟的危害；第三，压力大，抵抗力下降。

每个人都是一件艺术品

经济发展了，为什么这些病却越来越多？原因主要是，很多人在 40 岁之前透支身体，“以命赚钱”、“以命换钱”，这样做的结局是 40 岁以后身体不好，以“钱来换命”。实际上这种做法非常错误，他不知道健康对每个人来说是一件艺术品，损坏容易，修复难！生命对每一个人来说是一条单行线，一旦失去不复返，况且有钱不一定有命，大家来看这几个人。

第一个人，梁薇，浙江卫视最年轻的中层干部。2009 年 8 月 26 日在去上海出差途中，因为心脏病突发超过 6 个小时才到医院去抢救，整个心脏变黑了、猝死了，年仅 28 岁。这个人在浙江卫视是最拼命的，叫“梁铁人”，经常加班加点、熬夜，在出差去上海之前，她连续熬夜 15 个晚上，最后因为心脏病突发走了。

第二个人，叶志平。2008 年“5·12”汶川大地震发生的时候，叶志平是桑枣中学校长，他们整个学校 2200 个学生在 1 分 36 秒之内就跑到操场，无一死亡，被称作“史上最牛校长”。很可惜，2011 年 6 月 27 日，他因为脑溢血在华西医科大学抢救三天无效死亡，年仅 57 岁。

第三个人，我们国家第一个买私人飞机的人，叫王均瑶。他是温州著名的民营企业家。2004 年 11 月 7 日，因为晚期肠癌全身扩散，最后走掉了，死的时候 38 岁，当时整个集团已经拥有 35 亿元资产。

提起这些名人，我们的心情都很沉重。为什么他们会在事业最高峰的时候不能好好地享受生命，而过早地离开了人世，实际上他们不是死于疾病，而是死于无知、死于缺乏保健知识。

由于饮食不注意，缺乏运动，加之工作紧张、经常熬夜、作息不规律，工作压力比较大，最终都因心脑血管疾病或者癌症英年早逝。事实告诉我们，每个人都需要健康，但是健康需要科学来管理。

如何做好自身的健康管理呢？第一，要了解影响健康的危险因素；第二，要了解保持健康的科学方法。

危险因素可以概括为以下几个方面。

第一个方面，吃的方面。从20世纪90年代到现在，我们出现的疾病主要是营养过剩。一个哲学家这样说："现代人是用自己的牙齿挖掘出自己的坟墓。"我们吃进去的东西太不健康了。

第一，"三高"饮食害人。如果你吃得很咸，我们称之为"高盐饮食"，那容易得高血压。如果你食用高脂食物过多，我们叫作"高脂饮食"，容易得高血脂。如果你吃得很甜，我们称之为"高糖饮食"，容易得糖尿病。

第二，很多年轻人30岁上下就得癌症。我们的养生专家在统计后发现，假如你经常吃下面5种食品就容易得癌症：一是发霉的食物。烂掉、变质、过期的东西不能吃。二是腌制的食物，咸鱼、咸菜、萝卜干、话梅、蜜饯。三是熏烤的食物，烤鱿鱼、烤鸡翅膀等。四是炸油条、炸臭豆腐、炸鸡翅膀等煎炸食品。五是隔夜的剩菜。

第二个方面，喝的方面。如果你经常喝52度以上的烈性酒，第一种易患的癌是口腔癌，第二种是食道癌，第三种是胃癌，第四种才是肝癌。癌症跟喝酒有很大的关系。

第三个方面，是抽烟。深圳做过统计，一手烟的吸烟率23.4%，二手烟是46.8%。2014年3月1日深圳就施行了《控烟条例》，如果认真执行，这是一个利在千秋的大事。这个《控烟条例》执行得怎么样？看到一个人抽烟了，你可以打12345，当事人罚50~500元钱，单位罚1万~3万元。如果认真执行，那就带给我们一个无烟环境，对于普通老百姓是重大利好。

抽烟对我们人体最大的危害是什么？如果到医院去抽血，抽烟的人的血是暗黑色的，不抽烟的人的血是鲜红色的，因为我们的烟里含有4000多种化学物，其中有69种是致癌物。这些致癌物都溶解在血液里，对全身器官进行攻击。我们做了统计，你每天抽一包烟，得肺癌的概率比普通人要高15倍。如果是两包烟，得肺癌的概率增加到60~65倍。如果是三包烟，那么得肺癌的概率就基本是100%。所以，我们说吸烟吸进去的害自己，呼出来的害别人。

第四个方面，是运动方面。我们来做一个调查，每周运动2次以上的举手，有没有？每周运动5次以上的举手，有没有？生命在于运动，你现在没时间运动，以后就有时间得病，因为只有经常做运动身体才能好。

深圳也做过体质调查，有些深圳人60岁了有30岁的心脏，而有的30岁的人有60岁的心脏，很多年轻人缺乏锻炼，走几步路他就气喘吁吁、心跳加快。

从医学书上来说，心律60~100次是正常的。假如你要长寿，我们认为心律最好是60~80次。所以，如果心律在80多次、90多次，你最好找一个医生给你辅导一下，如果没有其他问题，你就要加强锻炼。

那如何锻炼呢？我教大家做一个健身操。很简单，要保护心脏，就鼓掌。这是锻炼心脏的最好方式之一。怎么鼓掌对心脏最好呢？就是双手合十要往前伸，手掌一定要放平，然后再拉回来5~10厘米，从上面往下看的时候像一个心形。

我在重症监护室工作了十几年，那里的病人其他运动都做不了，唯一能做的就是十指连心，慢慢敲一下，每天在家里做4组，每组50下，就是鼓掌200下，坚持3个月，你吃的心脏方面的药就可以减少一半，就那么神奇。

第五个方面，就是想。现代人所有的疾病，从流行病学上统计，76%都是由心理产生的，叫病由心生。

典型案例就是，有些人很急躁、动不动发脾气，脸上老写一个“急”字，我们称之为“A型性格”。A型性格用16个字形容：第一，性格很急；第二，竞争性强；第三，爱发脾气；第四，追求完美。如何看出一个人性格很急呢？通过接电话、接手机就可以看得出来。如果你在电话、手机响起的第一声就接，并且说话速度很快，“喂，你好，找我什么事赶快说，不然挂了”，还没听清电话就已经挂掉了。那你在生活中如何养生呢？

大家记住，如果你接电话或接手机，一定让它响三声，然后你再接，并且说话的速度尽量慢一点，“喂，你好，找我有什么事？有什么事你就慢慢说”，是吧？大家记住，你接电话是不用钱的，对方掏钱锻炼你的性格，你为什么那么快挂线呢？以后接电话尽量响三声后再接。

A 型性格的人容易得什么病？心脑血管疾病！我在深圳红十字会医院抢救过一个年轻病人，她是八卦岭一个酒店的服务生，才 17 岁。她在电话里跟她的男朋友吵架 2 个小时，最后倒地脑出血，花了 10 万元钱，但最后去世了。所以，我最近讲课老提醒大家，吵架可以，不要超过 2 个小时！

还有这样一个案例，就是死于晚期乳腺癌的陈晓旭。她曾扮演过林黛玉，她的性格在医学上，我们称之为 C 型性格，用 16 个字形容：第一，性格内向；第二，情绪压抑；第三，缺乏自信；第四，悲观失望。如何看出一个人情绪压抑、性格内向呢，就是平时该笑的时候不笑、该哭的时候不哭。

坚持良好的生活方式

坚持良好的生活方式，可以让癌症减少 90%、高血压减少 50%、冠心病减少 75%、脑中风减少 85%。英国对 2 万名领导人做了统计，对同一个人来说，坚持一种良好的生活方式可以让同一个人多活 14 年，终身受益。

良好的生活方式就是六个字：一个戒，两个好，三个爽。假如你想更简单，就是“戒、好、爽”。

“一戒”指的是什么？就是要戒烟、戒酒。我们每个人无论是 20 岁、30 岁、50 岁还是 70 岁，每天都要祝福自己要活得“健康、快乐、平安、幸福”，这样才能“心想事成”。

两个“好”。首先，管好嘴。做到管好嘴，就是要四个不能吃、五个少吃、六个多吃。四个不能吃，第一，不能吃消夜。晚上9点、10点钟后，不要再吃一餐，因为吃消夜很容易长胖。第二，不要用动物油炒菜。因为动物油脂肪酸多，对心脑血管系统起破坏作用。第三，不能吃肥肉。广东人叫红烧肉，客家人叫梅菜扣肉，江浙人叫东坡肉。第四，不能吃前面说的五种致癌食品。“五个少”指的是什么？第一，炒菜的时候少用盐。营养协会规定，成年人每天少于6克盐。对于高血压病人，少于3克盐。可以多用醋，因为有些人口味比较重，可以用醋来调配，因为醋对心脑血管有软化作用。第二，少用油。营养协会规定我们成年人每天应该少于25克，也就是两调羹。第三，少吃甜食。如七喜、可口可乐、百事可乐、蛋糕、冰激凌、巧克力、白兔奶糖，这些甜的东西吃多了就容易得糖尿病。第四，少喝炖汤。如果你的尿酸不高，一星期最多喝两到三次炖汤，假如你尿酸高，坚决不能喝炖汤，营养协会提倡喝的汤是清汤或滚汤。第五，少吃肉。多吃肉容易得癌症。

在日常生活中应该怎么吃才能够健康，要做到“六个多吃”。

第一，每天多吃新鲜的应季蔬菜和水果。不要大冬天还在吃西瓜。冬天应该吃柚子。营养协会要求的青菜、水果每天300~500克，水果200~400克，加起来700克以上。我自己的养生方法很简单，每天我吃三种青菜、三种水果，在座的你如果能够坚持三个月，那你的气色、皮肤、身体状况会好很多，因为青菜、水果含的膳食纤维多、矿物质多、维生素多。

第二，每天多吃一些菇类。特别是有高血压、高血脂的人，最好的食疗方法就是一星期吃两到三次黑木耳炒青菜加百合。你在饭店吃饭的时候，一定要点一个菜——黑木耳炒青菜。在家里，一星期可以吃两到三次黑木耳炒青菜，因为黑木耳在医学书上叫作“血管的清道夫”，它一可降血脂，二可降血黏度，三可健肾。

第三，每天多吃三种优质的动物蛋白：牛奶、鸡蛋、鱼肉。一是牛奶。2013 年我们做了统计，我们营养协会要求每天牛奶的摄入量是 300 克，深圳人调查平均只有 117 克，深圳很多年轻人打个喷嚏肋骨就断了。缺钙最大的原因就是牛奶喝得不够。我们提倡每天喝三瓶牛奶，酸奶、奶酪、奶粉、纯牛奶都可以。二是鸡蛋。很多人体检的时候胆固醇高，医生建议你不要吃蛋黄，大错特错。为什么要吃蛋黄？因为鸡蛋里面蛋黄的胆固醇是我们人体所需而又合成不了的，只能靠吃吸收。而且，鸡蛋里面蛋黄的胆固醇富含卵磷脂，对整个心脑血管系统起保护作用。另外，蛋黄的胆固醇是我们脑骨脂代谢的基础，现在不吃，以后老年肯定得一个病，叫老年性痴呆。如果你胆固醇不高，一星期吃六个鸡蛋没问题，胆固醇高那你就吃一个鸡蛋白，把蛋黄咬掉三分之一口就行了。每天吃一个鸡蛋是必需的。三是鱼肉。广东心脑血管疾病发病率最低的就是潮汕地区，因为那里的人经常吃深海鱼和淡水鱼。

第四，多吃一些豆类及其制品。营养协会要求成人每天吃豆类及其制品达到 30～50 克。豆类就是红豆、绿豆、白豆、黑豆，豆制品指的豆浆、豆腐等。冬天吃什么豆啊？就是黑豆、红豆和黄豆。夏天吃绿豆。豆类含有天然的雌激素，对整个心脑血管系统起保护作用。所以，家里的老人家要防止脑中风发生，你每天都要给他吃适量的豆类及其制品。

第五，多吃一些五谷杂粮及谷类。五谷杂粮是番薯、玉米、芋头、淮山药、小麦、燕麦，有 100 多个品种。营养协会要求成人每天要吃 250～400 克，也就是半斤到 8 两。那谷类指的是什么？就是米饭、面粉、面条。

从营养能量的角度来说，我们每天摄入的能量最好 50%～60%用碳水化合物来提供，碳水化合物主要来源于五谷杂粮及谷类。很多 30～40 岁的人出去吃饭，就是喝酒、吃菜、吃肉，从来不吃米饭，这是错误的。中午和晚上自己要吃一些五谷杂粮及谷类，这样你的能量结构才健康，很多人不吃这些，那能量的供给只靠脂肪，在动员脂肪的过程当中，就会产生很多致癌物质，导致很多年轻人得肠癌。

第六，炒菜的时候最好用植物油，包括玉米油、橄榄油、山茶油、花生油。橄榄油虽然好，但是不要一下用太多，人均一次两调羹，少于25克。还有，假如是四口之家，买油最好买2升以下的，不要买5升的，因为放久了，这个油坏了。你一定要买2升以下的，然后不断地更换品种，像这星期买的是橄榄油，下星期就山茶油，接着就葵花籽油、玉米油，这样的能量和营养结构就更加均衡。

每天都要保证这“六个多吃”。第一，青菜、水果；第二，菇类；第三，牛奶、鸡蛋、鱼肉；第四，豆类及其制品；第五，五谷杂粮及谷类；第六，就是植物油。

绝对不能不相信你自己

其次，迈好腿也非常重要。人体衰老都是从腿开始的。如何迈好腿呢？世界卫生组织推荐的最好的运动就是走路，每天要求走6000步，日本人要求走1万步，像我自己的锻炼方式就是买一个计步器，每天走1万至2万步，星期六打一次篮球，这样锻炼就够量了。

著名领导人雷洁琼活到106岁才去世，她唯一的锻炼方式就是每天晚饭后45分钟坚持走路1个小时左右，风雨无阻，所以身体一直非常健康。生命在于运动，从中医角度来说，“动就生阳”，阳气一动，身体就会好。所以，一定要适量地去运动。

接着跟大家讲“三个爽”。

第一个是心情爽。每天活得高兴比什么都重要。要有一种阳光心态，我们说“心阳光，世界就阳光；心阴暗，世界就阴暗”。如何做到阳光心态？就是十个字、五方面：第一，想好；第二，自信；第三，乐观；第四，感恩；第五，知足。

想好。一件事情发生了，多想它好的方面，你的心理素质慢慢就会好起来。从长远的角度来说，一件事情没有好坏之分，有好坏之分的是你对事情的看法，当你对这件事情的看法是好的，结局可能就是好的；当你对这件事情的看法是坏的，结局就是坏的。寓言说，“塞翁失马，焉知非福”，马丢了不一定是坏事，来了一匹马也不一定是好事。

自信。每个人都要欣赏自己的长处，你可以不相信别人，但绝对不能不相信你自己。只要把你的优势发挥出来，你在社会上的存在就有价值，你的心态就会好很多。

乐观。得了癌症，只有开心、乐观，才有存活的可能。如果你不开心乐观，那你就一定走掉了。

我们这个社会需要传递正能量，怎么传递正能量？我教大家一个最简单的方法，就是你去看肿瘤病人的时候，不管他是你的亲戚、朋友、同学、同事，你千万不要哭。在所有癌症病人中，90%是怎么死的？吓死的；另外5%怎么死的？哭死的；还有5%是病死的。所以，你去看肿瘤病人的时候千万不要哭，要给人家希望。你一哭，他就会恐惧、焦虑，那么接下来癌症就会扩散。

感恩。感恩应该无处不在。一个人感恩了，心态就会阳光。

知足。如何知足？要有新阿Q精神。

让自己知足常乐

在座的去过安徽九华山旅游没有？这是安徽九华山最出名的一幅图，叫作《骑驴图》。它中间是一个比较矮小的人骑着毛驴，前面呢，一个当官的靓仔骑着大马，后面是一个农民推着一部农车。有四句著名的打油诗：“世人纷纷说不齐，人家骑马我骑驴，回头看看推车汉，比上不足比下有余。”什么意思？每一个人不能单往前比，有时候也要往后比。一个光脚的看到在座各位都穿鞋，他心情就不好，哪天他心情好？就是看到一个断腿的人还在唱歌。比较对象不一样，你就会知足，就会感觉到开心。

让自己知足常乐，还有三招。第一，工资打到你的卡里了，我们活着，慢慢拖，一个月还有5000多元，为我们有5000多元鼓掌。

如果你想不开，还有第二招。在座的要想明白，能坐在这里听课已经很不错了，跟住在医院的病人比，我们应该开心。

如果你还想不开，还有第三招。不管你的地位有多高、身价有多高、有多少套房，每个人最终的归属都会到沙湾去。一个有钱的朋友听了我的话，去沙湾参加追悼会，连续 3 天、12 次，最终他顿悟了，说董医生，人活着本身就是一种幸福，为我们在座的活着鼓掌。

要活得高兴，大家记住，一定要想好、自信、乐观、感恩、知足，跟穷人、病人、死人比较，你就觉得活着就是一种幸福。

第二个“爽”，就是睡眠爽。从《黄帝内经》的角度来说，我们提倡科学睡眠，晚上 11 点你一定要上床，早上 7 点钟你一定要起床，然后午休半个小时。超过凌晨 2 点钟睡觉，体内肝脏还在工作，就会产生很多毒素，导致发生心脑血管疾病和癌症。

第三个“爽”，就是要管理爽。一年至少给自己做一次全面体检。体检有什么好处？发现早期高血压、高血脂、高血糖、高尿酸。另外，还可发现早期癌症，治疗起来效果就非常好，并且能够得到治愈的机会。最好的药物是时间。

我们每年看的体检报告有 300 ~ 500 份，大约 1/3 的人的甲状腺有问题，在座每一个人，如果没有做甲状腺 B 超的一定给自己做一次，做一次以后就看一下甲状腺究竟有没有问题。

如何看体检报告呢？我们需要医生的“个性化的分析”，尊重医生的建议，该吃什么、不该吃什么、什么时候需要复查。

最后，如果你有相应的疾病，那就向你推荐个性化的专家做治疗，争取永葆健康。

为了方便大家记住今天所有的内容，我把今天的讲座浓缩为六字经口诀。

第一，一戒。就是不要吸烟、不要喝酒。

第二，就是两个“好”。第一个“好”是要管好嘴，做到四个不能吃、五个少吃、六个多吃。第二个“好”就是迈开腿，每天要走 6000 步。

第三，三个“爽”。一是心情爽，见人要露出 8 颗牙，要有阳光心态，心阳光，世界就阳光。二是睡眠爽，要早睡早起身体好。三是要管理爽。

如果大家能够记住这六字经口诀，并且照这个六字经口诀去做，就一定可以实现60岁之前没有病，80岁左右不衰老，为深圳健康工作50年，轻轻松松活到100岁。最后，祝大家健康长寿。

谢谢大家！

颈椎病的保健与自我治疗

曹亚飞

曹亚飞

深圳市中医院脊柱骨科主任医师，教授、硕士生导师。从事中西医结合骨伤科工作近 30 年。兼任《中医正骨》杂志编委、中华中医药学会骨伤科分会委员、广东省中西医结合骨伤科学会常委、深圳市中医药学会中医骨伤科专业委员会副主任委员等职。

随着生活和工作方式的改变，“低头族”越来越多，颈椎病发病率越来越高。

调查显示，全国有 7% ~10% 的人患有颈椎病，而且颈椎病的发病率呈现低龄化趋势，青年人的颈椎病发病率在上升。记得我刚工作的时候，颈椎病患者几乎都是 60 岁以上的老年人，现在青年人成了颈椎病的主力军，甚至小学生、中学生也经常可以看到，颈椎病严重影响了人们的健康、工作和生活质量。

颈椎病是怎么来的，为什么越来越多？因为长期的低头体位，使颈椎处于承担应力的体位异常，造成颈椎生物力学的力点变化，所以颈椎病患者越来越多。

我们先看这两张 X 光片，最左边的是正常颈椎，有一个正常的生理弧度，也就是向前突起的弧度，这个弧度起什么作用呢？主要保持了我们的颈椎具有一个缓冲震荡，同时能保护颈椎椎管内的神经功能正常。如果长期低头工作，或者学习姿势不正常，人的颈椎就会出现生理曲度变直。再进一步发展，不仅是变直，而且会出现反弓的情况。什么叫反弓？正常颈椎的曲度是向前突起，但是异常的体位如果持续地存在，人的颈椎弧度不是向前突起，而是向后突起，叫反弓。

从右边这个图我们再看看，当颈椎出现反弓以后，颈椎后方的一些肌肉就会受到异常牵拉，人就容易疲劳。人的颈椎椎体之间有椎间盘，在正常生理曲度下，椎间盘在中间位置，当人的颈椎出现反弓向后突起的时候，椎间盘向后移动，就会出现椎间盘突出，由于椎体后方有脊髓神经，后面的脊髓神经就会受到压迫，造成各种临床表现，就会出现颈椎病。

因为颈椎病主要是不正确的姿势以及劳损造成的慢性反复发作的疾病，而保健在颈椎病的治疗以及预后中起到重要作用。因为颈椎病会反复发作，如果你坚持正确的保健，养成良好的生活和工作习惯，你的颈椎病就不容易发作了。此外，通过自我治疗和管理还可以起到辅助治疗以及巩固治疗效果，防止复发的作用。

那么颈椎病应该如何保健和自我治疗？首先要了解颈椎病的概念和病因，颈椎病是怎么形成的？它形成以后会有哪些病理变化？临床表现如何？应该如何治疗？只有了解了前面这些内容，我们才能实施正确保健以及正确自我治疗。

颈椎病的临床表现

什么是颈椎病？颈椎病是指颈椎的退变，包括颈椎间盘突出、颈椎增生、韧带肥厚等刺激或压迫邻近的神经根、脊髓、椎动脉及交感神经等组织，并引起各种临床症状的疾病。

我们可以从右边的图片来进一步阐述颈椎病概念。右边图片实际上是一个颈椎的解剖模型图，中间有七个颈椎的椎体，在每个椎体之间有一个比较浅的东西，我们叫椎间盘，它像一个软骨衬垫一样起着缓冲震荡、维持椎间活动的作用。在颈椎的左右两侧，有两条红色的管道，我们叫椎动脉。从大血管发出，这两个椎动脉从下向上进入大脑，供应大脑血液。在颈椎的两侧分别有八根神经根，中间比较粗的黄色的东西就是脊髓，就是神经的主干道，两边的神经根就是从脊髓主干道发出来的。

椎体的两侧还存在一些交感神经干，交感神经主要支配血管、内脏和一些腺体，当颈椎间盘突出、骨质增生等压迫这些神经血管的时候，就会产生相应的临床症状，造成颈椎病。根据不同的临床表现，我们把它进行了分型，有颈型、神经根型、椎动脉型、交感神经型、脊髓型、食管压迫型、混合型等。各型的具体表现我们分别阐述如下。

第一型是颈型颈椎病，颈型颈椎病实际上是各型颈椎病的早期阶段，大多处于颈椎椎节退行性变开始时，通过颈椎神经反射而引起的颈部症状。如处理不当，易发展成其他更为严重的类型。

第二型是神经根型颈椎病，就是神经根受到了压迫，出现脊神经根支配区域的疼痛和麻木，同时也可能伴有一些颈部的疼痛。

第三型是椎动脉型颈椎病，椎动脉型就是因为椎动脉受到了压迫，出现了大脑血液供应障碍，出现眩晕、头疼。眩晕、头痛原因很多，并不仅仅是颈椎病引起的。但当出现眩晕、头痛的时候我们要想到颈椎的因素，同时也要进行一些其他疾病的鉴别。

第四型是交感神经型颈椎病，就是交感神经受到了压迫，出现一些器官病变症状，比如头痛、头晕、恶心、呕吐，老是容易出汗、耳鸣等。

交感神经型和椎动脉型颈椎病这两型在学术界意见不太统一，我倾向于交感神经型颈椎病这个概念。如果普通患者问我是交感神经还是椎动脉，作为医生最害怕病人问这个问题，为什么？确实学术界也在争论，这两型我们知道有这种情况存在即可，不要过于纠结这些细节。

第五型是脊髓型颈椎病，就是脊髓神经受到了压迫，整个脊髓神经都变细，不仅影响到上肢、胳膊和手，同时也会影响到下肢。

第六型是食管压迫型颈椎病。为什么会出现食管压迫型颈椎病？由于食管后面巨大的颈椎骨刺压迫，食物在这个部位就很难通过，这时候病人就会出现吞咽困难，早期吞咽硬质食物有困难感，类似于食道癌的症状。

在临床诊疗的过程中，实际上很多病人都不是以单一分型出现，往往以混合型的方式存在，除了头痛、肩膀疼之外，有时候还会出现胳膊麻、胳膊疼、手麻，有时候还伴有头晕，这往往是一种综合表现，所以还有一种分型是混合型颈椎病。

应该如何治疗颈椎病

治疗颈椎病，我提出了一个阶梯治疗方案，即由轻到重采取不同治疗方法：第一是自我治疗，第二是非手术治疗，第三是微创介入技术，第四是手术治疗。

病情比较轻的患者，休息一下就好了，可以通过自我管理、自我治疗、自我保健，适当地休息和锻炼就好了，即通过自我管理达到病愈目的。还有一些通过休息也不能缓解，而且影响个人工作和生活，可以采取非手术办法，包括牵引、理疗、药物等来达到治疗目的。更重一些的，可能采取手术治疗也不是特别必要，可以采取微创办法，比如经皮激光椎间盘减压术、胶原酶腰椎间盘溶解术等解决。如果症状确实比较重，包括神经受压比较严重，我们就需要采取手术治疗的办法。

下面我们分别来详细比较这些不同的方法。

第一，自我治疗。有些病人仅脖子痛，或者肩膀痛，或偶尔手指麻木，这些症状往往在劳累后出现，休息后可以缓解。可以针对自己的身体特点选择一些运动，同时进行全身以及颈椎局部的功能锻炼，基本上可以痊愈，但是必要的时候也可以自己做一些推拿、拔罐等。

第二，非手术治疗。就是不需要手术的保守治疗。如果休息之后不能缓解，这些症状持续存在，并且影响了工作和生活，可以选择药物，包括口服和外用的。采用牵引、理疗、针灸、推拿等方法来达到治疗目的。

第三，微创介入技术。注意微创和介入不是特别一致，所谓微创就是利用特殊的机械、特殊工具来让这个手术切口更小、创伤更小，来达到和过去的传统手术同样治病的目的。而介入呢？就是经皮穿刺的办法，当椎间盘突出时，可以用金属针穿刺到病变椎间盘，进行经皮激光照射、进行胶原酶腰椎间盘溶解术、进行射频治疗等，我们一般把它放在一起统称为微创技术，好处是创伤小、康复快，病人容易接受。但微创也存在一定问题，存在一个技术难度，如果只是强调切口小而没有把病变去除掉，这也不是我们的目的，所以说我们要正确实施微创技术。

第四，手术治疗。什么理疗都治不好，那只有动手术。脊髓神经受压后如果四肢无力、肌肉萎缩，走路不稳，甚至大小便异常等，我们一定要及时地采用手术治疗，解除神经压迫，以免时间过久造成神经受损难以恢复，造成一些严重后果。

如何进行自我保健

针对颈椎病，保健有几个方面的内容。第一，适度休息、劳逸结合；第二，保持正确的姿势；第三，颈部保暖、避免受寒；第四，睡眠时正确用枕；第五，适合自己的体育锻炼；第六，针对性的颈椎锻炼。下面对这六个方面的内容分开来阐述。

注意工作强度，劳逸结合。长期伏案工作容易将颈椎固定在一个异常体位，导致局部疲劳，时间久了颈椎就会出现问题，所以要增加工间休息，增强一些体育锻炼。

如何正确地休息？如果在工地上工作了一天，可以躺下来恢复体力，消除疲劳。如果我们伏案工作，是脑力劳动，最好的休息可能是运动，因为运动可以让我们的肌肉收缩、血液循环改善，毛孔长期产生的一些酸性代谢产物能得到排泄，所以要学会正确地休息。

保持正确姿势。因为颈肩部软组织劳损是发生颈椎病的病理基础，而工作、生活中的不良姿势是形成慢性劳损的主要原因。比如躺在沙发上，甚至靠在床头上把头翘起来看书、看电脑，不良姿势容易形成一些慢性劳损，而慢性劳损容易导致颈椎病的发生。

适度的体育锻炼。可以改善颈椎关节的功能，增强颈部肌肉的力量，加强颈椎的稳定性，改善颈椎的血液循环。有助于预防颈椎病的发生，减轻颈椎病的症状，巩固治疗效果、减少复发。什么样的运动适合你？要根据你自己的爱好和身体条件，如果你喜欢游泳可以游泳，你喜欢打乒乓球就打乒乓球。

颈部保暖、避免受寒。受寒也是诱发颈椎病、颈肩痛的一个重要因素。颈椎为什么一受凉就痛呢？因为受寒冷刺激它会导致血管收缩、肌肉痉挛，从而诱发疼痛的发作。

正确用枕。枕头是人一生中的必备工具，我们每天有1/3的时间是在枕头上度过的。如果长期使用不合适的枕头，使颈椎处于异常体位，颈椎韧带、关节囊容易受到牵拉损伤，造成颈椎失稳，发展成颈椎病。仰卧的时候，枕头形状要正好切合人的颈椎的生理曲度，让颈椎得到放松。注意枕头的形状、高度，同时还要注意枕头的软硬度。枕头应该以软硬适中为好，因为枕头太硬，头与枕接触的相对压力增大，会不舒服；枕头太软，则难以维持正常高度，使头颈部得不到一定支持而疲劳；而枕头弹性太大，也容易使头部不断受到外部弹力作用，产生肌肉的拉力和损伤，使我们的颈部得不到很好的休息。

颈椎操实际上是针对颈部的一种保健运动，也就是通过简单的头肩部运动，达到放松肌肉、增强肌力、松动关节的作用。颈椎操的种类有很多，我把目前流行的颈椎锻炼的方法做了一个整合，归纳为以下五式。

第一式是前俯后仰，第二式是左右旋转，第三式是左右摆动。为什么呢？首先我们要讲一下颈椎操的目的，就是恢复颈椎功能，活动颈椎关节。颈椎有什么功能？基本功能无外乎前屈、后伸、旋转，包括左右摆动。颈椎操的目的是恢复颈椎的基本功能。

第四式是提肩缩颈。因为颈肩部的肌肉相连，很多肌肉基本上都是起于颈椎，止于肩部、止于背部，那么当颈部出现病变的时候，就会造成颈椎肌肉的痉挛从而产生疼痛，而当颈椎体位固定过久，也会出现肌肉疲劳，这些肌肉会集中在颈、肩、背部，提肩缩颈实际上为了什么？就是锻炼我们颈肩部的肌肉，放松颈肩部的肌肉，改善颈肩部肌肉的血液循环，让我们的代谢产物排泄出去，从而恢复我们很舒适的状态。

第五式是头手争力。有的人可能坐一个小时脖子就疼，其中有一个因素就是这个人本身的肌肉力量比较薄弱，不能有效地抵抗疲劳，所以我们要锻炼我们颈背部的力量，怎么锻炼？头手争力就是一个办法。这个动作很简单，把手放在头后面，手用力往前推，头用力往后退，这个时候我们的颈背是不是受力了？我们的颈背部就会产生一种肌肉收缩运动，可以锻炼我们的颈背部肌肉。

如何自我治疗

自我保健适合于健康人群，自我治疗适用于患病人群。有病就存在病变的基础，不同的病理机制就有不同的情况存在，如果把握不好反而可能加重你的病情。总之，病理基础不同，临床表现不同。在自我治疗的过程中我们就要采取不同的对策。总结起来，无非就是两种体位，一种是伸展体位，一种是屈曲体位，当你工作感觉到疲劳的时候，坐在办公台跟前可以进行一些简单的后伸锻炼，后伸体位治疗。还有一种是屈曲体位治疗，或者避免后伸体位，多做一些屈曲运动。

对今天讲的内容，我做一个简单的总结。

什么是颈椎病？颈椎突出、增生压迫了神经、血管造成了一些临床表现，就是颈椎病。主要是一些人姿势不正确、长期劳损，或者因为年龄增大造成的退变引起的。

有哪些分型呢？主要有六型，即颈型、神经根型、椎动脉型或交感神经型、脊髓型、食管压迫型和混合型。

怎么治疗呢？轻的可以自我治疗，重的可以保守治疗，再重的可以采用微创介入技术，还有就是可以采用手术治疗。

最后，我们讨论了保健和自我治疗的办法，主要经过适度地休息、锻炼，正确地用枕，改变一些体位，做颈椎操等。

如果大家还想了解更多，可以登录曹亚飞大夫个人网站进行咨询。我在个人主页里把病人常见的问题作为共性问题写出来，一起放在网上供大家参考，最大限度地为大家提供一些帮助。我在微信上还建了一个订阅号，把这些共性问题放在微信里供大家查阅。谢谢大家！

脊柱病全方位预防与保健

陈小砖

陈小砖

深圳市中医院主任中医师、整脊师，中医特色诊疗专科及康复科主任。兼任世界脊柱医学联盟副主席、广东省针灸协会经筋专业委员会常务理事及深圳市康复医学会常务理事，广州中医药大学兼职教授。专于治疗骨伤科、风湿科、康复科常见疾病及各种疑难杂症。尤对小儿特发性脊柱侧弯、骨关节炎及亚健康调养等方面有较深入的教研与临床医学实践。主持省、市级科研课题 6 项，发表论文 20 余篇。

当前，我们对脊柱病的重视程度和宣传力度还不够，脊柱有问题了，一般人的理解就是骨折了，脱位了，手麻了等，这样的理解还远远不够。为什么我们有时会出现一些心慌、憋气？为什么 40 多岁眼睛视力下降？为什么突然发生耳鸣？这些可能都跟我们的脊柱有非常密切的关系。

脊柱疾病引发的问题很多

什么叫脊柱疾病呢？因为脊椎周围的软组织、小关节错位，骨质增生导致脊柱本身疼痛，或是压迫了神经血管，出现了头晕、头痛、麻痹等一系列症状，包括内脏功能失调等。

脊柱是人体的中轴，脊柱整个从上到下，上面体积小，下面逐渐体积增大。它构成人体的胸腔、腹腔、盆腔，容纳脊髓管。它在人体中起的作用，除了支撑体重，还有缓解震荡，构成保护内脏的一部分结构。脊柱如果发生变化，内脏的一些功能会受到挤压，比如你驼背了，心肺有可能受挤压，会出现憋气、胸闷，运动后会感觉气喘吁吁。如果你的腰椎骨盆不正，它就造成你盆腔内脏的脏腑功能失调，会影响到你盆腔内脏的血液循环，神经受压，泌尿系统、生殖系统容易出现疾病，受压神经会影响到下肢功能。

这是脊神经。脊髓和脑直接相通，它是中枢神经，脊神经是周围神经，共有31对。中间两个骨头之间透明的部分叫椎间盘，功能主要是缓冲震荡，起着衬垫作用。

年龄越大，椎间盘如果退变、变扁，个子会相对矮一些。我们的脊柱有26节椎骨，有31对脊神经，还有23个椎间盘。如果颈椎变直了，甚至反弓了，就会压迫到我们的神经血管，引起头部的、心脏的、包括颈椎本身的一些疾病。

颈椎是脑和心联系的桥梁，非常重要，颈椎病不容忽略。

中医认为，后背正中的脊柱是人体督脉的所经之地，督脉有什么功能呢？督脉总督一身之阳经，六条阳经都与督脉交会于大椎，督脉有调节阳经气血的作用，故称为“阳脉之海”。练气功，锻炼，督脉通不通，确实很重要。督脉受阻，阳气就不行。人的生老病死就靠一口气，就是阳气。到40岁左右，阳气就慢慢下来了，人生四十当养生，就是这个道理。保证督脉畅通，不但有利于脊椎的功能，还影响到人内在脏腑的功能。

人类的脊柱力学模式发生了改变。原始人以狩猎为主，人体始终保持立式，两眼平视，瞄准动物，追野兔，抓山鸡，打野猪。原始人为什么脊柱比较好呢，因为他的头左顾右盼，不断在转，所以脊柱的损害比较少。

记得我们小时候，父母亲挑担子，翻山越岭，膀肉特别宽，椎间盘可能造成损害，做腰椎间盘突出手术的病人比较多。

现代颈椎疾病超过腰椎疾病

进入了高度信息化时代，脊柱的运动模式发生了变化，长期弯腰低头看电脑，颈椎问题开始突出。颈椎疾病开始超过了腰椎疾病。

颈椎跟腰椎、胸椎不一样。颈椎的关节面基本上是平的，锥体又比较小。颈椎上面是羊水，它的风险特别大，特别脆弱。如果脖子乱搬，没有看清楚，容易出问题。

颈椎的特点是比较小，比较脆弱。没有诊断清楚，不要随便搬动颈椎。我们要求颈椎病人做磁共振检查、做 CT 检查。

胸椎的特点是比较稳定。一旦发生错位，相对比较难复位。

腰椎的特点是锥体比较大，活动度也很大，跟颈椎一样动度很大。它没有像颈椎风险那么大，颈椎出现问题，可能造成高位瘫痪。

椎间盘突出是临床上的常见病。俗话说，成绩不突出，工作不突出，椎间盘突出了。

人体包括睡觉的姿势、端坐的姿势、站立的姿势、行走的姿势，方方面面都可能影响我们脊柱的平衡。

比如你睡觉的枕头太高，喜欢在床上看电视，在床上斜靠着看书。你想这整个是扭曲的。前不久，有人在沙发上睡着了，第二天好像诱发了心脏病。因为姿势不好可以诱发颈椎刺激神经，引起心脏收缩。

腰正脖子才能正。看书的最好距离是 30 厘米，腰要坐直。电脑跟我们的眼睛最好也平视，距离最好是 60 厘米。我们躺着的时候，压力相当于人体体重的20%，站着的时候是100%。如果腰弯过久，压力也会成倍地增长。

儿童的姿势很重要，可能影响他一辈子。

一些成年人习惯跷着二郎腿，还有人喜欢把脚跷在茶几上，成人的毛病也不少。如果长期跷二郎腿，腰椎容易扭曲。

平时端坐，两只脚放平，凳子不要太高也不要太低，脚能到地上，这是比较好的姿势。搬东西，体位先蹲下，不要弯腰搬东西。睡觉的时候，特别是女同志希望保持身材，或者患腰痛的病人，两腿之间要垫一个枕头，或者比较软的东西，有什么好处呢？垫了后，腰侧的肌群容易放松，身材也会比较好。从小孩开始培养好的习惯。

容易患脊椎病的群体有医生、老师、的士司机等。我在深圳做过一次筛查，医生脊柱的情况不容乐观，大概有70%的医生有问题，而且大部分问题还不轻。一些人是椎间盘突出，一些人是颈椎有问题，部分人有高血压。

一项流行病学调查表明，现在中老年人中97%脊椎有问题，40岁以上人士不低于40%。我们国家统计，儿童的发病率达到25%以上。很多人小时候不重视，等到20岁左右，发现脊柱怎么弯了，肩膀高低不同，感觉背部的肌肉高低也不一样，这时候才到医院检查。因此筛查工作要加强，尤其小孩脊柱侧弯的筛查工作一定要加强。

大部分人的姿势不好。学生的姿势要下大力气矫正，要先教育好学生。

一生中有84%的人患过腰痛，有时候好了，有时候发作了。关键是看是什么原因引起的。有些是上网的原因，现在玩电脑的人比较多。

长期不正确的体位积累形成脊柱疾病

脊柱疾病原发病因第一条就是长期不正确的体位慢慢积累形成。

在座各位，一般40~50分钟应该起来走走，不要老坐在那里。

第二个原因是外伤。外伤也不容乐观，不小心摔了，骨折了，或打架被踹了，慢慢出现背疼，头晕。有一些损伤叫迟发性损伤，当时没有表现，到最后会慢慢表现出来。

第三个原因就是受寒。有人说在北方没事，为什么在深圳有事呢？因为在北方有思想准备，到了零下十几度，你知道添衣，连鞋子都是棉的。到南方你就放松了，就穿薄衬衫。思想放松后，寒气容易入侵。在北方受寒了，一般都是两三天，回到深圳，脖子痛，发病了。

第四个原因是椎间盘本身的退化。这个退变是必然的。一是发育缺陷，二是不良的饮食习惯。不良的饮食习惯跟颈椎、腰椎有什么关系？一个人太胖了就是湿气太重，腰椎、脊柱都是督脉运行的地方，阳气给闭住了，慢慢就出现筋络不通了，不通就痛，通就不痛了。太胖了，体重容易压迫到腰，腰的承受力就大了。

还有其他造成腰椎疾病的原因。小孩、脊柱侧弯的病人，70%以上跟长期使用抗生素有关，抗生素属寒性，太寒了对发育本身不利。另外，脊柱力量不够，撑不起来。长期使用抗生素容易诱发脊柱问题。

常见的同脊柱有关的疾病有70多种，比如颈椎性眩晕、颈椎性高血压、颈椎间盘突出，颈椎病引起的记忆力下降、头痛、视力下降、注意力不集中、睡眠不好，以及胸闷憋气，闭经，也跟胸椎关系密切，甚至性功能障碍都跟胸椎和腰椎有关系。慢性盆腔炎、不孕不育、前列腺肥大、前列腺炎，这些跟腰椎和骨盆也有密切关系。

当一个人走路时，感觉他两个肩膀高低不同，或者鞋底一侧磨得特别厉害，都是因为脊柱不平衡。有的小孩足内翻，单腿或双腿，S型腿和O型腿，都跟腰椎疾病有关系。

如果骨盆错位、旋转，就会影响到下面的脚。

颈椎病发病率为什么很高

颈椎病现在发病率很高。颈椎病简单理解就是因为人本身的脊柱退变，椎间盘退变、增生，或者是轻微的外伤，以及长期的姿势不良，造成小关节错位，压迫到神经血管，引起头痛、头晕、心慌、胸闷、手麻、四肢无力等一系列的症状。

吞咽不畅，总觉得有东西吞不下，又吐不出来，长期有异物感。颈椎间盘突出压迫到前侧。便秘、心动过速、高血压、肢体麻木，很多跟颈椎有关系。我岳母血压高，我们通过让她泡脚来调理颈椎，一两年后她的血压就下来了，三个月以后就减少了一半的降压药，再过三个月再减一半，以后经常量血压，她血压很稳定，就不吃药了。这两三年她都不吃药，偶尔有一点高，调理一下颈椎，立马就好。只要血压正常了，就不吃降压药了。平时备着降压药，但是不吃。当然一定要心血管科医生把关，不是所有病人一吃，一泡脚，一做颈椎的手法马上就把血压药撤掉，那不行，要跟心血管专家配合。

1996 年在亚特兰大奥运会上，王义夫射击的最后一环是靠感觉打的，随后晕倒了，我觉得这个肯定同脊柱病有关，开始查不出原因，后来确诊了，就是因为颈椎病。长期瞄枪射击，颈椎病引起头晕。

交感神经型脊柱病会出现头晕、耳鸣、眼花、心跳快，前期有一些痛。

脊髓型脊柱病危害性很大。病人走路的时候像踩棉花。有这样一个病人，老婆叫老公，丈夫的头扭了一下，立马倒地，四肢没感觉。所以说患脊髓型脊柱病的人，原则上不要去做推拿。在外力作用下自己的头扭转一下，立马就瘫了，这种病人的脖子一定要保护好，不要开车，坐车都要小心，有一些人该手术还是要手术。

对胸椎疾病，大家刚开始重视不够，很多人患胸椎小关节紊乱，国家不久前才确定了这个病种。很多人呼吸不畅，感觉气上不上，下不下，你问他有什么问题，他也能上班，但是有一点胸闷有一点憋气，呼吸有困难。通过坐诊、拍 X 光片可以发现，上胸段跟心肺关系比较密切，下胸段跟我们的脾胃、肝胆、肾功能关系比较密切，明白这个意思吗？

下胸椎，也就是第七、第八、第九、第十、第十一、第十二根椎骨。第七、第八、第九根椎骨跟肝胆有关，第十、第十一、第十二根椎骨跟脾胃有关。

腰椎如果低下去，可能患压缩性骨折，后面的椎管跟着变形。

典型的腰痛伴有下肢的放射痛，椎间盘病人，坐久了需要慢慢才能立起来。椎间盘突出，我个人理解主要以疼痛为主，活动不方便，影响到患者的生活质量。

脊柱病应该引起大家的高度重视。讲一个例子。市里一位领导到外国出差，坐了 12 个小时飞机，风一直吹着他的肩膀、脖子，他可能睡着了。下了飞机以后，发现他的左手突然完全动不了，又没有受伤，但手指头不会动了。到美国后看中医，拔火罐，回国后又到处折腾，骨科专家看了，椎间盘右侧突出，又打激素，又止痛，医生分成两派，一派说要做牵引，一派说不能做牵引，40 多天过去了，手还是动不了。最后我参加会诊，其实病人就是受了风寒，必须温经通络。此外，我反对使用激素，激素本身具有寒气，于是我提了两条意见，第一，所有的西药先停了。第二，要转到中医治疗。首先吃中药，温经通络，然后针灸，再推拿。两周以后，这个领导的手指头可以动了，经过 2～3 个月的继续治疗，彻底好了。

所以不要小看脊柱病，它有时候带来很大的麻烦。

如何防止脊柱病

防止脊柱病，可以做做颈椎操。

第一个动作，前俯后仰。它的要点，第一，要配合呼吸；第二，脚要分开，与肩同宽；第三，要放松并自然。前俯后仰，两脚分开与肩同宽，两手叉腰，向上抬吸气，看天花板，停两秒钟再呼，向前低头，再吸气，收回左脚。

第二个动作，左右旋转。迈开左脚，两手叉腰，要左右摆动，先向左，吸气。回到中间位置，再呼吸。

第三个动作，提肩缩颈。先收回左脚再迈开，两手自然放两侧，肩膀向前倾，脖子要像乌龟一样缩下去，再慢慢向后呼吸。

第四个动作，鸭颈运动。像鸭子的脖子一样，鸭颈探出去，也是迈开左脚与肩膀同宽，两手叉腰。

第五个动作，头手对抗。两手十指交叉，放脖子后面，稍稍往上抬头，两手慢慢往前用力，脖子向后用力，相对应，用力呼吸，慢慢放开。

第六个动作，摇头晃脑。迈开左脚与肩同宽，写一个米字，两手叉腰，先向左边吸气，再向右边吸气。做一个放松的动作，两手搓热。从上往下拿捏，一直拿到大椎穴，就是颈根部这个位置。

治疗预防脊柱病的保健手段，主要应该遵循以下几个原则。

第一，诊断与鉴别诊断，先搞清楚有没有这个病。

第二，能不能做治疗，有一些脊柱病不适合做推拿。不是所有人脖子痛、腰痛都可以按一下，有时候按了反而容易出问题，比如肿瘤的转移，还有椎体的结合，很多疾病不能做。

第三，什么时候做治疗，比如落枕超过 24 小时，已经很痛了，这个时候就不能搬，要以缓解为主。

第四，如何做推拿？

第五，之前就要评估，要达到什么效果。

第六，治疗也好，保健也好，治疗颈椎病必须要达到 3 周疗程，才有明显效果。

辨证地治疗脊柱疾病

怎么样才能辨证地治疗脊柱问题？

广义来说，对脊柱治疗有利的，包括保健的，手术的。狭义的就是指专门的整脊技术，还分大整脊和小整脊。整脊，大的就是对躯体连四肢一起诊，小的是单阶段，或者单部位进行诊。整脊对脊柱病的效果立竿见影。比如上个月有个病人椎间盘突出特别巨大，走路腰弯到都 90 度，确实达到了手术的标准。但他不愿意手术，我先让他针灸，放血，开药泡脚吃中药。第二天他感觉轻松了，效果特别快，做了两次以后他感觉腰都直了。

预防的手段如下。

第一，坐的时间不要太长，40～50 分钟就站起来走一走，要养成这种习惯。

第二，选择合适的床。最好是硬板上面再垫一床棉被。光睡在木板上不行，弹簧床也不要睡。窗户跟房间门要贯通，房间大，就不会寒，阴阳要平衡。

第三，要防潮保暖。春天多湿，抽湿机、空调要经常开一开，不要怕麻烦。夏天限制使用空调。要学会泡脚，泡脚是去除寒气最好的办法。生姜水烧开一烫，汗出来寒气就去掉了。

第四，要防止外伤。

第五，保持良好的心态以及良好的精神状态。如果觉得很疲倦，你的脊柱应该有问题；感觉累，胸椎可能有问题。

第六，加强锻炼，包括脊柱操、太极拳、瑜伽。40 岁以上的人，练瑜伽的动作不要太到位。

如果工作时间长，最好备有一个 10～15 厘米的脚垫，这样就好多了。

睡觉不要趴着睡，扭着睡也不行。正躺或者侧卧都行。侧卧，最好两腿之间夹一个枕头。这个枕头 5～8 厘米比较合适。

胸椎腰椎有问题的，可以经常吊单杠。只要吊起来，脚离开地，一次坚持 12 秒就有效果。连续 3～5 次，最好累计时间 3～5 分钟，每天一到二次，这样对我们的腰椎、颈椎很有帮助。没有单杠，就扒着门框，反正你每天坚持吊。没有病的人我也鼓励这样做，因为这样做的目的可以缓解你一天的疲劳。

在阳台可以安一个单杠，或者吊环。第一个动作是前俯后仰，促使前后肌群松弛。第二个动作是左右摆动。第三个动作是左顾右盼。第四个动作是提肩缩颈，练后背的肌群。第五个动作是鸭颈运动，关节、韧带都可以练到。动作简单，效果不错。

叉腰可以保护我们的肾脏

毛泽东经常叉腰，说明毛泽东懂中医。叉腰有什么好处呢？可以保护我们的肾脏。

早上起床的时候，我们建议在床上先滚一滚，左边滚一滚，右边滚一滚，过三次再起床。不少人在起床瞬间，捡个鞋，刷个牙，腰立马就不行了。痛到什么程度呢？立马就坐到了地上，因为肌肉不松弛，不平衡。肌肉动动再起床，有利于人的腰肌更加协调。

手心和脚心经常要刺激，原始人没有鞋，直接在地上爬，我们推荐泡脚，泡手也可以。阴经阳经在手脚这里交接。在家里可以戴手套爬一爬。

乌龟经常伸缩，所以它没有颈椎病，寿命长。国外提倡，握力有多大寿命有多长，腰围有多粗寿命有多短。握力不好的人颈椎肯定有问题。乌龟长寿的理由：第一，它老是做伸缩运动，颈椎没有问题；第二，它外壳坚硬，14 层楼摔下也不会死；第三，它的心跳每分钟只有 6 ~ 8 次，代谢比较慢。

有一个中医大师就提倡要龟欲，乌龟的追求没那么多。预防脊柱病要学小孩的爬行，动物的爬行。节奏要慢，要做伸颈运动，倒走。对腰肌，对我们骨盆的平衡，倒走有很大帮助。放风筝对预防颈椎病特别好，以前常常推荐病人游泳，但有一部分人不能游泳。有些人脖子不好，虽然游泳活动舒服，但是在水中受了寒湿，韧带、腰更不好了。

泡脚非常有利于健康

泡脚最好是早上 9 点，或者晚上 9 点到 11 点，超过晚上 11 点就子时了，泡完以后不容易入睡。所以要讲究时间。

水一定要烧开，水里的微生物就灭活了。一定要烧开，凉开水兑热开水，不要用水龙头的水直接兑开水。

要泡过脚上三条阴经交接的穴位，仅盖过脚面不够。

大人要泡20分钟到半小时，小孩泡5到15分钟。

怎么泡脚还要根据病情，是祛风湿的，还是温良的，还是活血止痛的，有一系列的中药可以加入水中。睡觉不好，泡脚就行了，不要吃安定。泡脚最大的好处是不用经过胃肠吸收、肝脏代谢，泡脚直接通过我们的经络，基本没有什么副作用。

讲一个椎间盘突出的案例。有的患者病情比较重，全部都压迫了，后面的韧带是肥厚的，像这么重的病人，手术都不好做，我们可以先不做推拿先扎针，用中药泡脚，然后进行一些功能训练，慢慢到最后比较好了才能做推拿。

我们前不久遇到一个浙江来的病人，在老家躺了半个月，颈五、颈六椎间盘突出，这个病人麻将一打就是一个通宵，而且空调吹得特别冷。他脾肾阳失，寒湿闭住经络，不通了。经过吃中药，泡脚，热敷扎针，第二天症状明显缓解了。经过两次治疗，三周多时间，好了70%。所以，病要根据具体情况，治病必求于本，抓住病因。

对脊柱病我做一个小总结。

第一，重在保持正确的姿势，因为姿势每时每刻伴随着我们，睡觉、坐、走路的姿势都要好。

第二，预防为主。讲了这么多方法，包括吊单杠、泡脚、放风筝、爬行，都是在预防。

第三，即使真的发病了要及时治疗。如果通过热敷，通过吊单杠缓解了，不一定上医院。如果这两三天越来越重，赶快到医院看，建议到正规的医疗场所拍X光片。

第四，提倡适度运动。有一些患者不能太大运动量，如果椎间盘突出就不要跑步了，因为上下震动刺激。膝关节患者都不适合运动。还有一些人体虚，一运动出很多汗。气随汗出，气本来就弱，运动后更弱得不行，建议半练半养。每天保持散步，微微出汗，这个叫半练半养。

第五，合理饮食。饮食是分性的，寒凉的，温热的，如果你的体质真正是寒的，你要以温热为主，像苹果、杧果、榴梿、荔枝、龙眼都是温性的。合理的标准是根据个人的状态，进行合理分配。

第六，注意保暖。

第七，患有脊髓型颈椎病的病人，如果不想做手术或者达不到手术标准，出差坐车时，脖子上一定要垫上靠垫。急刹车对颈椎危害很大，坐车时不要睡觉，可以闭目养神。

第八，一定要避免损伤，出现问题要到正规医院看。如果不及时治疗，形成慢性病，后果就不好了。

谢谢大家。

腰椎间盘突出症的有效预防与治疗

单赤军

单赤军

广东省公安边防部队总医院理疗康复科主任、副主任医师。兼任深圳医学会物理医学与康复专业委员会委员。从事针灸推拿工作20余年，擅长用小针刀、针灸推拿治疗颈椎病、腰椎间盘突出症、关节软组织疾患及各种疼痛。曾多次受土耳其外交部、礼仪部邀请出国进行医疗会诊。发表学术论文10余篇，编著1部。

美国科学家海弗尔带领的团队，经过多年的研究表明，人类正常的平均寿命是120岁。根据2011年世界卫生组织公布的人均寿命，日本、圣马力诺、摩洛哥是全世界人均寿命最高的国家，都是83岁。中国人的人均寿命是74岁，2006年是71.8岁，增加了2.2岁。

从74岁到120岁，中间相差了整整46岁。海弗尔认为，脊柱直接影响了我们的生活质量、身体状况。

人是一个复杂的有机体，人的器官、系统功能都由大脑来调节、协调和控制，这个控制由脊髓来执行。脊髓非常重要，也是唯一的传导通路，如果脊柱出现问题，就不能保护我们的脊髓，甚至压迫神经。

脊柱是人体的中柱，处在人体正中间，是脊髓和神经复合的地方，它能够起到促进器官的作用，每对椎间口的神经控制着全身的感觉、韧度，协调人体器官。因为有了脊髓，才有了按部就班的工作。

世界卫生组织报告，跟脊柱相关的疾病有150多种，广泛涉及内科、外科、妇科、小儿科、内分泌科、神经科。

很多疾病由脊柱引起

在就诊的过程中间，一些病人会感到心前区胸脯痛。心电图没有问题，心脏没有问题，是什么原因引起的呢？实际上是病人的脊柱出了问题，压迫到了神经，引起了胸闷。

一位女患者反复发作盆腔炎六七年，每次打吊针、吃药，痛苦不堪。一次到我们那儿就诊，检查以后，发现了她的椎间盘错位，经过针灸、推拿，然后给她复位，她的疼痛明显减轻，经过几次治疗以后，盆腔炎再也没有复发。这个病人其实不是盆腔炎的问题，她的疾病是由脊柱引起的。

还有一个患者，他感觉右下腹疼痛，到外科就诊，说是阑尾炎。他去做B超检查，发现没什么问题，医生认为可能是慢性阑尾炎，要观察。到我们医院后，发现他腰椎有问题，给他的腰做了治疗以后，这个病就消失了。

有很多疾病是由我们的脊柱引起的，通过西医或者其他方法治疗，效果不一定好。治病求根，其他科室只考虑本身的疾病，没有找到疾病的根源所在。发现了疾病的根源，才找到了疾病的本质所在。

脊柱病正成为人类健康的“头号杀手”

追根溯源，关于脊柱相关疾病的诊断、治疗、预防，早在2000多年前，中国传统医学就明确提出来了。

《黄帝内经》曰：“五脏之俞皆在背，肺俞在第三椎下，心俞在第五椎下，肝俞在第九椎下，脾俞在第十一椎下，肾俞在十四椎下，又有膈俞者，在七椎下，皆夹脊两旁，各同身寸之一寸五分，总属足太阳经也。”还提到“胃俞在十二椎间，大肠俞在十六椎间，小肠俞在十八椎之间，胆俞在十椎之间，膀胱俞在十九椎之间，三焦俞在十三椎之间。又有心包俞在四椎之间。”

按照中医传统，如果我们的五脏六腑、内脏出了问题，出现疾病，对这些穴位进行针灸、按摩，可以起到治疗或者保健作用。

大家注意，0到40岁，人的脊柱基本上处于健康或者亚健康状态，从41岁到80岁，基本上都有问题。经过诊断检查，40岁以上的人90%以上的腰椎、脊椎会出现相应的一些状况，60岁以上的就更不用说了。

现在的生活方式、工作方式有了很大改变，工作效率加快，工作压力大，脊柱疾病越来越年轻化，存在脊柱健康问题所占比例越来越高，比高血压、心脏病、糖尿病、癌症病人要高得多。

2005年世界卫生组织将脊柱病列为全球最容易忽视的健康问题，脊柱病正成为人类健康的“头号杀手”，其实大家可能都被脊柱疾病困扰过，尤其是颈椎病、腰椎间盘突出、强直性脊柱炎等，让我们痛苦不堪，严重地影响了我们的生活、工作。

肾脏就好像一棵大树

“腰为肾之府，肾为先天之本”。“肾为先天之本”主要强调肾脏在人体生长、发育过程中和生殖方面的重要作用，肾脏是整个生命的源泉、健康的根本。人类的肾脏就好像一棵大树，如果根系发达、树干健康，在风调雨顺的情况下，肯定枝繁叶茂、生机勃勃、硕果累累；如果肾脏不好，那我们的生殖系统、骨骼、骨脂、大脑、免疫系统、内分泌系统都会受到一定的影响。

“腰为肾之府”的意思就是说，腰、腰椎是我们的肾脏所住的房子，反过来说，肾脏就是我们腰的主人，就是房子的主人。如果我们这所房子破破烂烂，外面刮大风，里面就刮小风；外面下大雨，里面就下小雨，交通也不好、环境也不好。如果腰不好，我们的肾脏很难健康。腰好，肾就好。中医历来非常重视肾脏的保健和治疗。

腰椎在脊柱的最下端，是整个脊柱的基础。腰椎一个很重要的功能，就是不能丧失稳定。如果我们腰椎不好，有一句俗话说“根基不牢，地动山摇”。如果腰椎不好，我们整条脊柱可能容易出问题。腰椎在平常的保健和治疗中确实非常重要。

椎间盘由三个部分组成

引起腰腿痛的常见疾病有腰椎间盘突出症、腰肌劳损、腰椎滑脱、强直性脊柱炎、腰椎小关节紊乱、肌肉韧带炎症、急性腰扭伤等，这些是常见的疾病。最常见的，第一是腰肌劳损，第二是肌肉韧带炎症。

另外，如果我们的腰腿疼痛，腰肌劳损，肌肉韧带百分之百有炎症。

两个椎体之间的物质就是椎间盘。椎间盘由三个部分组成，由椎体软骨板、髓核、纤维环三个部分组成。

成年人的第一颈椎、第二颈椎之间没有椎间盘。另外，椎间盘和血管相似，里面没有神经，髓核中间没有神经，但是它外面有丰富的神经末梢。

椎间盘的功能

椎间盘的功能有以下几个方面。

第一，联结功能。椎间盘在两个椎体之间就是一个圆心结构，同时也有吸收震荡以及压力的作用。如果没有椎间盘的联结、支持，人的腰部、脊柱可能更容易出问题。

第二，保护功能。椎间盘可以保护我们整条脊柱。另外，减少椎体之间的摩擦，避免脊柱更多的疾病形成。

第三，缓冲功能。因为椎间盘是一个可塑性的弹性结构，是整条脊柱吸收震荡的主要结构，当我们从很高的地方跳下来，或者向地上抛东西的时候，这些力量靠椎间盘来缓冲。椎间盘受到压力以后，它将受到的压力均匀传到上面的软骨板，实现所谓的保护作用和缓冲作用。

椎间盘主要构成物质是水，新生儿水分最多，占 88%；18 岁到 25 岁，只有 80%；到 75 岁以上，只有 69%，水分减少很明显，水分减少就是早期衰老的表现。

椎间盘的相对厚度随着年龄不同有区别。里面的水分减少了，相对厚度就减少了，为什么老年人身高会比年轻人明显减少几厘米，就是椎间盘的水分减少了，椎间盘退化、变薄、变扁了。到了老年，所有椎间盘加起来的厚度可以减少 10%，应该达到 3 厘米以上。尤其是女性，在这方面更加明显。

为什么说“病人腰痛，医生头痛”？因为腰痛的原因很多。尤其是我们的椎间盘，反复发作，经常是椎间盘突出症今天治好了，过不了多久又来了，可能重新发作。

腰椎间盘突出不等于腰椎间盘突出症

关于椎间盘病变的几个要点，比如椎间盘的高度减少。另外，椎间盘退化伴钙化就是我们平常所讲的“骨质增生”。

椎间盘突出是形态学或者影像学上的术语和概念，就是我们的腰椎间盘超出了它正常解剖的范围。腰椎间盘突出症还有另外一个定义，就是腰椎突出了，压迫神经、血管、脊髓所导致的一系列的临床症状。

椎间盘突出是怎样压迫神经的？椎间盘退化以后，后面突出了，这样压迫神经根之后，就会出现一系列的相关症状。

腰椎间盘突出不等于腰椎间盘突出症，腰椎间盘突出很多人都有，但是很多人没有腰椎间盘突出症。

造成椎间盘突出的原因

造成椎间盘突出的原因，退变是最基本病因，损伤是主要因素，二者互为因果，损伤导致退变，而退变又容易引起损伤。

为什么说外伤是椎间盘突出的重要因素呢，1/3 的病人有不同程度的外伤，常见的外伤包括弯腰以及各种情况导致的扭伤。另外，长时间弯腰以后突然站起来，或者是臀部摔倒着地等。还有一部分患者，咳嗽、打喷嚏、伸懒腰、刷牙都会引起椎间盘突出。

我记得有一个患者是湖南人，有一天特别想吃辣椒，叫家人炒盘辣椒吃。辣椒很香，从厨房经过的时候就闻到辣椒的味道，他打了一个喷嚏，当时就倒在了地上，完全不能动了，确诊是腰椎间盘突出症。如果我们的椎间盘实际上已经退变到一定程度了，轻微的外力、轻微的负压就可以使我们椎间盘突出。

腰部活动负重最多，长期姿势不当、体位不当、用力方式不当，就会引起腰部损伤。长期外力反复伤害，日积月累最后也导致损伤。

在椎间盘退变的过程中间，因为这里没有血管、没有营养，退化之后自身修复相当困难，最终导致椎间盘容易突出。

职业跟椎间盘突出关系很密切

导致椎间盘突出的其他因素如下。

第一是职业。职业跟椎间盘突出关系很密切，最常见的是驾驶员、公务员、白领，还有平常从事比较重体力劳动的那些工人。

第二是性别。男的比女的多，因为男性从事重体力活动，但是女士要特别注意月经期间、生理周期，或者怀孕、生小孩的时候，盆腔和脊柱在特殊时期比较容易出事，这些腰椎的功能结构相对来说比平常、正常时间要松弛得多。这个时候容易发生椎间盘突出。

第三，太胖的人容易得椎间盘突出。一是体重大，另外脂肪组织偏多，还有肌肉组织比较少。

第四，遗传因素。像非洲人的发病率就比较低，到底是什么原因有待进一步研究。

腰椎间盘突出常见的类型

腰椎间盘突出常见的类型有如下几个。

第一个，膨出型；第二个，突出型；第三个，脱出型；第四个，游离型。

椎间盘突出有什么临床表现呢？

第一，腰痛占80%～90%。我们平常休息时或睡觉时，这个症状会减轻。站立时间长了，或者是负重、提东西的时候我们的腰痛症状加重。一般情况下可以忍受，平常很轻微的活动、慢步行走没有问题。

第二，坐骨神经痛。80%以上椎间盘突出可以引起这个症状，症状轻的，就是大腿外侧、小腿放射性的刺痛，或者是麻木，一般到脚底，也就像我们的腰痛一样。症状轻的大家都可以忍受，重的可以表现由腰部到脚底部，就是足底剧痛、伴有麻木。

第三，肢体麻木。肢体麻木的范围或者程度取决于椎间盘突出的部位或者神经部位。

第四，肢体冷感。下肢有发凉的感觉，比较少见，占5%～10%。

第五，间歇性跛行。间歇性跛行是椎管狭窄引起的，但是椎间盘突出为什么会引起间歇性跛行呢？一样的道理，椎间盘往后面突出，椎管同样可以变小，等于直接造成椎管下降。

第六，肌肉麻痹。在平常治疗过程中，经常会有病人问，椎间盘突出会不会造成瘫痪？我可以明确地告诉大家，椎间盘突出造成瘫痪的情况十分罕见，基本不可能。但是，长时间的椎间盘突出压迫到神经根、压迫到脊髓，造成肌肉麻痹、感觉变差、功能减少，是很正常的情况。

第七，马尾神经症状。马尾神经症状比较多见，一般来说，就是会麻木、刺痛、性功能障碍，还有大小便不正常。

第八，下腹部痛或者大腿前侧痛。

椎间盘突出的一般特征

第一，看步态，正常椎间盘突出比较轻微的症状不明显，我们走路可以跟正常人一模一样，比较轻微的可能弯成一个弓形或者是一只手叉着腰、弯腰走路和跳跃式走路的情况。

第二，腰椎的曲度改变。

第三，脊柱侧凸或者脊柱侧弯。

第四，压痛和叩击痛。按腰部的时候，神经经过的地方非常痛。叩击痛，用外力叩击患者的腰椎，或者是突出部位周围，会感到痛的症状。

是腰椎间盘突出，还是椎间盘突出症

平常在家里或者生活中间，怎么检查是不是腰椎间盘突出，或者算不算椎间盘突出症呢?

第一，急性腰扭伤以后，是不是走路倾斜、跛行、走不了。

第二，咳嗽、打喷嚏等，是不是引起内部压力增高，腰部或者下面的症状是不是加重了。

第三，平躺休息以后，症状是不是减轻了。

第四，轻轻按一下腰椎的正中间或者腰椎两侧，压痛是不是明显。

第五，平躺以后坐起来，是不是脚痛、伸不直了，必须膝关节弯曲以后才能减轻这个症状。

第六，仰卧位。把痛的那个脚膝关节伸直，然后抬高。自己抬不起，可以叫家人帮你抬。是不是痛的那个脚不能抬到正常的高度，这是平常检查最重要的方法，叫作肢体抬高。

这是初步诊断，椎间盘突出的最终确认还是要去医院最后检查、确定。

现在影像检查有三种，第一是照 X 光，第二是做 CT，第三是做磁共振。

拍片很重要的一点，很容易发现有没有腰椎结核或者是腰椎肿瘤，这是照 X 光的特点。

做 CT 检查可以很清楚地看到椎间盘突出的大小、方向、形态等，观察到神经根受压的情况，同时看韧带是不是增厚了、小关节是不是紊乱了，还有椎管是什么样的情况等。

磁共振确实有放射线，但是没有放射线损害，通过不同层面的矢状面，就可以发现椎间盘突出是怎么回事。

椎间盘突出症的治疗方法

椎间盘突出症的治疗，第一种是保守疗法，第二种是手术疗法。

保守治疗的原则如下。

第一，消除原发痛点。椎间盘突出症一般都是在肌肉、韧带的地方，有一个特定性的压痛点，这些压痛点可以产生放射性痛或者是肌肉性痛，严重的基本上该出现的症状它都会有。

第二，解除肌肉痉挛。肌肉痉挛或者是肌肉紧张虽然是即发疼痛，但是可以有缓冲作用，从某种意义上讲，肌肉紧张程度和痛有关系，痛的过程中“痛则不松，松则不痛”。椎间盘突出的治疗基本上都是采用放射线的方法，解除肌肉痉挛，就是放松肌肉，使痉挛减轻，痉挛减轻，又使肌肉更进一步放松。

第三，纠正不良姿势。

第四，重视首次治疗。一般保守治疗几次以后会发现症状不明显了，但错了，第一次一定要治疗彻底，花多一点时间，减轻以后复发的次数。

第五，治疗与预防相结合。

非手术疗法适应症，第一，年轻或者初次发作、病程较短。第二，症状较轻。第三，诊断不清。第四，全身或局部情况不适合做手术，比如肿瘤病或是糖尿病等不建议做手术。第五，影像学检查没有明显的椎管狭窄，也不适合做手术。

保守治疗的手段比较多，有药物治疗、牵引治疗、火罐治疗、物理治疗、针灸、推拿，还有功能锻炼。椎间盘突出患者比较常见采用的手段是中药、西药，但长期吃药对肝脏有损伤，中医讲“是药三分毒”，靠药物解决椎间盘突出，建议适当考虑。最重要的是功能锻炼，功能锻炼可以治疗肌肉萎缩，要循序渐进。

现在医疗技术越来越发达，手术仪器越来越先进，手术方法也越来越多，在比较严重的情况下还是要手术治疗。

椎间盘突出症的治疗误区

第一，姑息迁就，得过且过。特别是一些年轻人，觉得身体好，没有必要上医院，平常不注意预防，觉得身体好，不用预防。

第二，贪图方便，舍本求末。很多人出现问题，去按摩、推拿，是舍本求末。

第三，盲目迷信，钻牛角尖。很多人迷信于某一个医生，没有考虑治疗方法有问题，可能既损失了金钱，又耽误了病情。有了椎间盘突出尽量花时间到医院看一看。

第四，追求效益，鱼肉患者。有些医院骨科医生为了追求效益，片面地就诊，拿到片子一放，问都不问，都不检查，看到病人就两个字“手术”，也许不该动手术的也动手术了。

预防的措施

养成良好的生活习惯，再加上持之以恒地锻炼。对于一个体重70公斤的成年人来说，我们腰部受的压力是75～100公斤，最低受的压力是75公斤。平躺的时候，椎间盘受到的压力只有极力时候的1/4。坐直时承受140公斤。站起来、弯腰的时候是150公斤。身体往前倾20度的时候，椎间盘所受的压力最大。所以平常坐办公室的时候要注意坐直。了解椎间盘所受到的不同压力后，我们平常在生活中就知道应该怎么注意。正常的站姿是两腿直立站在地面，正确的站姿肯定对人体好处多。步行锻炼对脊柱有很多好处，每天走40分钟，不但对身体其他部位有好处，对腰、脊椎的锻炼效果也好一些。

现在比较常用的锻炼方法，比如拱桥式，把脚抬起来，这样坚持，全身放松，休息一会儿，然后再接着做。再一个是三点式，这个动作可能比较难做，年轻人可以考虑。

最后，感谢大家的参与！

后　记

一座年轻的城市，一场场思想的盛宴；一个个渴求知识的深圳人，一颗颗热爱智慧的心灵……这正是“深圳市民文化大讲堂”——一所没有围墙的大学，市民求学问道、涵养性情的心灵殿堂，它致力于带给这个城市、这个时代以人文印记。

以“鉴赏·品位”为主题、以缔造学术文化精神家园为宗旨的“深圳市民文化大讲堂”，至2014年已连续举办10年。2014年，大讲堂更邀请了王京生、于平、白岩松、廖晓义、梁茂春、金苑、程介明、洛保生、林安梧、德尼·岚明、多米尼克·里昂等93位中外专家学者，举办了83场深受市民喜爱的精彩讲座。内容包括家国天下、艺术、教育·婚姻、文学、环保·社会、历史·传统文化、养生等多个系列。来自五湖四海的顶尖学者会聚于此，给深圳市民带来一场又一场思想的洗礼和文化的熏陶，城市因之而滋生出浓郁的人文气息。

已成为深圳和全国著名文化品牌的“深圳市民文化大讲堂”，除了传媒界的热度播报，官方公众微信号大讲堂在自媒体时代的影响力也与日俱增。

在“文化强市”的号角高亢而悠远响彻之时，我们深信，“深圳市民文化大讲堂”在持续营建深圳社会人文诗意的当下，必将承启市民文化生活璀璨烂漫的未来。

《深圳市民文化大讲堂2014年讲座精选》由83场讲座文稿中精

选出的40篇文章集结而成。《深圳商报》记者王光明同志对本书所选文稿进行了认真整理，同时，各主讲嘉宾对本书的出版也给予了大力支持。在此，我们向所有参与本书选编和出版工作的同志表示深深的谢意！

图书在版编目(CIP)数据

深圳市民文化大讲堂2014年讲座精选：全2册／张晓儒主编. --北京：社会科学文献出版社，2016.7

ISBN 978-7-5097-9231-5

Ⅰ.①深… Ⅱ.①张… Ⅲ.①社会科学-文集 Ⅳ.①C53

中国版本图书馆CIP数据核字（2016）第119060号

深圳市民文化大讲堂(上、下册)

——2014年讲座精选

主　　编／张晓儒

出 版 人／谢寿光
项目统筹／王　绯
责任编辑／黄金平　赵进军

出　　版／社会科学文献出版社·社会政法分社（010）59367156
地址：北京市北三环中路甲29号院华龙大厦　邮编：100029
网址：www.ssap.com.cn
发　　行／市场营销中心（010）59367081　59367018
印　　装／三河市尚艺印装有限公司

规　　格／开　本：787mm×1092mm　1/16
印　张：35　字　数：491千字
版　　次／2016年7月第1版　2016年7月第1次印刷
书　　号／ISBN 978-7-5097-9231-5
定　　价／168.00元(上、下册)

本书如有印装质量问题，请与读者服务中心（010-59367028）联系